JN017185

倒産処理法入門

[第6版]

山本和彦 著

有斐閣

第6版はしがき

この本は，2003 年 4 月に初版が出版され，2005 年 3 月に第 2 版，2008 年 12 月に第 3 版，2012 年 12 月に第 4 版，2018 年 3 月に第 5 版となりましたが，幸いにも 20 年余の間，多くの読者に手に取っていただくことができました。第 2 版およびその補訂版で，倒産法改正後の全体像を紹介し，さらに第 3 版では，改正当初の運用や判例・学説を踏まえて叙述しました。その後，いわゆるリーマン・ショックや東日本大震災，過払金訴訟の隆盛や金融円滑化法の施行など激動する状況に対応して第 4 版，さらに民法（債権法）改正を受けて第 5 版となってきました。そして今般，本書をリフレッシュし，新たな装いの下，第 6 版として世に送り出すことにしたものです。

第 6 版による主な改訂部分は，以下のような点になります。

第 1 に，令和 5 年倒産法改正の反映です。これは，民事裁判の IT 化・デジタル化に係る改正の倒産法に関する部分ということになります。民事訴訟手続の IT 化に関しては令和 4 年民訴法改正によって実現しましたが，それ以外の裁判手続においても IT 化は必然的な課題となりました。特に倒産手続は多数の利害関係人がおり，オンラインによる債権届出やウェブ会議による債権者集会，裁判所外からの事件記録の閲覧・ダウンロード等の実現は関係者に大きな利便をもたらします。そこで，令和 5 年に（民事執行・民事保全・家事非訟事件等と並んで）倒産手続の全面 IT 化が図られました。個人的にも，この数年間民事裁判の IT 化の立案に携わってきた身として，感慨深いものがあります。改正法の施行は原則として 2028（令和 10）年と少し先になりますが，その内容を関係部分で紹介しています。

第 2 に，それ以外の法律改正です。この間，倒産法の本体については大きな改正はされませんでしたが，付随的な部分として，事業再生 ADR については比較的大きな法改正があり，その内容を叙述に取り込んでいます。特にこの数年間の私的整理や倒産 ADR の隆盛（他方で法的整理の沈滞）には顕著なものが

あり，さらにコロナ禍の中，諸外国においても，私的整理の多数決化等を含む法改正がされたことなどもあり，日本における制度改正の動向について説明を厚くしています。

第3に，新たな判例の補充およびコラムの追加です。倒産事件数自体は引き続き減少していますが，重要な判例はなお出され続けていますし，実務の新たな動きも生じています。そこで，最近の新たな判例を追加するとともに，従来収録していなかった判例を含め，倒産判例百選の新版（第6版）に登載された判例はなるべく拾って，それが本書の記述のどの部分に対応するものかを明らかにしています。また，新たなコラムとして，前述しました「倒産手続のIT化」について総括的に説明するとともに，令和5年改正の個別の改正事項の関係で「倒産手続における公告──破産者マップ事件」「倒産事件記録の閲覧」「債権届出のオンライン化」のほか，最近の話題として「ビジネス・コート」「動産・債権担保法制の立法と倒産手続」「濫用的な会社分割の否認──詐害行為と偏頗行為の狭間で」「簡易再生の新たな活用に向けて──マレリ事件」等を追加してみました。興味のあるものを拾い読みしていただければ幸いです。

新たな装いで世に出ることとなった本書が引き続き，倒産法制の全体像を鳥瞰するための見取り図として，読者の皆様によって活用されることを心より願っています。また，今回は改訂にはやや時間をとってしまいましたが，今後，IT化改正に伴う最高裁規則の制定のほか，担保法関係でも，事業成長担保権制度の創設や動産・債権担保（譲渡担保，所有権留保等）の明文化など重要な法改正が予想されますので，適時に対応していきたいと考えています。

第6版の執筆および校正に際しては，有斐閣編集部の小野美由紀さんに丁寧なチェックをいただき，全面的にお世話になりました。最後になりましたが，厚く御礼を申し上げます。

2023年12月

山 本 和 彦

第5版はしがき

　この本は，2003年4月に初版が出版され，2005年3月に第2版，2008年12月に第3版，2012年12月に第4版となりましたが，幸いにもこれまで多くの読者に手に取っていただくことができました。第2版及びその補訂版で，倒産法改正後の全体像を紹介し，さらに第3版では，改正当初の運用や判例・学説を踏まえて叙述しました。その後，いわゆるリーマン・ショックや東日本大震災，過払金訴訟の隆盛や金融円滑化法の施行など激動の状況に対応して第4版となりました。今般，本書をリフレッシュし，新たな装いの下，第5版として世に送り出すことにしたものです。

　第5版による主な改訂部分は以下のような点になります。

　第1に，平成29年民法改正の影響です。言うまでもありませんが，民法は私法の基本法であり，その改正は他の法分野にも多大な影響を与えます。倒産法もその例外ではありません。直接には，改正の整備法によって否認権の規定（特に転得者否認の要件・効果）等が改正になりましたが，そのほかにも間接的な影響は多々あります。この民法改正の影響を新たな版で取り込もうとしたこと（他方で改正の国会審議が遅々として進まなかったこと）が，第4版から改訂の間合いが開いてしまった大きな理由です。

　第2に，それ以外の法律改正です。この間，倒産法の本体については大きな改正はされませんでしたが，付随的な部分として，事業再生ADRや金融機関の破綻処理については比較的大きな法改正があり，その内容を叙述に取り込んでいます。特にこの数年間の私的整理や倒産ADRの隆盛（他方で法的整理の沈滞）には顕著なものがあり，それを踏まえて，倒産ADRの章に新たに行政型ADR（中小企業再生支援協議会）の節を設けるなど説明を厚くしています。

　第3に，新たな判例の補充です。倒産事件自体は減少の一途を辿っていますが，重要な判例は引き続きコンスタントに出され続けています。例えば，債務整理通知と支払停止の関係，投資信託の解約返戻金債務による相殺の制限，別除権協定の解釈，手続開始後の保険事故に基づく保険金支払請求権の破産財団への帰属，いわゆる三者間相殺の合意の効力，開始時現存額主義と過剰配当の取扱いなど実務的にも理論的にも重要な判例が目白押しの状況にあります。また，国際倒産や特定調停など従来は余り裁判例のなかった分野にも興味深い事例が生じています。それに加えて，新たな版では，従来収録していなかった判例を含め，倒産判例百選登載の判例

はなるべく拾って，それが本書の記述のどの部分に対応するものかを明らかにしています。

　第4に，最近の実務の状況等を踏まえた新たなコラムを追加しています。そこでは，「乏しきを憂うにあらず，等しからざるを憂う」，「私的整理と多数決」，「経営者保証ガイドラインと特定調停の活用の試み」，「倒産申立義務の功罪」，「共助対象外国租税債権」，「転得者否認をめぐる立法の『宿題』」，「否認訴訟における参加・引込み――民事訴訟理論に投じた一石」，「手形商事留置権に基づく再生手続開始後の取立て・充当」，「責任免除の取消制度」等を扱っています。興味のあるものを拾い読みしていただければ幸いです。

　新たな装いで世に出ることとなった本書が引き続き，倒産法制の全体像を鳥瞰するための見取り図として，読者の皆様によって活用されることを心より願っています。

　第5版の執筆に際しては，有斐閣編集部の島袋愛未さんに丁寧なチェックをいただき，全面的にお世話になりました。最後になりましたが，厚く御礼を申し上げたいと思います。

　　2017年12月

山　本　和　彦

第4版はしがき

　この本は，2003年4月に初版が出版され，2005年3月に第2版，2008年12月に第3版となりましたが，幸いにもこれまで多くの読者に手に取っていただくことができました。第2版及びその補訂版で，倒産法改正後の全体像を紹介し，さらに第3版では，改正当初の運用や判例・学説を踏まえて叙述しました。ただ，倒産法という分野は経済・社会情勢の変動をまともに受ける法分野であり，第3版刊行後も様々な新たな事態が生じています。経済情勢についていえば，いわゆるリーマン・ショック，さらにその傷の癒えぬ間に欧州経済危機が生じ，日本経済も大きな打撃を受けましたし，社会情勢についていえば，多くの犠牲者を出し，日本社会の根底を揺るがした東日本大震災及びそれに続く福島の原子力発電所事故がありました。倒産手続と直接の関係がある状況としては，過払金訴訟の隆盛やいわゆる金融円滑化法の施行は倒産事件を大幅に減少させましたが，他方では，事業再生ADRは活況を呈し，またJAL（日本航空）や武富士，エルピーダメモリなど大型倒産

事件は跡を絶ちません。そして，新たな状況に対応して倒産法の再改正が必要なのではないかという議論も昨今見られるところです。このような中，本書をリフレッシュし，第4版として送り出すことを思い立ったものです。

　第4版において主に付加された部分は，コラムが中心です。前に述べたような新たな状況に応じた様々な事象が今後恒久的なものとなっていくかどうかを見極めていくため，とりあえずコラムの中でそのような話題を紹介していくことが読者の便宜に資すると考えたことによります。新たなコラムはいくつかの種類に分かれます。従来型の一口メモ的なコラム（「明治初期の倒産手続」「私的整理の定義」「『富める時も貧しき時も神が二人を分かつまで』――ペアローンの扱い」など）のほか，最近の判例や立法論の動向を紹介するもの（「破産手続開始時現存額主義の射程」「財団債権の代位弁済」「民法改正と破産手続における契約の取扱い」「悪徳事業者をストップせよ！――消費者庁の破産申立権」など），最近の運用の特徴的な点を紹介するもの（「超大規模会社更生――JALの事例」「いわゆるDIP型会社更生の運用」「闘う更生担保権者委員会」など），さらに近時の社会情勢の変化に応じた倒産手続の在り方に関係するもの（「国はどこまで事業再生に関与すべきか？――産業再生機構と企業再生支援機構」「個人版私的整理ガイドライン」「地方公共団体の財政破綻」「東日本大震災と破産手続」など）等々多様なものを用意してみました。そのほか，判例の補充や新たな立法（たとえば2011年の非訟事件手続法・家事事件手続法の制定）に対する対応などを行い，さらに読みやすさを増すために，より細かい単位で見出しを付すようにしました。新たな装いで世に出る本書が引き続き，倒産法制の全体像を鳥瞰するための見取り図として今後とも活用されることを心より願っています。

　第4版の執筆に際しては，有斐閣編集部の土肥賢さん及び栁澤雅俊さんに全面的にお世話になりました。献身的な作業により本書のありうる誤りを是正していただきました。最後になりましたが，厚く御礼を申し上げたいと思います。
　　　2012年9月

山　本　和　彦

第3版はしがき

　この本は，2003年4月に出版され，2005年3月には第2版となりましたが，幸いにもこれまで多くの読者に手に取っていただくことができました。第2版では，

2004年6月の新破産法の制定およびそれに伴う民事再生法・会社更生法等の関連改正をフォローし，さらにその補訂版では，2005年7月の会社法の制定に伴う特別清算の手続についても叙述を改めました。これによって，この本では倒産法制の抜本的改正後の倒産手続の全体像を紹介することができたわけですが，その後3年余の年月を閲し，新倒産法制（もはや「新」という言葉は適当でなく，現行倒産法制と呼ぶべきでしょうが）の運用は安定しつつ，他方で新たな動きも生じつつあります。そこで，法制定後の運用や最近の新たな動きを踏まえながら，第3版として本書を送り出すことにしたものです。

　第3版において付加訂正された点は主に以下のような部分です。第1に，現行倒産法制完成後の新たな動きとして，特に産業再生機構解散後の新たな裁判外の倒産処理の枠組みとして，いわゆる事業再生ADRを中心とした仕組みが設けられましたので，その点を第3章で説明しています（また，信託法の改正や金融商品取引法の制定に伴う関連修正等も加えています）。第2に，従来の版では，いわゆる倒産実体法の部分について，できるだけ簡略にして全体像を理解していただくことを主眼としていましたが，現行法下の実務も踏まえて，必要と思われる最小限の補充を施しました。第3に，法制定後は判例を中心とした実務の動きが重要になると考えられるところから，判例百選（青山善充ほか編『倒産判例百選（第4版）』（有斐閣，2006年））に登載されたものを中心に，判例の引用を大幅に補充しました（判例百選掲載のものは，百選のナンバーも付して参照の便を図っています）。第4に，近時の実務の動きをビビッドにイメージしていただけるように，コラムも新たなものをいくつか用意しました（「中小企業再生支援協議会——行政型倒産ADR」「グレイゾーン金利に対するレッドカード——判例変更と法律改正」「バブルの後始末はハワイに及ぶ——麻布建物事件」など）。第5に，各種の倒産事件数等について，図表を付けて見やすくしています。以上のような形でリフレッシュされたこの本が，倒産法制の全体像を鳥瞰するための見取り図として引き続き活用されることを願っています。

　第3版の執筆に際しては，有斐閣編集部の植田朝美さんから献身的なサポートをいただきました。植田さんの懇切かつ周到な作業がなければ，この本の完成度は大きく低下していたでしょう。心よりお礼を申し上げたいと思います。

　　2008年10月

山　本　和　彦

第2版補訂版はしがき

　第2版が2005年3月に出版された後，新会社法が制定されました。それに伴い，旧商法に規定されていた特別清算の手続が実質的に改正され，会社法の中に規定されました。また，会社整理の手続が廃止されました。さらに，会社法制定の整備として，会社更生法を中心として，破産法や民事再生法にも関連する改正がされました。このような改正に対応するよう，補訂版として本書を送り出すことにしたものです。この本が，引き続き倒産手続の全体像を鳥瞰するための入門書として広く利用されることを願っています。

　補訂版の執筆・編集にあたっては，植田朝美さんにご協力をいただきました。厚くお礼を申し上げたいと思います。

　　　2006年1月

山　本　和　彦

第2版はしがき

　この本は，2003年4月に出版されましたが，幸いにも多くの読者にお読みいただくことができました。ただ，当時は，法制審議会倒産法部会における倒産法制の抜本改正作業の終盤で，破産法改正（およびそれに伴う倒産実体法の改正等）の検討が最終段階を迎えていました。初版では，その内容もある程度叙述に織り込んでいますが，その後，2004年6月に，新破産法の制定およびそれに伴う民事再生法・会社更生法等の関連改正が行われ（2005年1月施行），倒産法制の改正作業は一段落しました。そこで，改正後の新たな倒産法制の全容がほぼ明らかになった現在，その姿を伝えるべく，第2版として本書を送り出すことにしたものです。

　その間，法学教育の面では，法科大学院がスタートし，倒産処理法についても全国の法科大学院で法曹養成に向けた授業が展開され，それを受けて，倒産法は新司法試験の選択科目ともなりました。また，金融機関の不良債権処理に端を発した大企業の倒産処理はおおむね一段落したものの，今後も地方の中小企業を中心に倒産事件はなお増加を続けるといわれており，経済社会の中で倒産処理法の理解の重要性は増し続けています。立法作業も，残された特別清算手続の改正が2005年中には（会社法制定の一環として）実現する見込みですが，なおポスト産業再生機構時代の私的整理のあり方，法的整理との関係などをめぐって議論が続いています。そのような中で，この本が，新たな倒産法制の全体像を鳥瞰するための見取り図として

活用されることを願っています。

　第2版の執筆にあたっても，有斐閣編集部の木村垂穂さんから適切な助言を受け，ご協力をいただきました。厚くお礼を申し上げたいと思います。

　2005年1月

山　本　和　彦

初版はしがき

　吉野屋，三光汽船，マルコー，にっかつ，村本建設，京樽，東食，三田工業，日本リース，そごう，長崎屋，マイカル，北海道拓殖銀行，山一證券，三洋証券，協栄生命，千代田生命……。かつては日本中の誰もが知っていた企業が倒産に陥ることが日常茶飯事となっています。このような企業の中には，倒産処理手続を経て清算されて今はもう存在しないものもあれば，新たな資本の下に異なる名前で再建された企業もあり，再び隆々たる上場企業として復活したものもあります。倒産処理制度は資本主義経済にとってまさに不可欠のインフラストラクチャーです。このインフラが整っていない所では，競争に敗れた企業の経済社会からのイグジットが不完全であり，またフレッシュスタートも困難になるのです。戦後，いわゆる1940年体制の下で成長を続けてきた日本経済の中で，真の意味での自由競争が開始された現在，倒産処理手続が脚光を浴びるのは，自然なことと言えます。

　この本は，倒産処理の法制度の全体像を解説するものです。もちろん従来も倒産処理法制について解説した本は多くありましたが，その中でこの本の特徴は以下のような点にあります。

　第一に，この本の最大の特徴として，倒産処理法制の全体像を理解するため，破産手続以外の倒産処理手続に大きなページを割いたことです。これまでは，破産法についての優れた概説書や教科書は多くありました。また，倒産処理法制全体を対象とする本であっても，その中心は破産法の解説であるのが一般的でした。これにはいくつかの理由があったと思われます。何と言っても破産法は倒産処理法制の中核であり，最も基本的な制度ですから，その理解が倒産処理法制全体の理解の前提になることは間違いありません。そして，実際にも，破産手続以外の倒産処理手続の利用件数は微々たるものでした。また，実際的な理由としては，破産法が司法試験の選択科目であったこともあったかもしれません。しかし，今，このような事態は大きく変動しています。倒産法制の抜本改革の中で，破産手続とは相当に理念を

異にする再建型手続の整備が進み，民事再生手続を中心にその利用件数は飛躍的に増加しています。また，そのような社会的な需要を背景に，法科大学院における新たな法学教育の中では，破産以外の制度も含めた倒産処理法が先端科目として注目されています。このような事情の中では，破産法以外の解説が特に重要性をもつと思われます。この本では，破産法については優れた概説書等が他にあることも考慮して，むしろ破産法の叙述は最小限（全体の4分の1強）に止め，その他の制度の説明に力を割いています。

　第二に，現在進行中の倒産法制の抜本改正の成果を織り込んで，できるだけ最新の状況を伝えることに努めている点があります。1996年に法制審議会倒産法部会において開始した倒産法制の抜本改正作業は順調に進展し，1999年に民事再生法の制定，2000年に個人再生手続の導入のための民事再生法改正と外国倒産承認援助法の制定など国際倒産法制の整備，2002年には新会社更生法の制定が実現しました。また，法制審議会とは別の場でも，1996年の金融機関の更生手続の特例等に関する法律（更生特例法）の制定およびその度重なる改正があり，1999年には特定調停法が議員立法で成立しています。さらに，法制度以外のものでも，2001年の私的整理ガイドラインは倒産処理の在り方に大きな影響を有しています。このような最近数年間の制度改革により，倒産処理制度はまさに一変し，またその全体像は見えにくいものとなっています。そこで，この本では，このような最新の状況を踏まえて，その全体像を鳥瞰できるようにすることを目的としています。

　第三に，叙述がなるべく分かりやすいものになるように努めました。倒産処理法は，ただでさえ分かりにくい法律の中でも，最も理解が困難な法分野の一つであると言って過言ではないでしょう。この本では，個別の問題に関する学説や判例の対立，手続の細目的な部分については余り踏み込まず，手続の全体像を把握し，それがなぜそのようになっているのかを最小限度理解できることを目的としています。より深い法制度の理解や手続の細目については，各章の末に参考文献の目録を掲げ，信頼できるそれらの本でさらに勉強をしていただくことを期待しています。また，読んでいく際の息抜きとして，各所にコラムを設けてみました。そこでは，特に，倒産処理制度が現実の社会・経済に与えている影響を感じてもらえるような主題（例えば，証券化と倒産の関係や譲渡担保の否認の問題など）を取り上げてみています。

　著者としては，以上のような特色をもつこの本が多くの方々に利用されることを期待しています。法学部等における倒産処理法の授業は，法科大学院設立後は，社会に出て企業法務部等に勤務することになる学生を意識して行われることになると思いますが，この本で述べる倒産処理の全体像の理解はそれらの学生にとって有益なものになると確信します。また，法科大学院においては，先端科目としての倒産

処理法の授業はケース中心になるでしょうが，この本がその前提となる知識を付与する副読本として利用されればと思います。そのほか，管財人等の立場で倒産処理手続に関与する弁護士の方々，債権者の立場で手続に関与する企業の方々などにも，手軽に制度の鳥瞰図をもっていただけると思います。

先に述べた倒産処理法制の抜本改革は今後も継続していきます。特に，2003年の秋には，今回の改革の集大成とも言える破産法の全面改正が予定されているところです。その後も，特別清算手続の改正などが予定され，さらに民事再生法なども実務運用の進展に応じて法整備を図る必要性が生じてくる可能性もあります。そして，このような形で頻繁に法改正が図られ，制度が社会の需要に応じて進展していくことはそれ自体望ましいことです。今までのように，大正時代に作られた破産法が平成になっても通用していることの方が異常であったのです。著者としては，そのような法改正等に合わせて，この本を改訂し，少しずつリファインしていく機会をもてれば幸いと考えているところです。

この本を執筆するに当たり，多くの方に直接・間接にお世話になりました。著者の恩師であり最初に倒産処理法の手ほどきを受けた新堂幸司先生，学部で倒産処理法の講義を受けた高橋宏志先生，法制審議会倒産法部会等の議論の中で様々なご教示を受けた竹下守夫先生，体系書・論文・研究会等で常にご教示を受けている伊藤眞先生を始め，多くの先生方の教えがなければこの本のような入門書であっても，著者には執筆できなかったでしょう。厚く御礼を申し上げたいと思います。

また，この本を執筆する直接のきっかけとなったのは，著者が2000年度・2001年度に一橋大学大学院国際企業戦略研究科（ICS）において行った倒産処理法の授業でした。初めて社会人の方々を相手とした授業の中で，いかに一般社会の中でも役に立つ形で倒産処理法の全体を伝えるかに腐心する中で，徐々にこの本の構想が浮かび上がってきたものです。その授業の中で，いわば実験台となって著者の授業にお付き合いいただいた学生諸君にこの場をお借りしてお礼を申し上げます。

さらに，お忙しい中でこの本の原稿の全体についてお目通しをいただき，卓越した実務的観点から様々な貴重なご助言をいただいた永石一郎弁護士（一橋大学客員教授）には感謝の言葉もありません。また，杉山悦子助手（一橋大学）からも，有益なアドバイスをいただくことができました。謝意を表します。

最後に，終始この本の編集に献身的にご協力をいただいた木村垂穂氏の適切なご助言やはげましがなければ，この本が完成を見ることはなかったと思います。厚くお礼を申し上げます。

2003年2月

山 本 和 彦

目　　次

第1章　倒産処理制度の概要 ——————————— 1

1　倒産処理制度の必要性 ……………………………………………… 1

2　諸外国の倒産処理制度 ……………………………………………… 5

　(1)　アメリカの倒産手続　6

　(2)　ドイツの倒産手続　8

　(3)　フランスの倒産手続　9

3　日本の倒産処理制度の歴史 ………………………………………… 11

　(1)　倒産法制度の成立　11

　(2)　倒産法制の抜本改正　13

　(3)　近時の倒産法改正　16

4　倒産処理手続の種類 ………………………………………………… 17

第2章　私 的 整 理 ————————————————— 20

1　私的整理の意義 ……………………………………………………… 20

　(1)　私的整理の利点と欠点　21

　(2)　私的整理に関する近時の動向――私的整理の多数決化　24

2　私的整理の法律構成 ………………………………………………… 25

3　企業の私的整理 ……………………………………………………… 26

　(1)　私的整理一般　26

　(2)　私的整理ガイドライン（再建型私的整理）　28

4　消費者の私的整理 …………………………………………………… 31

第3章　倒産 ADR ————————————————— 34

1　倒産 ADR の意義 …………………………………………………… 34

2　特 定 調 停 …………………………………………………………… 35

　(1)　特定調停の目的　35

　(2)　特定調停の概要　36

　　　(3)　特定調停の特色　*38*

　　2　企業倒産 ADR ……………………………………………*39*

　　　(1)　特定調停——司法型 ADR　*40*

　　　(2)　中小企業活性化協議会——行政型 ADR　*42*

　　　(3)　事業再生 ADR——民間型 ADR　*44*

　　4　消費者倒産 ADR ……………………………………………*53*

　　　(1)　特定調停——司法型 ADR　*53*

　　　(2)　クレジットカウンセリング——民間型 ADR　*57*

第4章　破　産　手　続 ————————— *60*

I　破産手続の意義・概要 ————————— *60*

II　企業の破産 ————————— *62*

　　1　手続の開始 ……………………………………………*62*

　　　(1)　破　産　能　力　*62*

　　　(2)　申　立　権　者　*66*

　　　(3)　予　納　金　*68*

　　　(4)　破産手続開始決定前の保全措置　*69*

　　　(5)　破産手続開始決定手続　*71*

　　　(6)　破産手続開始の効果　*77*

　　2　手続の機関 ……………………………………………*79*

　　　(1)　破　産　裁　判　所　*79*

　　　(2)　破　産　管　財　人　*82*

　　　(3)　債　権　者　集　会　*86*

　　　(4)　債　権　者　委　員　会　*88*

　　3　破産財団と債権者 ……………………………………*89*

　　　(1)　破　産　財　団　*89*

　　　(2)　破　産　債　権　*91*

　　　(3)　財　団　債　権　*94*

　　4　破産財団をめぐる契約・権利関係 ……………………*98*

　　　(1)　破産手続開始後の法律行為　*98*

　　　(2)　双方未履行の双務契約　*100*

　　　(3)　取　戻　権　*109*

　　　(4)　別　除　権　*111*

　　　(5)　相　殺　権　*115*

　　　(6)　否　認　権　*119*

　　5　手　続　の　進　行 ……………………………………………*132*

　　　(1)　破産債権の届出・調査・確定　*132*

　　　(2)　破産財団の管理・換価　*136*

　　6　配　　　　当 ……………………………………………………*139*

　　　(1)　中　間　配　当　*139*

　　　(2)　最　後　配　当　*141*

　　　(3)　簡易配当・同意配当　*142*

　　　(4)　破産手続終結決定　*143*

　　　(5)　追　加　配　当　*144*

Ⅲ　消費者の破産 ━━━━━━━━━━━━━━━━━━━━━ *145*

　　1　消費者破産の歴史 ……………………………………………*145*

　　　(1)　消費者破産の黎明　*145*

　　　(2)　消費者破産の急増と急減　*146*

　　　(3)　消費者破産法制の改革　*148*

　　2　消費者破産の手続 ……………………………………………*150*

　　　(1)　破産手続の開始・同時廃止　*150*

　　　(2)　自　由　財　産　*153*

　　　(3)　免　責　手　続　*156*

　　　(4)　復　　　権　*163*

第5章　民事再生手続 ━━━━━━━━━━━━━━━━━*165*

Ⅰ　民事再生法立法の経緯と意義 ━━━━━━━━━━━━ *165*

Ⅱ　企業の民事再生 ━━━━━━━━━━━━━━━━━━━ *168*

　　1　申立て・保全処分 ……………………………………………*168*

　　　(1)　申立権者・手続開始原因　*168*

　　　(2)　手続開始前の保全措置　*170*

　　　(3)　申立棄却事由　*174*

　　2　開　始　決　定 ………………………………………………*175*

　　　(1)　開始決定の手続　*175*

　　(2)　再生債務者の地位　*176*

　　(3)　開始決定の効力　*177*

　　(4)　裁判所の許可　*179*

　3　手続の機関 ……………………………………………………*180*

　　(1)　監 督 委 員　*180*

　　(2)　調 査 委 員　*182*

　　(3)　管財人・保全管理人　*182*

　　(4)　債 権 者 集 会　*184*

　　(5)　債権者委員会　*185*

　4　再生債権の届出・調査・確定 ………………………………*187*

　　(1)　再 生 債 権　*187*

　　(2)　債 権 届 出　*190*

　　(3)　債権調査・確定　*190*

　　(4)　簡易再生・同意再生　*193*

　5　再生債権以外の債権 ……………………………………………*195*

　　(1)　共 益 債 権　*195*

　　(2)　一般優先債権　*196*

　　(3)　開 始 後 債 権　*197*

　6　再生債務者財産の調査・確保 ………………………………*198*

　　(1)　財産評定・裁判所への報告　*199*

　　(2)　否 認 権　*200*

　　(3)　法人役員の責任追及　*203*

　　(4)　別除権および担保権消滅　*204*

　7　再 生 計 画 ……………………………………………………*206*

　　(1)　再生計画の条項　*206*

　　(2)　再生計画案の提出　*210*

　　(3)　再生計画案の決議　*211*

　　(4)　再生計画の認可　*214*

　8　再生計画の履行確保 ……………………………………………*216*

　　(1)　計画期間中の強制執行　*216*

　　(2)　監督委員等による監督　*217*

　　(3)　再生計画の変更　*218*

　　(4)　再生計画の取消し　*219*

（5）　破産手続への移行　*219*

Ⅲ　消費者の民事再生 ——————————————————— *220*

1　小規模個人再生 ………………………………………………*220*
　　（1）　手　続　の　意　義　*220*
　　（2）　手続開始要件　*222*
　　（3）　債権調査・財産調査　*224*
　　（4）　個人再生委員　*226*
　　（5）　再生計画案の条項・決議　*227*
　　（6）　再生計画の認可　*229*
　　（7）　再生計画認可後の措置　*231*

2　給与所得者等再生 ……………………………………………*232*
　　（1）　制　度　の　趣　旨　*232*
　　（2）　手続開始要件　*233*
　　（3）　決　議　の　不　要　*234*
　　（4）　再生計画の認可——可処分所得弁済要件　*234*

3　住宅資金貸付債権に関する特則 ……………………………*235*
　　（1）　制　度　の　意　義　*235*
　　（2）　制度の適用対象　*236*
　　（3）　住宅資金特別条項　*240*
　　（4）　債権の調査・確定　*243*
　　（5）　再　生　計　画　*243*
　　（6）　保証会社による代位弁済がある場合　*245*
　　（7）　中　止　命　令　*246*

第6章　会社更生手続 ——————————————————— *249*

1　更生手続の意義 ………………………………………………*249*
2　申立て・保全処分 ……………………………………………*252*
　　（1）　申立権者・手続開始原因　*252*
　　（2）　手続開始前の保全措置　*253*
　　（3）　申立棄却事由　*254*
3　開　始　決　定 ………………………………………………*255*
　　（1）　開始決定の手続　*255*
　　（2）　開始決定の効力　*256*

(3) 裁判所の許可　256

4　手続の機関 ……………………………………………257

(1) 更生管財人　258

(2) 関係人集会　260

(3) 更生債権者委員会等　261

5　更生債権その他の権利………………………………262

(1) 更生債権　262

(2) 更生担保権　263

(3) 株　　主　264

(4) 共益債権　264

(5) 租税債権　265

6　更生債権等の届出・調査・確定 …………………266

(1) 債権届出　266

(2) 債権調査　266

(3) 債権確定　267

7　更生会社財産の調査・確保 ………………………268

(1) 財産評定　268

(2) 担保権消滅制度　269

8　更生計画 ………………………………………………270

(1) 更生計画の条項　270

(2) 更生計画案の提出・決議　272

(3) 更生計画の認可　273

(4) 更生計画の遂行　274

9　更生手続の終了 ……………………………………275

(1) 更生手続の廃止　275

(2) 更生手続の終結　276

第7章　特別清算手続 ————————————278

1　概　　要 ………………………………………………278

2　申立て・開始決定 …………………………………279

3　特別清算開始の効力 ………………………………280

4　特別清算手続の機関 ………………………………282

　　5　協　　定 ………………………………………………………………*283*

第8章　金融機関の破綻処理 ―――――――*286*

　1　破綻処理制度の整備の経緯およびその全体像　………………*286*
　　(1)　「不倒神話」と破綻処理制度の欠缺　*286*
　　(2)　バブル崩壊と更生特例法の制定　*286*
　　(3)　金融危機と金融再生法の制定　*287*
　　(4)　破綻処理法制の整備と恒久化　*288*
　　(5)　破綻処理の実行とリーマンショックの影響　*289*
　2　銀行・信用組合等（預金取扱金融機関）の破綻処理 ……………*291*
　　(1)　預金者保護――預金保険機構　*291*
　　(2)　預金保険法の破綻処理スキーム　*294*
　　(3)　金融機関等の秩序ある破綻処理スキーム　*296*
　　(4)　更生特例法のスキーム　*299*
　3　証券会社の破綻処理 ………………………………………………*301*
　　(1)　投資家保護――投資者保護基金　*301*
　　(2)　更生特例法のスキーム　*302*
　4　保険会社の破綻処理 ………………………………………………*303*
　　(1)　契約者保護――保険契約者保護機構　*303*
　　(2)　保険業法による管理命令・契約移転　*305*
　　(3)　更生特例法のスキーム　*306*

第9章　国際倒産 ―――――――――――*312*

　1　国際倒産法制の必要性 ……………………………………………*312*
　2　国際倒産法制整備の経緯・全体像 ………………………………*315*
　3　外国倒産承認援助手続 ……………………………………………*318*
　　(1)　基　本　原　則　*318*
　　(2)　承　認　の　要　件　*319*
　　(3)　承　認　の　手　続　*320*
　　(4)　承認の効果――援助処分　*322*
　　(5)　承認の取消し　*324*
　　(6)　他の手続との調整　*325*

xviii

4　国内法の国際倒産関連規定　……………………………………………*327*

　　(1)　国際倒産管轄　*328*

　　(2)　国内倒産手続の対外効　*329*

　　(3)　並行倒産の際の協力　*330*

事 項 索 引 ………………………………………………………………………*333*

判 例 索 引 ………………………………………………………………………*348*

コラム目次

「乏しきを憂うにあらず，等しからざるを憂う」　*3*

下着姿で階段に立たされた破産者——懲戒主義の原型　*5*

明治初期の倒産手続　*11*

私的整理の定義　*20*

事実上の倒産？——再生手続申立ては倒産か？　*22*

国はどこまで事業再生に関与すべきか？——産業再生機構，企業再生支援機構から

　　REVIC まで　*30*

個人版私的整理ガイドライン　*32*

経営者保証ガイドラインと特定調停の活用の試み　*42*

グレイゾーン金利に関する判例変更　*55*

地方公共団体の財政破綻　*64*

悪徳事業者をストップせよ！——消費者庁の破産申立権　*66*

倒産申立義務の功罪　*68*

倒産手続の IT 化　*70*

倒産手続における公告——破産者マップ事件　*76*

倒産事件記録の閲覧　*79*

ビジネス・コート　*81*

破産管財人の法的地位　*83*

破産管財人の公益的地位　*86*

破産手続開始時現存額主義の射程　*92*

共助対象外国租税債権　*95*

財団債権の代位弁済　*97*

ライセンス契約の保護——「知財立国日本」　*104*

民法改正と破産手続における契約の取扱い　*107*

証券化とオリジネータの倒産——日本の ABS はすべてジャンク・ボンドか？　*108*

離婚と破産　*110*

動産売買先取特権の実効化への闘争と挫折と実現　*114*

動産・債権担保法制の立法と倒産手続　*115*

同行相殺　*118*

濫用的会社分割の否認——詐害行為と偏頗行為の狭間で　120

救済融資は否認されるか？——同時交換的行為の保護　126

債権譲渡担保の否認　127

転得者否認をめぐる立法の「宿題」と解決　131

債権届出のオンライン化　133

消費者破産者は，借金を踏み倒す「泥棒」か，過剰融資の「被害者」か？　146

消費者倒産処理のあり方　149

東日本大震災と破産手続　155

「急ぎ免責制度を導入せよ」——GHQ と戦後倒産法改革　157

執行手続と免責手続の「徒競走」——破産者と債権者のせめぎあい　159

破産すると警備員になれない！　163

再生債務者等　183

債権者の手続関与——「沈黙する債権者」　186

簡易再生の新たな活用に向けて——マレリ事件　194

否認訴訟における参加・引込み——民事訴訟理論に投じた一石　202

手形商事留置権に基づく再生手続開始後の取立て・充当　204

「富める時も貧しき時も神が二人を分かつまで」——ペアローンの扱い　240

超大規模会社更生——JAL の事例　251

いわゆる DIP 型会社更生の運用　258

闘う更生担保権者委員会　261

責任免除の取消制度　281

金融機関はなぜ破綻するのか？　291

政治に振り回される預金者保護スキーム　293

保険更生会社は高齢者・病人お断り？　309

船の入港を狙い撃て！　313

狂牛病と国際倒産　314

バブルの後始末はハワイに及ぶ——麻布建物事件　317

主手続をめぐる争い——COMI って何？　327

「ごたまぜ」に「吐き出させ」？　330

凡　　例

■法令名の略語

ADR 法　　裁判外紛争解決手続の利用の促進に関する法律（平成 16
　　　　　法 151）

一般法人　　一般社団法人及び一般財団法人に関する法律（平成 18 法
　　　　　48）

会　　更　　会社更生法（平成 14 法 154）

会更規　　会社更生規則（平成 15 最高裁規 2）

外国倒産　　外国倒産処理手続の承認援助に関する法律（平成 12 法
　　　　　129）

会　　社　　会社法（平成 17 法 86）

会社計算規　　会社計算規則（平成 18 法務 13）

家　　事　　家事事件手続法（平成 23 法 52）

家事規　　家事事件手続規則（平成 24 最高裁規 8）

貸金業　　貸金業法（昭和 58 法 32）

旧会更　　会社更生法（昭和 27 法 172。平成 14 法 154 により全部改
　　　　　正）

旧　　破　　破産法（大正 11 法 71。平成 16 法 75 により廃止）

旧和議　　和議法（大正 11 法 72。平成 11 法 225 により廃止）

金　　商　　金融商品取引法（昭和 23 法 25。平成 18 法 65 により改
　　　　　題）

金商令　　金融商品取引法施行令（昭和 40 政 321。平成 19 政 233 に
　　　　　より改題）

憲　　日本国憲法（昭和 21）

更　　特　　金融機関等の更生手続の特例等に関する法律（平成 8 法
　　　　　95）

国　　徴　　国税徴収法（昭和 34 法 147）

産活法	産業活力の再生及び産業活動の革新に関する特別措置法（平成 11 法 131）
産活法省令	事業再生に係る認証紛争解決事業者の認定等に関する省令（平成 19 経産 53）
産競法	産業競争力強化法（平成 25 法 98）
産競規	経済産業省関係産業競争や強化法施行規則（平成 26 経産 1）
借地借家	借地借家法（平成 3 法 90）
商	商法（明治 32 法 48）
人　訴	人事訴訟法（平成 15 法 109）
信　託	信託法（平成 18 法 108）
生活保護	生活保護法（昭和 25 法 144）
担　社	担保付社債信託法（明治 38 法 52）
特　調	特定債務等の調整の促進のための特定調停に関する法律（平成 11 法 158）
特調規	特定調停手続規則（平成 12 最高裁規 2）
破	破産法（平成 16 法 75）
破　規	破産規則（平成 16 最高裁規 14）
保険業	保険業法（平成 7 法 105）
民	民法（明治 29 法 89）
民　再	民事再生法（平成 11 法 225）
民再規	民事再生規則（平成 12 最高裁規 3）
民　執	民事執行法（昭和 54 法 4）
民執令	民事執行法施行令（昭和 55 政 230）
民　訴	民事訴訟法（平成 8 法 109）
民訴費	民事訴訟費用等に関する法律（昭和 46 法 40）
民　調	民事調停法（昭和 26 法 222）
民調規	民事調停規則（昭和 26 最高裁規 8）
預　保	預金保険法（昭和 46 法 34）
預保令	預金保険法施行令（昭和 46 政 111）

利　息　　利息制限法（昭和29法100）

労　基　　労働基準法（昭和22法49）

■判例の略記

　　最判昭60・11・15民集39-7-1487＝最高裁判所昭和60年11月15日判決，最高裁判所民事判例集39巻7号1487頁

大　判　　大審院判決

最　判　　最高裁判決

最大決　　最高裁大法廷決定

民　集　　最高裁判所（大審院）民事判例集

刑　集　　最高裁判所（大審院）刑事判例集

金　判　　金融・商事判例

金　法　　金融法務事情

判　時　　判例時報

判　タ　　判例タイムズ

　　本書のなかで，判例の後に〔百選1〕と表記されているものは，松下淳一＝菱田雄郷編『倒産判例百選（第6版）』（有斐閣，2021年）に登載されている項目番号1を示す。

第1章　倒産処理制度の概要

1　倒産処理制度の必要性

　倒産とは，債務者が自ら負っている債務を返済できなくなった経済状態にあることを言います。このような状況に陥った債務者をそのまま放置することは，望ましくない結果をもたらすおそれがあります。まず，債務者が自暴自棄となり，また資産を隠匿するために，自己の財産を安く売ったり，債権者が個別に各々の権利を実行したりすることにより，債務者の資産が分解し，一体として認められる価値（継続企業価値や暖簾）が失われるおそれがあります。つまり，債務者の資産の価値が倒産状態の放置により劣化するわけです。同様のことは，特に事業の再建が可能な企業について強く妥当します。そのような企業の場合は，すぐに資産を清算せずに事業を再建して，その収益の中から弁済を受ける方が，債権者一般にとって有利になることが十分に考えられます。倒産状態の放置により，そのような再建による利益（それはもちろん，債権者のみならず債務者の利益でもあります）は実現できなくなります。また，債権者が個別に権利を実行することで，債権者間に不平等が発生するおそれもあります。実体法上平等の地位にある債権者であっても，債務者の内情に詳しい債権者や即時に行動を起こせる経済的に余裕のある債権者などが迅速に権利行使をして，結果として，他の債権者が権利を行使したときには，債務者には財産が残っていないという事態も発生するでしょう。

　しかし，このような事態は，債権者全員にとって決して望ましいことではなく，各債権者はそのような事態の発生を避けるように望むのではないかと考えられます。債務者の資産の処分を禁止したり，債権者の個別の権利実行を抑止したりすることにより本来実現できる価値があるとすれば，そのような禁止・抑止により各債権者への配当はそれだけ増加し，回収分が増えるのですから，債権者全体としてはその方が望ましいことは明らかです。ただ，様々な意味で

力のある債権者にとっては，無秩序な状態の方がその力を活用してより多くの債権回収を図りうるということはあるでしょう。しかし，制度を創設する際には，われわれは自分の偶然的な能力・資力等を前提とすべきではなく，そのような前提を知らないものとして，どのような選択肢を選ぶかを自問すべきでしょう。これはロールズという政治哲学者の考え方ですが，彼の言う「無知のベール」の下で制度を構想するとき，リスクの回避を望む通常人は，最悪の事態が起こることを想定して，その場合の結果が最善になるように行動するとされます（maxi-min rule と呼ばれます）。この場合にそれを当てはめてみると，債権者は，自分が特別の力を持たない弱い立場の債権者になるという最悪の事態を想定するとすれば，その場合に完全な自由回収に任せると結局自分の回収分はゼロになるおそれがあるので，偶々強い立場にあるときにはより多くの回収が可能になるという可能性を放棄しても，最悪の場合にも平等の配当を受けられるような制度を望むと考えられるのです。

　以上のように，倒産状態を放置しないことが（債務者のみならず）債権者の利益にも適合するとしても，法律の規定（制度化）なしに，そのような結果を達成することは難しいと思われます。なぜなら，債権者総体としては権利行使を自制することが利益となると分かっていたとしても，債権者の中には権利を行使した方が有利な結果を得られる者が常にいるからです。A・B 二人の債権者がいるとして，両者がともに権利を行使すると 100 万円ずつしか債権が回収できないが，権利行使を自制すれば債務者が再建でき，ともに 150 万円回収できるとします。この場合，どちらか一方が抜け駆けすると，債権回収に走った方は 200 万円を独占的に回収できますが，置いてきぼりを食った方は一銭も回収できないと仮定します。この場合，A の立場で見ると，B が権利行使をしてきた場合には，自らも権利行使をした方が有利ですし（100 万円対ゼロ），B が権利行使を自制した場合にもやはり権利行使をした方が有利です（200 万円対 150 万円）。したがって，合理的に行動する A・B はともに権利行使をすることになりますが，これは A・B 両者にとって最善の結果ではありません（最善のケースは合わせて 300 万円の回収が可能となる，ともに権利行使を自制するケースです）。これを表にすると，次のようになります。

図表1-1　囚人のディレンマ

	A：権利の行使	A：権利行使の自制
B：権利の行使	A：100，B：100	A：0，B：200
B：権利行使の自制	A：200，B：0	A：150，B：150

　これは，ゲーム理論で言われる「囚人のディレンマ」の典型的な場面です。各人が自己利益を追求すると，両者にとって最善の結果が達成されなくなるが，自分が権利行使を自制したからといって相手も自制してくれる保障はない（自制してくれないと，余計にひどい結果になる）というディレンマです。このようなディレンマを脱出するためには，お互いで話し合い，相互の行動を拘束する取決め，つまり権利行使を自制するという契約を結べばよいと言えます。しかし，倒産状態を考えると，そのような契約の締結が非現実的であることは明らかです。具体的な場面では，債権者相互の利益は対立することが普通ですし，仮にすべての債権者がそのような契約を望んでいたとしても，相互に債権者を見つけ出すコスト，話合いをするコスト，契約を守らせるコストなどいわゆる取引コストが禁止的に高くなります。そこで，合理的な債権者が互いに締結するであろう契約の内容を言わば先取りする形で，法に規定することが望ましいということになります。ここに，国家法として倒産法制を用意する必要性があるというわけです。

●コラム：「乏しきを憂うにあらず，等しからざるを憂う」
　倒産手続の目的については，一方では債権者に対する総配当額を増加させるという点があり，他方では各債権者に対する配当額を平等にするという点があります。この両者は倒産手続の2大目的であり，可及的に両者を同時に追求すべきものです。ただ，この二つの目的が両立しない場合に，どちらを優先させるかは問題です。たとえば，商取引債権者など一部債権者を特に有利に扱い，債権者平等を犠牲にすれば，事業再生が可能になり，総弁済額が増加する場合に，そのような優遇が可能かといった問題です。この場合，それによって他の債権者の弁済額も（破産による場合に比べて）増加するのであれば，経済学で言うところのパレート改善になり，制度の効率化が図られます。しかし，たとえ自分の配当が少々増えても，他の債権者と不平等になることは嫌だという人間心理もあります。古き諺にある「乏しきを憂うにあらず，等しからざるを憂う」という心理です。最近の行動経済学では，様々

な実験でこのような人間心理が普遍的なものであることが示されています。いわゆる最後通牒ゲームは，そのような不公平に対する人間の根本的な忌避感をよく示しています。この実験では，経済的にみれば明らかに不合理な選択であったとしても（1円の得を放棄して，100円の損が出るとしても），人は相手との公平を確保しようとするらしいです（最近の実験では，このような不公平の回避は幼児や，更には動物にすら見られるともいいます。興味深い実験例を多く引用するものとして，小林佳世子『最後通牒ゲームの謎』〔日本評論社，2021年〕〔特に94頁以下〕参照）。制度を作るに当たっては，経済合理性（効率性）を重視するのか，人間心理の根本を重視するのかは永遠の課題でしょう（本書はどちらかと言えば前者の目的を重視していますが，それを批判し，後者の目的を重視する見解として，松下淳一『民事再生法入門〔第2版〕』〔有斐閣，2014年〕2頁注1参照）。

　以上のような説明は，債権者の側から見た説明です。倒産処理手続は基本的には債権者のための手続ですから，このような説明が倒産手続の存在理由の基本となることは確かです。しかし，特に個人債務者の倒産手続については，債務者の側から見た制度の必要性も重視する必要があります。法人は破産によって解散し法人格を喪失する（その意味で，破産手続開始決定は法人の死刑宣告とも言えます）のに対し，自然人は倒産状態に陥っても生活を続けていかなければなりません。仮に倒産法制（免責制度）が無ければ，債務を弁済できない債務者は（その債務が時効等によりすべて消滅しない限り）一生その債務の負担を負い続けることになります。債務者が将来収入を得るようになっても，（差押えが可能な範囲で）それはすべて債権者の回収に充てられることになります。これでは債務者の経済的再生への意欲は生じようもありません。そして，そのことは社会全体にとっても不利益をもたらします。その経済活動が社会にとっても有益であったはずの個人が一度の経済的失敗の結果，その活動を永久に止めることになってしまうからです。特に日本社会が，各人がその能力を活用しながら健全な競争をすることにより，潜在的な経済活力を引き出していく途を今後歩もうとするならば，その競争の中で必然的に敗者が出ます。しかし，敗者が一度の失敗から二度と復活できないようでは，皆敗北を恐れて積極的な冒険をせず，結果として本来期待されていた自由な競争が機能しないおそれがあります。そのような観点からは，人道上の理由はもちろん，日本経済の再生や日本社会

の活性化のためにも，敗者復活・再チャレンジの仕組みとしての個人倒産法制が必要不可欠なものとされているのです。

2　諸外国の倒産処理制度

　1で見たような必要性のある倒産処理の制度は，人間の歴史とともに昔から何らかの形で存在してきました。ただ，古くは，ローマ法以来，倒産手続は，支払うべき債務を払えなくなった債務者に対する制裁の一方法として制度化されていたと言えます。特に経済活動が活発となったイタリア都市国家の法制などでは，経済破綻状態に陥った債務者は，経済界の秩序を破壊する者として扱われ，その秩序維持のためには経済的に処罰する必要があるとされ，その手続が破産手続であったとされます。このような破産手続の考え方は大陸法の諸国において普遍化したもので，懲戒主義と言われます。

●コラム：下着姿で階段に立たされた破産者——懲戒主義の原型

　中世におけるヨーロッパの法制によれば，破産者に対する懲戒として様々な義務が課されていたようです。たとえば，破産者には，茶色と黄色のだんだらの帽子とストッキングの着用が求められたり，3日間毎日1時間役所の階段に下着姿で立つことが求められたりしたといいます（谷口安平『倒産処理法〔第2版〕』〔筑摩書房，1980年〕17頁）。なお，破産者を表す英語，bankrupt は，中世イタリアの banca rotta，つまり「破壊された店台」に由来するとされますが，これは破産に怒った債権者が破産者の店に押しかけてきて，店の中を破壊していったことに基づき，先のような制裁の制度と見事な対応関係を示しています。

　これに対し，英米法の諸国，特にアメリカ合衆国においては，債務者が経済的に破綻したことは決してその債務者の罪ではなく，むしろ債務者は経済活動の波に翻弄された被害者であるという認識があったといわれます。そのような被害者である債務者について，再度立ち直りの機会，フレッシュスタートの機会を与え，経済活動に組み入れるための手続として，破産制度が理解されたものです。これは，19世紀のアメリカが西部開拓等のために多くの人材を必要とし，1回経済活動に失敗しても，その者を経済社会から排除する余裕がなか

ったという事情にも由来しましょうが，根本にはそもそもヨーロッパ大陸の敗者たちの復活戦の舞台であったというアメリカの国の成立ちの特性を反映したものでしょうか。いずれにせよ，このような破産手続の考え方は（懲戒主義に対し）債務者更生主義と言われます。

　1970年代以降，諸外国では，倒産法制を抜本的に改革しようとする動きが盛んになりました（次にお話しする日本の抜本改正の動きは，その掉尾を飾るものと言えます）。そこでは，大陸法の国々においても，債務者更生主義的な考え方の影響を強く受け，再建型の倒産手続や個人債務者の免責のための手続が相次いで創設・整備されてきています。その結果，大陸法諸国と英米法諸国の倒産手続は相当程度近似したものになってきていますが，なお見過ごすことのできないような基本的な差異があることも否定できません。以下では，代表的なアメリカ，ドイツ，フランスの各倒産手続の現状を簡単に紹介し，その差異を明らかにしてみましょう。

(1)　アメリカの倒産手続

　アメリカ合衆国の倒産手続は連邦倒産法（Federal Bankruptcy Code）によって規律されていますが，そこでは主要な倒産手続として，清算手続である第7章手続，企業の再建手続である第11章手続，個人の再建手続である第13章手続が規定されています（このほか，興味深いものとして，地方公共団体の倒産手続として第9章手続，農業事業者の倒産手続として第12章手続，国際倒産に関する第15章手続があります）。これらの手続はいずれも債務者更生主義の考え方に色濃く覆われていますが，特に第7章手続における免責や第11章および第13章の再建型手続にその点が表れています。アメリカ法の最も特徴的な点として，早期の申立て，DIP制（7頁参照）の徹底，債権者の主導性（裁判所・監督機関の任務の限定）などが挙げられます（このような発想は，日本でも民事再生法の制定など倒産法の抜本改正の際に大いに参考とされたもので，アメリカ法の基本的発想の理解は日本法の理解にあたっても重要です）。

　アメリカでは，倒産手続（特に第11章手続）は企業の経営戦略の一環として利用されていると言われています。事業が停滞状態に陥った企業にとって，リストラ・事業再編や事業譲渡を円滑に進めるために，倒産手続を利用すること

が様々な点で有利とされます。倒産法制の側もそれに対応して，倒産手続の開始要件として，債務者が申し立てる場合には倒産原因（支払不能等）を要しないものとし，申立てにより手続が開始し，それとともに債権者のすべての取立行為が自動的に停止されます（automatic stay と言われます）。そして，手続が開始しても，債務者は原則として事業の経営権を失わず，占有債務者（Debtor in Possession : DIP）として管財人と同様の権限を行使します。このように，アメリカの手続は債務者にとって極めて有利な制度となっていますが，債権者の利益の保護を図るために，それを補充しているのが債権者の主導性です。各事件で原則として債権者委員会が組織され，手続上の重要な事項については債権者委員会の同意が必要となります。したがって，DIP 債務者は手続の節目ごとに債権者団と交渉しながら手続を進行し，裁判所は債務者・債権者間に争いが生じた場合に法的な裁定を下す中立的な役割に専心する構造になっています。最近では，手続開始前に債務者と債権者団で十分な調整・話合いをした後に第11章手続を申し立てる，プレ・パッケージ型ないしプレ・ネゴシエイテッド型の手続が増えているとされます。とりわけ大企業について，申立て後に直ちに事業譲渡して再生を図るケースが脚光を浴びており，2009 年の GM（ゼネラル・モーターズ）やクライスラーの再建にも活用されました。

　他方，消費者倒産処理手続として，アメリカ法は清算型の第7章手続と更生型の第13章手続を有します。第13章手続は，手続開始後の一定期間の債務者収入等を弁済の原資として債務の一部を弁済することにより残債務の免責を受けるものです（この制度は，後に述べる日本の個人再生手続〔第5章Ⅲ〕の導入に際してもモデルとされました）。住宅や自動車を有する債務者にとって，それを失わないで将来収入からの弁済により更生を図ることのできる第13章手続は魅力的なものとされます。しかし，資産のない債務者にとっては，第13章手続を利用するインセンティブはありません。そこで，最大の問題は第7章手続と第13章手続の振り分けの問題にあるとされます。具体的には，一定の収入を有し債権者に対して一定額の弁済が可能である債務者には，第7章手続の申立てを却下し，事実上第13章手続の利用を強制しようという構想です。これには，アメリカ倒産制度の伝統である債務者更生の理念に反するという批判もまた強くありましたが，2005 年にはついにこのような方向に沿って，一定の弁

済能力がある場合には，第7章手続の申立てを濫用と推定して，事実上第13章手続に誘導するという連邦倒産法の改正がされています。

(2)　ドイツの倒産手続

　次に，日本の法制度が一般に大きな影響を受けているドイツの制度を見てみましょう。倒産法の分野でも，後述のように，旧破産法はドイツ法の大きな影響を受けていました。そのドイツでは，1970年代から倒産法改正の作業が進められてきましたが，1994年になって新たな倒産法（Insolvenzordnung）が制定されました（1999年から施行されていますが，2002年・2012年・2014年に改正がされています）。そこでは，従来の破産と和議という2本立ての手続から，新たに単一の倒産手続が創設され，申立ての段階では清算手続か再建手続かを決めずに申立てをすることが可能とされています。個別的な手続の内容は日本の母法であり，日本の倒産手続に類似しています。そして，小型事件を除いて原則として倒産管財人が選任されますが，清算か再建かなど手続上の重要な事項については，最終的には倒産処理計画の形で管財人により提示され，債権者集会の多数決によって決定されることとされています（倒産処理計画案が出されないときは，清算が行われることになります）。債権者の決定権を重視するという基本的な構造において，ドイツの新法はアメリカの制度の影響を受けていると言われています。その後，EU域内でイギリス等と「制度間競争」になる中，2012年の改正では，いわゆるDIP型の自己管理手続（Eigenverwaltung）を使いやすくするほか，DES（Debt Equity Swap）の活用など再生スキームの多様化を図り，ドイツ倒産法を魅力あるものとする努力が続けられています。さらに，新型コロナ感染症の影響もあり，2021年の法改正では，後述のように（第2章1(2)参照），私的整理につき多数の債権者の賛成がある場合には，裁判所の認可によって効力を生じる新たな制度を導入し，更なる国際競争力の強化と再生スキームの多様化を進めています（それに合わせて倒産手続本体との関連でも法改正がされています）。

　また，消費者倒産について，新法は新たに免責手続を導入しました。懲戒主義の伝統を色濃く残すドイツでは，従来債務者は和議の申立てが許されていましたが，その場合でも35％の弁済率を達成しないと免責は認められず，実際

にはほとんど利用されていませんでした。新法は債権者の多数決に基づかない免責を初めて導入しましたが，その要件は極めて厳しいものになっています。すなわち，債務者は受託者に倒産後6年間の給与債権の差押可能部分を譲渡しなければならず，受託者はそれを債権者に配当することになります。そして，その6年間は，債務者は自己の能力を活かした職業活動に従事する努力義務を負い，この期間が経過して初めて免責を受けられることになります。この点は，アメリカにおける免責の濫用が強調され，「契約は守られるべし」という債務者モラルが重視された結果とされます。ただ，2014年の改正によって免責付与の要件は若干緩和され，35％の弁済がされれば3年間，手続費用の弁済がされれば5年間に免責取得のための期間が短縮されています。なお，倒産手続開始の申立書には裁判外で和解が成立しなかった旨の証明書の添付が要求されており，倒産ADR（第3章参照）が事実上裁判手続に前置される形になっている点も注目されます。

(3)　フランスの倒産手続

　最後に，フランスの制度を概説します。その最大の特徴は，何よりも雇用確保に配慮して倒産手続を構築している点にあります。フランスの現行倒産法は，1985年に制定されたものですが，そこでは，やはり従来破産と和議の2本立てであった手続が倒産手続に一本化されました（但し，その前に調停〔conciliation〕という裁判所外の私的整理が可能である点もフランスの制度の特徴です）。その特徴は，すべての事件についてまず必ず再建手続（redressement judiciaire）を開始し，再建の可能性について審査する調査期間を設定し，調査の結果，再建が困難と判断された企業について清算手続（liquidation judiciaire）を別途開始するというスキームをとったことにあります。そして，そのような再建可能性の判断は（ドイツの新法等と異なり）裁判所によってなされ，債権者の多数決は必要とされていません。また，再建の重要な手法として，譲渡計画（plan de cession）という事業譲渡による処理を認めました。そして，譲渡計画に際しては，譲受企業による雇用の確保が重視され，譲受代金が安くても，確保される雇用の数が多ければ譲渡が認められるという運用が一般的でした。ただ，このような雇用重視の倒産政策は，かえって倒産手続の増加を招き企業の再建を困

難にしているという批判も強く，1994 年の法改正では，再建がおよそ不可能な企業については直ちに清算手続を開始することを認め，また事業譲渡についても債権者の利益を重視する方向にやや舵を取り直しています。さらに，2005 年の改正では，アメリカの第 11 章手続に類似した DIP 型の再生手続（sauvegarde）が創設されました（2009 年および 2011 年の改正などで，さらにその利用の促進が図られています。特に，2011 年の改正で設けられた迅速金融再生手続〔sauvegarde financière accélérée〕は，金融債権者のみを対象として，原則として 1 ヶ月で手続を終了しようとする大胆な手続として注目されましたが，2014 年の改正で，さらにそれを一般化した迅速再生手続〔sauvegarde accélérée〕が設けられています）。また，倒産予防に関する 2019 年の EU 指令（第 2 章 1(2)参照）を受けた 2019 年の法改正では，フランスの倒産手続では初めて債権者の組分けの制度が設けられ，いわゆるクラムダウンの手続が創設されました。その意味で，フランス法にも（EU 法等を介して）アメリカ法の影響が着実に及びつつありますが，債務者重視のフランス倒産法の特徴が今後も堅持されるか，注目されます（新型コロナとの関係では，2020 年以降，様々な特別措置を図る立法もされています）。

　また，消費者倒産については，従来のフランス法はやはり懲戒主義の伝統に則り免責を一切認めていませんでしたが，1989 年の新法で民事更生手続（redressement judiciaire civile）を設けました。ただ，そこでは，アメリカの免責制度の濫用論などの影響もあり，5 年間の弁済期間の猶予や利息の減免を認めるに止め，元本の減免は基本的に許されていませんでした。しかし，フランスでも，収入が最低生活費を下回り，実際には返済可能額が全くない債務者も多かったとされます。そこで，1998 年の法改正の結果，弁済計画による弁済がおよそ不可能な債務者について，3 年間の範囲内で支払を停止し，その期間が経過しても状況に変化がない場合には，債務の元本の免除が認められるに至りました。さらに，2003 年の改正で，破産免責に相当する手続として清算を伴う個人更生手続が，2010 年の改正で，同時廃止免責に相当する手続として，清算を伴わない個人更生手続が新設され，免責の条件が徐々に緩和され，日本等の手続に近づいています。そして，2016 年の法改正でフランス消費者倒産法は大きな変容を遂げています。そこでは，（実際上圧倒的多数を占める）清算を伴わない個人更生手続については，行政委員会である個人過剰債務委員会（commission de surendettement des particuliers）が原則として債務の弁済猶予や免責の判断をし，争いがある場合にのみ裁判所が関与するという行政中心型のスキームが採用されるに至っています（他方，債務者の財産の清算を伴う場合には，やはり裁判所の手続が中心となります）。その意味で，同時廃止免責に相当する手続の行政化ということができ，その運用が注目されます（また，新型コロナの影響に対処するため，2020 年の法改正では免責の範囲が拡大されています）。

3　日本の倒産処理制度の歴史

(1)　倒産法制度の成立

　明治時代に西洋の法制を継受する前にも，日本に倒産処理の制度が全くなかったわけではありません。江戸時代には，御定書百箇条において，債権者の申立てに基づく身代限（しんだいかぎり）の手続と債務者の申立てに基づく分散の手続があったと言われています。前者は，裁判所の身代限の宣告に基づき債務者の財産が売却されて債務の清算がされるもので，現在の破産手続に近い性格をもっていたとされます。後者は，債務者と債権者との合意によって資産負債の整理を図る手続であり，債務者の免責が認められていたと言われ，現在の私的整理ないし自己破産に近い手続と見られます。これらの手続は地方の慣習の中で様々な形に変容しながら実施されていたようです。明治初期には，そのような慣習的制度を基本的に維持しながら，1872（明治 5）年の華士族平民身代限規則に代表されるように，外国法を参考にして若干の変更を加えるような立法が行われるに止まりました。

●コラム：明治初期の倒産手続

　明治政府が欧米の倒産法を本格的に継受する前の段階の日本の倒産手続については，倒産法に造詣の深い園尾隆司元判事による興味深い研究が公刊されています（章末文献参照）。それによれば，身代限の手続は倒産手続と強制執行手続の中間の手続ですが，債務者の全財産を没収する過酷な手続であり，手続を行う役所側の負担も大きいため，それを回避する様々な手続が存在しました。一方，役人が一定程度関与する分散の手続は江戸時代以来盛んでしたが，明治 20 年代に衰え，そのような関与のない任意整理の手続に移行したことが示されています。私的整理や倒産 ADR が日本に馴染んできた

長い歴史を偲ばせる研究であり，現在の倒産実務の運用が深い根をもったものであることが示されており，執行手続の歴史も含め，是非一読をお勧めします。

　西洋の法制を本格的に継受した最初の倒産法制としては，1890（明治23）年に制定された商法の第3篇（破産篇）の規定および家資分散法があります。ここでは，商法全体と同様に，フランス法がそのモデルとされました。その結果，商人についてのみ破産能力を認める商人破産主義がとられましたが，非商人には別の倒産処理手続を定める家資分散法が制定されました。しかし，これらの法制についてはその内容に批判が多かったことに加えて，その後の民事訴訟法など諸法典がドイツ法を模範に制定されたこともあって，立法後早い時期から改正の必要性が議論されました。その結果，商法破産篇・家資分散法は廃止され，ドイツ法の影響を大きく受けて，現行破産法が制定され，1923（大正12）年に施行されたのです。それと同時に，破産予防の制度として，当時最新の立法であったオーストリアの法制を参考に，和議法が制定施行されました（また，破産法の中にも強制和議の制度が導入されました）。日本で最初の再建型の倒産処理法制の誕生でした。

　以上のような破産・和議の2本立ての倒産処理法制を変革したのが，戦時立法であった1938（昭和13）年の商法改正でした。そこでは，新たに，特別清算と会社整理の制度が導入されました（前者は商法第2編〔会社〕第4章〔株式会社〕第9節〔清算〕の第2款として，後者は同じく第2編第4章第7節として規定されました）。これらは，前者が清算型，後者が再建型の手続ですが，いずれも原則的な手続である破産・和議を簡易化したものと言えます。戦時の立法として，倒産処理など後ろ向きの仕事はできるだけ手早く簡易に済ませようという趣旨に出たものかと思われます。これらの立法は，外国の制度で直ちに当てはまるものはなく（会社整理についてはイギリス法が参考にされたと言われますが），日本独自の工夫の部分が大きいようです。戦後の立法としては，1952（昭和27）年の会社更生法の立法と破産法の改正による免責制度の導入が重要なものです。これらはいずれも，当時日本を占領していたアメリカの法制の影響を強く受けたものです（これらの法律は，日本の立法当局とGHQとが細かい条文まで交渉しなが

ら，制定されていったものです）。これによって，企業・個人の双方について，債務者更生の新たな理念に基づく本格的な再建手続が導入されることになりました。この結果，いわゆる倒産五法（五手続。**4**参照）の体制が確立し，立法は安定期を迎えます（1967〔昭和42〕年に会社更生法を日本の実情に合わせる比較的大きな改正がされた程度で，約半世紀を経過したものです）。

(2) 倒産法制の抜本改正

しかし，日本経済の高度成長が終了し，特にいわゆるバブル崩壊後の長期に及ぶ景気低迷の中で，倒産処理の実効性の確保が不良債権処理・過剰債務問題の解決による金融システムの安定，さらには日本経済の再生のための不可避の課題とされるに及び，そのような作業のインフラとして倒産法制度の抜本改正が不可欠と考えられるに至りました。このような必要性を強く印象づけた事件として，1995（平成7）年のいわゆる住専処理の問題がありました。そこでは，民間のノンバンクである住宅金融専門会社の経営破綻を処理するに当たり，それが様々な形態の金融機関に与える影響に配慮された結果，税金を投入する形で特殊な裁判外の処理枠組みが形成されました。その過程では，民間企業の破綻処理であり，むしろ裁判所の倒産手続を利用するのが筋であるという有力な議論があり，国会でもそのような主張がされましたが，それに対する批判として，裁判上の倒産処理手続では時間がかかり過ぎ，その結果日本の金融システムが破綻するという意見が出されました。このことは（規制緩和のインフラの構築や司法制度全体の改革という，より大きな問題とも繋がりますが），倒産制度の抜本改正の必要性を象徴的に示したものと言えましょう。

1996（平成8）年に法務大臣から法制審議会に倒産法制度の改正が諮問され，それを受けて法制審議会に倒産法部会が設けられ，抜本改正の審議が進められることになりました。当初は倒産法制全般について一体として5年程度で改正することが想定されていましたが，経済・社会・政治の情勢はそのようなスケジュールを許さず，まず中小企業の再建型手続の整備が強く要求されました。その結果として先行的に立法されたのが，2000（平成12）年4月から施行されている民事再生法です（さらに最高裁判所規則として，民事再生規則も同時に施行されています）。これは，従来の和議法に代わり，主として中小企業の事業の再生

を目的とした再生手続を創設するものですが，再建型倒産処理手続の基本法として位置づけられ，個人や大企業についても利用が可能となっています（第5章参照）。民事再生法は，広く活用され，当初は毎年1,000件前後の申立事件があり（最近は大幅に減少傾向で，2021年で110件），また，そごうに代表される大規模企業の再建にも利用されました。

　倒産法部会において次の課題となったのが，消費者に関する再建型の倒産手続の新設と国際倒産法制の整備の問題でした。前者は，消費者破産の多発の中，定期収入のある個人債務者について，その将来収入の中から債権者に弁済を行い，住宅等資産の清算を回避するような手続の必要性がかねてから説かれていたところ，アメリカ倒産法第13章手続（2(1)参照）などを参考にしながら，再生手続の特別手続として，民事再生法の中に個人再生に関する特則を設ける形で結実しました（第5章Ⅲ参照。また，住宅ローンの問題についても，やはり住宅資金貸付債権に関する特則が民事再生法に加えられました）。後者は，国際的な倒産事件の処理について，従来の日本の法制は，属地主義という鎖国的態度をとっており，国内外から強い批判を受けていたところですが，そのような態度を抜本的に改め，国内手続の効力を外国に拡張するとともに，外国倒産手続に対しても日本が協力することを明らかにしたものです。具体的には，外国手続について国内で一定の効力を認め，様々な援助処分を定めた外国倒産手続承認援助法を新設するとともに（承認援助規則が同時に制定されています），破産法・会社更生法・民事再生法を改正し，国際倒産関連規定を整備しています（第9章参照）。これらの改正は，いずれも2001（平成13）年4月から施行されています。特に個人再生の手続は，折からの不況・リストラ等の時勢の中，積極的に活用され，申立事件は急増しました（2002年で13,498件，2007年で27,672件。最近は減少していますが，それでも2021年で11,249件）。また，2003年11月には，外国倒産手続の承認援助事件の最初の申立てがされています。

　倒産法改正作業の第3弾となったのは，会社更生法の改正です。(1)で見たとおり，会社更生法は比較的新しい法律であり，抜本改正作業の当初は小幅な改正に止まると見られていました。ところが，再生手続が活発に利用される中で，大規模小売業マイカルの倒産事件において，当初再生手続が開始しながら，後に更生手続へ移行したように，大企業に対する再生手続の適用には限界が認

められ，更生手続の活用は不可避の課題となる一方，新たな更生実務の運用等にも対応する必要が生じていました。また，協栄生命等保険会社の破綻処理が更生手続の特例により処理されたことなどもあり（第8章1参照），日本経済の再生のためには会社更生法の見直しが不可欠であるとされたものです。その結果，会社更生法は様々な点で予想以上に大幅な改正がされるに至りました。新会社更生法および新設の会社更生規則は，2003（平成15）年4月に施行されています（新受事件は，2004年で45件，2010年で20件でしたが，その後は減少し，2021年は3件に止まります）。

　一連の倒産法制抜本改正作業の最後を飾ったのが，破産法の改正です。何と言っても，破産法は倒産処理法の中の基本法です。そこで，最後に一連の抜本改正のいわばまとめとして破産法改正を行い，あわせて否認権や相殺権など倒産実体法等についても改正をして各手続に整合的な規律をするとともに，各手続間の移行の制度なども抜本的に整備することとされたものです。新破産法は，2004（平成16）年の通常国会において成立し，その後に制定された破産規則とともに，2005（平成17）年1月から施行されています（破産の新受事件は，改正直前の2003年の251,800件がピークで，その後減少傾向でしたが，最近は7～8万件で横ばいとなり，2021年は73,457件となっています）。なお，倒産法制改正の作業は，その締めくくりに，会社整理手続の廃止と特別清算手続の改正が行われました。この改正は，会社法の制定とあわせて，同法の中に特別清算手続の規定（第7章参照）を設ける形で，2005（平成17）年の通常国会で成立し，2006（平成18）年5月から施行されています（事件数は改正後おおむね200～300件台で，2021年の新受事件は，302件）。

　自由主義経済社会の基本法とも言える倒産法制は，社会・経済の動きに合わせて迅速かつ大胆な見直しが常に必要となる分野です。いわゆる護送船団方式の下，弱い企業に合わせて経済政策が運営されてきた時代はもはや過去のものとなり，活力ある自由な経済社会を形成しようとするとき，競争に敗れた経済主体が倒産という形でいったん活動の舞台から去ることは必須です。そして，過剰供給によるデフレの進行という事態を回避するためには，破綻すべき企業は早い段階で市場からの退場が命じられ，逆に再建に値する企業については抜本的な治療を施しながら再建への途を歩ませることが必要です。その意味で，

一連の抜本改正により，日本の倒産法制は真の意味での経済活動のインフラとして面目を一新し，世界的に見ても十分に通用するものになったと言えます。今後，倒産法制の基本的な仕組みについての理解は，法律家のみならず，経済社会で活動するすべての主体にとって不可欠の前提となることでしょう。

(3)　近時の倒産法改正

　以上のような倒産法の抜本改正後も，倒産法の改正は繰り返されています。ただ，その主眼は，どちらかといえば，私的整理および倒産 ADR の充実・強化に向けられてきたと言えるでしょう。すなわち，産業活力再生特別措置法（現在の産業競争力強化法）の 2003（平成 15）年改正による行政型 ADR である中小企業再生支援協議会（現在の中小企業活性化協議会）の創設，同法の 2007（平成 19）年改正による民間型 ADR である事業再生 ADR の創設，さらに同 ADR の度重なる強化（2013〔平成 25〕年改正〔産業競争力強化法の制定〕による社債権の取扱いに関する特則の制定，2018〔平成 30〕年改正による商取引債権の保護，2021〔令和 3〕年改正による簡易再生の特則等の制定等）などがされてきました（また，2021年改正では，中小企業活性化協議会についても，プレ DIP ファイナンスや商取引債権の保護など事業再生 ADR 並みの手続が整備されました。これらの詳細については，第3章参照）。

　最近の最も重要な改正としては，倒産手続の IT 化に関する 2023（令和 5）年の法改正があります。日本では，裁判手続の IT 化，デジタル化が遅れていましたが，2017（平成 29）年頃から政府は本腰を入れて IT 化を進めようとしています。そして，折からのコロナ禍の中，社会全体の IT 化が進展し（Zoom 等のウェブ会議は今や多くの人が利用しています），裁判の IT 化も待ったなしの状況になりました。その結果，まずは民事訴訟手続の全面 IT 化を目指し，2022（令和 4）年に民事訴訟法の改正が図られました。ただ，諸外国の裁判手続の IT 化を見ると，むしろ多数の利害関係人が関与する倒産手続で IT 化が先行的に進められる例も見られ（そのほか，家事事件手続も IT 化のニーズが高い分野です），その他の裁判手続の IT 化も喫緊の課題とされました。

　その結果，民事訴訟以外の民事裁判手続（民事執行，民事保全，非訟・家事事件等）全体についても IT 化の議論が進められましたが，その一環として，2023

（令和5）年改正（民事関係手続等における情報通信技術の活用等の推進を図るための関係法律の整備に関する法律）によって，倒産手続のIT化も実現したものです。そこでは，倒産手続に係る各種申立てのオンライン化（弁護士代理人や管財人等についてはその利用の義務化），倒産手続における期日（債権者集会期日，債権調査期日等）のウェブ会議化，事件記録の全面デジタル化および債権者等による裁判所外からの記録閲覧などが規定されたものです。これにより，倒産手続の効率化が実現するとともに，手続関係者の利便にも資することになるでしょう（なお，これらの改正の主要部分は2028〔令和10〕年までに施行となりますが，以下の該当部分では改正内容の概要を紹介していきます）。前述のように，倒産法は社会経済のインフラですので，今後も適時適切な見直しができるだけ短いサイクルで行われることが期待されます。

4　倒産処理手続の種類

　倒産処理手続の種別については，その目的による区分と手続の態様による区分とがあります。倒産処理手続の目的については，1で述べたところからも明らかなように，債務者の資産を処分換価して債権者に平等に配当することを目的とする清算型の手続と，債務者の事業または経済生活を再建し，再建された事業等から生じる収益・収入を債権者の弁済の原資とする再建型の手続とがあります。また，手続の態様による区別としては，債務者の財産・事業について，手続開始によりその管理処分権・経営権を債務者が喪失し，その管理等を担当する第三者を選任する管理型の手続と，債務者自身が財産・事業の管理処分権・経営権を手続開始後も原則として保持するDIP型の手続とがあります。

　3で見たように，一連の倒産法制抜本改正作業が始まる前は，倒産処理手続は5種類ありました。一般にこれを倒産五法と呼んでいたわけです（ただ，厳密には，法律が五つあったわけではなく，手続が五つあったという意味です）。すなわち，破産手続，和議手続，会社更生手続，会社整理手続，特別清算手続です。このうち，破産・特別清算は清算型の手続，和議・会社更生・会社整理は再建型の手続ということになります。また，破産・会社更生は管理型の手続であるのに対し，和議は債務者主導型の手続であったと一応言うことができます（厳密な意味でのDIP型手続と言えるものであったかには疑問もありますが，広い意味では

それに含まれると言ってもよかったでしょう）。

　しかし，以上のような倒産処理手続の種類は，一連の倒産法制の抜本改正の中で大きく変容しました。清算型の手続については，破産手続とともに，会社法上の清算手続の特別手続という位置づけで，特別清算手続が維持されています。内容的には大きな改正がされていますが，構造的には大きな変動があったわけではありません。他方，再建型手続については，会社更生手続は維持されていますが，和議手続は廃止され，代わりに民事再生手続が導入され，さらに会社整理手続も廃止されました。つまり，現在では，清算型・管理型の破産手続，再建型・管理型の会社更生手続，再建型・DIP 型の民事再生手続の 3 手続が中心的な倒産処理手続となっています。そのほかに，会社の清算の特別手続として，特別清算手続があり，外国の倒産処理手続に対して日本国内で必要な援助処分を行うための承認援助手続があり，これらはやや特殊なものではありますが，一種の倒産処理手続として位置づけることができます。そして，そのような裁判所における法的倒産処理手続の周辺に，さらに広い意味での倒産処理手続がいくつか存在します。当事者間の合意で行われる私的整理は「手続」とは言えないかもしれませんが，実際の倒産処理には重要な役割を果たしており，また私的整理ガイドライン等を踏まえれば，相当に手続性を強めています。さらに，特定調停や事業再生 ADR に代表される倒産 ADR といったものも広義の倒産処理手続と言えましょう（これらは，私的整理と法的手続の中間にあるものとして，「準則型私的整理」や「制度化された私的整理」などとも呼ばれます）。また，行政主導で行われる金融機関の破綻処理の手続（預金保険法・保険業法上の手続など）も，やはり広義の倒産処理手続と言ってよいと思われます。このような手続も近時，法的な整備がされてきており，広い意味での倒産処理手続は多様なものになっています。

　この本では，以上のような広い意味の倒産処理手続の全体像をとりあえず把握することができるように，手続ごとにその概要を紹介します。叙述の順序としては，まず裁判外の倒産処理手続として，私的整理（第2章）と倒産 ADR（第3章）について紹介します。次いで，中核的な倒産処理手続として，破産手続（第4章），民事再生手続（第5章），会社更生手続（第6章）について順次その概要を説明します。その後に，やや特殊な場合の手続として，特別清算手続

（第7章），金融機関の破綻処理の手続（第8章）および国際倒産に関する手続（第9章）を見ることにします。

〈参考文献〉

　　伊藤眞『破産——破滅か更生か』（有斐閣，1989年）

　　最高裁判所事務総局民事局監修『倒産法制改正関係資料』（法曹会，1999年）第5編「諸外国の倒産手続の概要」

　　福岡真之介『アメリカ連邦倒産法概説（第2版）』（商事法務，2017年）

　　小早川欣吾「近世に於ける身代限り及分散について」法学論叢43巻5号（1940年）

　　園尾隆司「明治期における民事執行・倒産手続」判例タイムズ1275号・1276号（2008年）

　　辻廣雅文『金融危機と倒産法制』（岩波書店，2022年）

　　法務省民事局参事官室編『倒産法制に関する改正検討課題』（商事法務研究会，1998年）

　　全国倒産処理弁護士ネットワーク編『倒産法改正150の検討課題』（金融財政事情研究会，2014年）

第2章　私 的 整 理

1　私的整理の意義

　私的整理とは，裁判所の外で行われ，第三者の介在を前提とせずに，債務者・債権者間の話合いによる任意の合意に基づいてなされる倒産処理の形態を広く指すものです（第三者の介在を前提としない点で，いわゆる倒産 ADR とも区別されますが，任意の合意に基づく処理という点を重視すれば，次章の倒産 ADR も広義の私的整理には含まれます）。実際の倒産事件の大半は，裁判上の手続や倒産 ADR ではなく，この私的整理によって処理がされているとみられます。もちろん裁判所による法的整理は適正な倒産処理を図るために不可欠な制度ですが，すべての倒産事件を法的整理によって処理することは不可能ですし，また相当でもありません。法的整理は，その簡易化・合理化が図られるとしても，費用や手間のかかる複雑な手続であることは否定できず，いわば最後の手段としての機能が期待されるものです。仮に法的整理と同じ結果が私的整理によって実現することができるのであれば，関係者にとっても社会的に見てもその方がより望ましいと言えましょう。その意味で，私的整理の特長である簡易・迅速性等を維持しながら，そのできるだけ適正な運用を図ることが必要です。

●コラム：私的整理の定義

　私的整理について，一般的な法律上の定義は存在しません。ただ，中小企業倒産防止共済法は，2010 年の法改正で，新たな共済事由として，「過大な債務を負っていることにより事業の継続が困難となっているため債務の減免又は期限の猶予を受けることを目的とするものと認められる手続」（同法 2条 2項 4号参照）という概念を用いて，一部の私的整理を同法上の「倒産」の概念に含めて，共済金支払事由としています（ただ，その濫用を懸念して，省令で弁護士等が関与する手続に対象を限定しています）。従来は法的倒産と手形不渡りだけを共済金支払事由としており，現実には大多数を占める私的整理

が共済金の支払事由になっていなかったことに対する批判に応えたものです。

---

(1) 私的整理の利点と欠点

私的整理の利点としては，いくつかの点を指摘することができます（これら
は裁判外の紛争処理の利点として，いわゆる ADR 一般の利点とも共通する部分が大き
いと言えます。その意味で，その多くは，第 3 章で見る倒産 ADR とも共通します）。

まず，簡易性があります。法的倒産処理手続は裁判所における手続として，
必然的に様々な手続（債権調査・確定，財産調査等）や裁判所・管財人など手続
機関の関与を必要とするため，ある程度複雑なものにならざるをえません。他
方，私的整理はすべて関係者の合意によって処理されるため，簡易な手続とす
ることが可能となります。この点は，消費者の債務整理や清算型の倒産処理に
ついては極めて重要な要素になりましょう。同様の利点として，廉価性という
私的整理の特色もこれらの手続においては重要な要素となります。法的手続で
は，特に管財人等倒産手続機関（多くの場合は弁護士です）の報酬が最低限必要
となり，それだけで相当の出費になります。これに対し，私的整理では，その
ような手続機関は必置とされません。したがって，手続運営の費用は最小限に
収まることになり，これは配当原資が十分ではない小規模債務者の破綻処理に
とっては大きな意味があると考えられましょう。

次に，私的整理の迅速性も重要な利点となります。この点は，清算型や消費
者の手続のみならず，企業の再建型手続でも重要なファクターと言えます。再
建の成否は，手続のスピードによって左右される割合が大きいからです。裁判
所における手続も，再生手続を中心に近時極めて迅速な運用が図られるように
なっていることは，この本でも今後繰り返し述べていきますが，なお一定の時
間が必要であることは避け難いものです（再生手続で，いくら早くても 5～6 ヶ月
の期間を要します）。それは様々な手続の段階を関係当事者の手続保障に留意し
ながら進めていくからですが，関係者の合意に基づく私的整理ではそのような
手続を大胆に省略・回避することができ，その結果として，裁判所の手続では
決して達成できないような迅速な事件処理が可能となる場合があるわけです。

私的整理の利点として，最後に，私的整理の秘密保持性が挙げられましょう。

倒産の事実は債務者にとって最も知られたくない事実であり，また特に債務者が事業を継続していく場合には，倒産の情報が流れることそれ自体が再建に致命的な打撃を与えることも多いと思われます。さらに，債権者にとっても，その大口取引先の倒産は，その信用を損なう要素となりうるため，秘密としておきたい情報です。ところが，債務者が法的倒産手続の開始を申し立てると，その事実を隠し通すことは不可能です。大企業であれば，午前中に倒産手続の開始申立てをすれば，間違いなくその日の夕刊にその旨の記事が載るでしょう。そうでなくても，倒産手続開始の事実はいずれ官報に公告されます。これに対し，私的整理では，債務者・債権者等の関係者が口を閉ざしさえすれば，そのような措置をとったこと自体を完全に秘密にしておくことも不可能ではありません。このことは債務者が私的整理による処理を選択する大きな要因となることが予想されます。

●コラム：事実上の倒産？──再生手続申立ては倒産か？

　裁判所への倒産手続の申立てがされると，大々的に「事実上の倒産」と報じられ，それが事業の再建を困難にする事態がしばしば生じます。民事再生法の制定時には，そのようなマスコミの報道姿勢に疑問が呈され，少なくとも再生手続の申立てはその旨を淡々と報じれば足り，事業再生を無用に困難とする「倒産」の語をセンセーショナルに用いるべきでないという批判がされました。ただ，現行法で唯一倒産の定義をしていると思われる中小企業倒産防止共済法2条2項においては，倒産防止共済の発動の前提要件を「倒産」とし，その中に再生手続申立て等をも含めています。その意味で，再生手続の申立ては，「事実上」というよりも，むしろ法的な意味でも「倒産」といえるのです。今後は，このような法制の態度をまず改めるとともに，「倒産」という語義に対する一般の印象・理解を変えていくための地道な活動も必要となっていくでしょう。

　これに対して，私的整理には，いくつかの欠点があることも，また否定できない事実です。というよりも，日本の従来の運用では，このような欠点が拡大して現れ，私的整理に対する信用性を害していたことは間違いありません。心ある弁護士は，できるだけ法的整理によることを心がけ，時間や費用の点からどうしても裁判所の手続によることができない場合に限って，私的整理を利用

するようにしてきたとも言われます。そのような私的整理の最大の問題の一つが，手続の不透明性です。当然のことですが，私的整理については法律で定められた「手続」というものがないので，債権者から見ても債務者から見ても，手続の見通しが立ちません。また，債務者の財務情報など必要な情報の開示がされる保障もありません。すべては債務者その他私的整理を取り仕切る人たちの個人的な資質や善意に委ねられることになります。しかし，これらの人たちの行動や資格を定めるルールもなく，結局，手続の主宰者に人を得れば，私的整理の利点が発揮され，すべての関係者が満足するような結果も可能となる一方，不適切な人が手続を主宰すれば，極めて不透明で関係者のすべてに不満が残るような処理になりがちです。後者の場合，処理に当たった当人自身は善意で，ただ能力に欠けるような場合もありますが，そもそも最初から私的整理を利益獲得の手段と考える反社会的集団がこれに関与することもままあったと言われています（「整理屋」などと呼ばれます）。そのような場合に，公権的なチェックのない私的整理は，限りなく問題のある手続となってしまうでしょう。

　以上のような不透明性と並んで，手続の不公平性も私的整理の問題点としてしばしば指摘されるところです。資産・負債を確定し，各債権者に対してその実体法上の地位に応じて平等に配当・弁済を行うということは，倒産手続のアルファであり，オメガでもあります。そのために，各倒産法は，債権調査・確定の手続や管財人による配当の手続，また再建計画の決議・認可の手続を設けており，必要な場面で裁判所の監視・関与の機会を定めています。これに対し，私的整理においてはそのような手続的保障は一切存在しません。したがって，私的整理の主宰者が債権者全体の利益ではなく自己または特定の第三者の利益を図るために行動しようと思えば，容易にそのような結果が達成されてしまうおそれが常にあるのです。先に述べた不透明性と相まって，そのような不公平な取扱いがされたとしても，他の債権者はそのような状況を十分に把握できず，結局，訳の分からないまま，一部債権者や第三者が他の債権者の犠牲において利益を得て，うやむやのうちに倒産処理が終了してしまうことも多いと言われます。このように，債権者間の公平・平等な取扱いがされない可能性のある点は，私的整理の大きな欠点の一つに数えられましょう。

(2) 私的整理に関する近時の動向——私的整理の多数決化

　これまで述べてきたように，私的整理は，その和解としての法的性質上，すべての債権者の同意が必要となります。その反面，誰を私的整理の相手方とするかは，債務者が自由に選べます。ただ，近時は，様々な経済状況・社会状況の変化の結果（この点は 3(1) 参照），債権者の全員同意は成立が困難になっています。そこで，対象債権者の自由な選択（商取引債権者の除外＝全額弁済）と，反対債権者の多数決による抑え込みを両立できないかが大きな課題となっています。言い換えれば，私的整理のメリット（前者）と法的整理のメリット（後者）の「良いとこどり」ができないかという問題意識です。

　実際に，コロナ禍後の倒産事件の増加に対応することもあり，ヨーロッパ諸国などではこのような方向での立法がされているようです。すなわち，2019年の EU 指令（予防的な事業再生の枠組み等に関する EU 指令）においては，予防的な再建スキームという形で私的整理を位置づけ，必要に応じて個別執行の一時停止について裁判所の援助を得ながら，最終的に，私的整理の中で債権者の同意（過半数〜75％）を得られた場合には，裁判所の認可を受け，反対債権者を含む全債権者を拘束する制度の採用を EU 各国に義務づけました。これを受けて，欧州各国では私的整理と裁判所の認可を組み合わせた法整備が進められています。たとえば，ドイツでは，2021年,「企業の安定化及び再建の枠組みに関する法律」が制定されました。この法律では，債務者の差し迫った支払不能を要件として，私的整理手続の追行中に裁判所の様々な関与，たとえば，強制執行の一時停止，手続を支援する再建実務家の選任，再建計画案の予備審査，裁判所内の議決手続等を求めることができます。そして，再建計画案について私的整理で 4 分の 3 以上の債権者の賛成があるときは，再建計画案や決議等の法令違反，計画の履行可能性の欠如，対象権利者間の不平等，清算価値保障の欠缺等がない限り，裁判所に認可決定を求めることができ，裁判所の認可決定があると，反対債権者を含む対象権利者全員が拘束され，権利変更の効果が生じるというものです。

　日本でも，このような手続を創設する可能性が繰り返し議論されているところです。古くは，会社更生法の立案過程で，金融債権者のみを手続の対象にして，多数決で権利変更を可能とする特定更生手続の構想がありました。その後,

事業再生 ADR が創設された後は，それを母体として，ADR で全員一致に至らないときも，裁判所に認可決定を求めて，再建計画案に効力を生じさせるという立法論もありました。理論的に見れば，①金融債権者を一つの共通する権利集団（グループ）とみて，その中で多数決を妥当させる構想（社債権者の中で裁判所の認可決定を前提に多数決を妥当させる制度〔会社 724 条・734 条参照〕とパラレルな社債権者集会モデル）や，②倒産手続における少額債権の随時弁済制度を拡大して，金融債権以外の多くの債権について手続からの除外を認める構想（特定更生手続モデル）などが考えられます。現在，ヨーロッパの制度なども参考にしながら，金融債権者を対象にした私的整理における多数決＋事業再構築計画案の裁判所による認可決定の制度化が真剣に議論されているところです。

2 私的整理の法律構成

　私的整理の法律構成については，従来，集団的和解契約説が多数説でした。私的整理では，法的整理とは異なり，債権者の多数決によって権利変更を行うことはできず，常に債権者全員と債務者との間の合意で処理がなされ，倒産処理案に合意しない債権者は拘束できないので，それを和解契約と理解することは正当と思われます。ただ，近時の議論では，合意に至る前の段階における私的整理の手続中の法律構成についても考えるべきものとされます。私的整理を法的整理と並ぶ倒産処理の手続として構成し，その適正化を図るという観点からは，手続終了時の合意の法的構成のみならず（あるいはそれ以上に）手続中の法律構成が大きな意味をもってくるからです。そして，このような観点から，私的整理の手続主宰者の地位および債務者・債権者との関係について，これを信託として構成する信託説が有力になってきています。

　信託説においては，私的整理を委託する債務者が委託者，私的整理を引き受ける手続主宰者である債権者委員長等が受託者，そして私的整理によって利益を受ける債権者が受益者という形で位置づけられます。このような構成が最も大きなメリットを有するのは，債権者委員長が受託者として，善管注意義務（信託 29 条 2 項）および忠実義務（公平誠実義務。信託 30 条）を負うと解される点です。1 でも見たように，現在の私的整理の最大の欠点が，債権者委員長など私的整理の主宰者による自己の地位を濫用した不平等・不透明な処理にある

とすれば，債権者委員長等に善良な管理者としての注意義務を認め，さらに自己や第三者の利益と債権者の利益とが対立する場合には，受益者たる債権者の利益の方を尊重するように求める信託法理は，私的整理の手続の適正化に大きく資するものと理解されるからです。したがって，このような考え方によれば，債権者委員長やその関係者が債務者の財産から優先的に弁済を受けていたような事実が後に判明したような場合には，その者はそれを債権者団に対して返還する義務を負うことになりましょう（債権者委員会委員長の法的地位および義務に関する裁判例としては，東京地判昭 57・4・27 判時 1064-79，東京地判昭 56・4・27 判時 1020-122 などがあります）。

　他方，近時は，むしろ債務者の委任によって弁護士が代理人として選任され，その弁護士を中心に私的整理の手続が進められることが多くなっていると言われます。弁護士が代理人として受任・介入し，その点が金融債権者に通知されれば（介入通知・受任通知），債権者は債権回収を控えるように求められる運用が定着しているので，あえて弁護士に財産を移転する必要はありません。また，強制執行を回避するために弁護士に資産を移転したり，換価・回収した財産を弁護士が保有したりするとしても，弁護士には委任契約に基づく善管注意義務等が認められ，通常は法律専門家として弁護士倫理を踏まえてその義務を適切に遵守することが期待できますので，あえて信託という法律構成を必要としません。そのような私的整理の運用の変化もあって，近時は，この私的整理の法律構成の議論そのものが下火になっていますが，その基本的な考え方（債権者を受益者としてその法的保護と手続の透明性・公平性を重視する考え方）自体は現在でも妥当するものと言えましょう。

3　企業の私的整理

(1)　私的整理一般

　従来の一般企業の私的整理は中小企業に関するものが多く，その処理は清算が中心的でした（清算型私的整理）。そして，私的整理を運営する機関として，債権者委員会が設置され，その委員長が手続を実施していました。ただ，このような手続においては，債権を買い受けるなどして債権者の地位を得た整理屋など反社会的主体が債権者委員長に選任され，私的整理の適正な遂行を阻害す

る事例もあったようです。このような事情を受け，また法曹人口の増加なども
あって，前述のように，現在ではむしろ，債務者が弁護士に依頼し，弁護士が
代理人として私的整理の手続を主導することが一般的とされます。この場合，
弁護士は代理人として介入通知を発出して債権回収を防止するとともに，債務
者の委任に基づいて資産の換価や債権の回収を進め，債権者に対する配当をし
て，不足分については債権放棄の同意書を徴求するような運用がされるようで
す。ただ，いずれにしても，私的整理の本質上，手続に参加しない債権者には
債務免除等の効力は及びません（私的整理案がそれに同意した債権者について，一
種の和解契約として法的拘束力をもつとするのは，東京地判昭 49・5・31 判タ 312-233）。

　他方，最近では，大企業の私的整理を中心として，再建計画の策定という形
でその処理がされる場合が多くあります。すなわち，メインバンクを中心とし
た金融機関など大口債権者の間で話合いがされ，再建計画が策定されるもので
す。再建計画の内容としては，一方で債務者がリストラを行って事業の収益性
を高め，他方では債務の弁済猶予や一部免除，さらにデット・エクイティ・ス
ワップ（DES。債権を債務者の株式に変換する手法）等が行われるというものです。
この場合，新しい経営陣が大口債権者の中から派遣される場合もあるようです。
しかし，このような私的整理の方法をとることは困難な場合も多くあるように
見受けられます。そもそも債権者である金融機関等の側に債務免除に応じる経
営体力が十分でなく，安易に応じることはコンプライアンス上の問題を生じ，
場合によっては金融機関自体が破綻して，その債権が整理回収機構等に譲渡さ
れ，そのような公的機関が債権者として現れることで，安易な合意は成立しに
くくなります。同様に，債権のバルクセール（まとめ売り）などで外資系の投
資ファンド等が債権者となる場合には，従来の日本の金融機関などとは行動パ
ターンが異なり，合意の調達が困難になるとも言われます。また，十分な見通
しのない再建計画に基づいて債権放棄等をした場合には，金融機関等の取締役
が株主代表訴訟などによってその責任を追及される場面も生じます。ただ，そ
れでも法的整理によることが適当ではなく，私的整理による処理が望ましい場
合は間違いなくあることから，次に述べる私的整理ガイドラインが策定され
（さらに倒産 ADR なども活用され），私的整理による再建計画策定の手続が透明化
される方向にあります。

(2)　私的整理ガイドライン（再建型私的整理）

　これまで述べてきたように，私的整理には多くのメリットがありますが，他方では債務者企業の実情に合わない安易な債権カットがされたり，問題の先送りに止まったりすることも多かったようです。そこで，金融機関の不良債権処理と企業の過剰債務問題を一体的・抜本的に解決するため，より透明な手続で私的整理を行うことができるように，金融界・産業界の代表者の間での合意として，2001年9月，「私的整理に関するガイドライン」が策定されるに至りました。このガイドラインは，あくまで紳士協定であり，法的拘束力や強制力を有するものではありませんが，関係当事者が自発的に尊重・遵守することが期待されています。

　このガイドラインに基づく私的整理の具体的な手続は，以下のようになります。まず，この手続の対象となるのは，過剰債務状態にはあるが，事業を再構築すれば収益力が回復し，債務の減免により再建が可能となる企業に限られます。その意味で，これは再建型の私的整理を対象とするものです。この手続では，まず，債務者が債権額の多い銀行（メインバンク）等主要債権者に再建計画案を提出して，私的整理を申し出ます。申出を受けた主要債権者は，債務者から提出された資料を精査し，再建計画案の実現可能性ないしその内容の妥当性を検討することになります。そして，主要債権者は，再建計画案が実現可能であり他の債権者の同意を得られる見込みがあると判断したときは，債務者と連名で私的整理の対象債権者に呼びかけ，一時停止の通知を発し，2週間以内に第1回債権者会議を招集します。なお，対象債権者からは，通常，取引先債権者は除くものとされます。一時停止通知は，私的整理の期間中，対象債権者に対し，個別的な権利行使や債権保全措置を差し控え，通知時の与信残高を維持するよう求めるものです。他方，債務者には，例外的な場合を除き，資産処分や債務弁済が禁じられます。

　第1回債権者会議では，債務者から，経営破綻の原因，現在の財務状況，再建計画案の内容等が説明されます。それとともに，一時停止の期間，債権者委員会の設置・委員の選任，専門家（アドバイザー）の選任等が決定されます。アドバイザーが選任された場合には，1ヶ月程度の調査に基づき報告書を提出し，債権者委員会はその報告書等に基づき，対象債権者に対し，再建計画案の

実行可能性等に関する調査結果報告書を送付することになります。それを受けて、第2回債権者会議が開催され、対象債権者から再建計画案を受諾するか否かの意見が表明されます。大方の債権者から賛成の意向が表明されたときには、同意書が提出され、全員の同意書の提出により再建計画は成立に至ります。これに対し、相当の対象債権者の賛成が得られない場合には、私的整理終了の宣言がされ、通常は法的整理の申立てがされることになります。このように、このガイドラインに基づくものであっても、私的整理はあくまでも私的整理であり、全債権者の同意を必要とするものです。一部の債権者の反対が強い場合は、多数決による処理が可能な民事再生・会社更生といった法的整理に移行するほかありません。

　ガイドラインにおける再建計画案の内容は、一定の基準を満たしている必要があるとされます。安易な問題先送りを避け、ガイドラインによる再建の信頼性を高めようとするものです。すなわち、債務者が実質的に債務超過である場合は、再建計画案では、私的整理成立後3年以内を目処に実質的な債務超過を解消する必要がありますし、損益の面でもやはり3年以内を目処に経常利益が黒字に転換することを内容とするものでなければなりません。また、株主の権利については、債権者の債権放棄を求める以上、支配株主の権利は株式提供等により消滅させ、一般株主についても減資および新株発行により権利の消滅または価値の減少が求められます。さらに、債権者の負担割合は債権者平等を旨としながら、衡平性の観点から個別に検討すべきものとされています。以上のように、ガイドラインの求める再建計画の内容は極めて厳格なものであり、また対象債権者全員の同意が原則として必要になるところから、これによる処理には相当の困難が予想されるところです。

　実際に、2001年9月に策定されたガイドラインは、その後約1年間に、6件の企業の私的整理に利用されました。そのうちの4件は上場会社であり、他の2件も地方の名門企業であったとされます。ただ、このような利用状況は当初想定されていた成果を上げているとは言い難いものでした。依然として超大型企業の破綻処理は、ガイドラインに基づかない話合いに基づく再建計画の策定・債権放棄が主流でした。これは、実質債務超過解消・黒字転換の3年以内の達成、支配株主の権利消滅・経営者の退陣、債権者全員一致の必要性などガ

イドラインの要件の厳格さによるとも批判されました。そこで，2002 年 10 月，「私的整理ガイドライン」運用に関する検討結果が公表され（NBL 749 号 51 頁参照），上記のような原則に対する合理的な例外の範囲を明らかにするほか，中小企業への適用の可能性，専門家アドバイザーの活用，税制上の提言等を行って，ガイドラインの利用促進を図ったものです。しかし，その後も利用が増加することはなく，事業再生の主流は，むしろ産業再生機構や事業再生 ADR に移っていきました。ただ，私的整理ガイドラインは，これら準則型私的整理や倒産 ADR の手続の基本を作ったものとして，歴史的にその意義は高く評価されます。

●コラム：国はどこまで事業再生に関与すべきか？
——産業再生機構，企業再生支援機構から REVIC まで

　本文で見たように，不良債権処理の観点から見ますと，私的整理ガイドラインの成果に限界があったことは否定できません。より強力な措置を求める意見が政界・経済界などから強く上がり，その結果，2003 年 4 月，5 年間の時限の機関として，産業再生機構が設けられました。これは，債務者の再生計画に合理性がある場合に，機構がノン・メインバンクの債権を買い取るなど公的資金を拠出することにより，いわゆるメイン寄せの問題を回避し，私的整理を円滑・迅速に進めることを可能にするものでした。機構は，カネボウやダイエーなど 41 グループに対する支援決定をするなど一定の成果を上げ，2007 年 3 月に予定よりも多くの収益を実現して解散したものです。

　このような公的資金を拠出する，公的ファンドの機能をもつ機関は，国の役割に鑑みれば，例外的なものであるべきとの認識の下に，産業再生機構は時限の機関とされ，それに代わるべき恒常的制度としては事業再生 ADR が設けられました（第3章 3(3)参照）。しかし，リーマンショック後の大不況の中で，再び事業再生に対する公的関与が求められる局面が生じたのです。その結果，2009 年 10 月に創設されたのが企業再生支援機構です。その役割は基本的に産業再生機構と同様のものとされています。この機構は，当初は中小企業の再生を中心的な任務とすることが考えられていましたが，第 1 号案件として JAL（日本航空）を扱うなど大企業の再生にも取り組み，その後，医療法人や学校法人など様々な形態の法人の再生にも関与しました。

　このように企業再生支援機構は，事業再生において一定の成果を上げましたが，所定の期限で本来は終了するはずでした。しかるに，この間，大きな政策課題として浮上してきた地域経済の再生を図ることを目的に，2013 年，

地域経済活性化支援機構（REVIC）として，衣替えをして存続することになったものです。事業再生のための官民ファンドとして，交通機関，医療機関等様々な業種の事業再生に寄与しています。ただ，このような公的資金を投入した事業再生は，バブル崩壊やリーマンショック等極めて異常な経済状況下の緊急措置としてはともかく，平時経済の下でも永続させることは必ずしも望ましいものとは思われません（ただ，コロナ禍などもあり，事業再生支援業務の期限は延長されています）。REVIC の将来のあり方を含めて，私企業の事業再生に対する望ましい国の関与のあり方について，建設的な議論が行われるべきでしょう。

4　消費者の私的整理

　最近における消費者の経済的破綻の増加に応じて，消費者の私的整理の重要性も増大しつつあります。消費者の破綻処理の手続は，特定調停・クレジットカウンセリングといった倒産 ADR の手続，破産免責手続，個人再生手続という形で近時整備が図られ，それらの申立件数も増加していますが，現実には，なお多くの事件の処理は，弁護士・司法書士などによる私的整理に委ねられています。実際上，経済的な破綻状態に陥った債務者，いわゆる多重債務者は，まず法律相談等により救済を求めることになります。ここにおいて，適切な助言がなされること，また助言を求めるアクセス・ルートを整備することが実際の多重債務問題の解決のためには極めて重要なことと言えます。その意味で，弁護士会や司法書士会などのほか，消費生活センター等消費者側からのアクセスが容易な相談機関において多重債務者を適切な処理ルートに流していくように，助言・援助がされることが重要でしょう。その意味では，2006 年に設置された日本司法支援センター（法テラス）を中心とした司法ネットの役割が重要なものになると思われます。

　法律相談等を介して弁護士等が介入することになりますが，特に弁護士は，事件を受任した場合に，債権者に対していわゆる介入通知を行うことになります。そして，1983 年の大蔵省（当時）銀行局長通達により，弁護士が事件受任をした場合には，貸金業者の取立ては規制され，債務整理に協力する義務が認められました。この点は，現在では，貸金業法 21 条 1 項 9 号により，法律上

も，受任通知後の正当な理由のない弁済要求は禁止されるに至っています（違反者は2年以下の拘禁刑または300万円以下の罰金に処される。貸金業47条の3第1項3号）。このような公法的規制を前提に，弁護士等はまず依頼者である債務者に対する債権の現状の正確な把握を図るとともに，利息制限法に基づく引直し計算をすることになります（その作業の詳細は，第3章4(1)における特定調停の場合と基本的に同じとされます）。そして，引き直された債権額に応じて，債務者の代理人は弁済計画案を作成し，その計画案に対する債権者の同意をとりつける努力をします。これらの点は，企業の私的整理の場合と差異はなく，同意しない債権者を拘束できない点も同じです。ただ，消費者の場合には，最終的には破産免責によって強制的に債務免除が図られる可能性があるので，債権者が弁済計画案に応じる可能性は高くなります。ただし，弁済計画の内容としては，債務元本の減免まで定められることは通常なく，利息制限法引直し後の債権額について期限の猶予による分割払いのみを認めるのが一般的であるとされます。

●コラム：個人版私的整理ガイドライン

　前に見ましたように，私的整理ガイドラインは企業を対象としたものでした。ところが，東日本大震災の発生は同様のスキームが個人についても必要であることを感じさせました。住宅ローンや事業資金を借りている個人が地震や津波，原子力災害による被害を受け，再び新たな融資を得て住宅の再建や事業の再開をしようとするとき，既存の債務と新規の債務を二重に負って生活の再スタートが困難になるという事態が生じます（いわゆる二重ローン問題）。このような場合，債務者は自己破産をして免責を受けることはできますが，その場合には手持ちの資産をすべて失いますし，「破産者」という呼び名にも根強い抵抗があります。そこで，2011年7月，個人版私的整理ガイドラインを制定し，個人債務者についても私的整理の仕組みを設け，被災者の救済を図ったものです。そこでは，個人債務者の多様性に鑑み，債務者の状況（事業者・消費者の別，将来収入の有無等）に応じて，①将来弁済型，②清算型，③事業再建型といった3種類の弁済計画の類型を用意しています（詳細な仕組みについては，章末文献の小林論文を参照してください）。その後，このスキームは，自然災害一般にも拡大され，2015年，「自然災害による被災者の債務整理に関するガイドライン」が制定されました（これは，早速，2016年4月の熊本地震に適用され，さらに2020年10月には新型コロナウイルス感染症の影響を受けた個人債務者にも適用されるに至りました）。

〈**参考文献**〉

伊藤眞『破産法・民事再生法（第 5 版)』（有斐閣，2022 年）48 頁以下

全国倒産処理弁護士ネットワーク編『私的整理の実務 Q＆A 140 問』（金融財政事情研究会，2016 年）

私的整理に関するガイドライン研究会事務局「速報 私的整理に関するガイドラインの概要」NBL 722 号（2001 年）6 頁以下

小林信明「個人債務者の私的整理に関するガイドラインの概要」NBL 962 号・963 号（2011 年）

第3章　倒産 ADR

1　倒産 ADR の意義

　既に見たように，1990 年代以降の日本経済の低迷や経済構造改革の中で，企業・消費者の双方について倒産事件が急増しており，それを受けて倒産法制の整備が進められてきたわけですが（第1章3(2)），そのような法的手続とともに注目されているのが，裁判外の倒産処理手続です。法的手続は必然的に企業・消費者に倒産企業・破産者等の烙印を押し，それ自体でその経済的な再生を困難にするおそれが大きいものです。また，取引先債権も手続に取り込むことは，事業価値の劣化を招き，事業再生を困難にする可能性があります。そこで，不良債権の処理を円滑に進め，セーフティ・ネットを整備するため，裁判外の，より緩やかな枠組みによる倒産処理に期待が集まったものです。特定調停法の制定や事業再生 ADR の制度化などは，まさにそのような期待を反映した動きと言えましょう（また，第2章で述べた私的整理ガイドラインの策定や産業再生機構の設置などもそのような動きの一環と言えます）。

　このような日本の状況は，世界的にも決して突出したものではありません。倒産処理の手法として裁判外の手続を活用する動きは，英米法系・大陸法系を問わず，広く一般的に見られるところです。このような傾向は特に消費者倒産の分野において顕著です。たとえば，アメリカ合衆国などでは，クレジットカウンセリングによって極めて多数の債務者が経済的再生を果たしていることは周知の事実であり，2005 年の改正によりこのようなカウンセリングを倒産申立てに前置するものとしています。また，ヨーロッパ大陸法国でも，フランス，ドイツ，オーストリア，スウェーデン等においては，裁判所における消費者倒産処理手続に，行政委員会や認可消費者団体等による調停手続が前置されているようです。さらに，企業倒産の場面でも，フランスなどでは，商事裁判所における倒産予防のための調停手続が重視・強化され，法的手続との連携も図ら

れていますし，その他の国でもインフォーマルな手続で早期の事業再生を図る傾向が看て取れます。その意味で，日本の司法において伝統的に大きな機能を果たしてきた調停制度を倒産処理にも活用しようとすることはもっともな試みであり，また新たな動きとして，アメリカ等で実績を挙げているカウンセリングの手法を活用することや裁判外で事業再生の第三者機関を制度化することも注目に値する動向といえます。本章では，このような動きを総称して倒産ADR と呼び，その概要を紹介してみたいと思います。

2 特定調停

(1) 特定調停の目的

　日本においてまず倒産 ADR として発展をみたのが，司法型 ADR である特定調停の手続です。特定調停手続とは，1999（平成11）年12月，民事調停法の特別法として制定された「特定債務等の調整の促進のための特定調停に関する法律」に基づく手続です（2000 年 2 月施行）。このような手続が創設されるについては，二つの方向からの経緯がありました。一つは，企業倒産に関する不良債権処理・金融再生の方向です。抵当権の目的土地上に複雑に設定された権利関係を整理して不良債権を処理し，金融機能を再生するため，1998（平成10）年に，不動産関連権利等調整委員会という行政委員会を創設する方向で政府から法案が提出されました。しかし，これはゼネコン等の安易な救済に繋がるといった強い批判を受けて撤回され，それに代わる方策として模索されたのが裁判所の調停制度の活用だったわけです。もう一つの方向としては，消費者（個人）の多重債務問題の処理がありました。このような調停は既に，クレサラ（クレジット・サラ金）調停や債務弁済協定調停といった名前で行われ，実際に大きな実績を挙げていました。ただ，その手続にはなお不十分なところもあったため，これをさらに充実・強化するために，法制審議会倒産法部会などでも民事調停の特則を設けることが論じられていました。このような二つの異なる方向からの問題提起を受け止めて，議員立法の形で制度整備を図ったのが特定調停の手続ということになります。

　以上のような立法の経緯からも明らかなとおり，特定調停手続の目的は，まさに倒産処理そのものです。法律によれば，「支払不能に陥るおそれのある債

務者等の経済的再生に資するため」,「このような債務者が負っている金銭債務に係る利害関係の調整を促進することを目的とする」のが特定調停の手続です（特調1条）。その意味で，この手続は，日本で最初に倒産 ADR（司法型 ADR）として公認された手続と評価することができます。特定調停は，自然人・法人，事業者・消費者の区別なく，手続の対象としています。実際にも，企業や第三セクターが金融機関を主な相手方とする簡易迅速な倒産処理手続として利用する場合も増えています（3参照）が，事件数の大部分は消費者債務者の申立てによるものです（4(1)(a)参照）。特定調停は民事調停の特例として位置づけられる手続ですが，その実質は民事調停の一類型であることから，特定調停法・同規則に規定のない事項は民事調停法・同規則によるものとされています（特調22条，特調規9条）。

(2) 特定調停の概要

特定調停が行われるのは，(1)で見たような意味での「特定債務者」が調停申立ての際に特定調停手続による調停を求めた場合に限られます（特調3条1項・2項）。したがって，客観的に見れば特定債務者による調停申立てであっても，このような申出がないときには，通常の民事調停事件として扱われることになるので，注意を要します。特定調停を求める申立人は，申立てと同時に，財産状況の明細書や関係権利者の一覧表，職業・収入の状況に関する陳述書等を提出しなければなりません（特調3条3項，特調規2条）。これによって，その債務者が特定債務者であることが確認されますが，申立人が特定債務者に該当しないと認められたときは，特定調停をしないものとされます（特調11条）。

特定調停手続の大きな特色として，まず事件の一括処理を可能とする制度を整備している点があります。特定調停は実質的には倒産処理手続であり，事件処理の効率性や債権者間の平等の要請から本来集団的な処理を必要としますが，調停という一対一の個別手続の形を借りていることから，両者の要請の調整が必要となります。そこで，特定調停は個別手続の原則を維持しながら，できるだけ集団的処理が可能となるように手続的な配慮をしています。すなわち，このような集団的処理を可能とするため，法はまず移送・自庁処理について特則を設け，事件処理のために適当であれば，他の管轄裁判所への移送や，申し立

てられた裁判所が（管轄がなくても）自ら事件を処理してしまう自庁処理の余地
を広く認めています（特調4条）。本来の管轄は，債権者（相手方）の住所・営
業所等により定まりますが（民調3条1項），このような規定により，債務者を
共通とする複数の事件を（債権者の所在にかかわらず）できるだけ一つの裁判所
に集中して処理することが可能になっています。さらに，同一の債務者が申し
立てた複数の事件が同一裁判所に係属するときは，できる限りこれらを併合し
て処理すべきものとされます（特調6条）。集団的処理の要請に正面から応えた
ものです。

　次に，やはり特定調停が実質的には倒産処理手続であるところから，手続中
の個別執行の停止が不可欠の要請となります。倒産処理手続中に自由に個別執
行がされるようでは，倒産手続の根本理念に反し，債権者平等，資産価値の維
持，債務者の経済的再生が不可能になるからです（第1章1参照）。この点で，
既に民事調停においても執行停止の措置が可能とされています（民調規5条）
が，特定調停法はそれをさらに拡大しています（特調7条）。第一に，停止の対
象が担保権や公正証書に基づく執行のほか，判決や和解調書等裁判所で作成さ
れる債務名義に基づく執行手続（民調規5条1項但書参照）にも拡大されていま
す。第二に，停止の要件について，民事調停の場合の「調停成立が不能・著し
く困難となるとき」に加えて，「特定調停の円滑な進行を妨げるおそれがある
とき」も執行停止を可能として，要件を緩和しています（特調7条1項）。第三
に，無担保による停止の余地を認めています（特調7条2項参照）。このように，
特定調停ではその倒産手続性から広く個別執行の停止が認められて話合いの成
立が勧奨されていますが，他方では執行停止の濫用を防止するため，裁判所は
執行停止に際して，執行債権の内容，執行手続の進行状況，調停成立の見込み
等諸般の事情を斟酌すべきものとされます。

　特定調停はADRの一種として，その成否は手続を実施する主体の能力・資
質に大きく依存しています。倒産状態というゼロサムに近い状況で適切・公平
な合意をとりまとめるためには，専門的な知見を有し，関係者の信頼を得られ
るような手続実施者の関与は不可欠のものと言えましょう。そこで，特定調停
を行う調停委員としては，「事案の性質に応じて必要な法律，税務，金融，企
業の財務，資産の評価等に関する専門的な知識経験を有する者」を指定するも

のとされています（特調 8 条）。さらに，特に消費者に関する特定調停の手続で
は，債権者の有する資料の提出を求めることが不可欠となりますが，これにつ
いても特定調停法は一定の対処をしているところです。

　最後に，やはり特定調停の実質的な倒産手続性から，調停条項についても一
定の縛りがかけられています。すなわち，特定調停における調停条項は，「特
定債務者の経済的再生に資するとの観点から」，「公正かつ妥当で経済的合理性
を有する内容のもの」でなければなりません。そのような内容の合意が成立す
る見込みがないか，成立した合意がそのような内容のものと認められない場合
には，調停委員会は調停不成立として事件を終了させることができます（特調
18 条）し，調停委員会が調停案を提示する場合にも，以上のような内容の調停
案しか提示できません（特調 15 条）。具体的には，調停条項は実質的に見て債
権者を平等に取り扱い，債務者の経済的再生の見込みがあるものでなければな
らないと考えられます。そして，このような要請を満たす限りで，調停条項に
従った債務免除については，税法上の損金算入の措置を債権者が受けることが
期待できます。なお，当事者間で合意に至ることはできなかった場合でも，裁
判所が弁済条項の決定をし，それに対して両当事者が異議を述べなかったとき
は，その決定を裁判上の和解と同視する，調停に代わる決定の制度もあります
（特調 20 条，民調 17 条）。

(3)　特定調停の特色

　以上のような特定調停制度については，それを倒産処理手続の中に位置づけ
るとき，いくつかの特色を認めることができます。第一に，完全合意型の手続
であるという点です。調停案が成立するためには，債権者の個別的・積極的な
同意が必要ですし，調停に代わる決定で処理するとしても，債権者が異議を述
べないという形で，その決定に対して消極的な同意を与えることが必要になり
ます。この点は，債権者の同意を全く前提としない破産手続や一定の同意が必
要だとしても多数決によって原則として過半数の同意を確保すれば足りる再生
手続や更生手続など法的倒産手続との大きな相違です。この特色は，権力の行
使ではなく関係者の合意をその正統性の基盤とする ADR の宿命であり，また
限界でもあります。

　第二に，特定調停は ADR であっても司法型の ADR であり，なお裁判所の一定の関与が前提とされています。その意味で，私的整理などとは異なり，手続の透明性や債権者間の公平性などには（法的手続ほどではないにしても）一定の期待ができます。また，裁判所の関与に基づく事実上の影響力により，私的整理では成立しないような合意が調達できる可能性もあります。この点では，私的整理ガイドラインが私的整理と特定調停の連携に言及していることが注目されます。ただ，この点は，逆に特定調停には裁判所の手続としての限界が付きまとうことも意味しています。行政・民間型 ADR などと比べ，敷居が高く，また ADR 独自の機能（たとえば秘密保持機能やカウンセリング機能）の発揮には限界もあると見られます。

　最後に，特定調停が ADR である以上，ADR の一般的な利点として，簡易・迅速・廉価な処理という点が指摘できましょう。法的手続は，倒産手続の要請であるこれらの要素に（特に民事再生法を始めとした一連の抜本改正に基づく法制では）一定の配慮をしていますが，それでも法的手続であるための固有の限界は否定できません。特定調停では，特に手続機関の不存在などに表れているように，これらの利点を徹底的に貫くことができると言えます。その結果，裁判所の関与により最低限の透明性・公平性等を担保しながら，簡易・迅速・廉価という効率性を追求する ADR 手続として，特定調停は，まだ傷の浅い債務者にとっての前捌き的な倒産処理の手続として機能していくことが大いに期待されましょう。以上のような特定調停の制度は，近時の様々な倒産 ADR の先駆となり，一つのモデルとして機能したものと評価することができます。

3　企業倒産 ADR

　企業の倒産 ADR として，従来は，前述の特定調停，すなわち司法型 ADR が唯一のものでした。しかるに，産業再生機構の任務終了に伴い，私的整理と特定調停を含む裁判所における倒産処理手続との連続性を保つシステムが必要ではないかという議論がされました。このような議論を受けて創設されたのが，事業再生 ADR の仕組みです。これは，日本で最初の本格的な民間型の倒産 ADR を創設するものとして，倒産処理法の域に止まらず，ADR 法の観点からも興味深い制度といえます。さらに，中小企業の事業再生が大きな政策的課題

となるに伴い，中小企業庁の主導で中小企業活性化協議会が全国に設けられています。これは行政型の倒産 ADR ということができるでしょう。このように，司法型・民間型・行政型の多様な ADR が発展していることは，国際的にみても日本の大きな特色ということができます。

(1)　特定調停——司法型 ADR

　特定調停手続は，その量においては圧倒的に消費者関係の事件が多いわけですが，企業の倒産処理として特定調停を活用することも，手続創設の一つの理由とされました。前にふれたように，この手続の一つの淵源は，金融再生関連法案における不動産関連権利等調整委員会の構想にあったものです（2(1)参照）。ただ，行政委員会の不透明性が批判される中で，むしろ裁判所の調停手続を活用しようという方向に至り，そこでは，ゼネコン等相当大規模な企業の倒産処理に特定調停手続が利用されることも想定されていましたし，実際にもいわゆる第三セクターの倒産処理等に一部活用されています。すなわち，債務者企業は，取引債権者に対しては債務全額の弁済をすることを前提に，銀行等の金融・大口債権者についてだけ債務減免・弁済猶予等の再建計画を立てるために利用するという場面が典型的に考えられています。実際には，事前の話合いで多くの債権者とは既に話がついているにもかかわらず，一部金融機関等が頑強に話合いによる再建計画を拒否しているような場合に，裁判所における手続の事実上の圧力に期待して合意を成立させようとする利用方法です。私的整理ガイドラインにおいて，一部債権者のみが反対する場合に特定調停に移行することが提言されていることも，このような特定調停の利用方法を想定したものと言えましょう。

　実際の企業の特定調停事件の処理は並行処理（複数の事件について事実上同一の期日で扱うが，弁済計画案の提示や説得については各債権者ごとに行う処理方法）が一般的だと言われますが，併合処理（特調法6条により事件を併合して処理する方法）も相当程度利用されているようです。そもそも，消費者の特定調停においては，並行処理でそれほど問題はなく，併合処理の原則化は，前述のような裁判所の圧力をより発揮しやすくするため，企業の特定調停を念頭に置いていたものと思われます。このような処理は，常に併合処理により行われる法的倒産

手続に代替するものであることを考えると，望ましい方向であると言えましょう。また，特定調停では，担保権実行も含めて執行手続の中止が可能であることは，倒産処理手続としての実効性を担保するものです。特に金融機関を相手にする場合には，担保権実行を中止できる可能性は，債務者のバーゲニングパワーを高める意味がありましょう。さらに，調停委員としては弁護士や公認会計士，退職企業人など専門家調停委員が一定程度活用されています。最後に，調停条項は経済的に合理性のあるものであることが求められ，債権者平等や企業の再建可能性等が考慮されるべきものとされます。そして，そのような要件を満たす限りで，調停条項の中で債権放棄がされれば，税法上も損金処理の可能性があり，実際にも損金算入が認められた例があるようです。

　以上のように，企業の倒産処理として，特定調停は一定の成果を上げていると見られますが，法的倒産手続との役割分担としては，以下のような指摘ができましょう。まず，ADR の一般的な利点とされる簡易迅速性は，特定調停においても間違いなく認められます。ただ，法的手続でも，特に再生手続では簡易迅速な処理による運用が確立しつつあり，この点が特定調停の圧倒的な利点とは言えない状況になりつつあります（もちろん，手続機関が存在しないため，廉価性においてはなお特定調停の優位性が認められますが，消費者の場合とは異なり，このメリットは企業倒産では決定的な手続選択要因とならないことも多いでしょう）。現在の利用状況を前提に，特定調停のメリットとして考えられるのは，一部の債権者のみを相手方とした倒産処理が可能になる点です。前述のように，特定調停は，原則として一対一の個別手続であるため，金融・大口債権者のみを相手に調停をまとめ，他の取引債権者等には随時全額の債務弁済をすることが可能です。これに対し，法的手続では債権者平等原則が厳格に貫徹されるため，一部債権者の権利のみを変更し，他の債権者には全額弁済をするような扱いは認められません。会社更生法の改正に際してはそのような手続（特定更生手続）の可能性も議論されましたが，憲法違反の疑いがあるとして斥けられています。ところが，当事者間の合意を前提とする ADR ではそのような柔軟な措置も可能となるわけです。そこで，取引先等との関係を維持しながら金融債権者とだけ話を付けるやり方として，（他の倒産 ADR と同様）やはり特定調停のメリットは大いにあると言えます。

●コラム：経営者保証ガイドラインと特定調停の活用の試み

　日本では，小規模な事業者が金融機関から融資を受ける際に，その経営者が債務保証をすることが一般的です。その結果，経営が破綻したときは，保証責任の追及を恐れて，経営者の倒産手続の申立てが遅滞する弊害が発生しています。そこで，経営者保証について，経営者が早期に債務処理に動いた場合には，その負担を軽減する必要が指摘されてきました。このような指摘を受け，全国銀行協会および日本商工会議所が事務局となり，有識者等の協議を経て，2013 年に「経営者保証に関するガイドライン」が設けられました。同ガイドラインでは，事業者が法的手続や準則型私的整理の手続をとった場合に，それによって債権者の弁済が増加したときは，経営者の保証責任の負担を軽減し，自由財産に加えて「一定期間の生計費に相当する額」（100 万～360 万円）を残すとともに，「華美でない自宅」についても債務者に残して，居住の継続を可能としています（ガイドラインは，法的拘束力はありませんが，金融機関等において自発的に尊重・遵守することが期待されています）。そして，このようなガイドラインの適用を受けるためには，何らかの手続をとる必要がありますが，中小企業活性化協議会の手続にも乗らないような小規模企業の事業再生の受け皿として，特定調停手続が再び注目を集めているところです（新たな「特定調停スキーム」については，章末『中小企業再生のための特定調停手続の新運用の実務』に掲載された「金融円滑化法終了への対応策としての特定調停スキーム利用の手引き」を参照してください）。

(2)　中小企業活性化協議会——行政型 ADR

　企業の倒産 ADR の仕組みで，行政が主導するものとして，中小企業活性化協議会があります。中小企業に特化した ADR で，産業競争力強化法に根拠規定があります（同法 133 条以下）。2003 年に創設されたもので，従来は中小企業再生支援協議会と呼ばれていましたが，2022 年 4 月に再編され，各都道府県に設置されています（それを支援する全国組織として，中小企業活性化全国本部が置かれています）。各機関は，中小企業庁からの委託を受けて，中小企業から事業再生の相談を受け，再生計画の成立に向けた支援をしています。2003 年の事業開始から 2022 年 3 月までの間に，相談件数が 54,215 件，再生計画の成立が 16,608 件となっています。特に 2012 年度以降，再生計画の成立は急速に増えており，年間 300～500 件程度であったのが，1,000～2,500 件に増加しています。これは，金融円滑化法のいわゆる出口対策として，簡易版のスキームが新設されたことによると

されます（さらに，2020 年度からは，新型コロナの影響で資金繰りに困る中小企業等を支援する「新型コロナ特例リスケジュール支援」〔特例リスケ〕の制度が始まり，2 年間で 4,353 件の利用があったといいます）。

　協議会による ADR の手続は，中小企業活性化協議会実施基本要領によって定められています。次にお話しする民間型 ADR の事業再生 ADR とは異なり，委託者である国が委託の条件として定めるもので，法律等でルール化されているものではありません。ただ，その内容はかなりの程度，事業再生 ADR と類似しています。簡単にまとめると，以下のようになります。まず，窓口相談（第 1 次対応）では広く事業再生の相談を受け付け，弁護士や中小企業診断士の紹介等も行っています。その中で，再生計画が必要であると考えられる企業について，再生計画策定支援（第 2 次対応）に入っていきます。そこではまず，対象企業と金融機関出身の統括責任者（プロジェクトマネージャー）の連名で，金融機関に対し，返済猶予の要請をします。そして，協議会が委嘱した中立公正な専門家（公認会計士等）が財務・事業の調査（デューディリジェンス）を実施します（事業再生 ADR とは異なり，中小企業である債務者自身がこの調査をするのは難しいので，手続の中で行われます）。この調査に基づき，再生計画案を策定し，債権者会議に諮ることになります。このあたりの手続は，事業再生 ADR と基本的に同じようなものです。手続全体に要する期間は，5〜9 ヶ月程度とされます。

　事業再生計画案の内容は，8 割〜9 割は条件変更（リスケジュール）であり，債権放棄を伴うものは 1 割程度に止まるとされています。言い換えれば，この手続は，実際には，債務者に事業再生に向けた時間的猶予を与える手続として機能としており，抜本的な破綻処理のスキームとして使われることは多くないという状況のようです。ただ，日本に存在する企業の 99％ が中小企業であるとすれば，その事業再生は，特に地域経済の活性化という観点からは大変大きな意味をもちます。そのような政策的観点から，まさにこのような行政型の倒産 ADR が設けられているものです（この制度は，時限立法として，当初は産業活力再生特別措置法の中で規定され，その後 2 度延長されて，現在は恒久的制度となっています）。中小企業に特有の費用面その他司法アクセスの困難という観点からは，全国に所在しているこの ADR の役割は大きなものがあると思われます

（そのような観点から，2021 年の産競法改正により，事業再生 ADR に倣って，手続中のプレ DIP ファイナンスや商取引債権が後続の法的手続で優先される可能性が付与されています〔産競法 56 条 3 項・59 条 3 項・65 条の 2 参照〕）。将来的には，中小企業により特化した形でルール化が進められ，さらに活用されていくことが期待されましょう。

(3) 事業再生 ADR——民間型 ADR

　日本で最初に，事業再生のための民間型 ADR として導入された制度として，産業活力再生特別措置法（産活法）の 2007 年改正（平成 19 法 36）によって導入された特定認証紛争解決手続があります（現在は産業競争力強化法〔産競法〕において規定されています）。いわゆる事業再生 ADR の仕組みです。この制度は，裁判外紛争解決手続の利用の促進に関する法律（以下 ADR 法と言います）により法務大臣の認証した認証紛争解決事業者のうち，一定の要件を満たす者をさらに経済産業大臣が認定し，その認定を受けた者（特定認証紛争解決事業者）が行う紛争解決手続について，特定調停に関する特則，中小企業信用保険法の特則，監督委員の選任や資金借入れ，債権の弁済についての再生手続・更生手続の特則，簡易再生の申立てに関する特例等を規定したものです。これによって，産業再生機構がその役割を終えた状況の中で，中立な第三者である専門家の関与した形で，適切な事業再生のスキームを提供していくことを目的としたものといえます。その後，事業再生 ADR の活用に鑑み，2011 年に経済産業省令（事業再生に係る認証紛争解決事業者の認定等に関する省令）を改正し，手続実施者の資格要件の緩和等が行われています（現在は経済産業省関係産業競争力強化法施行規則〔産競規〕において規定されています）。なお，ADR という事務の性質上，手続に参加するかどうかは債権者の任意に委ねられますが，債権者が金融機関の場合は，ADR 事業者から参加の求めがあったときは，これに協力するよう努めなければならないとされます（産競法 65 条の 5）。これによって，ADR の実効性の強化が図られています。

　（a）ADR の認証・認定　　まず，ADR の認証・認定の要件については，ADR 法による法務大臣の認証と産競法による経済産業大臣の認定を併せて受ける必要があります（産競法 2 条 20 項・47 条 1 項）。ADR 法における認証の基

準は同法 6 条に，認証の欠格事由は同法 7 条に詳細に規定されています。ここでは詳細に紹介する余裕はありませんが，手続実施者が弁護士でない場合における法的助言のための措置の必要（ADR 法 6 条 5 号）や暴力団員の排除の規定（ADR 法 7 条 8 号～12 号）などがあります（詳細については，山本和彦＝山田文『ADR 仲裁法〔第 2 版〕』〔日本評論社，2015 年〕253 頁以下を参照して下さい）。最後の点は，倒産処理の分野は，このような反社会的集団の進出のおそれが歴史的にも特に大きい分野であると考えられますので，事業再生 ADR にとって重要な規定でしょう。次に，産競法による認定基準は大きく三つあります。第一に，紛争の範囲（ADR 法 6 条 1 号）を事業再生に係る紛争を含めて定めていることです（産競法 47 条 1 項柱書）。第二に，事業再生の専門家を手続実施者として選任できることです（同項 1 号）。ADR の命は人であり，事業再生は特に専門性が高い分野であることに鑑みれば，手続実施者の専門性の確保は何よりも重要な課題と考えられるからです。第三に，認証紛争解決手続の実施方法が所定の基準（産競規 19 条以下参照）に適合することです（産競法 47 条 1 項 2 号）。ADRにおいては人が重要であるといっても，専門家が実施すればどのような手続・内容のものであっても尊重されるべきかといえば，やはりそうではなく，一定の合理的な手続があり，その尊重も求められてしかるべきものでしょう。とりわけ事業再生の分野では，私的整理ガイドライン以降一定の手続ルール（準則）が運用され，実績を挙げてきた歴史があり（第 2 章 3(2)参照），その積み重ねの上に事業再生 ADR があるとすれば，それを踏まえた手続のあり方が必要と考えられるからです。

　(b)　手続実施者等　　次に，ADR の手続ですが，まず手続実施者について，前述のように，専門家を手続実施者として利用できることは事業再生ADR の認定要件となっています。そこで，その専門性判定の具体的な基準が問題となりますが，以下の四つのいずれかに該当することが要件とされています（産競規 17 条）。すなわち，①認定支援機関において中小企業再生支援業務の統括責任者またはその補佐の経験を有すること，②事業再生 ADR の手続実施者を補佐する者として 2 件以上（ただし，再生手続の監督委員や再生管財人・更生管財人の経験がある場合には，1 件以上）事業再生に係る債務者・債権者間の権利関係を適切に調整した経験を有すること，③産業再生機構・地域経済活性化

支援機構（REVIC）等において事業再生に携わった経験を有すること，④一般に公表された債務処理を行うための手続についての準則（私的整理ガイドライン等）に基づき，事業再生に係る債務者・債権者間の権利関係を適切に調整した経験を有することです。そして，実際の手続実施者の選任にあたっては，再生手続・更生手続において監督委員または管財人の経験を有する者が1人以上含まれる必要があります（産競規22条3項本文）。適切な事業再生計画を策定していくためには，倒産法に関する相当の知見が不可欠であり，そのための客観的指標としては裁判所からの選任の対象となる法的倒産手続の機関の経験が有効なものですが，事業再生 ADR の特質から特に再建型手続の経験が重要と考えられるため，上記の資格を定めたものと思われます（なお，債権放棄を伴う事業再生計画案の特則については，(d)参照）。

　以上のような手続実施者に関する規律の結果，手続実施者に弁護士が含まれないことも可能性としては想定されますが，そのような場合には，前述のとおり，ADR 法上，弁護士の助言が必要となるわけです。事業再生 ADR においては，この助言にも専門的知見が必要とされ，単に弁護士であれば当然に適切な助言ができるとは限らないため，この助言弁護士の資格にも一定の制限が設けられています（産競規18条）。すなわち，上記①〜④の経験のいずれかを有するとともに，再生・更生手続における監督委員または管財人の経験が必要とされるのです。その趣旨は，手続実施者の選任の場合と同様です。

　　(c) ADR の実施手続　　次に，一時停止が行われます（産競規20条）。一時停止とは，債権者全員の同意によって決定される期間中に債権の回収，担保の設定または法的倒産手続開始の申立てをしないことをいいます。そして，認証紛争解決事業者は，債権者に対し一時停止を要請する場合には，債務者と連名で債権者に対し，書面により通知しなければなりません。一時停止の対象となる債権者は，認証手続における紛争の当事者である債権者に限られます。そして，一時停止の通知を発した場合は，通知発出日から原則として2週間以内に，第1回債権者会議（事業再生計画案の概要の説明のための債権者会議）を開催しなければならないとされます。そして，債権者会議における全債権者の同意により一時停止が実際に発動されることになります。

　そしてその後，債権者会議が開催されることになります。ここでは私的整理

ガイドラインの手続に倣って，3回の会議が想定されています。すなわち，事業再生計画案の概要の説明のための債権者会議（第1回債権者会議），事業再生計画案の協議のための債権者会議（第2回債権者会議），事業再生計画案の決議のための債権者会議（第3回債権者会議）です（産競規21条。ただ，これらの会議を併合して開催することも認められると解されます）。事業再生計画案の概要の説明のための債権者会議においては，債務者の現在の資産・負債の状況および事業再生計画案の概要についての債務者による説明と，これらに対する質疑応答および債権者間の意見の交換が行われます（産競規22条1項）。また，この会議では，債権者の過半数の同意により，①議長の選任，②手続実施者の選任，③第2回債権者会議の開催日時・場所を定めることができ，さらに，債権者全員の一致により，④一時停止の具体的内容・期間，⑤第3回債権者会議の開催日時・場所を決議することができます（同条2項。これら①〜⑤の事項の決議に至らなかったときは，債権者の過半数の同意で続行期日の設定も可能とされます。産競規23条）。次に，事業再生計画案の協議のための第2回債権者会議が開かれます。ここでは，事業再生計画案が債権者に提示され，債権者間で協議されますが，その際の重要な資料として，手続実施者は，この会議において，その計画案が公正かつ妥当で経済的合理性を有するものであるかについて意見を述べるものとされます（産競規24条。なお，協議が調わなかった場合は，債権者の過半数の同意により，続行期日を定めることができます。産競規25条）。最後に，事業再生計画案の決議のための第3回債権者会議が開かれます。そこでは，債権者全員の書面による合意の意思表示によって計画案の決議をすることができます（産競規26条。決議ができないときは，債権者全員の同意により，期日の続行が可能とされます。同27条）。そのような決議により，事業再生 ADR は成功裡に終了し，そこで成立した事業再生計画に基づき当事者の権利義務関係は実体的に変更されることになるわけです。

　（d）事業再生計画　　最終的に当事者の協議・決議の対象となるのは，事業再生計画案です。計画案は，債務者によって作成されます。事業再生計画案の内容として，①経営が困難になった原因，②事業の再構築の方策，③自己資本の充実のための措置，④資産・負債および収益・費用の見込み，⑤資金調達計画，⑥債務の弁済計画，⑦債権者の権利変更，⑧債権額の回収の見込みが

含まれなければなりません（産競規28条1項）。④については，ⓐ債務超過の状態にあるときは3年以内に債務超過を解消すること，ⓑ経常損失が生じているときは3年以内に黒字に転換することを原則として求めています（同条2項）。単なる債務弁済計画ではなく，真の意味での事業の再生の計画を求める趣旨といえるでしょう。さらに，⑦については，権利変更の内容が債権者の間で平等でなければならないとします。プロラタ（債権額に応じた按分の負担）を原則としたものです。ただ例外として，債権者の間に差を設けても衡平を害しない場合が挙げられ，実質的平等主義が採用されたものと言えるでしょう（同条3項）。最後に，⑧については，その債権額の回収見込みが，破産手続による債権額の回収の見込みよりも多くなければなりません（同条4項）。いわゆる清算価値保障原則を定めたものです。以上のような一般的な事業再生計画案に加え，債権放棄を伴う計画案においては，①公正な価額による資産評定が行われ，その評定価額を基礎とした貸借対照表が作成されていること，②資産・負債の価額および事業再生計画における収益・費用の見込み等に基づき債務免除の金額が定められていること，③株主の権利の全部または一部の消滅，④役員の退任を含まなければなりません（産競規29条1項。ただ，③・④は，それによって事業再生に著しい支障が生じる場合は不要とされます）。そして，この場合の手続実施者は監督委員等の経験者のほか公認会計士を含む3名以上（負債額が10億円未満の場合には2名以上）で構成される必要があり（産競規22条3項但書），認証紛争解決事業者は，事業再生計画案が要件を満たしていること等について，その手続実施者に書面による確認を求めなければならないとされます（産競規29条2項）。これにより，債権放棄を伴う再生計画については，より慎重な手続で，会計的にも妥当性を有する計画が策定できるように配慮がされているものです。

　（e）ADRの効果　　最後に，ADRの効果として，上記のような要件を満たす手続が行われた場合には，いくつかの特則的な効果が定められています。まず，特定調停における調停機関に関する特則があります。すなわち，特定調停の申立ての前に特定認証紛争解決手続が実施されている場合には，裁判所は，その実施を考慮した上で，裁判官だけで調停を行うことが相当であるかどうかの判断をするものとされます（産競法48条）。通常の調停手続では，調停委員会により調停を行うのが原則であり，例外的に，裁判所が相当と認めるときは，

裁判官だけで調停を行うことができるものとされますが（民調5条1項），この特則は，その相当性の判断に際して，事業再生 ADR の実施の事実を考慮することを義務づけたものといえます。ただ，これはあくまで考慮の義務づけに止まり，考慮した結果，調停委員会での調停実施を裁判所が相当と判断する場合は当然ありえます。裁判所は，事業再生 ADR の具体的内容（手続実施者や手続内容の実際）に鑑み，判断することになりましょう。ただ，このような規定でも，事業再生 ADR が実際上相当なものであれば，裁判所は裁判官調停を選択することが強く想定され，そして必要があれば迅速に調停に代わる決定（民調17条）に踏み切ることが期待できるでしょう。

　次に，監督委員の選任についての特例があります。再生手続や更生手続に事業再生 ADR が先行している場合には，当該手続における監督委員の選任（民再54条2項，会更35条2項）について，手続実施者が ADR 手続における和解の仲介を実施していたことを考慮するものとされます（産競法49条・50条）。このような規定によって，ADR の手続実施者を法的手続の監督委員に選任することを勧奨し，人的側面における手続の連続性を確保することで，ADR から法的手続への移行を円滑にする趣旨です（それは結果として，ADR における合意を促す効果もあると考えられます）。

　また，信用保証による資金調達のための特例が定められています。すなわち，特定認証紛争解決手続が行われる場合には，中小企業基盤整備機構は，その開始から終了に至るまでの間，債務者の事業の継続に欠くことができない資金の借入れに関する債務の保証を行うものとされます（産競法51条1号）。これによって，（以下に述べるプレ DIP ファイナンスの特例とあわせて）運転資金の確保を可能にする趣旨です。

　さらに，2013（平成25）年の改正（産業競争力強化法の制定）で，社債権の扱いについても特則が設けられています。これは，実際に社債を発行している会社の事業再生 ADR の申立てがあった際，社債についてはこの手続の中で扱えないのではないかとの疑義が生じたところ，その疑義を払拭する趣旨の規定です。すなわち，従来は社債権者集会で債務減免ができない旨の見解もあったのですが，社債権者集会の権限としての「和解」（会社706条1項1号）の決議には債務の減免も含まれることを前提に，社債減額が事業再生にとって不可欠で

ある旨の事業再生 ADR による確認（産競法 54 条）に基づき，裁判所が社債権者集会の決議の認可において，それが社債権者一般の利益に反するかどうか（会社 733 条 4 号）につき，上記確認がされていることを考慮して判断するものとされます（産競法 55 条 1 項）。このような形で，事業再生 ADR と社債権者集会決議の認可を行う裁判所との連携を図り（裁判所は，認可の申立てがされたときは，事業再生 ADR の意見陳述を求めることもできます〔同条 2 項〕），社債権の扱いに関する ADR の判断の事実上の尊重を裁判所にも求めたものです。

　また，プレ DIP ファイナンスの保護があります。私的整理の問題点として，交渉期間中に資金の借入れ等を受けた場合に，私的整理が失敗に終わって法的手続に移行したときに，その貸付債権が法的手続の中で十分保護されないという点が指摘されてきました。そこで，この事業再生 ADR の制度では，ADR 機関の確認を受けた借入れについて，再生手続・更生手続の中で一定の優先的取扱いの可能性を付与するものです。すなわち，ADR の債務者は，特定認証紛争解決事業者に対し，その手続の開始から終了に至るまでの間における債務者の資金の借入れが，①その事業の継続に欠くことができないものであること，②当該債権の弁済を ADR 手続の当事者である債権者が資金借入時に有する他の債権の弁済よりも優先的に取り扱うことにつき債権者全員の同意を得ていることに適合することの確認を求めることができます（産競法 56 条 1 項）。そして，ADR の終了後に行われる再生手続または更生手続において，そのような確認がされた借入債権と他の手続債権との間に権利変更の内容に差を設ける計画案が提出または可決されたときは，裁判所は，その計画案を付議する場合または計画を認可する場合に，上記確認がされていることを考慮した上で，当該計画案が債権者間に差を設けても衡平を害しない場合（民再 155 条 1 項，会更 168 条 1 項）に該当するかどうかを判断するものとされます（産競法 57 条・58 条）。このような規定によって，裁判所は，計画の適法性を検討する際に上記確認がされている事実を考慮に入れる義務を負うことになるわけです。ただ，これも，法律上はあくまで考慮義務を負うだけであり，考慮の結果，当該借入金債権を優先することが衡平でないと裁判所が判断することも理論的にはありうるものです。ただ，実際には，ADR が相当なものであれば，特段の事情のない限り，そのような判断がされることは考えられず，借入債権の優先扱いは衡平を害し

ないものとされ，事業再生 ADR 手続中の与信は優先性が確保されることになると期待されます。その意味で，いわゆるプレ DIP ファイナンスの安定性を高める効果が見込まれましょう。

　加えて，商取引債権の弁済に関する規定があります。従来は，ADR 手続の中で商取引がされたとしても，その後法的手続に入ると，当該商取引債権の優先性は必ずしも保障されず，その結果，ADR 手続中の事業継続に支障を来す面があったとされます。そこで，2018（平成 30）年の法改正により，前述のプレ DIP ファイナンスの規律に倣い，当該債権に関する ADR 機関の確認（産競法 59 条）を前提に，爾後の再生手続および更生手続における弁済の特例規定（産競法 60 条〜65 条）を定めたものです。すなわち，債務者は，ADR 手続の終了までの間の原因に基づき生じた債権につき，当該債権が少額であることおよびそれを早期に弁済しなければ事業の継続に著しい支障を来すことの確認を事業再生 ADR に求めることができます（産競法 59 条 1 項）。そして，このような確認がされていれば，ADR が失敗に終わり，再生・更生手続に入った場合であっても，①弁済禁止の保全処分（民再 30 条 1 項，会更 28 条 1 項）の対象にするかどうか（産競法 60 条・63 条），②手続中の少額債権の弁済（民再 85 条 5 項，会更 47 条 5 項）の対象にするかどうか（産競法 61 条・64 条），③再生・更生計画における少額債権に対する別段の定め（民再 155 条 1 項但書，会更 168 条 1 項但書）の対象にするかどうか（産競法 62 条・65 条）の判断に当たって，上記確認がされていることを裁判所は考慮するものとされます。これによって，実質的には，事業再生 ADR の手続中の商取引債権について，後続の法的手続においても優先的な弁済が（保全処分・手続中・再建計画いずれの段階でも）担保されるよう配慮し，事業再生 ADR が円滑に進められるようにしたものです。

　最後に，簡易再生の特例があります（2021〔令和 3〕年改正に基づきます）。すなわち，事業再生 ADR の手続において，債権総額の 5 分の 3 以上の対象債権者が事業再生計画案に同意している場合には，後続の再生手続において簡易再生の申立てを容易にするものです。具体的には，上記のような 5 分の 3 以上の同意があった場合に，債務者は，当該計画における債権の減額が事業再生に不可欠である旨の確認を事業再生 ADR に求めることができ（産競法 65 条の 3），その確認がされたときは，当該債務者につき簡易再生の申立て（民再 211 条 1

項）があった場合は，簡易再生決定の要件としての清算価値保障原則（民再211条3項・174条2項4号）を判断するに際して，上記確認がされていることを裁判所は考慮するものとされます（産競法65条の4）。これにより，事業再生 ADR が失敗した場合も，簡易再生への移行が円滑に行われ（上記のように，5分の3以上の債権者の同意があるとすれば，簡易再生開始のハードルは，実際上，清算価値保障原則のみになるものと考えられます），迅速に再生計画認可に至ることが可能となります（それは結果として，ADR における合意を促す効果もあると考えられます）。

　（f）ADR の実情と今後　　事業再生 ADR としては，現在，事業再生実務家協会が唯一の機関として認証・認定を受け，2009年1月から活動を開始しています。折からリーマンショックが起こったこともあり，当初から予想以上に活用されました。2009年2月に第1号案件があり，2011年末までの3年ほどの間に合計30件の利用申請があったとされます。そのうち24件が正式受理に至り，19件について事業再生計画が成立しています。申請事業者の業種は様々であり，上場企業も多く含まれており（正式受理された24件中，上場会社が12件），たとえば，マンション会社のコスモスイニシアや消費者金融のアイフルなど年商1,000億円を超える企業も利用して再生計画を成立させています。また最近では，JAL（日本航空）やウィルコム，林原など一度 ADR を申請した後に，更生手続に移行する企業も出ているようです。

　さらに，2022年のマレリの案件では，事業再生 ADR の失敗後に，（簡易再生への移行の円滑化規定〔(e) 参照〕を利用して）簡易再生に移行し，迅速な再生計画案の可決に繋がっています（**第5章Ⅱ4(4)(a)コラム**「簡易再生の新たな活用に向けて」参照）。その意味では，事業再生 ADR としては計画が成立しなかったとしても，その後の法的手続も含めると，事業再生に成功した例が多くなっていると言えるでしょう。

　2023年10月までの事業再生 ADR の活動状況としては，累計の利用件数は95件（290社）に上っており，そのうち，68件について事業再生計画が成立しています（成立率75％。成立しなかった場合でも，前述のように，その後の倒産手続で事業再生が図られた例もあります）。また，申請から計画成立までの平均期間も概ね6ヶ月という迅速なものです。2023年現在の手続実施者は，弁護士35名，

公認会計士13名，コンサルタント2名の合計50名となっています。なお，最近の受理件数は，2012年に12件ありましたが，その後は一桁となっており，2021年度は3件（19社），2022年度は2件（2社）となっています。

　以上のように，事業再生 ADR は，現在では法的手続（会社更生，民事再生等）と並ぶ事業再生の一つの選択肢として実務においては完全に定着したものと評価することができます。今後は，事業再生 ADR を更に使い勝手のよい手続に改善していくこと（中堅・中小事業者の利用もしやすくすること等）に加えて，ADR が失敗した後に，法的手続とうまく連携できるような制度基盤を整備していくことが法改正の課題として検討されます。なお，近時の議論としては，私的整理の多数決化に関する議論（第2章1(2)参照）も，何らかの形で事業再生 ADR のあり方に影響を与える可能性があり，その行方が注目されます。

4　消費者倒産 ADR

(1)　特定調停——司法型 ADR

　（a）特定調停の意義　　前に述べたように，消費者多重債務者についての調停は長い歴史と実績をもっています。かつてはクレジット・サラ金調停（略して，クレサラ調停）あるいは債務弁済協定調停と称されてきました。ただ，これらは実務運用上の工夫に過ぎず，法制上はあくまでも通常の民事調停の一形態に過ぎませんでした。また，その運用の中でいくつかの問題点が指摘されていました。たとえば，調停事件の管轄は相手方の住所地で決まるため，債権者の所在により同一債務者の事件が分散する場合があること，債権者が利息制限法を超えて利息を受領している場合には，調停案を策定する前提として超過弁済分は元本に充当されたものとして引直しの計算をする必要があり，その際には取引経過等に関する債権者の保有資料の調査が不可欠になりますが，必ずしも債権者の協力が得られないこと，調停合意が成立しない場合に裁判所は調停に代わる決定（民調17条）をすることができますが，一部債権者はその決定に対して理由もなく異議申立てをすることで決定を失効させてしまうことなどが調停による消費者倒産処理のネックとされていました。そこで，特定調停法が制定され，このような問題点のいくつかは解決されるに至っています。事件数は，債務弁済協定調停時代の1999年には18万5千件であったのが，特定調

停に移行した 2000 年には 21 万件，2002 年は 41 万件，2003 年は最大の 54 万件と増加を続けました。手続を利用する者は，消費者金融等に多額多数の債務を負ったいわゆる多重債務者が中心ですが，リストラに遭ったサラリーマンや住宅ローン債務者等についても活用される傾向にあるとされていました。ただ，その後は事件数は減少に転じ，2004 年は 38 万件，2007 年は 21 万件となり，2009 年には 5 万 6 千件，2012 年以降は 1 万件を割り，2021 年には 2,271 件と最盛期の 0.5％ にも満たない件数まで減っています。

　手続の概要は 2 で紹介したとおりですが，消費者関係特定調停の特色として特記すべき点として，調停委員の積極的な手続介入があると思われます。消費者特定調停では，調停委員は司法関係者（退職した裁判所書記官等）が選任されることが多いようですが，申立時に十分な資料を添付できない債務者から事情を聞き取り，債権者から利息引直し計算のための資料の提出を求め，調停条項に同意を得るために債権者を説得するなど多様な作業を調停委員が引き受けていると言われます。

　（b）利息引直し計算　　かつて特に問題となったのは，利息制限法の引直し計算です。利息制限法により上限金利（15％〜20％）が定められていますが，従来は貸金業規制法により，それを超えた金利であっても，29.2％ の利率までは，一定の要件を満たして債務者が任意に弁済をする限りは，有効な弁済として認められてきました（上記の率を超えると，「出資の受入れ，預り金及び金利等の取締りに関する法律」〔出資法〕により刑罰を課されます）。そして，実際にも多くの貸金業者が利息制限法の制限利率を超えた利率の約定をしていたことは，広く知られているとおりです。しかし，特定調停の手続では，そのような制限利息を超過した部分の弁済の効力を否定して調停条項案を作成する実務が一般的でした。理論的には，前記の法定の要件を満たしていれば債権者が弁済の効力を主張することは可能でしたが，その立証は困難な場合が多く，債権者もそこまで主張しない場合が多いとされます。そこで，調停条項案を作成する前提として，制限利息を超えた部分の弁済額を元本に充当して残債権額を計算し直す必要が生じますが，これが「利息引直し計算」と呼ばれるもので，特定調停の調停委員の最も重要な仕事の一つになっていました。

　ただ，以上のような状況から，消費者金融のビジネスモデルに転換を迫り，

従来のモデルに対するレッドカードともいうべき効果をもったのが，2006 年に従来の「貸金業規制法」を改正する形で成立した「貸金業法」の規定です。そこでは，貸金業務取扱主任者の設置義務，顧客の返済能力の調査義務など重要な規定が設けられていますが，とりわけ重要な点は，グレイゾーン金利の廃止の措置です。すなわち，貸金業法では，従来の貸金業規制法 43 条に存在していた「任意に支払った場合のみなし弁済」の規定は引き継がれておらず，利息制限法に反する利息の支払は当然に無効なものとなります（利息 1 条）。この規律は 2010 年 6 月から施行されていますが，その前から消費者金融業界ではそれに対する対応策がとられていたようです。その結果，「利息引直し計算」の実務は，近い将来，終焉を迎えることになり，特定調停その他の消費者倒産処理の実務も大きな変革を迎えることでしょう。ただ，他方では，自然災害被災者債務整理ガイドライン（第 2 章 4 コラム「個人版私的整理ガイドライン」参照）においては，ガイドラインに基づく債務整理には特定調停を利用するものとされており，その新たな活用方法も模索されています。引き続きこの制度のあり方には注視が必要でしょう。

●コラム：グレイゾーン金利に関する判例変更

　　本文で述べたような特定調停（さらには個人再生・個人破産）の実務に大きな変容をもたらしている動向として，消費者金融の新たな状況があります。上記のようないわゆるグレイゾーン金利を前提とした貸金業のビジネスモデルに対し，まず判例がイエローカードを出しました。最判平 18・1・13 民集 60-1-1 を嚆矢とする判例は，利息制限法所定の制限を超える約定利息の支払を遅滞したときに当然に期限の利益を喪失する旨の約定は無効であり，これを有効と誤解しないような措置がとられているなどの特段の事情のない限り，当該約定利息の支払は債務者の自由な意思による支払とはいえず，弁済は効力を生じないものと判断しました。その結果，消費者金融の多数の顧客からいわゆる過払金の返還請求がされることになったものです（そのような過払金債務は消費者金融業者の大きな負担となっており，そのような債務のため民事再生や会社更生を申し立てる事業者まで生じています。なお，過払金が一般に認められるようになる前の特定調停の実務を示す例として，最判平 27・9・15 判時 2281-98 は，興味深いものです）。上記判例の立場が後に貸金業法の制定により，法制化されることとなりました。

　　(c) 特定調停の手続　　消費者の特定調停事件においては，通常 1 人の債務者が 10 社前後の債権者に対する申立てを行うのが通常とされます。ただ，1 件当たりの債務額は，民事再生や破産に比べれば小さく，早い段階の多重債務処理に利用されていると言えます。事件処理は，まず債務者に面接を行い，次いで債権者ごとに期日を設ける（つまり，併合処理ではなく，並行処理がされる）ことが多いようです。前にも述べたように，調停委員は裁判所書記官の退職者等が中心であり，調停主任である裁判官は，調停成立時等手続の節目にしか期日に立ち会わないのが普通です。調停条項案を作成する前提として債権額の引直し計算が重要となることは前に見たとおりで，高利の借入れで長期の弁済を行っていたような事案では，計算の結果，残債務額がゼロとなるのみならず，債務者に過払いがあることが判明する場合も多いようです。調停条項は，元本免除は少なく，利息制限法に従って計算し直された残金を 3～4 年の弁済期間で弁済する計画が一般的であるようですが，弁済期間に関する利息は付さない運用も有力とされます。また，調停に代わる決定も多用されているようですが，これは，特に債権者が遠隔地で営業している場合など調停期日に出頭しないときに，債務者の策定した調停案について事前に事実上債権者から同意を得ておいて，決定がされることが多いと言います。したがって，債権者から異議が申し立てられることはほとんどなく，そのまま確定しています。

　　(d) 個人再生との役割分担　　以上のような特定調停，つまり司法型倒産 ADR を，法的倒産手続，とりわけ特定調停と同様に債務者の将来収入からの弁済を前提とする個人再生手続と比較して，その役割分担を考えてみると，以下のような点が指摘できると思われます。すなわち，特定調停には（ADR 一般に関してしばしば指摘されるところですが）手続の簡易性および費用の低廉性に大きな利点があるということです。個人再生については後に紹介するように（第 5 章 Ⅲ 参照），手続の簡易化について確かに一定の配慮がされていますが，法的手続の宿命としてある程度の複雑さは避けられず，資産の調査や再生債権の確定，再生計画の認可の手続などには一定の手間がかかります。それに比べれば，特定調停は極めて簡易な手続と言えます。また，個人再生では，多くの場合に申立代理人の関与が期待され，さらに個人再生委員という形で専門家が関与します。その結果，一定の費用がかかりますが，これに対し，特定調停で

は国家がその費用・報酬を全面的に負担する調停委員が関与するだけで，通常は代理人も必要ありません。したがって，費用は極めて廉価で（通常は申立手数料1件につき数百円から数千円だけ）処理が可能になります。以上のような簡易性・廉価性等を背景に，債務総額がそれほど大きくなく，債務者の収入により3〜4年で（利息引直し後の）元本の全額弁済が可能であるような事案において，特定調停による倒産処理には今後も一定の役割が期待されるでしょう。

(2) クレジットカウンセリング——民間型ADR

以上のような特定調停と並んで注目すべき消費者倒産ADRの手続として，クレジットカウンセリングがあります。特定調停が司法型ADRであるとすれば，これは民間型ADR（あるいは公益型ADR）と言えるものです。クレジットカウンセリングは，アメリカなどで発展したもので，多重債務者にとってアクセスの容易な救済機関として，また家計相談の延長線上で機能することが期待されるものです。日本では，1987年に日本クレジット産業協会を中心として財団法人日本クレジットカウンセリング協会が設立され，同協会が中心となってクレジットカウンセリング事業が行われています（現在は，公益財団法人となっています）。カウンセリングの実施件数は従来おおむね700件台で推移していましたが，その後一時は増加傾向にあり，2010年度には1,539件となりましたが，近時は減少傾向に転じています（2021年度，912件）。また，かつては，東京にあるカウンセリングセンターのみでカウンセリングを行っていましたが，地方在住の多重債務者にも対応できるように，2001年度からは，地方カウンセリング事業として相談・助言が行われるようになっています。現在では，東京・大阪のカウンセリングセンターのほか，福岡・名古屋・仙台・広島など19の相談室を含め，全国21拠点において実施されています。

この制度によるカウンセリングは，従来は債務者がクレジットカード利用者であることを要件としていましたが，2002年から対象範囲が拡大され，消費者金融等の利用者でも手続を利用できるものとされています。そして，本人が自発的に債務返済の意思を有すること，本人の収入からおおむね3年以内に債務返済が可能であること，債務が企業経営等から生じたものでないことなどがカウンセリングを行う条件となります。カウンセラーは弁護士が中心となりま

すが，それを補助する立場で消費生活アドバイザーが参加し，二人一組でカウンセリングが行われる点にこの手続の大きな特色があります。カウンセリングは無料で行われ，その内容は，依頼者の作成してきた債権者一覧表や家計表に基づき，法律上の助言のほか，弁済計画の策定，債権者との弁済計画の交渉や合意に基づく和解契約の締結，さらには生活家計相談等にも及ぶ幅広いものです。実際には，弁護士は法的な助言を中心に行い，消費生活アドバイザーは生活や家計の相談を行うことになります。なお，この手続では弁済の困難な債務者については，自己破産等を前提に弁護士会の法律相談を紹介するものとされます（2021 年度で協会が介入して私的整理の手続に入ったものが 42％，助言で完結したものが 30％のほか，弁護士会や法テラスなど他機関を紹介したものが 28％となっています）。

　消費者倒産 ADR が倒産制度全体の中で将来担うべき役割を考えると，このようなカウンセリング機能には特に注目すべきものがあるように思われます。前に見たように，司法型 ADR である特定調停は，簡易・迅速・廉価という効率性において裁判所における法的倒産手続の前捌き的な機能を発揮することが期待されています。それに対し，クレジットカウンセリングは，それがうまく機能する場合には，債務者に対する教育的な機能や破綻再発防止など法的手続に代替する機能を期待できるものと言えましょう。そのような意味で，裁判所の倒産処理手続には一般に期待し難いような独自の機能を果たしていく余地が認められるとも言えます。諸外国では，裁判所の消費者倒産処理手続に倒産 ADR を前置する所も実際にあるようですが，日本でも，クレジットカウンセリングが充実したものとなっていけば，将来的にはそのような方向を模索することも検討に値するものと考えられます。

〈参考文献〉
　山本和彦＝山田文『ADR 仲裁法（第 2 版）』（日本評論社，2015 年）
　中島弘雅ほか「シンポジウム・事業再生のツールとしての倒産 ADR──挑戦する ADR」仲裁と ADR 11 号（2016 年）
　山本幸三監修『一問一答特定調停法』（商事法務研究会，2000 年）
　西澤宗英ほか「座談会・債務弁済協定調停と特定調停制度」判例タイムズ 1083 号（2002 年）
　日本弁護士連合会＝日弁連中小企業法律支援センター編『中小企業再生のための特

定調停手続の新運用の実務――経営者保証に関するガイドライン対応』(商事法務, 2015 年)

手塚宣夫「クレジット・カウンセリング」河野正憲＝中島弘雅編『倒産法大系』(弘文堂, 2001 年) 369 頁以下

事業再生実務家協会事業再生 ADR 委員会編『事業再生 ADR の実践』(商事法務, 2009 年)

事業再生実務家協会編『事業再生 ADR のすべて（第 2 版)』(商事法務, 2021 年)

第4章 破産手続

I 破産手続の意義・概要

　破産手続は，法的倒産手続の中核をなすものであり，清算型倒産処理手続の原則的な形態です。破産は，清算型手続として，債務者の財産を処分することにより金銭化し，その金銭を債権者に配当する手続です。ただ，このような手続の目的は企業の破産の場合にはよく妥当しますが，消費者の破産については，実際には見るべき財産がほとんどなく，債権者への配当に至ることはむしろ稀です。それにもかかわらず破産手続が行われる主たる目的は，破産者が免責を得ることにあります。その意味で，企業破産は債権者のための手続であると言えますが，消費者破産は実際には債務者の経済的更生を主な目的とした手続であると言うことができます。この点は，債務者財産の清算とともに，債務者の経済生活の再生の機会の確保が破産法の目的とされていることにも表れています（破1条）。このように，実際の制度目的には大きな差異があるので，本章では，企業破産と消費者破産とに分けて説明をしています。

　破産手続の重要なポイントは，以下のような点にあります。まず，破産手続の対象には限定はなく，法人も自然人も広くその対象となります。もう一つの清算型倒産手続である特別清算手続は株式会社のみをその対象としている（第7章参照）のと大きな違いであり，清算型倒産手続の一般法と呼ばれる所以です。また，破産手続の開始原因は支払不能または債務超過（債務超過が開始原因となるのは法人のみ）とされています。債務者の資産と負債との関係で既に十分な債務弁済能力が欠如している状態では，債権者に対する公平な弁済を行う必要があるので，破産手続の利用を認めることとしているものです。

　破産手続の機関としては，破産管財人が中心的な役割を果たします。破産管財人は破産手続における必置の機関とされており，つまり破産手続は管理型の

手続であるという点で，再建型の一般手続である DIP 型の民事再生手続と大きな違いがあり，この点では会社更生手続に類似します（**第1章4** 参照）。破産債権者を代表する立場の第三者機関である破産管財人によって，常に公平かつ機能的な手続追行を図る趣旨です。そして，破産管財人に対しては，従来，債権者集会という債権者の利害を代表する機関によって監督がされる前提とされていましたが，これは実際には十分に機能せず，そのような実体を反映して，現行法の下ではむしろ裁判所の監督機能が重要とされ，破産手続は管財人と裁判所の二人三脚によって進められていると言って過言ではありません。

　破産手続においては，債権者は自己の権利の個別的な実行（強制執行等）を禁止され，また手続外で弁済を受けることもできません。債権者間の公平を図ることは倒産手続の基本的な使命ですが，清算型でありまた債権者の多数決も前提としない破産手続では特にこの点は重要です。したがって，破産手続における配当は，厳格な債権者平等の原則に則って行われます。他方，担保権者は破産手続の拘束を受けず，別除権者として自由にその権利を実行することができます。破産手続が最終的に清算を目的とする以上，事業の再建のために担保権者の権利実行を制限する必要のある再建型手続とは異なり，その権利行使を妨げる理由は原則としてないからです。

　以上のような基本的な考え方に基づき，一方で債務者の資産を換価し，他方で債務者の負債（破産債権者の債権）を確定し，換価によって得られた金員を債権者間で公平に配当していくわけです。ただ，その過程では，債務者の関与していた契約関係を処理したり，債務者が破産手続開始前に締結していた契約の効力を見直したりする必要が生じる場合があります。このような場合に，通常の実体法（民法等の平時実体法の規律）の基準に従って処理をすると，破産の場面では必ずしも適当でないことが生じます。そこで，破産法では，平時実体法がある程度修正され，破産手続の中でのみ通用する固有の実体法規定が定められています（破産実体法と呼ばれ，民事再生法や会社更生法の中でも基本的に同様の規定〔総称して，倒産実体法と呼ばれます〕が設けられています）。このような破産実体法の中では，一方では破産手続の目的をよりよく達成するための規律が目標とされますが，他方では破産手続前の取引関係の安定など債務者との間で経済活動を繰り広げていた第三者の利益の保護をも十分に考慮する必要がありま

す。言い換えれば，破産手続というミクロの世界では最も適切な解決に見えて
も，破産手続開始前をも視野に入れたマクロの世界では，それが破産者（にな
りうる債務者）の経済上・生活上の活動に大きな障害となる可能性があるため，
常にマクロの視点をも備えて複眼的に倒産処理の制度や法制を見ていく必要が
あるということです。破産実体法（倒産実体法）は，2004 年の現行破産法制定
に伴い，大きく改正されています。

　以下では，まず企業の破産について述べます（Ⅱ）。ただ，そこで述べられ
ていることは，破産管財人が選任されるような消費者破産の場合についても同
様に妥当することが多い点に注意をして下さい（その意味で，以下の分類はあく
まで分かりやすさのための便宜的なものに過ぎません。厳密には，Ⅱが破産手続の通則，
Ⅲが消費者破産の特則ということになります）。そして，その後に消費者破産に関
して解説します（Ⅲ）。なお，個人破産の件数は前世紀末から今世紀初めにか
けて急増した後，現在は大幅に減少していますが，企業の破産件数はこの 20
年ほどでやはり大幅に増加し，最近はやや減少気味ですが，依然として高い水
準にあります（**図表 4-2**「近年の破産事件数」参照）。従来は私的整理になってい
たものを破産手続が吸収しているものと考えられます。

Ⅱ　企 業 の 破 産

1　手 続 の 開 始

(1)　破 産 能 力

　破産能力とは，破産手続開始決定を受けうる債務者の資格，つまり破産者と
なりうる資格を意味します。民事訴訟における当事者能力に相当する概念です。
破産能力が認められる者についての明文の規定はありませんが，一般に，民事
訴訟法の当事者能力に関する規定に倣って，権利能力を有する者および法人格
のない社団・財団に破産能力が認められるものと解されています（破 13 条，民
訴 28 条・29 条）。また，破産法上，相続財産（破 222 条以下）および信託財産
（破 244 条の 2 以下）にも特に破産能力が認められています。

　　(a) 自然人　　すべての自然人には破産能力が認められます。外国人も

図表 4-1　破産事件数の推移

西　　暦	1950	1955	1960	1965	1970	1975	1980	1985
破産事件総数	1,092	1,949	1,672	2,514	1,680	1,408	2,877	16,922
企業破産事件数	-	-	-	-	-	-	-	2,026

1990	1995	2000	2005	2010	2015	2020
12,478	46,487	145,858	193,179	131,370	71,533	78,104
998	2,838	6,268	8,256	10,220	7,452	6,266

※企業破産事件数は破産事件総数から個人破産事件数を控除した事件数です（なお，1980 年以前は個人破産事件数の統計はありません）。

図表 4-2　近年の破産事件数

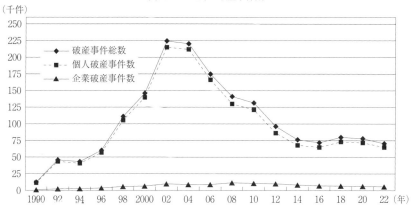

西　　暦	1990	1992	1994	1996	1998	2000	2002	2004
破産事件総数	12,478	45,658	43,161	60,291	111,067	145,858	224,467	220,261
個人破産事件数	11,480	43,394	40,613	56,802	105,468	139,590	214,996	211,860
企業破産事件数	998	2,264	2,548	3,489	5,599	6,268	9,471	8,401

2006	2008	2010	2012	2014	2016	2018	2020	2022
174,861	140,941	131,370	92,555	73,368	71,838	80,012	78,104	70,602
166,339	129,882	121,150	82,902	65,393	64,871	73,268	71,838	64,982
8,522	11,059	10,220	9,653	7,975	6,967	6,744	6,266	5,620

例外ではありません（以前の破産法は相互主義をとっていましたが，現在は内外人平等主義がとられています。**第9章4**参照）。なお，破産手続開始後に自然人破産者が死亡したときは，相続財産につき破産手続が続行しますが（破227条），破産手続開始申立後開始決定前に死亡したときは，相続開始後1ヶ月以内に相続債権者・相続人等から続行の申立てがある場合に限って，破産手続が続行され，そのような申立てがないときは，破産手続は終了します（破226条）。

　（b）法人　　法人のうち，いわゆる私法人についてはすべて破産能力が認められます。これに対し，公法人の破産能力については議論があります。公法人の中でも本源的統治団体といわれる国や地方公共団体（都道府県・市町村等）は，破産による法人格の消滅が認められないので，破産能力が否定される点に争いはありません。それ以外の公法人については，法人の公益性の大小に応じて破産能力の有無を決する見解や，国庫からの資金援助の可能性等については手続開始原因の問題として考えれば足り，破産能力は一般に認める見解などがあります（財産区につき，市町村の一部であり，性質上解散を許容できないとして，破産能力を否定した判例として，大決昭12・10・23民集16-1544参照）。現行破産法の制定に際して，この点について明文の規定を設けることも検討されましたが，この点は公法人の個別の設立根拠法の規定や解釈の問題であるとされ，一般的な規定は見送られました。したがって，依然として解釈論の問題となりますが，公法人の設立根拠法等に破産法の適用を排除する明文の規定がない限り，破産能力は肯定し，あとは破産手続開始原因等の問題として考えれば足りるように思われます。

●コラム：地方公共団体の財政破綻

　本文で見ましたように，地方公共団体に破産能力は認められないと解されています。しかし，地方公共団体も，税収以上の債務を負担して，財政破綻の状態に陥ることは十分に考えられます。したがって，再建型の倒産手続の対象にするという制度はありうるところです（アメリカの連邦倒産法には，地方公共団体を対象とした特別の倒産手続の定め〔第9章手続〕が存在し，実際にもデトロイト市〔2013年〕やプエルトリコ自治領〔2017年〕が倒産しています）。しかし，日本ではこのような考え方をとらず，行政的な処理の枠組みとして，「地方公共団体の財政の健全化に関する法律」に基づき，財政に関

する一定の指標を超えた団体について，財政健全化団体や財政再生団体に指
定して，地方債の起債（新たな借金）を総務大臣の許可に委ね，実質的に国
の管理下に置くような制度が用意されています。2010 年には北海道の夕張
市が財政再生団体として指定され，長期に及ぶ財政再生計画に取り組んでい
るところです。将来的には，債務免除を含んだ措置をとるために，自治体に
ついても再生手続を用意する必要が生じることも考えられましょう。

　　（c）法人格のない社団・財団　　法人でない社団・財団であっても，代表
者の定めのあるものには破産能力が認められます。どのようなものが「社団」
に該当するかは，民訴法 29 条と同様の問題であり，判例上は，権利能力なき
社団と同様の基準で判断されることになります。

　　（d）相続財産　　相続財産法人（民 951 条）が形成される場合は当然に破
産能力が認められますが，そうでない場合も相続財産に破産能力が肯定されま
す。その機能は，被相続人の資産・負債を相続財産の限度で清算することにあ
り，民法上の第 2 種財産分離の制度（民 950 条）に類似しますが，管財人に
よる厳密な清算手続である相続財産破産には独自の意義があります。ただ，実際
には，費用の面などから債務超過状態にある相続財産について破産の申立てが
されることはほとんどなく，相続放棄や限定承認等によって処理がされていま
す。現状で相続財産破産が生じるのは，自然人が免責を求めて自己破産を申し
立てた後に死亡した場合に限られるようです（この場合については，（a）参照）。
なお，現行法では，相続財産破産に関する規定が法律の第 10 章（破 222 条以
下）にまとめられています。

　　（e）信託財産　　2006 年に現行信託法が制定され，それに伴って新たに
信託財産の破産が認められました。現行信託法では，受託者の責任の範囲を信
託財産に限定する限定責任信託（信託 216 条以下）という有限責任の制度が導入
されましたが，その場合に信託債権者への公平な弁済を確保する必要がありま
すし，信託を利用した事業活動（事業信託）を円滑に進めるためにも，信託財
産について破産能力を認めることが相当とされたものです。このような信託の
活用により，将来的には，信託財産の破産が重要な意義を有することになる可
能性があります。また，信託のスキームを検討する前提として，その破産の可

能性を常に考えておく必要があります。信託財産破産の規律の内容は相続財産破産に類似している部分もありますが，相違する点もあり，それらの規定が法律の第10章の2（破244条の2以下）にまとめられています。

(2)　申 立 権 者

　破産の手続は，原則として申立てによって開始します（例外的に，裁判所の職権で開始する場合として，他の倒産手続の廃止等による牽連破産の場合〔民再250条，会更252条〕があります）。破産手続開始の申立権者としては，債権者および債務者（破18条1項）が原則ですが（債権質の設定者は原則として申立権を有しないとするのは，最決平11・4・16民集53-4-740〔百選10〕参照），法人については理事・取締役・業務執行社員・清算人等も申立権を有しています（破19条1項・2項）。さらに，相続財産破産については，相続債権者のほか，受遺者，相続人，相続財産管理人，相続財産清算人，遺言執行者も申立権をもち（破224条），信託財産破産については，信託債権者・受益者のほか，受託者，信託財産管理者等も申立権をもっています（破244条の4）。

　債務者が自ら申し立てる場合を自己破産，会社の取締役等が申し立てる場合を準自己破産といいます。たとえば，株式会社の場合，取締役会で破産手続開始の申立てを議決して代表取締役が申し立てる場合は自己破産であり，取締役が単独または複数で申し立てる場合が（たとえその全員が申し立てたとしても）準自己破産ということになります。なお，破産法改正時には，監督庁に申立権を付与すべきかが議論されました。悪質商法などを行う事業者を早期に解散に追い込み，被害の拡大を防止する趣旨でしたが，規制緩和の潮流に反し，行政に民間企業の生殺与奪の権限を与えることに批判も多く，採用されませんでした。結局，現在，金融機関について認められているように（第8章2(3)等参照），必要に応じて個別法により対応すべきものとされています。

●コラム：悪徳事業者をストップせよ！──消費者庁の破産申立権
　本文で見ましたように，破産法改正時には，監督庁に対して一般的に破産申立権を認めることは否定されました。ただ，悪質事業者について，被害の拡大を防止し，被害者の救済を最大化するため，早期に破産を開始する必要

があるという点には，コンセンサスがあったものと思われます。2009年に消費者の権利擁護を責務とする消費者庁が設置されたことにより，現在では，消費者庁に，消費者の権利保護の目的に基づき，悪質事業者に対する破産申立権が認められないかが立法論的な課題となっています。消費者庁には事業者に対する監督権限が認められていないこととの関係をどのように考えるか，また仮に申立権が認められたとしても消費者庁の調査権限等との関係でそれが十分に行使できるかなど考えるべき課題は多くありますが，検討に値する問題であることは間違いありません（このような問題については，山本和彦「多数消費者が債権者となる破産事件について」NBL 1204号〔2021年〕12頁，特に16頁以下参照）。

　債権者が申し立てる場合は自らの債権の存在および破産手続開始原因事実を疎明しなければなりません（破18条2項。破産手続開始申立てが時効の完成猶予効をもつことにつき，最判昭45・9・10民集24-10-1389〔百選A1〕参照）。また，準自己破産の場合にも，取締役等の全員で申立てをする場合を除き，破産手続開始原因事実の疎明が必要になります（破19条3項）。債権者申立てや準自己破産の場合には，破産手続開始申立権の濫用のおそれ（自己の債権の取立てを目的とする場合や会社の内紛を自らの有利に運ぶことを目的とする場合など）があるためとされます。これに対して，自己破産の場合には，そのようなおそれはないため，破産手続開始原因事実の疎明は不要です。なお，債務者の破産申立権放棄の合意については，公序に反するなどとして，その効力を否定する見解が有力です（破産手続開始申立てに対する事前協議等の合意があり，その合意に反して申立てがされた場合も，申立ては有効とする裁判例として，東京高決昭57・11・30判時1063-184〔百選6〕参照）。

　一定の申立権者が破産手続開始の申立義務を負う場合として，清算法人の清算人（一般法人215条1項，会社484条1項等）があります（そのほか，特別の法人との関係で，医療法人の理事〔医療55条5項〕や宗教法人の代表役員等〔宗教法人48条2項〕なども申立義務を負う）。これらの者については，法的倒産手続により公平かつ透明な清算を主導する職務上の義務が認められるからです。ただし，他の倒産手続開始の申立てによって，破産手続開始の申立義務は免除されることになっています（民再22条，会更18条，外国倒産18条）。なお，1938年の商法

改正前は会社の取締役に破産申立義務が認められ，2006年の一般法人法制定前は公益法人の理事に破産申立義務が認められていました（民旧70条2項）。これらは，破綻した法人について，破産手続で適切に処理をさせることを意図したものでしたが，実効性に乏しく廃止に至ったものです。破産を利用させるには，北風（罰則）では無理で，太陽（利用しやすい破産手続）によらざるをえないことを示す歴史的教訓といえましょうか。

●コラム：倒産申立義務の功罪

　21世紀における欧州経済の中でのドイツの成功をモデルに日本経済の再生を主張する論者の中には，倒産法制においてもドイツを学ぶべきとして，ドイツ法の倒産手続申立義務を日本にも導入すべきとする議論があります。ドイツでは，昔から，債務超過に陥った債務者に倒産手続の申立義務を課し，違反した債務者に懲役刑を含む刑罰を科しています。日本も，ドイツ法をモデルに，本文記載のように，戦前には株式会社の取締役に破産申立義務が認められていましたが，このような強制は実効的に機能せず，むしろ再建型倒産手続を用意して，法的手続に誘導する政策が採用されてきました。早期に倒産手続を開始させることが債務者にとっても債権者にとっても利益になるという認識は一致していると思われますが，本文に書いたように，それを「北風」で実現するのか，「太陽」で実現するのかという手法の違いでしょう。近時の再建型手続の整備や経営者保証ガイドラインなど日本は「太陽」型で進んできており，それは十分合理的な政策判断と思われますが，「北風」型の当否についても，常に真剣に議論の対象としていく必要はあると考えられます。

（3）予納金

　破産手続開始の申立てに際しては，申立手数料を納付しなければなりません（民訴費3条1項）。手数料は，債権者申立ての場合，負債額等に関係なく2万円です（民訴費別表第1第12項）（なお，令和5年改正施行後はやや複雑になり，債務者が法人の場合は2万3900円，債務者が法人でない場合は2万3000円で，債権者数によって増額されます〔令和5年改正施行後の民訴費別表第1第20項・21項）。ただ，破産手続開始を申し立てる際には，そのほかに手続費用の予納が必要とされます。すなわち，破産裁判所が必要と認める金額の予納を申立人に対して求め，

その予納がない場合には申立てが却下されることになっています（破22条）。ただ，裁判所は，申立人の資力，破産財団の財産状況その他の事情を考慮して，申立人および利害関係人の利益の保護のため特に必要と認めるときは，破産手続費用を国庫から仮に支弁することができます（破23条）。旧法では，自己破産・準自己破産の場合には，必ずこの国庫仮支弁の制度の対象になることとされていましたが，それが適用されることはほとんどなく，自己破産の申立てについても，一般には予納金の納付が求められている実情にあったので，現行破産法では，特に必要な場合に限ってこの制度の適用対象にすることにしたものです（実際の適用例として，福岡地決平25・4・26金法1978-138など参照）。なお，手数料や予納金の納付は，令和5年改正により法律上は現金によることとなりますが（令和5年改正施行後の民訴費8条・12条2項），実際には，ペイジーによってオンラインで納付されることとなります。

　予納金の額は，破産財団となるべき財産や債務者の負債状況，債権者の数等の事情を考慮して定められます（破規18条）。具体的な額は各裁判所により異なっていますが，多くの場合は債務者の負債総額により定まる一定の基準によっているようです（たとえば，負債総額5,000万円未満の法人については予納金70万円，同1,000億円以上の法人については予納金1,000万円以上など）。予納金は，公告や債権者への通知の費用等を除けば，主に破産管財人の報酬に充てられることになるので，予納金の額は管財人報酬の水準によっておおむね定まることになります。したがって，消費者の同時廃止事件については，予納金の水準は低く定められています（たとえば，1〜2万円など。なお，いわゆる少額管財手続の運用については，Ⅲ2(1)(d)参照）。

(4)　破産手続開始決定前の保全措置

　破産手続開始の申立てがあった場合において，債務者の財産の維持・確保や債権者の権利行使の制限の必要があると考えられるときは，裁判所は破産手続開始決定前の保全措置を行うことが可能です。破産手続が開始されれば，破産財団に属する財産の管理処分権は破産管財人に専属することになりますし，破産債権者の個別の権利行使も禁止されますが，手続開始前にはそのような効果は発生していないので，債務者が財産の隠匿を行ったり，債権者が早い者勝ち

で強制執行を行って債権回収を図ったりすることが十分に考えられます。そこで，そのような事態を予め封じるため，債務者財産の現状固定のために保全措置が認められているものです（そのような行為の一部は破産犯罪行為として処罰の対象となりますが，それだけではその抑止は困難です）。ただ，このような保全措置は，破産の場合には，申立てから手続開始までの期間がそれほど長くないので，その重要性は相対的に小さいものと言え，再生手続・更生手続という再建型手続の場合の方がより重要性をもちます（そこで，**第5章Ⅱ1(2)，第6章2(2)**でさらに詳しく説明します）。典型的な保全措置としては，弁済禁止の保全処分や財産の処分禁止・占有移転禁止の保全処分といった債務者の財産に関する保全処分があります（破28条）。このような保全処分は原則として名宛人（債務者）に対してのみ効力を有しますが，弁済禁止の場合には，保全処分の存在を知って弁済を受けた債権者については，弁済の効力を否定できます（破28条6項）し，不動産の処分禁止等が登記されれば第三者に対しても事実上効力をもつことになります。このほか，破産債権者の強制執行等に対する中止命令（破24条），債権者全員の強制執行を禁止する包括的禁止命令（破25条～27条）や保全管理人による管理を命じる保全管理命令（破91条以下）を保全措置として発令することも可能とされています。旧法下でも保全管理命令などは解釈上認められ，実際に証券会社の破産事件などで保全管理人が選任された例もあったようですが，現行破産法の下で明文化されたものです。

●コラム：倒産手続のIT化

　民事訴訟のIT化を受けて，（民事執行・保全，家事手続などと並んで）倒産手続についてもIT化を図る令和5年改正が立法されたことは，前に述べたとおりです（**第1章3(3)**参照）。そこでは，民事訴訟法に倣って，①申立てや送達・通知のオンライン化（e提出），②債権者集会期日・債権調査期日など期日のウェブ会議化（e法廷），③事件記録のデジタル化やオンライン閲覧（e事件管理）などによって，倒産手続の全面IT化が図られています。そのほか，倒産手続に固有の論点として，①オンライン申立ての義務化の範囲（破産管財人等にもオンラインの利用を義務づける），②事件記録のオンライン閲覧の範囲（届出債権者にもオンライン閲覧を認める）などがありました。さらに，立案過程で議論されたものの，実現しなかった項目としては，破産債権の届出先の（裁判所から破産管財人への）変更，公告のあり方の（官報公告

から裁判所のウェブサイトへの）変更などの点があります。これらについては，関係する項目の中で適宜ふれていきます。

---

(5)　破産手続開始決定手続

（a）申立てとそれに対する審理手続　　破産手続開始の申立ては，書面でする必要があります（破20条1項，破規1条）。ただ，このような規律は，令和5年改正によって大きく変わります。すなわち，民事訴訟法が準用され，インターネット（電子情報処理組織）を経由したオンライン申立てが認められ（破13条による民訴132条の10の準用），当事者が書面を裁判所に持参したり，郵送したりする手間が省けます。さらに，弁護士等を代理人として申立てをする場合には，原則としてオンライン申立てが義務づけられます（破13条による民訴132条の11の準用）。これは，手続の円滑な運用に協力する責務を負い，実際上その能力もあると考えられる弁護士等については，オンライン申立てを義務づけ，手続の効率化を図る趣旨です（ただ，インターネットのアクセス障害等がある例外的場面では，書面申立ても可能とされます。民訴132条の11第3項参照）。これによって，ほとんどの破産事件ではオンライン申立てがされることになるはずです（なお，このほか，弁護士が選任されることが通例である破産管財人なども，手続中の申立てにつきオンラインの利用が義務づけられます。破13条の読替規定参照）。

　破産手続開始の申立てには，申立ての趣旨や破産手続開始原因事実などのほか，債務者の収入・支出の状況，破産手続開始原因事実が生ずるに至った事情等が記載されます（破規13条）。債権者以外の者が申立てをする場合（自己破産，準自己破産の場合）には，原則として申立てと同時に，債権者一覧表を提出しなければならないものとされています（破20条2項）。そのほか，破産手続開始申立書の添付書面としては，直近の計算書類や確定申告書・源泉徴収票の写し，財産目録等の提出が求められます（破規14条）。これらは，債務者の資産・負債の状況を裁判所が早期に把握し，手続の迅速・円滑な進行を可能にする趣旨です（なお，破産手続の管轄については，2(1)参照）。

　破産手続開始の申立ては代理人によって行うことができます。この場合の代理人は，弁護士でなければなりません（破13条による民訴54条の準用）。実際にも，企業破産はもちろん，消費者破産でも代理人による申立ての率は高いよう

です（消費者破産の代理人報酬の関係につき，Ⅲ2(1)(a)参照）。ただ，同じ代理人といっても，訴訟手続における代理人と破産手続における代理人とでは役割がかなり異なってきます。特に，破産手続開始申立てを受任した代理人が申立てをしない間に債務者が財産を浪費等して散逸させた場合に，代理人が破産管財人に対して損害賠償義務を負うのかが問題とされています。様々な議論があり，裁判例にも申立代理人の財産散逸防止義務を肯定したものがありますが（東京地判平21・2・13判時2036-43〔百選11〕など参照），申立代理人が損害賠償義務を破産者（破産財団）に対して負うことは考え難く，個別の破産債権者に対して責任を負う場合はあり得る（受任通知をしながら申立てを放置していた場合等）としても，破産管財人に対する賠償義務は基礎づけられないと解されます。したがって，この問題の解決には，申立代理人の位置づけを法的にも明確化（破産債権者全体に対する善管注意義務を課しながら，その費用も財団債権とするなど）した上で，立法による対処が必要になるものと思われます。

　裁判所は，決定手続により審理を行い，破産手続開始の申立てに関する裁判を行います。この裁判は，特に迅速性・秘密性が必要とされるので，債務者・債権者の権利義務関係に大きな影響を与えるものではありますが，時間がかかり，公開の口頭弁論を必要とする判決手続にはよらないこととされています（そして，このような手続でも憲法上の裁判を受ける権利や公開主義に反するものではないとするのが判例です〔最大決昭45・6・24民集24-6-610〔百選1①〕〕）。審理の結果，破産手続開始原因が認められれば，申立ての不誠実性など申立棄却事由がない限り，裁判所は破産手続開始決定をすることになります（破30条1項）。逆に，破産手続開始原因事実がないか，申立棄却事由がある場合には，破産手続開始申立ての棄却決定をします。

　　（b）破産手続開始原因　　破産手続開始決定をするについて，最も重要な要件は破産手続開始原因事実の存在です。最も原則的な破産手続開始原因は，債務者の支払不能です（破15条1項）。「支払不能」とは，債務者が支払能力を欠くために，その債務のうち弁済期にあるものにつき，一般的かつ継続的に弁済することができない状態を指します（破2条11項）。したがって，債務の一部だけを弁済できないような状態や一時的な資金繰りの行き詰まりで弁済ができないような状態は，支払不能には含まれません。支払不能か否かを判断する

に際しては，債務者の資産・負債の状況，収入・収益・支出の状況が考慮されることは当然ですが，債務者の信用もまた勘案されます（支払不能につき，財産，信用および労務の三者から判断されるとするのは，東京高決昭33・7・5金法182-3〔百選3〕参照）。したがって，現在の資産や収入・収益では債務を返済することは困難であると見える場合であっても，債務者に十分な信用があり，借入れや弁済猶予を得ることが可能であると考えられるときには，なお支払不能は認められません。

　ただ，実際にどのような場合に支払不能と認められるかは困難な判断を要する問題であるので，法はその判断を容易にするため，推定規定を設けています。すなわち，支払停止があれば支払不能が法律上推定されます（破15条2項）。「支払停止」とは，債務者が弁済期にある債務を一般的かつ継続的に弁済できないことを外部に表示する行為を指します。たとえば，夜逃げなどは黙示の支払停止に当たりますし，債権者会議を開いてその場で支払ができないとして営業の廃止等を宣言することも支払停止になるでしょう（個人債務者の代理人から債権者に対して債務整理開始の通知が送付された事案につき，最判平24・10・19判時2169-9〔百選28②〕参照）。他方，外部への表示がなく，内部的に支払停止の方針を決めただけでは，支払停止には当たりません（最判昭60・2・14判時1149-159〔百選28①〕）。実際に最も多い支払停止の形態は，発行した手形が6ヶ月以内に2回手形交換所で不渡りになることです（これについては，福岡高決昭52・10・12判時880-42〔百選4〕参照）。この場合，債務者は銀行取引停止処分になりますが，日本では手形取引ができることは事業の継続にとって不可欠であるため，取引停止は経済上の死刑宣告を意味します（ただ，このような状況は，電子決済の普及により，少しずつ変化してはいます）。したがって，債務者は何とかして手形を落とそうと必死になるわけでして，それにもかかわらず手形を落とせなかったという事実は，債務者のギブアップ宣言，つまり支払停止を意味すると解されるわけです（なお，1回の手形不渡りでも支払停止と言ってよいかについては，議論があります）。支払停止の行為が，自らの資産・負債状況を最もよく知っている債務者本人によってされたとすれば，それは支払不能の状態があるものと一応扱ってよいと考えられます。ただ，支払停止は支払不能を法律上推定させるだけですから，支払停止があるにもかかわらず支払不能でないことが債

務者によって証明されれば，破産手続は開始されません。

　支払不能は，誰に対しても適用される一般的な破産手続開始原因ですが，それ以外にも債務者の種類に応じて適用される破産手続開始原因があります。すなわち，債務者が法人であるときは，その債務についてその財産をもって完済することができない状態，つまり債務超過も破産手続開始原因とされています（破16条。信託財産も同様です〔破244条の3〕。なお，相続財産については債務超過だけが破産手続開始原因になります〔破223条〕）。法人の場合は，その収益や信用は考えられるにしても，その人格はあくまで擬制的なものに過ぎないので，最終的には現在の資産だけが債権者の引当てになるものです。したがって，負債額が資産額を客観的に超過した状態になれば，集団的な債務処理手続を開始することができることにしたわけです（その際，経営者の保証等による弁済可能性を考慮すべきでないとするものとして，東京高決昭56・9・7判時1021-110〔百選5〕参照）。ただ，従来の日本企業は借金経営で業容を拡大してきたところが多く（間接金融に比べて直接金融の発展が十分でなかったこともその原因でしょう），資産を清算価値で評価して債務超過と言うと，多くの企業が（隆々と営業している企業も含めて）破産手続の対象となってしまいかねないという批判があります。この批判は当たっている面があると思われますので，債務超過の有無を判断する基準としての資産の評価は清算価値によるのではなく，継続企業価値（going concern value）によると考えるべきでしょう（継続企業価値を上回る借金経営まで保護に値するとは思われません）。

　　（c）申立棄却事由　　　以上のような破産手続開始原因があれば裁判所は破産手続開始決定をしますが，なお例外的に，一定の申立棄却事由（破産障害事由）が存する場合には，破産手続開始の申立ては棄却されます。申立棄却事由としては，①破産手続費用の予納がないこと（破30条1項1号。この場合は却下されます），②不当な目的で破産手続開始申立てがされたこと，その他申立てが誠実にされたものではないことが定められています（同項2号。例として，仙台高決令2・11・17判時2500-66。また，再生手続の関係で，「不当な目的」とは，本来の目的を逸脱した濫用的目的を意味すると判示するものとして，東京高決平24・3・9判時2151-9参照）。それに加えて，③他の倒産手続が開始されていることがあります。破産手続は清算型の倒産処理手続として再建型手続には劣後するので，

再建型手続の開始決定や保全措置としての破産手続中止命令が発令された場合には，破産障害事由となります。たとえば，更生手続開始決定や再生手続開始決定があったときは，破産手続開始の申立てはできず，またいったん開始した破産手続も中止するので（会更50条1項，民再39条1項），破産手続開始決定はできなくなります。保全措置として破産手続の中止命令が発令された場合（会更24条1項1号，民再26条1項1号）も同様です。さらに，清算型手続の中でも，債権者の多数決で処理する協定型の手続である特別清算は，開始前の破産手続に優先するものとされています（第7章2・3参照）。したがって，特別清算手続の開始により開始前の破産手続は中止しますし（会社515条1項），また中止命令の発令も可能であり，その場合には，破産手続を開始できません（会社512条1項1号。国際倒産との関係では，第9章3(6)参照）。

　　(d)　破産手続開始決定　　破産手続開始の要件が満たされていれば，裁判所は破産手続開始決定をします。破産手続開始決定は債務者のみならず第三者にも重大な法的効果を与えるものですから，必ず書面（令和5年改正施行後は電子決定書）で，また手続開始決定の年月日のみならず時間まで記載してされます（破規19条）。そして，いくつかの事項が，破産手続開始決定と同時に定められます（破31条）。これらを同時処分と言いますが，具体的には，破産管財人（2(2)参照）の選任，債権届出期間・財産状況報告集会・債権調査期間または期日（5(1)参照）の決定を行います。これによって，破産手続の進行の骨格が定められるわけです。

　また，破産手続開始決定がされると，一定の事項が公告および通知の対象となります（破32条）。つまり，破産手続開始決定の主文，破産管財人の氏名，債権届出期間・財産状況報告集会・債権調査期間または期日，破産者の債務者に対する破産者への弁済禁止等が公告され，破産管財人，破産者，裁判所に知れている破産債権者，破産者の債務者や破産者の財産を所持している者，労働組合等に対して，以上のような事項が通知されます。なお，知れている破産債権者の数が1,000人以上の大規模破産事件では，裁判所は，相当と認めるときは，知れている破産債権者に対する個別通知をしないという決定をすることができますが（破31条5項），そのこと自体は公告（破32条2項）とともに，個別通知を要します（同条3項）。なお，破産手続開始決定または破産手続開始申立

てを棄却する決定に対しては，利害関係人は即時抗告をすることができます（破33条。利害関係人として，破産者や破産債権者が含まれますが，株主は含まれないことについて，大阪高決平6・12・26判時1535-90〔百選12〕参照）。2週間の即時抗告期間は，公告のあった日から起算されます（最決平13・3・23判時1748-117〔百選13〕）。

●コラム：倒産手続における公告──破産者マップ事件

　倒産手続において公告が必要となる場合は，官報に掲載がされます（破10条1項）。また，手続上送達が必要とされる場合も公告で代えることができます（同条3項）。多数の利害関係人がいるという倒産手続の特質に鑑み，公告の機能を強化しているものです。ただ，倒産という一般に不名誉な事実について個人情報が広く知られ，それが長く残ることは，債務者の更生の観点からは弊害もあります。それが実際にも問題となった事件として，いわゆる破産者マップ事件があります。これは，破産者の住所・氏名の情報を官報から取得し，それを全国地図にマッピングしてSNS等によって拡散した事件です。この件については個人情報保護委員会によって一定の対処はされたものの，なお繰り返し同様の行為がされているようです。そこで，令和5年改正の議論に際しては，むしろ個人破産の公告制度自体を見直すべきではないかという意見も出されました。この問題は，不特定の利害関係人に対しても破産情報を周知する破産手続上の必要性と個人情報の保護の要請とが正面から対立するもので，容易には解決できない問題ですが，引き続き検討が必要でしょう（2024年以降は官報自体の電子化が実施されることもあり，問題が更に先鋭化する可能性もあります）。

　そして，その後，負債・資産を確定し処分する方向で破産手続が進行していくわけですが，例外的に，手続費用をまかなうだけの財産が破産者にないときには，破産手続開始決定と同時に破産手続は終了してしまいます。これを同時破産廃止と呼びます（破216条。略して「同廃」などとも言います）。この場合には，管財人の選任などの同時処分も行われず，破産手続は開始と同時に終了します（同時廃止は実際には消費者破産に多いので，Ⅲ2(1)(d)で改めて説明します）。

(6) 破産手続開始の効果

　破産手続が開始しますと，破産財団に帰属する財産の管理処分権の破産管財人への移転（2(2)参照）や破産債権の権利行使の制限（3(2)参照）といった効果が生じます。その結果として，破産者を当事者とする破産財団に関する訴訟手続は中断します（破44条1項）。破産財団について破産者が管理処分権を失い，当事者適格を失うからです。そして，中断した訴訟手続のうち，破産債権に関しないものは破産管財人が受継します（同条2項）。たとえば，破産財団に帰属する財産の所有権確認訴訟や破産者の債権支払訴訟などです（破産手続終了後は再び中断し，破産者が受継することになります。同条4項〜6項）。他方，破産債権に関するものは，債権者の破産債権届出を待って，その後に債権確定の手続（5(1)参照）がとられます（破産者が賃借人であった土地の破産手続開始前の賃料相当損害金について，破産法44条2項の適用はなく，破産債権確定の手続によるべきとしたものとして，最判昭59・5・17判時1119-72〔百選82〕参照）。

　また，破産者を当事者としない訴訟手続であっても，債権者代位訴訟および詐害行為取消訴訟は中断します（破45条1項）。前者はその訴訟物が財団帰属債権ですので，破産手続開始後は破産管財人を原告として受継すること（同条2項）を適当としたものです（なお，いわゆる株主代表訴訟〔責任追及等の訴え〕にも同旨が妥当するとする判例として，東京地決平12・1・27金判1120-58①〔百選22〕参照）。この点は本来型（民423条）では当然ですが，いわゆる転用型であっても，被保全権利が破産債権または財団債権である場合（登記請求権保全のための登記請求権の代位行使〔民423条の7〕や賃借権保全のための妨害排除請求権の代位行使等）には同様に妥当すると解されます。これに対し，被保全権利が取戻権や別除権である場合（抵当権保全のための妨害排除請求権の代位行使等）は，破産手続開始後も中断せず，訴訟手続はそのまま続行すると解するべきでしょう。後者の詐害行為取消権は，破産手続開始後は同一の目的を有する否認権に一元化されますので（手続開始後は新たに債権者が詐害行為取消訴訟を提起することは許されません），破産管財人が原告として訴訟手続を受継し（破45条2項），否認訴訟に訴えを変更することになります。なお，これらの訴訟も，破産手続が中途で終了したような場合は，再度訴訟手続が中断し，元の債権者が受継することになります（同条4項〜6項）。

　さらに，債務者の破産手続開始によって，強制執行手続も禁止等されること
になります。すなわち，破産手続の開始により，破産財団に属する財産に対す
る強制執行や仮差押え・仮処分等の実行は禁止され（破42条1項），既にされ
ているものは失効します（同条2項本文）。包括執行である破産手続の開始によ
って個別執行はできなくなるというもので，倒産手続の根幹に位置づけられる
法的効果です（ただ，破産手続開始時に既に強制執行が終了している場合には，当然，
その効果は遡及的に失われるものではありません。その場合，どの時点で執行手続が終
了していたかが重要な問題となりますが，配当異議の訴え提起により配当額が供託され
ていた場合に債務者の破産手続が開始すれば，執行手続は未だ終了していないので失効
するとするのは，最決平30・4・18民集72-2-68〔百選83〕）。ただし，破産管財人は
強制執行の手続を破産財団のために続行し（破42条2項但書），配当を受領する
ことができます。強制執行による換価の方が時間的・金銭的に有利であると破
産管財人が判断するときは，その手続を流用する選択肢を認める趣旨です。

　以上に加えて，破産者が法人である場合には，破産手続開始決定がされると，
その法人は解散するという効果が生じます（一般法人148条6号・202条1項5号，
会社471条5号・641条6号など）。法人に関しては，破産手続の開始は文字通り
法人格を奪う「死刑の宣告」になるわけです。なお，通常は解散の後に清算手
続が行われるわけですが，この場合は破産管財人による清算がこれに代わるこ
とになります（一般法人206条1号，会社475条1号・644条1号など参照）。ただ，
破産手続が開始しても，破産法人の法人格は破産手続による清算の目的の範囲
内において手続の終了まで存続するものとみなされ（破35条），破産財団に属
する財産の帰属主体はなお破産法人とされます（その管理処分権のみが破産管財
人に専属します〔破78条1項〕）。破産手続終結決定の公告（破220条2項）や破産
廃止決定の確定により破産法人の法人格は消滅し，その登記がされることによ
り，法人登記記録は閉鎖されます（商登規117条3項）。

　以上のように，破産手続中も破産法人の法人格は存続しますので，取締役等
法人の機関も存続します。法人の財産については破産管財人が管理処分権を持
つので，取締役等はその権限を喪失しますが，法人の組織面の活動においては
なお権限を維持します。その範囲で，委任契約は（民法653条2号の規定にもか
かわらず）終了しません（この点を明らかにした判例として，最判平21・4・17判時

2044-74〔百選 14〕参照）。また，財産面についても，例外的に破産管財人の管理
処分権に属さない財産（法人が放棄等した自由財産）や破産手続終結後に残存し
ており追加配当（6(5)参照）の対象とはならない財産については，清算人が選
任されることもあります（破産管財人が放棄した財産について，別除権者が別除権を
放棄する意思表示の相手方は，管財人ではなく清算人になるとするのは，最決平 16・
10・1 判時 1877-70〔百選 59〕）。

●コラム：倒産事件記録の閲覧
　　倒産事件の記録は多くの人が関心をもつものですが，他方で，個人情報保
護の要請も強いものがあります。そこで，倒産法は，事件記録の閲覧・謄写
を利害関係人に限定し，裁判所書記官に対する個別の請求を求めています
（破 11 条 1 項・2 項。なお，手続の初期段階では，秘密保持のため閲覧が制限さ
れる場合があります。破 11 条の 4 参照）。従来は，記録を閲覧しようと思えば，
裁判所に赴く必要がありましたが，令和 5 年改正により事件記録がデジタル
化され，裁判所外からオンラインで閲覧することも可能となります。そこで，
新たにファイル記録事項（デジタル記録）の閲覧や複写（ダウンロード）の
制度が設けられています（破 11 条の 2）。この場合，誰にどの範囲で裁判所
外からのアクセスを認めるかが問題になりますが，この点は個人情報保護と
の兼ね合いで，最高裁判所規則に委ねられました。現在想定されているのは，
破産者や破産管財人には事件の係属中いつでも裁判所外からの閲覧等を認め
るほか，破産債権者等の債権者についても，一度閲覧等が許可された者には，
その後は裁判所外からのアクセスを認めるという仕組みです（それに対し，
一般の利害関係人は，今までどおり，裁判所に赴く必要があります）。

2　手続の機関

(1)　破産裁判所

　破産手続に関与する手続機関としては，まず裁判所があります。破産手続は，
倒産 ADR とは異なり，法的倒産処理手続として，必ず裁判所が関与します。
破産事件が係属している裁判所を破産裁判所と呼びます（破 2 条 3 項）。破産事
件を担当する裁判所は，常に地方裁判所です（地方裁判所の支部も事件を担当す
ることができます）。簡易裁判所や家庭裁判所が破産事件を扱うことはありませ

ん。また，どの地方裁判所が破産事件を扱うかは，債務者との関連性等で定められますが，これが土地管轄の問題です（その前に，そもそも日本の裁判所がその破産事件を担当することができるか否かが問題となりますが，この国際破産管轄の問題については，国際倒産を扱う**第 9 章 4(1)**でまとめて解説します）。簡単に言えば，債務者が営業者の場合にはその主たる営業所，債務者が非営業者の場合にはその住所等普通裁判籍（民訴 4 条）が第一次的な基準となります（破 5 条 1 項）。ただ，そのような地がない場合には，債務者の財産が所在する地の裁判所にも管轄が認められます（破 5 条 2 項）。また，現行破産法は利用者の便宜のために関連事件管轄を拡大しています。すなわち，親子会社の場合（破 5 条 3 項・4 項。同条 5 項は連結親子会社についても同様の定めをしています），法人と代表者の場合（同条 6 項），連帯債務者の場合，主債務者・保証人の場合，夫婦の場合（同条 7 項）には，いずれかの者の破産事件が係属している裁判所に他の者の破産事件を申し立てることができます。さらに，大規模事件について大裁判所の付加的な管轄が認められます。すなわち，債権者 500 人以上の事件では，本来の管轄裁判所を管轄する高等裁判所所在地の地方裁判所（たとえば，福島地方裁判所が本来の管轄を有するときは，仙台地方裁判所）に申立てができ（同条 8 項），債権者 1,000 人以上の事件では，東京地方裁判所または大阪地方裁判所にも申立てができます（同条 9 項）。大規模な事件は複雑な事件処理が予想されるので，専門部や集中部を有する大裁判所の付加的管轄を認めたものです。

　管轄権を有する地方裁判所の中で，実際にどの裁判部ないし裁判官が事件を担当するかは，各裁判所の内部の事務分配によって定まります。大規模な裁判所では破産事件を扱う専門部が設けられていますが（東京地方裁判所では民事第 20 部が破産・再生部として破産事件を専門的に扱いますし，大阪地方裁判所では第 6 民事部が倒産事件を全般的に扱っています），それは例外で，多くの裁判所では，訴訟事件と並行して破産事件を処理するか，せいぜい破産事件が集中される部を設けるに止まっています。しかし，このような破産裁判所のあり方は，破産事件の特性を考えるとき，必ずしも望ましいものとは言えません。というのは，破産事件は通常の民事訴訟事件とは異なり，非訟的・行政的な要素を多分にもっているからです。たとえば，破産事件における裁判所は破産管財人を監督し（破 75 条 1 項），破産管財人が法定の重要な行為をするについては，許可をする

ものとされています（破 78 条 2 項）。具体的には，不動産の任意売却，事業譲
渡，借入れ，権利放棄，別除権目的財産の受戻しなどが許可の対象となってお
り（ただし，一部の事項には 100 万円以上という金額制限があります。破 78 条 3 項 1
号，破規 25 条），その監督の範囲は広範に及びます。したがって，訴訟事件と
同じような発想で事件処理を行うことは，破産事件の円滑・適切な処理に支障
を来すおそれがあるからです。また，裁判官の発想はどうしても訴訟中心にな
りがちで，訴訟事件と並行して処理すると，破産事件の処理は後回しとなり，
また管財人任せになって，破産手続の遅滞や不適切な処理を招く懸念がありま
す。その意味で，地方の小規模裁判所でいかに破産事件を的確に処理するかは，
大きな課題と言えましょう。

●コラム：ビジネス・コート

　2022 年 10 月，東京地方裁判所にビジネス・コートが設置されました。地
裁本庁がある霞が関とは少し離れた中目黒の目黒川沿いの庁舎に，東京地裁
の知的財産権部，商事部，倒産部といった専門部（さらに知的財産高等裁判
所）が移転したものです。その意味で，このビジネス・コートは，ビジネス
に関係する裁判を集中して取り扱う，日本で初めての裁判所ということにな
ります。裁判の IT 化に関する民事訴訟法改正が同年 5 月に成立する中，ビ
ジネス・コートは，全国の他の裁判所に先駆けて，裁判手続で利用するウェ
ブ会議ブースを整備するなど裁判手続のデジタル化に対応した専用施設も有
しています。今後，デジタル化・グローバル化が加速するビジネス関連の紛
争を適切に解決するため，スピーディーで予測可能性のある，質の高い審
理・判断に向けて，ビジネス・コートが一種の「実験場」となり，様々な創
意工夫が展開され，全国に発信されることが期待されます。そして，倒産部
がビジネス・コートの一画に含まれていることは，まさに倒産処理制度がビ
ジネスのインフラであることを示すものと言えるでしょう。

　以上のような裁判官の状況や意識もあり，また破産事件が本質的に有する行
政的な性格もあって，破産事件の実際の処理については，裁判所書記官の果た
す役割が極めて重要なものとなっています。特に地方の小規模裁判所では，そ
の裁判所に長期間勤務している書記官は，転勤の多い裁判官よりも遥かに，地
域経済の実情や地元弁護士（破産管財人）の能力等を的確に把握しています。

そこで，破産管財人の選任を始めとして，破産事件の処理には書記官の力が欠かせないものとなっています。このような破産手続における裁判所書記官の任務の重要性については，先の破産法改正の中でも，それを正面から認めていく方向で改正がされました。具体的には，破産手続開始の申立書の補正を命じる処分（破21条1項），破産手続開始原因事実など事実関係に関する調査（破規17条），破産管財人の監督事務（破規24条），破産債権者表の更正処分（破115条3項），最後配当の許可（破195条2項）等について，従来書記官が実際に行っていた事務を前提にして，法律上もこれらを書記官の権限としたものです。このように，裁判所書記官に重要な権限を付与し，裁判官の負担の軽減を図っていく方向は，既に民事執行や民事訴訟の手続などでも進められており，前に見たような破産手続の性質からみても，書記官の権限を正面から認知したことは，書記官のインセンティブを高めるものであり，一般に望ましいことと言えるでしょう。

(2)　破 産 管 財 人

　破産手続においては，最終的な手続運営の責任を負っているのが裁判所であることは間違いありませんが，実際の手続において実質的に手続を主導し，中核的な役割を担うのは，むしろ破産管財人です。すなわち，破産管財人は，破産財団（3(1)参照）に属する財産の管理処分権を専属的に保有し（破78条1項），様々な手続上の権限・義務を有しています（破産手続終了後の破産管財人の地位については，最判平5・6・25民集47-6-4557〔百選21〕参照）。なお，破産管財人の管理権は破産財団を引当てとする債務にも及ぶとされます（破産管財人による債務承認に時効中断〔更新〕効を認めるのは，最決令5・2・1民集77-2-183）。破産管財人は一面では破産者の法的地位を受け継ぐ立場に立ち，他面では破産債権者の利益を代表する地位に立ちます。たとえば，破産者が当事者となっていた訴訟を受継する（破44条2項）というのは破産者に代わる管財人の地位の表れでしょうし，否認権を行使したり双方未履行の双務契約について契約解除権を行使したりするのは，管財人が破産債権者に代わって行うものと理解することができましょう。このようなアンビバレントな性格を有する破産管財人の法的地位について，従来は様々な議論がありましたが，最近では，上で見たような複雑

な性質を有する独立の管理機構であると位置づける見解が一般的になっており，むしろ個別の問題との関係でその地位を考えるべきものとされています（たとえば，最判平 23・1・14 民集 65-1-1〔百選 18〕は，破産管財人の源泉徴収義務との関係で，管財人は破産者の地位を当然に承継するものではないとしていますし，最判平 26・10・28 民集 68-8-1325〔百選 20〕は，破産管財人による不当利得返還請求に対し，相手方は信義則上不法原因給付の主張ができない場合もあるとしています）。

●コラム：破産管財人の法的地位

　破産管財人の法的な地位については，かつては，破産財団に法主体性を認めることを前提に，破産管財人をその代表者とする見解が有力でした（これを破産財団代表説と呼びます）。破産財団は，「財団」という言葉を使ってはいますが，これは民法の定める財団ではなく，法人格を認める法規定は存在しません。しかし，この見解は，実定法の全趣旨から法人格が推定される「暗星的法人」として破産財団を理解するものでした。ただ，最近では，このような考え方を実質的に受け継ぎながら，破産財団の法人格を前提にせず，財団財産について管理処分権を行使する独立の管理機構として破産管財人を位置づける見解が有力になっています。いずれにしても，破産管財人の法的地位から個別の解釈論を演繹することは相当でなく，管財人が上で述べたような多面的な利益を担っているという実態に配慮しながら，具体的場面での適切な法解釈を図っていく必要がありましょう。

　以上に述べたこととの関係で，いわゆる破産管財人の第三者性という点が問題とされます。民法などの実体法は，個々の法律関係について第三者（あるいは善意の第三者）を保護する規定を置いていることがありますが，破産手続開始前に破産者がある取引をしていた場合に，その法律関係の相手方との関係で破産管財人を第三者と見ることができるかという問題です。一般的に言えば，破産管財人は，このような場面では差押債権者と同等の立場に立つと考えられます。なぜなら，破産債権者は破産手続の開始により差押え等の強制執行ができず，自ら第三者の地位には立てない以上，それに代わって破産管財人に第三者性を認めて，破産債権者を差押債権者と同等に保護する必要があると解されるからです。したがって，たとえば，民法 177 条や 467 条 2 項との関係で破産管財人は対抗要件の欠缺を主張できる第三者になり，手続開始前に対抗要件を

具備していない不動産や債権の譲受人は破産管財人に対して自らの権利を主張できません（旧建物保護ニ関スル法律 1 条〔現借地借家 10 条〕との関係で，最判昭 48・2・16 金法 678-21〔百選 15〕，民法 467 条 2 項との関係で，最判昭 58・3・22 判時 1134-75〔百選 16〕参照）。また，実体法が善意の第三者を保護している場合に，誰を基準に善意悪意を判断するかが問題となりますが，実質的な保護の主体である破産債権者を基準とすべきです。したがって，破産債権者の中に 1 人でも善意の者がある限り，破産管財人は善意の第三者性を主張できると考えられます。たとえば，手続開始前に第三者から破産者に不動産の移転登記がされているが，それが虚偽表示であった場合，破産債権者の中に 1 人でも善意の者がいれば，破産管財人は，民法 94 条 2 項に基づき，虚偽表示による無効を否定することができるものと解されます（東京地判令 2・9・30 金法 2162-90）。

　破産管財人は，破産手続開始決定と同時に，裁判所によって選任されます（破 31 条 1 項・74 条 1 項）。1 人が原則ですが，複数の者を選任することも可能です（破 31 条 1 項）。実際には，大きな事件では，管財人自体は一人であっても，多数の破産管財人代理（破 77 条）が選任され，管財人の職掌を分担することが行われているようです。破産管財人は裁判所の監督に服します（破 75 条 1 項）。そして，もし不適切な財産の管理・処分等重要な事由があった場合には，裁判所は，利害関係人の申立てに基づき，または職権でも，管財人を解任することができます（同条 2 項）。また，破産管財人は善管注意義務を負い，その義務に違反した場合には利害関係人に対して損害賠償義務を負います（破 85 条）。たとえば，破産財団に属する債権の取立てについて，管財人の不注意で消滅時効に掛けてしまって回収ができなかったような場合には，管財人は破産財団に対し個人として損害賠償義務を負うことになります。なお，破産管財人は法的には一私人に過ぎませんが，裁判所を補助する機関としての性質やその職務の重要性から，特別背任罪（破 267 条）や贈収賄罪（破 273 条・274 条）の対象とされていますし，その職務執行に対する抵抗を排除するため，裁判所の許可を得て，警察上の援助を求めることができ（破 84 条），またその職務に対する妨害行為は犯罪となります（破 272 条。なお，破産管財人の具体的な任務の内容は，破産手続の進め方そのものですので，3 以下で詳しく見ていくことになります）。管財人の権限の強化や役割の重大化に伴い，当然その責任も重いものとなっていきます。

今後はその責任の範囲は大きな論点になっていくでしょう（管財人の善管注意義務については，最判平 18・12・21 民集 60-10-3964〔百選 17〕が重要な判示をしています。特に，著名な倒産弁護士であった才口千晴裁判官の補足意見は，管財人となる弁護士に対する警鐘を鳴らすものといえましょう）。

　破産管財人は，ほとんど常に弁護士から選任されます（その点もあって，令和5 年改正により，破産管財人にはオンライン申立てが義務化されること〔破 13 条〕は，前に述べたとおりです）。ただ，法律上は弁護士にその資格が限定されているわけではなく，実際にも稀ではありますが，弁護士以外の者から選任されることもあります。たとえば，病院の破産事件で，入院していた患者の転院等を円滑に進めるため，医師が管財人に選任された事件などがあります。弁護士から破産管財人を選任する場合，破産事件の増大やその複雑化・大型化により，管財人候補者が不足し，適切な管財人を選任することが困難な状況が続いています。特に地方では，弁護士が一般的に不足している上，管財事件は労力の割に収入がよい事件の類型ではないことなどもあり，なかなか引き受け手が見つからないという苦労があるようです（管財人報酬について，破 87 条，破規 27 条参照）。また，大都市部では破産事件が急増しているため，弁護士になって比較的日の浅い若手を起用することでまかなっています。このような場合には，手続の円滑な進行のため，裁判所と破産管財人が進行協議（破規 26 条）などの形で密接に連絡を取り合うことが重要となります。他方，質的に処理の困難な破産事件も増えており，そのような事件については十分な管財業務経験のある弁護士でなければ安心して任せることができず，結局，少数の限られた弁護士に重要な事件が集中する傾向があることも否定できません。今後は，弁護士事務所が専門化・法人化していく中で，破産管財業務（およびその他の倒産手続業務）に相当程度特化した事務所も現れてくるものと予想されますが（法人管財人も認められています。破 74 条 2 項），十分な数の適切な破産管財人を常に確保できるように，裁判所・弁護士会双方の努力が必要になりましょう。いずれにせよ，最近はいわゆる少額管財の実務の定着もあり，また法曹人口の増大もあって，管財人選任事件は全国的にも急増する傾向にあり（破産管財人の選任率は，2005 年に 13.8％でしたが，2008 年には 27.0％，2011 年には 32.6％，2016 年には 40.6％，2021 年には 39.5％に達しています），適切な管財人の確保のため，法科大学院教育や管財

人候補者研修の充実なども求められましょう。

●コラム：破産管財人の公益的地位

　破産管財人は，破産手続上の機関として，破産手続の目的である破産債権者の利益の最大化を図る職責を負っています。ただ，管財人がこのような破産債権者の利益のみを志向してよいか，疑問を生じる場合もあります。たとえば，産業廃棄物が埋却されているような不動産が破産財団に属する場合に，それを売却しようとしても買手がつかず，当該廃棄物を除去する工事をしなければならないが，その工事費用が多大に及び，工事後に売却できる代金を上回るようなケースを考えてみましょう。この場合，破産債権者の利益だけを考えれば，当該不動産を破産財団から放棄することが管財人の最善の選択肢となります。しかし，それでは，産業廃棄物を含む土地が実質上誰の管理も受けず，放置されてしまうことになりかねません。このような場合には，破産管財人には，破産債権者の利益を害するおそれがあっても，公益的な立場から除去工事等を行うべき責務があるのではないかとも考えられます（また，管財人が弁護士の場合，弁護士倫理の観点からどのように考えるべきかという問題もあります）。大変難しい問題ではありますが，皆さんもぜひ考えてみてください（参考文献として，伊藤眞「破産管財人の職務再考」判例タイムズ1183号〔2005年〕35頁以下など参照）。

---

(3)　債権者集会

　「破産手続は誰のためにあるか」と問えば，それは原則として「債権者のためにある」という答えになるでしょう（消費者破産の場合にはやや異なる考慮が必要となることは，第1章1参照）。その意味で，破産手続の追行について，手続の利益主体である破産債権者の意向を反映させることは，理論的には必要不可欠の要請と考えられます。そこで，破産法は，破産手続上の組織として債権者集会の制度を設け，重要な手続上の事項について一定の決定権を付与するというシステムを採用しているのです（破135条以下）。この点，従来は債権者集会の招集が必ず必要とされる場面がいくつかありました。しかし，現実には，多くの破産債権者は破産手続の追行にほとんど関心を持っていません。彼らにとって唯一の関心事は，できるだけ早期に，できるだけ多額の配当を手にすることです。しかし，そのために債権者集会ができることはほとんどありません。し

たがって，実際には債権者集会はほぼ完全に形骸化しており，出席債権者がゼロの場合も多いと言われています。また，第1回の債権者集会に債権者が出てくるとしても，それは主として倒産の原因や管財方針等について破産者や破産管財人の説明を聞くためであると言われ，それは他の方法による情報の提供でも十分に代替できるものと思われます。その結果，現行破産法では，債権者集会の開催は任意化されました。

　まず，破産手続開始後に破産者の財産状況を報告するために招集される債権者集会（財産状況報告集会）は原則として開催されますが（破31条1項2号），裁判所は，破産債権者数その他の事情を考慮して，その期日を開かないことも認められています（同条4項）。また，従来は，破産管財人の任務が終了した場合の計算報告のための債権者集会も必ず開くこととされていましたが，現行法では，管財人は債権者集会に代えて書面による計算報告を求めることができるものとされています（破88条・89条）。以上のような場合のほか，裁判所は，破産管財人・債権者委員会・10分の1以上の破産債権額を有する破産債権者の申立てによりまたは職権で，債権者集会を招集します（破135条）。

　債権者集会には，破産管財人，破産者および届出破産債権者を呼び出すとともに，期日を公告し，労働組合に通知がされます（破136条）（なお，令和5年改正により，債権者集会をウェブ会議によって行うこともできることになります。破136条の2）。債権者集会は裁判所が指揮し（破137条），その決議は，議決権のある出席破産債権者の議決権総額の2分の1を超える者の同意によってなされます（破138条）。決議については期日において行う方法のほか，書面決議による方法や書面投票を併用する方法も認められます（破139条）。議決権は確定債権額または裁判所の評価決定により定まります（破140条・141条）。議決権は代理人によっても行使できます（破143条）。ただ，実際には決議事項はほとんど存在しません。従来は，破産管財人の解任，監査委員の設置，営業の廃止・継続，管財人の行為に関する同意などが債権者集会の決議事項とされていましたが，現行法では，それらの権限は裁判所の許可等に移管されました。このように，必要的な決議事項は廃止して，債権者に対する情報提供の役割は，破産管財人などによる債権者説明会や事件記録の開示（破11条～12条）等に委ね，また債権者の意向聴取が必要な場合にも，個別の意見聴取や債権者委員会（(4)参照）

の意見を聴取する規定を設けることとしています。清算型の手続では債権者の意向を重視することは一般には現実的でないと思われますが，事業譲渡等による処理の場合には債権者にも十分な情報を提供してその意見を聴取すべき場合もあると思われ，そのような場合に適切な形で債権者の意見が反映できるような運用を確立していく必要がありましょう。

(4)　債権者委員会

　旧破産法は，破産債権者の意向を手続に反映する一般的方法として，債権者集会の制度を置くほかに，債権者の意向をより簡易迅速な方法によって手続に反映するための方途として，監査委員の制度を別途設けていました。すなわち，監査委員は，破産債権者を代表する立場に基づき，破産管財人を監督する職責を有するものとされていました。しかし，実際には，監査委員が置かれることはほとんどなく，その理由としては，(3)でも見たような破産債権者の手続に対する無関心もありますが，監査委員制度には濫用のおそれがある点もまた大きな理由とされていました。過去には実際に，監査委員としていわゆる整理屋が選任され，手続の円滑な進行に重大な支障を来した例もあったようです。このような実情の中で，制度の濫用を防止しながら債権者の意見を適切に破産手続の追行に反映できるような制度の構築が望まれていましたが，現行破産法では，監査委員制度を廃止して新たに債権者委員会の制度が設けられました。これは民事再生法の債権者委員会（第5章Ⅱ3(5)参照）や会社更生法の更生債権者委員会等（第6章4(3)参照）の制度など先行的に整備されたものを破産法の中にも取り入れて，上に見たような目的を実質的に達成しようとした試みと言えます。

　具体的には，破産債権者により構成された委員会があり，それが所定の要件を満たす場合には，裁判所がその委員会の破産手続への関与を承認することができます。その要件は，①委員の人数が3人以上10人以下であること，②破産債権者の過半数が委員会の手続関与に同意していること，③委員会が破産債権者全体の利益を適切に代表していることです（破144条1項，破規49条1項）。債権者委員会に認められた権限は，①裁判所に対して破産手続に関する意見を述べること（破144条2項・3項），②破産管財人に対して破産財団の管理処分

等について意見を述べること（破 144 条 3 項・145 条 2 項），③破産管財人から報告書等の提出を受けること（破 146 条），④破産管財人に対する報告命令を裁判所に申し出ること（破 147 条），⑤債権者集会の招集を申し立てること（破 135 条 1 項 2 号）などです。このように，債権者委員会の権限は意見陳述等を中心としており，監査委員のように，許可権など手続の行方を定める実質的な権限は有しておらず，またその承認の要件も厳格なものとなっています。清算型手続でこのような機関が機能することは，再建型の場合以上に困難であると考えられますが，事業譲渡のチェックなどなお実際に活用される可能性もありうるように思われます。

3　破産財団と債権者

（1）破 産 財 団

　破産手続は，破産者の資産（破産財団）によって破産者の負債（破産債権）を弁済する手続ですので，まず破産者の資産および負債を確定する作業が必要となります（その後に，確定した資産を換価して，確定した負債に弁済＝配当することになります）。このうち，資産の確定に際しては，まずいかなる財産が破産債権者に対する配当の基礎となる破産財団（配当財団）を構成するかが問題となります。

　この点について，破産法は，原則として，破産手続開始時に破産者が有する一切の財産が破産財団（法定財団）を構成するものとしています（破 34 条 1 項）。このような考え方を，手続開始時に財団を固定するものということで，固定主義と呼んでいます。破産管財人は，手続開始時に事実上管理下に置かれる財産（現有財団）を可及的に法定財団に近づけていく任務を負うということができます。これに対立するものとして，膨張主義という考え方は，手続開始後に破産者が取得した財産も破産財団に吸収することで，財団が手続中に膨張することを認めるものです。いずれの考え方を採用するかは政策問題ですが，日本法は，負債の部分が破産手続開始時に固定される（つまり，手続開始前に原因を有する債権のみが破産債権として手続で扱われる〔(2)参照〕）ことに対応して，資産の部分も手続開始時に固定したものです。そうしないと，破産手続開始後に負担する債務に対する責任財産がなくなってしまうからです。しかし，諸外国の法制で

は，少なくとも消費者破産については膨張主義の考え方を採用する例もあります。個人債務者については，将来の収入を債権者の配当に充てる必要が大きいからです。ただ，日本法は消費者についても固定主義を堅持し，将来の収入から弁済をする場合には個人再生手続（第5章Ⅲ参照）など別個の手続を用意するという立場を採用しています。したがって，破産手続開始後に破産者が労働して得た対価である賃金はもちろん，手続開始後の近親者の死亡に基づき取得した相続財産なども破産財団には含まれません（破産財団に含まれない財産のことを自由財産と呼びます）。なお，破産手続開始後に発生した請求権であっても，その発生原因が手続開始前にあれば破産財団に含まれます（破34条2項）。たとえば，退職金債権（の差押可能な部分）は，破産手続開始後の退職により発生するものであっても，その発生原因となる労働の給付自体は手続開始前に存在するので，破産財団に含まれることになります（破産手続開始前に締結された生命保険契約に基づき破産者である受取人が取得した死亡保険金請求権が破産財団に帰属するとしたのは，最判平28・4・28民集70-4-1099〔百選24〕）。

　原則は以上のとおりですが，自由財産には，ほかにもいくつかのものがあります。たとえば，破産者の一身専属権に属するような財産や差押禁止財産などですが，これは主として消費者（個人）に関わる問題なので，ここではふれません（Ⅲ2(2)参照）。一つの問題は，法人にそもそも自由財産がありうるか否かです。法人には，自然人とは違って，財産とは異なる肉体のような稼動力を有するものは存在しないので，事業継続等により破産手続開始後に得る収益も財団財産から派生する財産として当然に破産財団に含まれるものと解されます。また，差押禁止財産も，その生活維持の趣旨から，一般に法人には妥当しないと考えられています（差押禁止とされている簡易生命保険の還付金請求権も，法人の場合には破産財団に含まれるとするのが判例です〔最判昭60・11・15民集39-7-1487〕）。ただ，破産管財人が破産財団に属する財産を放棄する可能性はあり，財団から放棄された財産は法人の自由財産になると解するほかありません。したがって，法人にも自由財産は認められますが，それは極めて例外的な場合に限られるということになります（なお，破産財団に属する財産の破産管財人による管理等については，5(2)参照）。

(2)　破 産 債 権

　(a)　破産債権の意義　　次に，破産財団から見た負債の側面ですが，破産手続において手続上の債権として取り扱われる債権のことを破産債権と呼びます。破産手続とは，まさに破産債権のための手続ということができます。破産財団について固定主義をとっていることの裏返しとして，破産債権も，原則として破産手続開始時に存在する債権に限定されています（破産手続開始時現存額主義）。より正確に言えば，破産債権とされるのは，破産者に対して破産手続開始前の原因に基づいて生じた財産上の請求権に限られます（破2条5項）。したがって，まず非財産権上の請求権，たとえば騒音の差止請求権などは破産債権には含まれません。また，破産手続開始前の原因に基づいたものである必要がありますが，債権自体は手続開始後に発生したものでもかまいません。したがって，破産手続開始前になされた不法行為に基づき手続開始後に損害が現実化した場合の損害賠償請求権はもちろん，破産手続開始前に保証人となった者が手続開始後の弁済により取得した求償権なども破産債権に含まれます。期限付の破産債権は破産手続開始の時に弁済期が到来したものとみなされます（破103条3項）し，条件付債権や将来の請求権も手続参加が可能です（同条4項）。また，非金銭債権や金額不特定の債権などは裁判所の評価額が債権額となります（同条2項）。

　連帯債務や保証人付の債務の場合に，連帯債務者のそれぞれまたは主債務者・保証人の両方が破産したときであっても，債権者は，手続開始時の債権額全額をもってそれぞれの破産手続に参加できます（破104条・105条）。手続開始後に債権の一部の弁済を受けても，債権額を減らす必要はありません。連帯債務にしたり，保証をとったりするなどして自己の債権の保全に熱心であった債権者に，なるべく多額の配当を保障しようという趣旨に出たものです。たとえば，100万円の債権者は，100万円の債権額で主債務者と保証人の破産手続に参加でき，仮に前者の手続で20％の配当を得ても，後者の手続で債権額を80万円に減額する必要はなく，なお100万円の債権額で手続参加を維持でき，それに応じた配当を受領することができます（ただ，両方の手続で合わせて100万円を超えて配当が受けられないことは当然です）。以上の取扱いについては，物上保証人にも妥当します（破104条5項）。

●コラム：破産手続開始時現存額主義の射程

　破産法が改正される前は，条文上，破産手続開始後に保証人等が一部弁済をした場合に，現存額主義が維持され，破産債権者は手続開始時の全額を基準に配当を受けられるのかについて疑義がありましたが，現行法はその点を明確にしています（破104条2項の「その債権の全額が消滅した場合を除き」という部分がその趣旨です）。また，物上保証人に対してその趣旨を拡張した判例法理（最判平14・9・24民集56-7-1524）も明文化されました（同条5項）。

　ただ，なお疑義が残っていた問題として，まず，複数口の債権を被担保債権とする物上保証において，物上保証人がそのうちの一部の口の債権のみを全額弁済した場合に，なお現存額主義が適用されるかという点がありました。判例（最判平22・3・16民集64-2-523〔百選46〕）は，この問題について，現存額主義は債権の口ごとに考えるべきものであり，上記のような場合はその適用はなく，弁済した物上保証人は求償権に基づき配当を受けることができる旨（いわゆる口単位主義）を明らかにしました。

　また，手続開始後に弁済があった結果，開始時の現存額を基準に配当すると，元の債権額を超過する場合に，どのように配当すべきかという問題もありました。このような場合には弁済した保証人等に配当すべきとする見解もありましたが，判例は，超過配当になっても，元の破産債権者に配当し，あとは不当利得によって調整すべきものとしました（最決平29・9・12民集71-7-1073〔百選47〕）。

　(b)　優先的破産債権・担保付債権　　担保権を有する債権者も，その被担保債権については破産債権者となります。ただ，実体法上の優先権を有することに伴う特別の扱いを受けます。まず，一般先取特権など一般の優先権のある債権は優先的破産債権として，他の破産債権に優先して配当を受けることができます（破98条1項）。したがって，一般先取特権の認められる給料債権（民308条）を有する労働者などについては，破産債権として後述のような権利実行方法の制約は受けますが，優先的な配当が保障されます（労働債権の特別の弁済許可については，(3)(c)参照）。優先的破産債権の間の優先順位は実体法の定めによります（破98条2項）。

　また，特定の財産について担保権（抵当権，質権，特別先取特権など）を有する債権者は，その担保権について別除権を有し，破産手続外で担保権を自由に実行することができます（この点は，4(4)参照）。ただ，その代償として，破産

手続で権利を行使できる（つまり，議決権を行使し，配当を受けられる）のは，別除権の行使によって弁済を受けることができないと見込まれる債権額（予定不足額）の部分に限られます（破 108 条）。担保権者は，まず自己が優先権をもつ担保目的財産から一次的に被担保債権を回収すべきであり，それで不足があった場合に初めて一般債権者と競合する一般財産からの回収が認められるという考え方（民 394 条参照）に基づくものです。

　（c）劣後的破産債権・約定劣後破産債権　　破産法は，一部の破産債権について劣後的な取扱いを認めています。これを劣後的破産債権と呼びます（破 99 条 1 項）。劣後的破産債権としては，破産手続開始後の利息・損害金，破産手続参加の費用，罰金・過料・加算税等があります。利息・損害金・手続参加費用は破産債権に伴うものであり，本来は手続開始後の債権として破産債権には含まれませんが，それらも主たる破産債権と併せて免責（III 2(3)参照）の対象とするため，あえて破産債権の一部としたものです。また，罰金等は，破産者に対する制裁であり，本来他の債権者に迷惑を掛けてまで取り立てる性質のものではないので，劣後扱いにしていますが，免責の対象とはならず（破 253 条 1 項 7 号），手続終結後に改めて取り立てることが想定されています。いずれにせよ，劣後的破産債権には債権者集会における議決権が認められず（破 142 条 1 項），また一般の破産債権が 100％ 弁済を受けない限り，配当は受けられません。

　さらに，債権者・破産者間で劣後的破産債権に後れる旨の合意が手続開始前にされていた債権は，約定劣後破産債権とされ，劣後的破産債権に後れる取扱いがされます（破 99 条 2 項）。金融機関等がいわゆる BIS 規制の要請に従うため，劣後ローンや劣後債により借り受けてそれを資本とみなす扱いがされますが，そのためには，倒産手続において劣後的な扱いが担保される必要があるところ，現行破産法で，そのような当事者間の合意に従った劣後処理を正面から認めたものです。

　（d）破産債権の取扱い　　破産債権については，破産手続の中で権利を行使する必要があります（破 100 条 1 項）。したがって，破産手続外で強制執行や保全処分をしたり，給付訴訟を提起したりすることは認められません（破 42 条）（1(6)参照）。手続外で破産者の自由財産から弁済を受けることについては

議論があります（これに対し，保証人など第三者から弁済を受けることは当然妨げられません）。たとえば，破産者が破産手続開始後働いて得た収入から破産債権者に対して任意で弁済をしようとするとき，破産債権者がそれを受け取ることはできるかという問題です。判例は，任意の弁済は有効であるが，その任意性は厳格に判断すべきであり，少しでも強制的な要素を伴うような場合は任意弁済に当たらず，債権者は返還義務を負うとしています（最判平18・1・23民集60-1-228〔百選45〕参照）。破産債権者は，後に述べるような手続に従って，破産債権を届け出て，確定した破産債権額について配当を受けることになります（5(1)・6参照）。なお，破産債権の回収のために，破産者等に対し，面会を強請し，強談威迫の行為をした者は処罰されます（破275条）。

(3) 財 団 債 権

　(a) 財団債権の意義・種類　　以上のように，破産手続は破産債権のための手続と位置づけることができますが，そのほかにも債権が発生する可能性はあります。特に，破産手続開始後に破産手続を進めるうえで一定の費用の負担が必要になる場面は多く生じます。たとえば，破産管財人の報酬や公告費用など手続を進行させるための費用などがその典型です。このような債権については，それを破産債権よりも優先して弁済する必要があると考えられます。仮にそうしなければ，誰も破産手続には協力してくれず，手続の円滑な進行が不可能になるからです。そこで，破産法は財団債権という債権のカテゴリーを設け（破2条7項），これらの債権については優先的な弁済を保障しています（再建型手続では同様の考慮の下に共益債権という分類がされています。実質的には財団債権と同等のものです。共益債権については，第5章Ⅱ5(1)参照）。

　財団債権に含まれる債権のうち，代表的なものとしては，破産財団の管理・換価・配当に関する費用の請求権（破148条1項2号），破産財団に関して破産管財人の行為によって生じた債権（たとえば，管財人の職務上の不法行為に基づく損害賠償債権など。同項4号），双方未履行の双務契約（4(2)参照）について管財人が履行を選択した場合の相手方の請求権（同項7号）などが挙げられます。これらはいずれも，破産債権者の共同の利益のために支出された費用（財団費用）の性格をもつものであり，その意味で，破産債権者が全体で（配当額に比例

して）負担する（破産債権者全員に優先する）のが自然であると言えましょう。

　（b）租税債権　　ところが，やや異質な性格のものとして，租税債権も財団債権とされています。これは，租税の有する公益的な性格を重視し，また租税債権には実体的な優先権が認められ（国徴8条），場合によっては別除権とされる抵当権などの担保権にも優先するものとされている（国徴15条以下）点に配慮したものとされます。ただ，従来，租税債権の極めて広範な財団債権化については批判も多く，破産管財人はしばしば租税債権者のために働いているような状態になっていたとされます。この租税債権の扱いの点は，労働債権との優先順位の問題も含めて，破産法改正作業の中でも一つの大きな論点となりました。その結果，破産手続開始前の原因に基づく租税債権について，破産手続開始当時，納期限の到来していないものまたは納期限から1年以内のものに限って，財団債権としました（破148条1項3号）。これは，具体的納期限の到来から長期にわたって滞納処分等の措置をとらずに放置していた租税債権まで，他の破産債権者の犠牲の上に保護するのは相当でないとの判断に基づき，財団債権の範囲を限定したものです。したがって，納期限から1年以内に滞納処分に着手すれば（手続開始前に滞納処分が開始していれば，破産手続開始後も続行されます。破43条2項），優先権が確保されますが，着手していないものは優先的破産債権に止めることとしたものです。なお，破産手続開始後の原因に基づく租税債権は，破産財団の管理・換価の費用に該当するもの（破148条1項2号）に限って財団債権とされますが，それ以外のものは劣後的破産債権として扱われます（破99条1項1号・97条4号）。たとえば，破産財団に属する不動産についての固定資産税は財団債権とされますが，個人の所得税などは原則として財団債権とはなりません。

●コラム：共助対象外国租税債権
　従来は，外国の租税債権は日本の倒産手続に一切参加することができませんでした。倒産手続への参加は主権の行使になり，国同士の相互の承認がなければ許されないからです。しかし，グローバル化の進展に伴い国外での租税徴収が重要な課題となる中，各国が相互に外国租税債権の権利行使を認めるため，税務行政執行共助条約が締結され，日本も2011年に加盟しました。

それを受けて，破産法等が改正され，外国租税債権も倒産手続への参加が認められました（そのような租税債権を「共助対象外国租税債権」と呼んでいます〔破24条1項6号など参照〕）。これらの外国租税は，日本の税務当局が国内租税債権と同様の手続で取り立てますが（その意味で自力執行権が認められていますが），国内租税とは異なり，優先権は認められていません。その結果，倒産手続の中でも，自力執行権を前提とする債権届出や債権調査の局面では国内租税と同等の処遇がされますが（破114条・134条など参照），国内租税債権とは異なり優先権はないので，優先順位等の関係では一般破産債権等と同じ扱いがされることになっています（破148条1項3号など参照）。

　　(c)　労働債権　　このような租税債権の取扱いと並んで，法改正で大きな問題とされたのが労働債権の取扱いでした。従来，労働債権は優先的破産債権として保護されていましたが，財団不足の場合に，滞納租税があるような事件では，その回収が十分に図られないこともあり，租税債権に優先すべき，少なくともそれと同等の地位が保障されるべきであるとの主張がありました。しかし，他方で，労働債権を全面的に財団債権化すると，特に多額の退職金債権等が発生する場合には，他の破産債権者は大きな打撃を受けます。そこで，現行破産法は，破産手続開始前3ヶ月分の給料債権およびその額に相当する退職金債権の範囲内で，財団債権として保護することとしました（破149条）。これは，更生手続（第6章5(4)参照）と比べて保護の範囲を（6ヶ月分ではなく3ヶ月分として）限定していますが，再建型手続の方が再建に向けた労働者の労働意欲を確保するため，より強く保護の必要性がある点を反映したものです。なお，財団債権として保護されない給料債権であっても，生活の維持のために特にその弁済の必要が大きい場合には，配当手続の前に弁済の許可を受けることができます（破101条）。これによって，窮乏した労働者は，手続開始後早い段階で，実際に給料相当額を手にすることができることになりました（ただ，その弁済により，財団債権者や他の優先的破産債権者の利益を害するおそれがないときに限ります）。

　　(d)　財団債権の取扱い　　財団債権については，破産手続によらずに，履行期の到来とともに随時に弁済を受けることができます（破2条7項）。債権届出・確定の手続を経る必要もありません。ただ，その債権の存在が常に破産

管財人に明らかになるとは限らないので，財団債権者は管財人に債権を有する旨を申し出るものとされています（破規50条）。また，財団債権には破産債権に対する優先弁済権が認められます（破151条）。ただ，財団不足の状態で，財団債権の全額の弁済ができないような場合には，財団債権の間で債権額に応じて按分弁済がされるのが原則です（破152条1項）。この場合には，財団債権間の実体法上の優先順位は無視されます。ただし，破産法148条1項1号および2号の財団債権，つまり狭義の財団費用に係る債権は，その他の財団債権に優先するものとされています（破152条2項）。その結果，たとえば，破産管財人の報酬は国税債権や労働債権等に優先することとなります。なお，破産管財人が任意に弁済しない場合に，財団債権に基づいて強制執行ができるか否かについては従来争いがありましたが，現行法は，財団不足の場合も考慮すると，個別執行を認めることは相当でなく，管財人の意図的な不払いについては管財人に対する裁判所の監督処分に期待すれば十分であるとして，財団債権に基づく強制執行は禁止することとしました（破42条1項）。他方，租税債権については，前述のように，破産手続開始前に滞納処分がされていた場合には，手続開始後もそれを続行することができますが（破43条2項），手続開始後の新たな滞納処分はやはり禁止されます（同条1項）。

●コラム：財団債権の代位弁済

　財団債権について第三者が保証をしている場合などに，手続開始後財団債権が代位弁済され，第三者に移転する場合があります。最も一般的であるのは，労働債権について，労働者健康安全機構が「賃金の支払の確保等に関する法律」に基づき行う未払賃金の立替払制度による場合です。このような場合に，弁済した第三者が代位（民499条・501条）によって財団債権として当該権利を破産手続外で行使できるのかが問題となります。下級審の裁判例は分かれていましたが，判例はそれを肯定する判断を示しています（最判平23・11・22民集65-8-3165〔百選48①〕。また再生手続における共益債権に対する代位弁済の場合につき同旨として，最判平23・11・24民集65-8-3213〔百選48②〕）。弁済による代位の一般論からすれば首肯できる結論ではありますが，租税債権や労働債権など特殊な財団債権についてもそのような保護が必要かは，なお公法上の債権の特殊性や上記のような立替払制度の充実などとの関係で，制度の在り方としては議論の残るところでしょう（租税債権につき，

弁済による代位に基づく財団債権性を否定する裁判例として，東京高判平 17・6・30 金判 1220-2 〔百選 A10〕参照）。

4　破産財団をめぐる契約・権利関係

(1)　破産手続開始後の法律行為

前に見たように（2(2)参照），破産手続開始によって，破産財団に帰属する財産の管理処分権は，破産者から破産管財人に移転します（破 78 条 1 項）。したがって，破産手続開始後に破産財団に属する財産について法律行為をする場合には，その主体ないし相手方は破産管財人となるのが原則です。破産管財人が何らかの法律行為をするには，裁判所の許可が必要となる場合がありますが（2(1)参照），その行為の当事者は常に管財人です。その結果，破産手続開始後は，破産者が破産財団に属する財産に関してした法律行為はそもそも破産手続の関係ではその効力を主張できないものとされます（破 47 条 1 項。この場合，破産手続開始当日にした行為は，手続開始後にしたものと推定されます。同条 2 項）。たとえば，破産者が破産財団に属する財産を手続開始後に，管財人に無断で第三者に対して売却したとしても，その売買による所有権の移転は破産財団には対抗できないので，買受人は破産管財人に対して当該財産の所有権を主張することはできません（このような行為は詐欺破産罪として処罰の対象にもなりえます。破 265 条 2 項）。

また，破産手続開始後に破産者の行為によらないで第三者が破産財団に属する財産について権利を取得しても，その権利取得は，破産手続の関係においては，効力を主張できません（破 48 条 1 項。やはり開始決定の日の権利取得は開始決定後のものと推定されます。同条 2 項）。第三者の行為であっても，破産財団の減少を来し，破産債権者を害することに変わりはありませんから，やはり破産手続との関係では，効力の主張を許さないことにしたものです。たとえば，破産手続開始決定後に破産者の財産について占有を開始して商事留置権を取得した債権者は破産手続でその権利を主張できませんし，破産手続開始前に破産者から債権を譲り受けた者が破産手続開始決定後に第三債務者の承諾を得た場合も同様です。他方，破産者の管理処分権とは無関係な権利取得，たとえば時効取

得や即時取得はそもそもこの規定の対象ではなく，破産手続との関係でも効果を主張できます。また，この規定の趣旨は，破産財団の減損の防止にありますので，破産財団の価値を損なわないような権利取得も対象外と解されています（破産手続開始後，賃借権の負担のある不動産が転貸されたとしても，特段の事情のない限り，本条は適用されず，転借権の効力は否定されないとするのは，最判昭54・1・25民集33-1-1〔百選74〕）。なお，再生手続や更生手続では，やや規定の趣旨が異なり，手続債権者（再生債権者・更生債権者等）の権利取得のみが問題にされています（民再44条，会更55条。破産法でも，同様に破産債権者の権利取得のみを対象と解する少数説が存在します）。

　さらに，破産者の債務者が破産手続開始後に破産者に対して弁済をしたとしても，その弁済は原則としてやはり破産財団に対抗できません（破50条2項）。破産手続開始により，破産者は自己の債権についても管理処分権を失い，債務者から弁済を受領する法的資格を失っているので，それは正当な弁済にはならないからです（財団がその弁済で利益を受けている場合には，その利益の限度で弁済の効力が認められるに止まります）。ただ，例外的に，債務者が破産手続開始の事実を知らずに破産者にした弁済は有効なものとされます（同条1項）。債務者は，自己の債権者の資力の状態について常にモニターしておく義務はなく，またそのようなことは期待できませんし，一般の取引行為と比較しても債務の弁済行為は義務的性格が強いものですから，債務者を保護する必要性が大きいと考えられるからです。なお，債務者が破産手続開始について悪意であったことの証明は実際上かなり困難ですが，破産手続開始決定の公告があった後にされた弁済については相手方の悪意が推定されます（破51条）。したがって，その公告の後に弁済をした債務者がそれでもなお破産手続開始を知らなかったことを主張しようとする場合には，自らその点を立証しなければなりません。

　最後に，対抗要件の関係で，破産手続開始前の登記原因に基づき手続開始後にされた登記は，やはり破産手続の関係ではその効力を主張することができません（破49条1項本文。特許権等の登録についても同様です。同条2項）。手続開始前に契約自体はされているのであれば，それを破産手続でもそのまま尊重するという立場もありえますが，仮にそのようなことを認めれば，手続開始後に登記をしながら開始前に既に契約がされていたと虚偽の主張をする者が頻発する

おそれがあります。また，理論的にも，破産手続開始によって破産財団に属する財産について包括的な差押えがされたものと考えれば，そこで対抗関係が生じると解されるので，その時点で対抗要件を具備していなかった相手方は保護に値しないと考えてよいでしょう。ただ，この場合も，登記権利者が破産手続開始後にその事実を知らないでした登記は，なお有効なものとされます（破 49 条 1 項但書）。登記原因が手続開始前にあるという相手方の既得権を前提に，善意の者を特に保護する趣旨ですが，この場合も，破産手続開始決定の公告により手続開始に関する相手方の悪意が推定されます（破 51 条）。

(2)　双方未履行の双務契約

　破産手続開始前の法律関係については，破産手続が開始しても原則としてそのままの形で維持されることになります。たとえば，双務契約で契約相手方が破産者に対して有する債権のみが手続開始決定時に残存する場合や片務契約で破産者のみが債務を負っている場合には，原則としてその相手方の債権が破産債権となります。他方，双務契約で破産者が契約相手方に対して有する債権のみが手続開始決定時に残存する場合や片務契約で相手方のみが債務を負っている場合には，破産者の有する債権が破産財団に帰属し，破産管財人がその債権を行使することになります。問題は，双務契約で，破産者・契約相手方の有する双方の債権が手続開始時にともに残存している場合，つまり双務契約が双方未履行の状態にある場合の破産手続における取扱いという点にあります。

　契約関係は，原則として，契約の一方当事者の破産により当然に終了することにはなりません。しかし，相手方の有する債権を単に破産債権としながら，破産者の有する債権を財団帰属債権として全部行使できることにすると，実体法が認める同時履行の抗弁権による担保的機能が害され，契約相手方にとって酷な結果となります。他方，常に履行を認めることとすると，契約の内容によっては，そのまま履行をさせることが財団にとって負担となる場合もあります。たとえば，事業を即座に廃止することが破産財団の利益となるにもかかわらず，長期の継続的供給契約などが存する場合が典型的です。そこで，破産法は，双方未履行の双務契約について，破産管財人に契約の履行・解除を選択する権利を付与し（破 53 条 1 項），破産財団にとって有利な契約は存続させ，不利な契

約は解除できることとしました。そして，管財人が履行を選択した契約の相手方の債権は財団債権として保護する（破148条1項7号）一方，契約を解除された相手方の損害賠償債権は破産債権に止めています（破54条1項。契約上，解除に伴う違約金条項がある場合は，その効力について議論があります。大阪地判平21・1・29判時2037-74〔百選78①〕，名古屋高判平23・6・2金法1944-127〔百選78②〕など参照）。ただし，相手方の反対給付については，現物の取戻権またはそれに相当する価額の財団債権として特に保護しています（同条2項）。この結果，破産管財人は財団にとって有利な契約を存続させ，不利な契約を解除することにより財団価値の最大化を図りながら，契約解除により早期の財団の整理が可能になる一方，契約相手方の地位も合理的に保護されることになるわけです。

　ただ，破産管財人にそのような解除権を認めることは，契約相手方の法的地位を不安定なものとします。そこで，契約相手方は，相当の期間を定めて，破産管財人に対し，解除を選択するか履行を選択するかを確答するように催告をすることが認められ，その期間内に確答がないときは，管財人は契約解除を選択したものとみなされます（破53条2項）。契約相手方の地位を安定させる趣旨ですが，破産の場合には契約関係の清算が原則となるので，不確答の場合には解除が擬制されます（これに対し，再建型手続では逆に解除権の放棄が擬制されます〔民再49条2項，会更61条2項〕）。さらに，一定の場合には，破産管財人の選択権自体が否定される局面があります。賃貸借契約など個々の契約類型との関係では後に述べますが，判例はより一般的な形で，「契約解除により相手方に著しく不公平な状況が生じるような場合には」，管財人は解除を選択できないものと解しています（最判平12・2・29民集54-2-553〔百選81①〕，最判平12・3・9判時1708-123〔百選81②〕参照）。この事例はゴルフ会員権に関するもので，仮に契約解除が認められると，契約相手方であるゴルフ場側が一方的に預託金を返還しなければならない結果となるものでした。その意味で，やや特殊な事案に関する判例ですが，今後どのような範囲の契約についてこのような扱いが認められていくかが注目されます。

　また，この双方未履行双務契約の関係では，いわゆる倒産解除特約の扱いも問題となります。様々な契約の中で，相手方に倒産手続開始の申立てがあった場合には，契約を解除することができる旨の条項が定められている場合があり

ます。これを「倒産解除特約」と呼びますが，このような特約の効力を認める
かどうかが議論の対象となっています。このような特約を認めると，特に再建
型手続の場合には再建に必要な契約が解除されて再建が困難になるのみならず，
双方未履行契約について管財人の側にのみ解除権を認めている倒産実体法の規
律を事実上潜脱する結果になるからです。そこで，学説上は，①管財人等の履
行選択権の保護という観点から，破産手続を含むすべての倒産手続でこのよう
な特約の効力を否定する見解，②再建の保護という観点から，再建型手続にお
いてこのような特約の効力を否定する見解，③特約による解除権が実質的に担
保権の実行という側面を有する場合に着目し，担保権実行を制限する更生手続
や再生手続においてこのような特約の効力を否定する見解など，何らかの形で
この特約の効力を制限する見解が有力です。ただ，倒産法改正の中でも明文の
規定は設けられず，この点は依然として解釈論に委ねられています。判例は，
更生手続における所有権留保付売買の事案（最判昭57・3・30民集36-3-484〔百
選76〕参照）や，再生手続におけるファイナンス・リースの事案（最判平20・
12・16民集62-10-2561〔百選77〕参照）において，少なくともこのような特約の
効力を否定しています（現在議論されている動産・債権担保法制の立法化の中では，
③の観点から倒産手続開始申立特約の効力を否定することを明文化する提案がされてい
ることは，**(4)**(c)**コラム**「動産・債権担保法制の立法と倒産手続」参照）。

　以下では，具体的な契約類型について，特別扱いの必要が規定ないし指摘さ
れているものごとに，その取扱いを見ていきたいと思います。

　（a）**賃貸借契約**　　まず，賃貸借契約です。賃貸人が破産した場合と賃
借人が破産した場合とに分けて考えてみましょう。

　賃貸人が破産した場合については，仮に破産管財人が，破産法の原則に従い，
自由に契約を解除できることにすると，それは賃借人にとっては酷な結果をも
たらします。そもそも自分とは何の関係もない賃貸人の経済破綻で，賃借人が
自己の生活や事業の本拠を失ってしまう結果は相当なものとは言えないでしょ
う。そこで，現行破産法は，この場合について特別の規定を設け，賃借人が対
抗要件を備えて第三者に自己の賃借権を対抗できるような場合には，管財人の
解除権の行使を認めないものとしています（破56条1項）。したがって，たとえば，
借地契約であれば借地上に借地人名義で登記された建物があれば解除できませ

んし（借地借家 10 条 1 項），また借家契約であれば手続開始前に建物の引渡しが
あれば解除できないことになります（同 31 条 1 項）。このような賃借人は，仮
に管財人がその土地・建物を第三者に売却した場合でも，賃借権を対抗できる
地位にある者なので，破産手続上保護に値すると考えられるからです。そして，
賃借人の有する使用収益権等は財団債権としてそのまま行使できることになり
ます（破 56 条 2 項）。

　賃貸借契約をめぐるもう一つの大きな問題が敷金の取扱いです。敷金契約は，
実体法上，賃貸借契約に付随するものですが，別個の契約と解されています。
そして，敷金返還請求権は，賃貸借終了後，建物明渡しがされた時においてそ
れまでに生じた未払賃料など被担保債権一切を控除してなお敷金に残額がある
ことを条件として発生する停止条件付権利とされます（民 622 条の 2 参照）。し
たがって，賃貸人破産の場合に，賃借人の有する債権が財団債権となっても
（破 56 条 2 項），別個の契約に基づく敷金返還請求権まで財団債権になるもので
はありません。その結果，敷金返還請求権は破産債権となりますが，それは未
払賃料等に対する充当の期待がある債権といえます。そこで，停止条件付債権
について相殺期待がある場合と同様の処理，つまり債務（賃料）については即
時弁済をすべきものとしながら，敷金返還請求権が発生したときには充当を可
能とするよう，弁済した賃料額の寄託を破産管財人に請求することができるも
のとしています（破 70 条後段）。これによって，賃借人の利益の保護を図った
ものです（なお，再建型手続では，弁済した賃料相当額について敷金返還請求権を共
益債権にするという形で，実質的に同様の保護が図られています。民再 92 条 3 項，会
更 48 条 3 項）。

　また，特許等知的財産権のライセンス契約についても同様の問題があり，ラ
イセンサーの破産の場合，やはりライセンシーの対抗要件の有無を基準に保護
が図られます（破産法 56 条は，「賃借権その他の使用及び収益を目的とする権利」と
し，これにはライセンス契約なども含む趣旨です）。ただ，ライセンス契約について
は，対抗要件（通常実施権の登録等）が慣行上一般に具備されていないという別
個の問題もあり，その保護を図るスキームの検討が必要とされました。この問
題については，結局，2011 年の特許法改正によって，通常実施権の登録制度
が廃止され，いわゆる当然対抗制度が導入されたこと（特許 99 条）により解決

されました。その結果，ライセンス契約は常に管財人に対して対抗可能なものとなるため，解除の対象にはなりません。

●コラム：ライセンス契約の保護——「知財立国日本」

　本文にも書きましたように，ライセンサー倒産時のライセンシー保護は，当事者間の衡平から見て重要な課題です。特許等のライセンスを受けて，工場等に投資をして生産活動をしているライセンシーが，自分に全く無関係なライセンサーの倒産のあおりを受けて事業が継続できなくなる事態は避けなければなりません。しかし，この点は，そのような当事者間の利害を超えて，日本経済全体から見ても看過し難い問題とされます。すなわち，そのような事態が生じれば，安心して知的財産権が利用できなくなり，「知財立国」を目指す日本の経済政策が齟齬を来すおそれすらあるからです。そこで，そのような産業政策の要請からも何らかのライセンシー保護施策が必要とされたものです。

　そのような保護の方策としては，①倒産法の原則を変えて，対抗要件を具備していなくてもライセンシーを保護する方法，②倒産法の原則を維持しながら，対抗要件の具備を容易にする方法などが考えられましたが，結局，②の方策が目指されました。その結果，一時は，特許法（通常実施権）や産活法（包括ライセンス）等の中で，ライセンス契約を公示しても，その内容は一般に閲覧されず，ある特許について誰にライセンスがされているか，またライセンス料についてどのような取決めがされているかなどは明らかにならないような制度的工夫がされ，ライセンスの登録をしやすくする試みがされましたが，最終的には，本文記載のとおり，登録を不要にして，ライセンシーの完全な保護を図る政策判断がされたものです。

　なお，旧法では，賃貸人が破産前に賃料の前払を受けていたり，賃料債権を処分したりしている場合には，そのような賃料の前払・処分は破産宣告の当期および次期の分しか破産財団に対抗できないものとされていましたが（旧破63条），現行法ではそのような制限は廃止されました。このような規定は，賃料債権の証券化等の関係で障害になるなどの批判があったためです。

　次に，賃借人の破産の場合です。これについて以前は民法に特別の規定があり，賃借人が破産宣告を受けたときは，賃貸人・破産管財人の双方が賃貸借契約の解約の申入れをすることができ，その場合には相互に相手方に対する損害

賠償請求ができないものとされていました（民旧621条）。賃借人が破産した場合には，賃貸人の賃料債権の保全に不安があり，また賃借人の破産財団を契約に拘束する必要もないので，相互に解約を保障し，また解約権が実際に行使しやすいように，損害賠償請求権を否定していたものでした。しかし，このような規律は，特に借地権のように相当大きな財産的価値を有するような場合には，破産によって一瞬のうちに，その財産価値が消滅して地主に帰属してしまうことになり，実質論として妥当ではないとされ，判例・学説上，制限的に解されていました。そもそも賃料は財団債権として保護されれば十分であるので，賃貸人側に一方的な解約権を付与する必然性はなく，むしろ破産法53条の原則的な規律をこの場合にも適用すれば足りるものと考えられます。現行破産法の制定に際して，そのような理解に基づいて，民法旧621条の規定は削除されました。したがって，現在では，原則どおり，賃借人の破産管財人のみが賃貸借契約の履行・解除の選択権を有します。

　（b）請負契約　　次に，請負契約ですが，この場合も請負人の破産の場合と注文者の破産の場合とに分けて考えてみます。

　まず，請負人が破産した場合には，破産法53条が適用されますが，その無条件の適用を認めることには批判もあります。判例は，請け負った仕事の中身を破産者以外の者が完成できないような性質のものであるかそうでないかによって区別し，後者についてのみ管財人による契約の解除を認める立場によっています（最判昭62・11・26民集41-8-1585〔百選80〕）。非代替的な内容の請負については，雇用契約などと同様に（(c)参照），破産者自身が履行に当たるべきものと考えられるからです。この場合には，破産管財人は必要な材料を提供して，破産者または第三者にその仕事をさせ，当該材料の使用料等を破産財団に帰属させることができると解されます。これに対し，代替的な内容の請負については，破産管財人は解除権を行使することができますが，この場合，注文者が前払金として払っていたが，未だ仕事がされていない部分の返還請求権は，破産者の受けた反対給付として，財団債権になると解されています（破54条2項）。したがって，たとえば，建設業者等の破産で，管財人が不採算の工事について請負契約の解除を選択する場合には，（出来形部分相当金を控除して）前受金を財団債権として返還することを前提にしなければなりません。このような

扱いは，前払金の形で一種の与信を行っていた注文者を過度に保護するものとの批判もありますが，現行破産法でもそのような規律は維持されています。

　他方，注文者の破産の場合には，民法に特則が置かれています。すなわち，注文者が破産手続開始決定を受けたときは，請負人・破産管財人の双方が請負契約の解除をすることができます（民642条1項本文）。この立法趣旨は，先履行の義務を負う請負人に報酬請求権の支払の担保なしに仕事をさせるのは酷であるとの配慮に基づくものです。したがって，仕事が完成した後は，この趣旨が妥当しませんので，請負人は解除権を行使できません（同条1項但書。平成29年改正民法が導入した規律です）。そして，請負人が契約を解除した場合，既にした仕事の報酬・費用については破産債権として権利行使できますが（同条2項），その反面として，出来形部分は破産財団に帰属することになります（最判昭53・6・23金判555-46〔百選79〕）。なお，破産管財人が契約を解除した場合には相手方は損害賠償を請求できることとされています（同条3項）。従来は，本条による契約解除の場合には損害賠償請求権が否定されていましたが，破産管財人が財団の都合で契約を解除する場合に，請負人の側に一切損害賠償請求権が認められないのは酷であり，また不公平でもあるので，現行破産法の制定に伴い，請負人の損害賠償請求権が破産債権として認められています（他方，管財人の損害賠償請求は認められません）。

　（c）雇用契約　　雇用契約（労働契約）についても，やはり使用者の破産と労働者の破産が問題になります。

　まず，使用者の破産については民法に特則があり，請負の場合と同様に，破産管財人・労働者の双方から解約の申入れをすることができるとされますが，その場合の解約に基づく損害賠償は主張できません（民631条）。この規定については，従来から批判はあまり聞かれません。そもそも勤めていた企業が破産すれば労働者が解雇されるのはやむをえないことでしょうし，労働者の側からみても，そのような企業を早く離れて再就職による再出発を図る途を模索するのが適当だからです。ただ，破産管財人からの解雇については，労働基準法等の規律は適用されるものと解されており，30日間の解雇予告期間を置くか，その間の平均賃金（解雇予告手当）を支払わなければなりません（労基20条）。

　他方，労働者が破産した場合には，労働契約は破産者の一身に専属する契約

関係と言えますから，破産財団には帰属せず，管財人は契約の解除・履行の選択権を有しません。したがって，労働者は破産しても自由に勤め続けることができ，その場合に得られる賃金等は破産財団に帰属せず，自由財産（3(1)参照）となります（ただし，破産者が退職する場合の退職金については，破産手続開始前の労働に対応する差押可能部分は破産財団に帰属することになります。この問題については，Ⅲ2(2)(b)参照）。

　（d）委任契約　　委任については，民法上，委任者または受任者のいずれかが破産した場合に，当然に契約が終了するものとされています（民653条2号）。委任は契約の性質として相互の信頼関係に基づく部分が大きいので，契約相手方が破産した場合には，そのような信頼関係は原則として維持することができず，契約を当然に終了させることにしたものです。ただ，現在では，委任契約は様々な取引関係の構成要素として利用されており，一方当事者の破産により当然に契約関係を消滅させることが常に適当であるか，なお疑問となる場合もあるところです。実際，会社と取締役との委任契約については，会社が破産した場合にも，判例は，当然に終了するものではなく，破産手続開始当時の取締役も会社組織等に関する行為につき権限をなお行使しうるものとしています（最判平21・4・17判時2044-74〔百選14〕）。

●コラム：民法改正と破産手続における契約の取扱い

　本文で見てきましたように，現在の民法は，いくつかの典型契約について破産手続における取扱いの特則を定めています。そのうち，賃貸借契約の特則については，破産法改正の際に削除されましたが，その他のものは（若干内容を変えたものもありますが）基本的に維持されました。ただ，この問題は，民法の債権法部分の改正作業の中で，再び議論されました。たとえば，新たな典型契約として，役務提供契約（サービス契約）の規定が構想され，その破産手続における扱いとして，請負契約（民642条参照）などと同旨の規律を設けることが提案されましたし，委任契約については，取締役に関する判例法理などに鑑み，当然終了の扱いの再検討も論じられました。ただ，平成29年改正民法では，結論としては，請負について，前述のように，完成後の請負人の解除権行使を否定するほか，書面による諸成的消費貸借における，金銭交付前の一方当事者の破産の場合に契約の失効を認める（民587条の2第3項）といった微修正に止まったものです。

(e) リース契約　　現在の社会では、上に見てきたような民法の定める契約（典型契約と呼ばれます）以外にも様々な類型の非典型契約が存在します。これらの契約について、契約当事者が破産した場合の扱いをどうするかが問題となります。しかし、これらの契約にはそもそも根拠となる実体法上の規定が存在しないため、破産の場合についてだけ明文の規定を設けることは実際上困難です。そのため、問題が生じるごとに判例によって解決が図られているのが現状と言えます。そのような問題の一例として、ファイナンス・リース契約の取扱いがあります（ファイナンス・リースについては、民法改正で典型契約として明文規定を設ける旨の提案もありましたが、最終的には見送られました）。

リース契約とは、利用者が設備投資等を行う際に、製造業者から直接対象物件を購入するのではなく、リース会社が購入して利用者に賃貸する形式をとる契約類型です。税務上のメリット等があって急速に普及したものですが、この場合の利用者（ユーザー）が破産した際にリース契約をどのように取り扱うかが大きな論点となります。仮にこの契約を一種の賃貸借契約だとすれば、ユーザーの破産管財人がその物件を使い続けたいときには、契約の履行を選択してリース料を財団債権として弁済する必要があります。しかし、この契約の実質はリース会社による金融であり、利用者のリース料の支払は借りたお金を少しずつ返しているに過ぎない（法的に言えば、消費貸借に期限の利益が付与されているに過ぎない）と見れば、リース会社の債権は破産債権に過ぎない（ただ、リース物件の利用権等に担保権＝別除権を有する）ものと理解することになります。この点は、別除権の自由な行使が認められる破産手続よりも、担保権の行使が制約される再生手続や更生手続においてよりクルーシャルな問題となりますが、判例は後者の見解を採用して、リース契約は双方未履行の双務契約には該当しないと解しています（最判平7・4・14民集49-4-1063〔百選75〕、最判平20・12・16民集62-10-2561〔百選77〕）。

●コラム：証券化とオリジネータの倒産
　　――日本のABSはすべてジャンク・ボンドか？
　リースを始めとして、様々な法的形態をとる特殊な金融取引が、本文で見たように、典型契約しか明示的に規律していない倒産法の中でどのように扱

われるかは不透明な場面も多く，それが日本の金融市場に大きな影を投げか
けることがあります。最近の例として，いわゆる証券化取引が行われる場合
の資産譲渡の取扱いの問題があります。証券化の典型的な形態は，自己資産
の流動化を図ろうとする企業（オリジネータと呼ばれます）がそれをペーパ
ーカンパニー（SPC などと呼ばれます）や信託会社に譲渡し，SPC や信託会
社がその資産を裏づけにした証券（Asset-Backed Securities: 略して ABS と
呼ばれます）や受益権を発行するものです。事柄の実質は，オリジネータが
資産を担保に金融を得るのと同じですが，優良資産を分離して高い格付けを
得ることによって有利な条件で資金を調達できる上，その資産をオフバラン
ス化できるので，収益重視の経済状況の中で脚光を浴びています。しかし，
リース契約などと同様に，その契約の実質が金融であるとして，オリジネー
タの倒産時にそれが更生担保権として扱われると，SPC 等へのキャッシュ
フローが止まり，証券化スキームは直ちに崩壊しますが，そのようなオリジ
ネータの倒産リスクが ABS に反映するとすれば，日本の ABS はすべて投資
不適格証券，ジャンク・ボンドになりかねません。そこで，この問題をめぐ
っては，マイカルの倒産などを契機に議論が続けられているところで（詳細
については，山本和彦「証券化と倒産法」ジュリスト 1240 号〔2003 年〕15 頁以
下など参照），倒産制度のあり方が先端的な経済活動にも大きな影響を及ぼ
し，また日本経済の行く末さえも左右しかねない事情を端的に表す一つの実
例と言えましょう。

(3)　取　戻　権

前に見たように（3(1)参照），破産財団は破産手続開始時に固定されますが，
手続開始時に外見上は債務者の財産に帰属するように見えても（このような外
見上の破産財団のことを「現有財団」と呼びます），実は他人の所有物がそこに紛れ
込んでいる場合かしばしばあります。たとえば，他人から預かっている物を占
有したまま，破産者が破産手続開始決定を受けたような場合が典型的です。こ
のような場合，もちろん破産手続の開始によって物の所有関係が影響を受ける
わけではありませんから，真の所有者は自己の所有物の返還を破産管財人に対
して求めることができます。また，受託者に破産手続が開始した場合も，信託
財産に属する財産は破産財団に属しないので（信託 25 条 1 項，最判平 14・1・17
民集 56-1-20〔百選 52〕），新たに選任された受託者は，破産管財人に対し，その
返還を求めることができます。このような権利のことを取戻権と呼びます（破

62条）。取戻権は，破産手続外で自由に行使することができます。

　ただし，そのような所有者の権利は破産債権者に対抗できるものである必要
があります。したがって，所有権の移転に基づき取戻権を主張する者は，破産
手続開始前に，所有権の移転について第三者対抗要件（不動産における登記，動
産における動産譲渡登記や占有移転，債権譲渡における債権譲渡登記や確定日付ある通
知・承諾など）を具備している必要があります（破産手続開始後の登記は原則とし
て無効であることにつき，(1)参照）。ただ，問屋の破産の場合には，問屋の債権
者は，問屋が委託の実行として取得した物品について責任財産として期待する
実質的利益がないとして，対抗要件なしに委託者の取戻権を認めるのが判例で
す（最判昭43・7・11民集22-7-1462〔百選50〕）。

　なお，破産手続開始前に破産者が他人の物を第三者に売却してしまっていた
ような場合には，その第三者に対する代金債権が残っていれば，本来の所有者
はその債権の移転を取戻権として主張することができます（破64条。「代償的取
戻権」と呼ばれます）。

●コラム：離婚と破産

　離婚は人の身分について，破産は人の財産について生じる不幸です。しか
し，不幸はしばしば手を携えてやってくるものです。「金の切れ目は縁の切
れ目」ではありませんが，配偶者の一方の破産がその夫婦の離婚に繋がるこ
とは多いようです。この場合，離婚に関連する裁判手続が破産手続の中でど
のように扱われるかが問題となります。離婚訴訟それ自体は身分関係の訴訟
であり，「破産財団に関する訴訟手続」（破44条1項）とはいえませんので，
中断はしません。しかし，微妙であるのは，離婚に関連して財産分与等破産
者の財産に関する事項も問題になっている場合です。この場合にまず問題と
なるのは，財産分与請求権が取戻権ないし財団債権となるのか，破産債権に
止まるのか，という点です。財産分与が実質的には夫婦の共有物の分割とい
う面をもつとすれば，それを取戻権と理解することも不可能ではありません。
しかし，法的にはあくまでも一方配偶者の固有財産ですので，取戻権という
理解は困難であり，一般には破産債権に止まるものと解されています（最判
平2・9・27判時1363-89〔百選51〕参照）。

　次に，財産分与を求める手続ですが，これは離婚成立後に家事審判として
行われる場合（家事別表第2第4項）と離婚訴訟の附帯処分として行われる
場合（人訴32条1項）があります。いずれにしても，そのような手続の係属

中に，相手方に破産手続が開始したときの問題です。これは破産財団に影響を与える手続ではありますが，その性質自体はあくまで身分関係のものと考えられますので，手続を中断させるのは相当でないと思われます。ただ，財産分与額いかんによって破産手続に影響が生じることも間違いないので，破産管財人に手続への参加の機会を認めるべきものと考えられます。家事審判の場合には家庭裁判所の許可に基づく利害関係参加として（家事42条2項），人事訴訟の場合には共同訴訟的補助参加として，破産管財人は当該手続に参加して，必要な攻撃防御を行うべきものでしょう。

(4)　別　除　権

　(a)　別除権行使の手続　　破産手続においては，個別財産について担保権を有する担保権者は，原則として自由にその権利を行使することができます（3(2)(b)参照）。このような担保権者の権利のことを別除権と呼んでいます（破2条9項）。破産財団から別のものとして除く権利ということです。破産手続では，債務者の財産は最終的にはすべて換価清算され，その代金を実体法の順位に従って配当するので，事業体を維持してその収益等から債権者に対して弁済を行う再建型の手続とは異なり，担保権の実行を制限する必要は原則としてありません。そこで，別除権は，破産手続によらずに自由に行使できるものとされています（破65条1項）。したがって，たとえば，抵当権者は，債務者の破産手続中であっても，抵当権の実行（差押え）を執行裁判所に申し立て，その売却代金から配当を受けることができます。ただ，別除権者が担保権実行の手続を自らとらない場合には，破産管財人が別除権者に代わって民事執行法等の規定により目的財産の換価手続を申し立てることができます（破184条2項）。

　また，別除権者が担保権の実行により債権を全額回収できる場合はそれでよいのですが，実行後も残存する被担保債権がある場合には（担保がいわゆるオーバーローンの状態にあったとき）は，その残額について破産債権者として権利を行使することができます（破108条1項本文。この点については，3(2)(b)参照）。ただ，不動産市場が低迷している場合，抵当権の目的物件が競売手続においてなかなか売却できず，その結果として不足額債権を破産手続でも行使できないという問題が生じます。なぜなら，仮に破産手続の方が執行手続よりも先に終結してしまうと，別除権者は最後配当までの間に担保権実行により弁済を受け

ることができない債権額を証明することができない結果，破産配当から除斥されてしまうからです（破198条3項。この点については，6(2)参照）。このような帰結には問題があるため，現行破産法は，担保権者は管財人との合意で被担保債権の範囲を縮小するなどして，被担保債権の一部が目的物件によって「破産手続開始後に担保されないこととなった」ものとして，その債権部分について手続参加できることとし（破108条1項但書），さらに，根抵当権については，極度額を超える部分の額は執行売却前でも破産手続における配当を受けることができるものとしました（破196条3項・198条4項）。

　(b) 担保権消滅手続　　別除権者・管財人は執行手続によって目的物の換価を行う権限を有していますが，執行売却はどうしても廉価になってしまうため，実際には破産管財人が別除権者の同意を得て担保権を消滅させて担保目的物を任意売却する運用が一般的です（担保権付のまま任意売却することもでき，この場合には別除権は残存しますが〔破65条2項〕，実際にはそのような例は少ないようです）。そして，その場合には，やはり別除権者の同意を得て，売却代金額の一部（5％とも10％とも言われます）を破産財団に組み入れ，残額を別除権者に弁済するという運用がされています。そして，現行破産法では，このような財団組入れの運用をより一般化して，別除権者の同意がなくても，管財人が担保目的物を任意売却し，担保権を消滅させながら，その代金の一部を強制的に破産財団に組み入れることができるという担保権消滅の制度が導入されました。

　この制度は，破産管財人が売却の相手方を見つけてきて，売却代金額やそこから破産財団に組み入れようとする金額（組入金）を示して，裁判所に担保権消滅許可の申立てをするというものです（破186条）。これに対する担保権者側の対抗手段は二つあります。すなわち，いずれも1ヶ月以内に，担保権の実行を申し立てる方法（破187条）と，より高い代金で買ってくれる別の売却相手方を探して買受申出をする方法（破188条）です。後者の場合には，1円でも高ければよいとすると，最初の売却相手方の地位が余りに不安定となり，管財人による任意売却を阻害しますので，5％以上高い値段でなければ買受申出は成立しないものとされます（同条3項）。いずれの場合も，それによって財団組入金は消滅してしまいます。担保権実行が申し立てられたときはそれに基づいて売却手続が進められますが，①対抗手段がとられない場合には当初の売却相

手方に，②買受申出がされた場合には買受希望者に対して任意に売却し，担保権を消滅させることを許可する決定がされます（破189条）。これによって，破産管財人とその相手方との間で売買契約が成立したものとされ，相手方が売買代金額に相当する金銭を裁判所に納付することになります（破190条1項）。それによって，担保権は消滅し（同条4項），その登記等は裁判所書記官の嘱託により抹消されます（同条5項）。そして，裁判所に納付された金銭は，裁判所によって配当されることになります（破191条）。この制度は，実際に頻繁に使われることを想定されたものというよりは（平成22年までの6年間で，東京地裁で30件，大阪地裁で28件の申立てがあったに止まるとされます），任意売却に関する管財人と担保権者の交渉をよりスムーズにするという側面をもつものと考えられ，手続の前提とされる両者の協議（破186条2項）が重要な意義を有します。

　　（c）別除権とされる担保権　　別除権とされる担保権は，特別先取特権，質権および抵当権です（破2条9項参照）。典型担保のうち，一般先取特権は，前に見たように，優先的破産債権として破産債権の一種とされますし（3(2)(b)参照），留置権については，商事留置権は特別先取特権とみなされ（破66条1項），別除権となりますが（留置権能も維持されると解されています。最判平10・7・14民集52-5-1261〔百選53〕参照。また，他の担保権との優劣関係につき，東京高決平10・11・27判時1666-141②〔百選55〕参照），民事留置権は破産手続上失効するものとされています（同条3項）。問題となる担保権としては，動産売買先取特権等動産の特別先取特権があります。これは別除権として扱われますが，従来は，執行法上，担保権者が目的動産を執行官に提出するか，占有者の差押承諾文書を提出しない限り，担保権実行ができませんでした。その結果，破産手続では，管財人が差押えを承諾することは考え難いので，事実上その実行ができず，結局，管財人が目的動産を売却してしまい，実際には債権を回収できないという取扱いとなっていました。この点は破産実務上大きな問題でしたが，2003年の民事執行法改正により，債務者の占有する動産についても，裁判所の許可に基づいて担保権の実行が可能となり（民執190条1項3号・2項），破産手続上の問題も解決されています。また，目的動産が既に売却されている場合も，動産売買先取特権者は，物上代位（民304条）に基づき，破産手続開始後も，売買代金債権を差し押さえることができます（最判昭59・2・2民集38-3-

431〔百選56〕)。

●コラム：動産売買先取特権の実効化への闘争と挫折と実現

　破産手続における動産売買先取特権の実効性を確保するについては，長い闘争と挫折の歴史がありました。当初は，動産売買先取特権を実行するためには，担保権者による占有の取得が前提になるので，その手段としてまず仮差押えの申立てをして，執行官が占有を取得して，それに基づき売却をするという方法がとられていました。しかし，債務者に破産手続が開始されると，前にふれたように，仮差押えは失効するので，破産手続開始後はそのような方法はとれません。その後，先取特権に基づく執行官保管の仮処分や差押承諾の意思表示を求める仮処分等でまかなおうとする方策も試みられましたが，裁判所には受け入れられませんでした。その結果，売買先取特権の実効化の実務的な試みはほぼ挫折してしまいました。そのような状況の中で，本文で見たように，ついに民事執行法の改正が図られ，20年以上に及ぶ担保権者の努力が成果を見たものです。

　以上のような，民法の定める典型担保権のほかに，取引実務上生成した担保権として，譲渡担保・所有権留保・リースなどの非典型担保権が存在します（契約の取扱いとの関係では，(2)(e)参照）。非典型担保について，別除権に関する規定が類推されるか，それとも所有権性を重視して取戻権を認めるか，議論のあるところです。現在の多数説は，倒産手続上も担保権として扱うことを相当とし，別除権としての処遇を認めるものですが，破産手続では，実際上いずれにしても目的物の引上げが認められるため，あまり違いはなく，論争は主に担保権に対して一定の手続上の制約を加える再建型手続（特に更生手続）における取扱いに関するものです。判例は，譲渡担保権については更生担保権に準じる取扱いをしており（最判昭41・4・28民集20-4-900〔百選57〕。また，集合債権譲渡担保に関する中止命令につき，大阪高決平21・6・3金判1321-30〔百選60〕参照），ファイナンス・リースや所有権留保についても担保として取り扱うものとしています（リースにつき，最判平20・12・16民集62-10-2561〔百選77〕，所有権留保につき最判平22・6・4民集64-4-1107および最判平29・12・7民集71-10-1925〔百選58〕参照）。

●コラム：動産・債権担保法制の立法と倒産手続

　現在，動産・債権担保法制について新たな立法の議論が行われています。新法では，従来非典型担保とされていた動産・債権の譲渡担保，所有権留保，ファイナンス・リース等につき明文規定が設けられる予定です。そこでは，担保権の実体的効力や対抗要件のほか，その実行手続や倒産手続における取扱いなど手続法との関係も重要な論点とされています。たとえば，担保権実行中止命令の規律，担保権実行禁止命令・取消命令の創設，倒産手続開始申立特約の無効化，否認権・担保権消滅制度の適用等の問題です。さらに，新たな担保として，事業全体を担保とする制度（事業成長担保権などと呼ばれるもの）の創設も検討対象になっています。2024年頃には立法が実現するのではないかと予想されていますが，倒産手続のあり方にも大きな影響をもたらすものとして，その行方が注目されます。

(5)　相　殺　権

　債権者と債務者との間に，同種の債権債務が対立している状態にある場合には，その対当額について相殺を行うことができます（民505条）。このような相殺権は，一方では債権債務の簡易な決済の方法としての機能を有するとともに，債務者が経済的破綻に陥るおそれがある場合には，債権者が自らに対する債権を事実上担保にとっているのと同じ効果をもつという意味で，担保的機能をも有するものです。その意味で，究極の経済破綻である債務者の破産の場面において，相殺は大きな意味をもつことになります。破産法は，破産手続開始前に破産債権と破産者に対する債務とが対立状態にある場合には，破産手続開始後も破産債権者が破産手続によらずに自由に相殺することを認めています（破67条1項）。相殺の担保的機能を破産手続においても，原則として尊重することを明らかにしたものです（なお，いわゆる三者間相殺の問題につき，最判平28・7・8民集70-6-1611〔百選71〕参照）。

　(a)　相殺権の拡張　　破産法は，実体法上相殺権が既に生じている場合に，それを破産手続外で行使することを認めるに止まらず，相殺権の範囲をより拡張する規定も有しています。たとえば，破産債権者の有する自働債権が破産手続開始時に期限未到来や解除条件付のものであっても，それに基づいて相殺ができることとしていますし，受働債権が期限付・条件付の場合も同様とさ

れます（破67条2項。受働債権が停止条件付の場合，手続開始後に条件が成就したときも相殺できるとされています。最判平17・1・17民集59-1-1〔百選64〕）。また，自働債権が停止条件付の債権である場合には，停止条件が将来成就した場合の相殺の利益を保護するために，破産債権者が履行期の到来により弁済した自己の債務額について，破産管財人に対し寄託することを求めることができるものとしています（破70条前段）。敷金返還請求権を有する賃借人が破産手続開始後に賃料を弁済する場合も，同様に寄託請求が認められています（同条後段）。これによって，将来賃借物件を明け渡して敷金返還請求権が現実化したときに，賃借人は寄託されている支払賃料から優先して敷金の回収を図ることができます（なお，再生手続・更生手続では，6ヶ月内の賃料弁済額を限度として，敷金返還請求権が共益債権とされます〔民再92条3項，会更48条3項〕）。

　（b）相殺権の制限　　破産手続における相殺についての最大の問題は，債権・債務の対立状態が破産手続開始後または支払不能・支払停止・破産手続開始申立（危機時期）後に発生した場合の取扱いにあります。このような場合にも相殺を無制限に認めると，濫用的に債権債務の対立が創出され，債権者間の公平を害する結果に陥る事態が想定されます。たとえば，破産者に対して債務を負っている者が，破産者の破産手続開始後または危機時期に，他人の有する破産債権を安価で買い受け，それに基づいて相殺権を行使して債務を免れるような事態が発生しえます。また，破産債権者が危機時期に破産者から財団に属する財産を買い受けて，その代金債務と破産債権とを相殺するような場合には，実質的には偏頗的な代物弁済がされたのと同様の結果がもたらされます。そこで，破産法は，そのような時期に債権債務の対立が創出された場合には，原則として相殺を禁止する規定を設けています（なお，以下のような相殺禁止規定に違反した相殺を有効とする破産債権者と破産管財人の合意は，原則として無効とされます。最判昭52・12・6民集31-7-961〔百選69〕参照）。

　まず，破産債権者による債務負担に基づく相殺については，破産手続開始後の債務負担に基づく相殺は全面的に禁止されます（破71条1項1号）。他方，危機時期の債務負担の場合には，そのような事情を知った上でされた債務負担に基づく相殺を原則としては禁じながら（同条1項2号～4号），危機時期の前に既に相殺についての合理的な期待が破産債権者に発生している場合など例外的

な場合には，相殺の担保的機能に対する破産債権者の期待を保護するために，例外的に相殺を認めることとしています（同条2項）。たとえば，破産者の破産手続開始申立前に銀行が手形の取立委任裏書を受け，破産手続開始申立後に取り立てた手形金の返還債務は破産手続開始申立後に発生したものではありますが，その原因は手形の取立委任という破産手続開始申立前の事由にあるので（同項2号），銀行は，破産者に対する貸付債権（破産債権）と手形取立金返還債務とを破産手続開始後に対当額で相殺することが例外的に認められます（最判昭63・10・18民集42-8-575〔百選65〕）。他方，投資信託の解約金支払債務については，銀行に相殺の合理的期待がないとして，「前に生じた原因」にはあたらないとされています（最判平26・6・5民集68-5-462〔百選67〕参照）。

　現行破産法において，支払不能後の債務負担に基づく相殺も一定の場合に禁止の対象とされました。具体的には，①支払不能後に専ら破産債権との相殺に供する目的で，破産者の財産の処分を内容とする契約を破産者との間で締結した場合と，②他の債務者の債務を引き受けた場合です（同条1項2号）。①は，支払不能後に，将来の相殺を目的として銀行が債務者に預金を積み増しさせるような場合が典型ですが，外形的な危機時期（支払停止・破産手続開始申立て）の場合（同項3号・4号）よりも前に相殺禁止の時期を前倒ししたものです。ただ，「専ら破産債権との相殺に供する目的」がどのような場合に認められるかなど，今後の解釈に委ねられている部分も多くあります（一例として，東京地判平21・11・10判タ1320-275〔百選68〕参照）。

　次に，破産者に債務を負っている者による債権取得に基づく相殺については，やはり破産手続開始後の債権取得に基づく相殺は全面的に禁止されます（破72条1項1号。なお，委託を受けない保証人が主債務者の破産手続開始後に弁済したことによって取得した求償権を自働債権とする相殺は本号の類推適用により許されないとされます。最判平24・5・28民集66-7-3123〔百選70〕参照）。そのほか，危機時期の債権取得として，支払不能後（同項2号），支払停止後（同項3号），破産手続開始申立後（同項4号）に，いずれもそのような事由を知って債権を取得した場合は，相殺禁止の対象となります。ただ，これらの場合にも例外的に，合理的な相殺期待などを保護する手当てがされています（同条2項）。たとえば，銀行が手形の割引をした後に手形譲渡人が破産手続開始を申し立て，その後にその

手形が不渡りになった場合には，銀行の取得する手形の買戻請求権は破産手続開始申立後に発生したものですが，その原因は手形割引契約という危機時期より前の事由にあるので（同条2項2号），手形買戻請求権と手形譲渡人の預金債権との相殺は可能であるとされます（最判昭40・11・2民集19-8-1927〔百選66〕）。同様に，請負人である破産者が危機時期前に締結した請負契約につき，発注者が取得する違約金債権を自働債権，請負人の報酬債権を受働債権とする相殺は，一括した清算を予定していたものとして，同一の請負契約に基づき発生したか否かにかかわらず，相殺の合理的期待が認められるとして，前の原因（破72条2項2号）にあたるとされます（最判令2・9・8民集74-6-1643）。さらに，債権の取得が債務負担者と破産者との間の契約による場合も例外的に相殺が認められます（同項4号）。このような場合には，債務負担者は自己への債権（受働債権）を引当てに自働債権を取得したものと考えられ，一種の同時交換的行為（(6)(b)**コラム**「救済融資は否認されるか？」参照）として破産者の信用リスクを負担する立場にはないからです。

●コラム：同行相殺

　このように，危機時期より前に相殺の原因があったときは，破産手続の中でも相殺権は保護されます。しかし，実際には，そのような場合でも相殺を認めることが相当ではないこともあります。たとえば，いわゆる同行相殺の問題があります。A銀行の甲支店に預金をもつXが破産した場合，甲支店の貸付債権で相殺しても，なお預金に剰余があるとします。そして，A銀行の乙支店がYの所持するX名義の手形を危機時期よりも前に割り引いているときに，A銀行としては，手形不渡りによりYに対して買戻請求権を行使するのが通常の取扱いです。しかし，A銀行としては，顧客であるYの利益を重視して，乙支店の手形金債権（破産債権）と甲支店のXの預金債務とを相殺することがあります。これを同行相殺と呼びます。このような相殺は，Yに十分な資力がある場合には，自己の債権保全に必要な範囲を超えた相殺であり，Yの損失をXの一般債権者に転嫁するものとして，相殺権の濫用として無効とする議論が学説では有力ですが，判例は相殺濫用論を否定する判断をしています（最判昭53・5・2判時892-58）。相殺濫用論については，民法（債権法）改正の中でも明文化されず，この点は，現行法下でもなお議論の残っているところです。

　(c) 破産管財人による相殺への関与　　破産手続においては，債権届出期間内に限定する再建型手続の場合とは異なり，破産債権者がする相殺について期間の制限はありません。ただ，配当の直前になって相殺がされるような場合には，破産手続の円滑な進行に支障が生じる場合もなくはありません。そこで，現行破産法は新たに，破産管財人による相殺の催告の制度を設けました（破73条）。それによれば，破産管財人は，相殺権を有する破産債権者に対して，1ヶ月以上の期間を定め，相殺をするかどうかを確答するよう催告をすることができ，期間内に確答をしなかった破産債権者は，破産手続との関係で相殺の効力を主張できなくなるとするものです。

　また，以上は破産債権者の側からの相殺ですが，例外的には，破産管財人の側から相殺権を主張することもあります。たとえば，破産財団に帰属する債権の実価が相手方の破産等により著しく低落し，破産債権を弁済するよりも相殺した方が財団にとってむしろ有利になるような場合（破産債権者の一般の利益に適合する場合）です。このような場合は，管財人は，裁判所の許可を得て，自ら相殺をすることができます（破102条）。

(6) 否　認　権

　倒産手続が開始する前の段階は一種の非常時であり，債務者としてはできるだけ自分の財産を隠匿・処分して将来の生活や再起に備えて手持ち資金を多くしようと画策するでしょうし，債権者としては1円でも多く自己の債権を優先して回収しようと試みるでしょう。その結果として，破産手続が開始した時点では，破産財団が減少していたり，破産債権者に偏頗的な弁済がされていたりする場合がまま生じます。そのような事態をそのまま放置すれば，破産債権者にできるだけ多額かつ平等な配当を保障するという破産手続の目的が達成できなくなります。そこで，そのような破産手続開始前の詐害行為・偏頗行為の効力を破産手続上否定し，処分・隠匿された財産を回復し，また債権者の平等弁済を確保するのが否認権の制度です。否認の対象となる行為は，債務者の財産隠匿・処分に関する行為（詐害行為）や一部債権者に対する優先的な弁済行為（偏頗行為）です。たとえば，仮に3名の債権者（債権額各100万円）があるときに，破産財団に属する財産（総額150万円）のうち，90万円の財産を無償で親

族に処分したとすると，その結果，本来50万円ずつの配当を期待できた債権者に対する配当が各20万円に止まることとなり，破産債権者全体に損害を加える結果となります。これが詐害行為です。他方，そのような財産から100万円を債権者Aに弁済すると，残りのB・Cが各25万円ずつしか配当を得られなくなり，Aを除く他の債権者が損害を受け，破産債権者間の平等が害される結果となります。これが偏頗行為です。

●コラム：濫用的会社分割の否認──詐害行為と偏頗行為の狭間で

　ある会社が破綻状態になった場合に，優良部門を切り出して会社分割を行い，一部の債務を新設会社に移し，他の債務を旧会社（分割会社）に残して破綻処理をすることがあります。これは正当な事業再生の一環として行われる場合もありますが，一部債務について弁済を免れるために行われる濫用的なケースも少なくないとされます。濫用的会社分割と呼ばれる問題です。この行為の「濫用性」は，一方では資産が十分な対価なしに新設会社に移転しているという点を捉えれば詐害行為ともいえますし，他方では一部債務のみが新設会社に移転して優先弁済されるという点を捉えれば偏頗行為ともいえます。その意味で，このような行為は両者の中間にある行為ともいえますが，現行破産法は詐害行為と偏頗行為を峻別しているため，いずれかに当てはめることが必要となるものです（詐害行為として否認を認めた裁判例として，東京高判平24・6・20判タ1388-366〔百選33〕参照）。峻別論が実際上の困難をもたらす興味深い一例といえるでしょう（なお，この問題自体は，2014年会社法改正により会社法764条4項以下の規定が設けられ，実体法の観点から，実質的には否認と同様の効果をもたらす形で解決が図られました）。

　以上に述べたところから，詐害行為否認・偏頗行為否認に共通して，否認の一般的な要件が観念されます。まず，否認対象行為は破産債権者全体（偏頗行為の場合は，偏頗を受けた債権者以外の破産債権者全体）に対して有害なものでなければなりません（有害性）。言い換えれば，否認がされることによって否認がされない場合に比べて，破産債権者の地位が改善される必要があります。通常は詐害行為であっても偏頗行為であっても，このような要件を満たします。ただ，たとえば，担保目的物によって被担保債権を代物弁済したような場合には，当該目的物価額と債権額とが均衡していれば，否認しても再び別除権が実行さ

れて同一の結果がもたらされるので，当該代物弁済は有害性を欠き，否認が否定されます（動産売買先取特権の目的物による被担保債権の代物弁済につき，最判昭41・4・14民集20-4-611〔百選34〕参照。これに対し，動産売買先取特権の目的物をいったん転売し，その後に転売先から取り戻して代物弁済する場合には，実質的には新たな担保の設定と同視できるとして否認が認められます。最判平9・12・18民集51-10-4210〔百選35〕参照）。また，破産者が特定の債務の弁済のために金銭を借り入れ，借入金で当該債務を弁済した場合に，それが偏頗行為に該当しても，このような借入金が特定の債務の弁済に使途が限定され，それ以外の使途に用いるのであれば借入れができず，かつ，実質的にも他の用途に使用したり，他の債権者が差し押さえたりすることができない状況にあったときは，借入行為と弁済行為は一体のものと見られ，他の破産債権者に対する有害性を欠き，否認の対象とはならないとされます（最判平5・1・25民集47-1-344〔百選31〕参照）。

　否認の一般的要件として問題とされるものとして，さらに破産者の行為性があります。破産法は，否認の対象となるのはいずれも「行為」であるとしています（破160条・162条など参照）。したがって，たとえば，破産債権者のする相殺は，それが偏頗弁済と同一の結果をもたらすものであっても，債務者の行為がないので否認されないと解されています（相殺制限の問題〔(5)(b)参照〕となります）。ただ，否認においては，債務者の行為の悪質性が問題ではなく，その効果（破産財団の減少や債権者平等の毀損）が問題であるとすれば，第三者の行為であっても，そのような効果が生じており，その効果において破産者の行為と実質的に同視できるものであれば，否認の対象として認めてよいと思われます。たとえば，債権者の執行行為を否認する場合には破産者の害意ある加功を要しませんし（最判昭57・3・30判時1038-286〔百選40〕参照），破産者の有する債権を破産債権者に譲渡する場合の第三債務者の承諾行為なども否認される場合がありうると解されます（仮登記につき，仮処分命令に基づくものも否認の対象になるとした判例として，最判平8・10・17民集50-9-2454〔百選A8〕参照）。また，給与支給機関が受給者に代わって給与から控除した額を第三者に払い込む場合も，否認の対象となりえます（最判平2・7・19民集44-5-837〔百選30①〕，最判平2・7・19民集44-5-853〔百選30②〕参照）。

　最後に，行為の不当性も否認の一般的要件として論じられています（あるい

は行為の相当性が否認の一般的阻却事由とされます）。たとえば，否認対象行為の目的が破産者の生活の維持や労働者の賃金の支払資金の捻出にあるなど行為の内容，動機，目的等に鑑み，破産法秩序よりも高次の法秩序や社会経済秩序に照らし，保護に値する利益が破産者の行為にあれば，否認の対象とはしないという考え方です。しかし，このような曖昧で論者の価値観が反映するような要件を一般的な形で導入することは相当ではないでしょう。この点が旧法下で最も問題とされた適正価格売却の否認については，現行法では明文の規定が設けられたこともあり（(a)参照），仮に破産法秩序を上回る利益が観念できる場合にも，一般法理で解決すればよく，場合によって否認権の行使が権利の濫用とされたり，また公序良俗に反して許されないと解したりすれば足りるものと思われます。その意味で，少なくとも現行法の下では，行為の不当性を否認の一般的要件と考える必要はないものと解されます。

　(a) 詐害行為否認　　破産法では，前述のように，詐害行為と偏頗行為の区分に応じて，否認権行使の要件・効果が定められています。まず，詐害行為の否認です（破160条）。詐害行為否認には，第一に，破産者が破産債権者を害することを知りながら行った行為を否認するものがあります（同条1項1号。旧法下では「故意否認」と呼ばれた類型です）。破産財団に属する物件の廉価売却などが典型で，このような行為が債務超過など実質的な意味での危機時期にされたときは，破産債権者に損害を加えるものとして否認の対象とするものです。民法の詐害行為取消権（民424条）の延長線上にある制度といえます（ただ，その趣旨は完全には同一でなく，総破産債権者について詐害行為取消権の消滅時効が完成しても，否認権はなお消滅しないとされます。最判昭58・11・25民集37-9-1430〔百選29〕）。ただ，取引の安全を確保するため，行為の相手方（受益者）がその行為時に破産債権者を害する事実を知らなかったこと（受益者の善意）が否認の阻却事由とされています。第二に，支払停止または破産手続開始申立て（危機時期）の後にされた詐害行為についての否認があります（破160条1項2号。旧法下では「危機否認」と呼ばれた類型です）。これは，危機時期後においては破産債権者を害する破産者の意思（詐害意思）を不要にして，否認の範囲を拡大するものです。言い換えれば，このような時期においては，客観的に破産債権者を害する行為がされた以上，破産者が主観的にどのように思っていようと，否認

の対象になっても文句を言うべき筋合いにはないということです。ただ，やはり取引の安全を害しないように，行為の相手方が支払停止または破産手続開始の申立て等について善意であった場合には，否認は認められません。

　以上のような詐害行為否認の原則的な類型に加えて，やや特殊な場合として，まず対価的な均衡を欠いた代物弁済の否認があります（破160条2項）。たとえば，破産者が100万円の債務を負っている場合に，150万円の価値のある不動産によって代物弁済をしたような場合です。このような行為は，次に述べる偏頗行為否認の要件を満たせば，偏頗行為として全体が否認の対象となりますが，仮にその要件を満たさなくても，前記のような詐害行為否認の要件を満たすときは，債務額を超過する過大な部分（上記の例で50万円に相当する部分）については，独自に否認ができ，破産管財人はその金額の取戻しを求めることができるものとされます。

　次に，無償行為の否認があります（破160条3項）。これは，無償行為またはこれと同視すべき有償行為については，破産者・受益者の主観的要件を一切不要にし，否認の範囲も危機時期の前6ヶ月に拡大したものです（行為時に債務超過であることも要件とはされません。最判平29・11・16民集71-9-1745〔百選37〕参照）。無償行為についてこのように広く否認を認める理由としては，①そのような行為が破産債権者に与える損害が有償行為に比べて著しく大きいこと，②そのような行為の効力を事後的に否定しても，相手方はその行為の対価を支払っていないので，取引の安全に与える影響も小さいことが挙げられます。たとえば，債務者の所有する財産の贈与は，何らの対価も破産財団に入らないため破産債権者は大きな損害を被る一方，仮にそれを否認しても，相手方はいわば棚ボタを失うだけで，さほど保護に値しないと考えられるわけです（否認の効果も，受益者善意の場合は現存利益の償還で足りることとされています〔破167条2項〕）。実際上，無償否認に当たるか否かが大きな問題となるのは，保証の否認です。金融機関が中小企業に融資する場合，多くの場合，経営者の個人保証を求めます。そして，その企業が破産する場合には，経営者も個人破産することが多いわけですが，経営者の破産事件において保証債務の負担が無償行為として否認される事例が生じています。経営者が自らの経営する企業の債務を個人保証する場合，企業から保証料を得ることは普通ないので，これは無償行為と

いうことになります。したがって，無償行為として，破産手続開始の申立前6ヶ月内の保証債務の負担は否認の対象となるとするのが判例です（最判昭62・7・3民集41-5-1068〔百選36〕）。しかし，このような保証に基づく融資によって初めて企業の経営が可能となるわけで，その意味では経営者も個人的に事実上の利益を得ていると言うことができ，また債権者の側から見れば，保証は企業に対する融資の実質的な見返りであり，無償とは言い難い面もあることから，このような解釈にはなお批判もあるところです。

　以上のような詐害行為に該当するか，従来議論のあったものとして，適正価格による処分行為の場合があります。破産者の財産を相当な価格で売却するような行為が典型的なものです。このような行為は，経済的・形式的に見れば破産財団を害するものではありませんが，判例は，より実質的な観点に立ち，不動産などについては，そのような責任財産として強固な資産を現金に代えることは破産者による処分・隠匿を容易にするものであるとして，否認を認める立場をとっていました（大判昭8・4・15民集12-637など）。ただ，このような場合には特に取引の安全を保護すべきであり，このような否認を安易に認めると，遊休資産の処分等による事業再建を害し，倒産を早める結果になるといった批判もあります。そのため，破産者の資産隠匿等の意思を相手方が知っていてそれに加担したような場合はともかく，一般にはそれを否認の対象とすべきでないとする見解も有力でした。また，証券化取引等の障害になるといった批判もありました。そこで，現行破産法では，破産者が相当な対価を得てした処分行為については，①その行為が不動産の換価等による財産種類の変更によって破産者の隠匿・無償供与など破産債権者を害する処分のおそれを現に生じさせるものであること，②破産者がその行為の当時隠匿等の処分をする意思を有していたこと，③行為の相手方が破産者のそのような意思を知っていたことという要件を破産管財人がすべて立証できた場合に限って（但し，③については，偏頗行為否認の場合と同様（(b)参照），内部者に関する証明責任の転換があります。破161条2項），否認を認めています（同条1項）。このように，適正価格処分行為については否認の対象・要件を限定し，取引の安全に配慮したものです（相当対価での事業譲渡について否認を認めなかった裁判例として，東京高判平25・12・5金判1433-16〔百選32〕参照）。

　(b)　**偏頗行為否認**　　次に，偏頗行為の否認です（破162条）。偏頗行為の否認については，その原則的な基準時は支払不能の時点とされています（同条1項1号）。支払不能，すなわち債務者が支払能力の欠乏のためその債務のうち弁済期にあるものを一般的かつ継続的に弁済できない状態（破2条11項参照）に陥ったときには，債務者の行為規範として，たとえ弁済の義務があったとしても，一部の債権者のみに弁済することは許されない（そして，その相手方も債務者のそのような事情を知っている以上，弁済を受け取ってはならないと考えられる）からです。逆に，仮に債務超過の状態にあっても，上記のような支払不能の状態に至っていない債務者からされた弁済は，事後的に債務者が破産したとしてもなお保護に値すると考えられます。以上から，現行破産法では，支払不能後にされた偏頗行為は，受益者の悪意を条件に否認の対象とされています。なお，支払不能は支払停止によって推定されます（破162条3項。支払不能および支払停止の認定については，1(5)(b)参照）。

　現行破産法で新たに要件とされた「支払不能」の意義については，様々な議論のあるところです（破産手続開始原因としての支払不能については，1(5)(b)参照）。とりわけ問題となるのは，債務不履行になっている債務が現にあることが要件になるのか，換言すればすべての債務を履行している状態でも，近い将来確実に債務不履行になるような場合は，支払不能となり得るのかという点です。この問題については，「その債務のうち弁済期にあるものにつき……弁済することができない状態」（破2条11項）という文言から，弁済期にある債務を現実に支払っている限り，支払不能を否定する見解が伝統的です（裁判例として，東京地判平19・3・29金判1279-48〔百選26〕参照）。しかし，債務は履行していても，その資金が財産の投売りや高利の借入れなど無理算段をして調達したものである場合には，そのような弁済能力は糊塗されたものにすぎず，なお支払不能を否定できないとする見解（無理算段説）も近時は有力です（裁判例として，高松高判平26・5・23判時2275-49〔百選27〕参照）。これは実質的には債務不履行を不要とする見解に近く，近い将来の債務不履行が確実に見通せるような状況になっている場合には，現時点では債務不履行がなくても，やはり債権者平等を図るべきであり，支払不能を認めてよいものと解されます。

　受益者の悪意については，原則として破産管財人が証明責任を負っています

が，受益者が破産会社の取締役や親会社，また破産者の親族や同居者などいわゆる内部者である場合には，通常，破産者の経済状況を熟知しているはずなので，証明責任を転換し，受益者の側に善意の証明責任を負わせています（同条2項1号）。さらに，同じ偏頗行為でも，対象となる行為やその時期が破産者の義務に属していないようなもの（非義務行為）については，受益者の善意についての証明責任を転換する（同項2号。さらに，方法が破産者の義務に属しない場合〔代物弁済等〕にも証明責任の転換が認められます）とともに，否認ができる範囲を支払不能の30日前まで拡大しています（同条1項2号）。たとえば，契約上義務もないのに旧債務について新規担保を提供したり，期限前弁済をしたりした場合には，その行為の後30日以内に債務者が支払不能に陥ったときは，受益者側で他の破産債権者を害することを知らなかったことを証明しない限り，その行為は否認され，その結果，担保提供や弁済はなかったものとして扱われます。

●コラム：救済融資は否認されるか？——同時交換的行為の保護

　このように，危機時期における担保設定は危機否認の対象となるのが原則ですが，それでは，危機時期に債務者の経営建直しのために新規融資をして，新たに担保権の設定を求める行為（いわゆる救済融資）のうち，担保設定が否認され，融資が裸の一般債権になるおそれがあります（債権者は救済融資をする以上，債務者の危機状態について悪意であるのが通常でしょう）。しかし，これでは，まだ経営建直しの可能な企業が早い段階で破綻に追い込まれかねません。そこで，現行破産法は，否認の対象となる担保設定を「既存の債務」についてされたものに限定し（破162条1項本文参照），アメリカ法やドイツ法に倣って，新規融資と担保設定が同時にされる場合（これを「同時交換的行為」と呼びます）については，否認を否定しています。このような債権者は，一度も一般債権者の立場に立ったことはなく，その意味では債務者の信用リスクを負担する立場にないので，他の債権者から見て，そのような行為には有害性が認められないからです。

　(c) その他の否認　　以上のような原則的な否認類型のほか，破産法はいくつかの特殊な否認の類型を定めています。第一に，対抗要件の否認があります（破164条）。権利変動行為自体については否認が認められない場合であって

も，対抗要件について独立の否認を認めるものです。たとえば，不動産の売買契約が支払停止前に行われていたが，所有権移転登記が支払停止後になってしまった場合には，その登記は独立して否認の対象となり，否認が成立した場合には買主は未登記の譲受人となり，破産手続では所有権取得を主張することができず，結局，取戻権は行使できない結果となります。ただ，売買契約の締結から移転登記がされるまで実際には一定の期間を要するものであり，極端な場合には，売買契約の翌日に手形不渡りが出て，その次の日に移転登記がされても，買主が破産債権者にしかならないというのは，危機時期の前に既に既得的な地位を得ていた相手方に対して酷であると思われます。そこで，破産法は，支払停止等（危機時期）の後に対抗要件の具備がされた場合でも，その具備が売買契約等の権利移転行為から15日以内であるものについては，否認の対象とならないこととしています。本来否認の対象となる対抗要件具備行為であっても，その者が本権を既に取得しているという既得の地位に鑑み，15日間という対抗要件具備のための猶予期間を認め，否認の範囲を制限したものと評価できます（制限説。最判昭45・8・20民集24-9-1339〔百選38〕）。

●コラム：債権譲渡担保の否認

　集合債権を金融機関が譲渡担保として取得する場合，第三者対抗要件を取得するためには，配達証明付内容証明郵便による第三債務者への通知が必要です。しかし，取引先に担保提供の事実が知られることをおそれて，債務者はそのような通知を避けたがります。また，それとは別の対抗要件として，債権譲渡登記を具備する方法があります。しかし，債権譲渡登記は従来債務者の商業登記簿にも記載され，それが債務者の信用に影響することがあり，やはり債務者はそれを避けたがる傾向があったと指摘されています（この点は，そのような批判を受けて，法律が改正され，商業登記簿ではなく一般には開示されない登記事項概要ファイルへの記載に改められました）。

　そこで，債務者に手形不渡り等一定の事由が生じることを停止条件として債権譲渡が発効するものとし，契約時には対抗要件の具備を留保する扱いがされていました。このような場合には，形式的には，停止条件成就による債権譲渡の効果発生から通知等がされるまでが15日以内であれば，対抗要件否認の対象にはならないようにも思われます。しかし，それでは，実質的には対抗要件を備えない担保を認めるに等しい結果となります。そこで，判例は，そのような契約自体が破産法の適用を回避することを目的としたもので，

危機時期の債権譲渡と同視して否認の対象となりうるものと解しています（最判平 16・7・16 民集 58-5-1744〔百選 39〕）。

　第二の特殊な否認類型として，執行行為の否認があります（破 165 条）。これは，執行力のある債務名義（確定判決・執行証書など）がある場合の行為についての否認と執行行為それ自体の否認に大別されますが，前者はさらに三つの類型に区別できます。第一に，債務名義の内容をなす義務を発生させた行為を否認する場合です（たとえば，詐害的な売買契約に基づく代金債権について確定判決がある場合）。この場合に，その義務について債務名義があるという理由だけで，否認権の行使が否定されるものではありません。既判力のない執行証書等については当然ですが，債務名義が確定判決であっても，否認権の行使は新たな法律状態を発生させるので，口頭弁論終結後に生じた新たな事由（民執 35 条 2 項）として，既判力によって遮断されることはありません。第二に，債務名義を成立させる行為を否認する場合です。本当は義務がないにもかかわらず，破産者が訴訟で行った請求認諾，和解，自白等の行為を否認し，破産手続の中で改めてその義務の存在を争うことを可能とするものです。最後に，債務名義に基づく権利実現を否認する場合があります。たとえば，債務名義に基づいて強制執行をした結果として債権者が受領した配当を偏頗弁済として否認するような場合が典型的です。他方，執行行為に基づく財産権の変動（たとえば，競売による不動産の所有権の移転等）は，執行制度に対する一般の信頼を保持するため，原則として否認の対象とはならないものと解されるでしょう。

　　（d）否認権行使の手続　　以上のような否認権は，原則として訴えの請求原因として，または訴訟における抗弁として行使されます（破 173 条）。たとえば，破産管財人が受益者に対する不動産の譲渡を詐害行為として否認して移転登記抹消登記手続訴訟や明渡訴訟を提起したり，受益者からの債権確定手続においてその債務負担行為の否認を抗弁として主張したりするわけです。ただ，実際にはこのような提訴権を前提にして，管財人と受益者との間で裁判外の和解による解決が図られることも多いようです。また，現行法はより簡易な行使方法として，否認の請求によることを認めました（破 174 条）。裁判所は決定手続で管財人の申立てによる否認の請求について審理判断し，不服のある相手方

は否認の請求を認容する決定に対して異議の訴えを提起できるものとされています（破175条）。

　このように，否認権の行使は破産管財人と受益者との間でされるのが通常ですが，受益者が否認の対象となる財産を転売・譲渡等しているような場合には，一定の要件の下で転得者に対しても否認権を主張することができます（破170条）。受益者が財産を譲渡した場合に否認権が一切行使できないとすると，否認権の行使を容易に潜脱することが可能になってしまうからです。転得者否認の要件は，受益者に対して否認の原因があり，かつ，転得者が転得当時破産債権者を害することを知っていたことです（破170条1項1号。転得者が内部者である場合は主観的要件の証明責任が転換され〔同項2号〕，無償による転得である場合は主観的要件は不要になります〔同項3号〕）。詐害性に関する転得者の悪意を条件に，否認の効果の拡張を認めたものです（再転得の場合には，自己の前に転得したすべての転得者について否認原因の存在が要件とされます。破170条1項但書）。これは，民法改正に伴う平成29年破産法改正によってこのような要件となったもので，それ以前は，転得者が「それぞれその前者に対する否認の原因のあることを知っていた」ことが要件とされていました。その結果，受益者の悪意についても転得者が知っていること（いわゆる二重の悪意）が否認の要件となり，実際上転得者否認権の行使は極めて困難となっていたところ，詐害行為取消権の改正（民424条の5の新設）に合わせて要件を緩和したものです。客観的要件について転得者が悪意であれば，それだけでそのような転得者の取引の安全は保護に値しないと考えられるからです。

　否認権は，破産手続開始の日から2年間行使しない場合には行使できませんし，その対象行為の時から10年を経過したときも，やはり行使できないものとされています（破176条）。あまりに長期にわたって法律効果および相手方の地位を不安定にすることを防止する趣旨ですが，民法改正による詐害行為取消権の行使期間の短縮（民426条）に合わせて，客観的行使期間を従来の20年から10年に短縮したものです。ただこの期間の性質は，時効とする民法とは異なり，いずれも除斥期間と解されています。

　（e）否認の効果　　否認権が行使されると，その効果として，破産財団が否認対象行為のなかった状態，すなわち原状に復します（破167条1項）。詐害

行為の否認の場合はその行為により逸失した財産が破産財団に復帰し，偏頗行為の否認の場合は弁済等がなかったものとして受益者の受けた給付は不当利得となり，その返還が求められることになります。現物の返還が不可能な場合は，価額の償還が求められることになりますが，その場合の価額は否認権行使時の時価により算定されます（最判昭61・4・3判時1198-110〔百選43〕）。また，否認の効果が及ぶ範囲は，債務超過の部分に限定されず，対象行為の全体に及びます（最判平17・11・8民集59-9-2333〔百選44〕）。

　ただ，詐害行為が否認されても，売買など受益者が対価を支払っている場合には，受益者は，その対価が破産財団に現存するときはその返還を求めることができますし，対価が財団に現存しないときも財団債権者として反対給付の価額の償還を求めることができます（破168条1項）。ただ，例外的に，破産者が反対給付について隠匿等の意思を有しており，かつ，受益者がそのような意思を知っていたときは，反対給付による利益が財団に現存していない場合には，受益者の償還請求権は破産債権にしかなりません（同条2項）。このような受益者は，反対給付の消滅の可能性を自ら知ってリスクを負担していたと考えてよいからです。また，破産管財人は，否認権行使の際に，受益者から反対給付の償還を受ける場合には，財産価額から財団債権となる額を控除した額の償還を求めることができます（同条4項）。この場合に，必ず財団債権を弁済して財産の返還を求めて，再びそれを買い受ける者を探してきて換価しなければならないとする必然性はなく，受益者に対していわば適正価額で再売却する効果を認めれば足りる場合もあると考えられるからです。

　転得者否認の効果について，やはり平成29年改正の結果，以下のように，明確化する規定が設けられました（破170条の2）。すなわち，転得者否認がされたときは，転得者は，受益者に対して否認がされたとすれば，受益者が有していたであろう上記のような対価に係る権利を行使することができます（同条1項本文・2項）。転得者に対して否認が成立したとしても，転得者が当然に受益者に対して対価を請求できるわけではありませんので（担保責任の追及が可能な場合もあると考えられますが，常に可能とはいえません），受益者の有する対価返還請求権等の範囲内でその代位行使を認めたものです（破産財団は否認による利益を得ているので，その対価の返還を求められても問題はありません）。このような趣

旨ですので，その代位の範囲は，転得者の反対給付等の価額を限度とするものとされています（同条1項但書・4項）。また，代物弁済が偏頗行為として否認される場合にも，転得者が当該財産の返還や価額の償還をしたときは，原状に復すべき受益者の破産債権（破169条参照）を行使することができます（破170条の3）。

●コラム：転得者否認をめぐる立法の「宿題」と解決

　破産法の抜本改正の際にも，転得者否認の改正が検討されました。本文で述べた「二重の悪意」という要件（(d)参照）は，事実上転得者否認の行使を不可能にし，相当ではないと考えられたからです。しかし，当時の民法では，転得者に対する詐害行為取消権の行使は，受益者善意の場合にすら認められるという理解が多く，否認との懸隔が大きい状況にありました。また，取消しの際の効果（転得者は受益者に対して担保責任を追及できるのか等）も明らかではありませんでした。そこで，転得者否認の改正は時期尚早として見送られたものです。今回，民法において詐害行為取消権に関する規定が改正され，転得者取消権の要件・効果も明確化・合理化されたことを受けて，関連改正として転得者否認の要件・効果も整備されたものです。これは，破産法改正時の「宿題」を十数年ぶりに解決するものとして大きな意義があります。

　また，偏頗行為が否認され，受益者が受領した給付を返還した場合には，元の債権が復活し，これが破産手続の中で破産債権として扱われることになります（破169条）。また，その債権に保証や担保が付いている場合も，それらは当然に復活することになります（最判昭48・11・22民集27-10-1435〔百選42〕）。

　否認の目的となる権利が登記の対象となるものである場合には，破産財団への復帰を第三者に対抗するために登記が必要となります（以下は特許権等の登録でも同じです）。そのような場合には，破産管財人は否認の登記をする必要があります（破260条1項前段。登記自体が否認された場合も同様です。同項後段）。このような否認の登記の性質についてはかつて争いがありましたが，現在ではいわゆる特殊登記説が通説であり（最判昭49・6・27民集28-5-641参照），現行破産法もそれを前提に否認の登記に関する規定を設けています。たとえば，否認訴訟によって回復した不動産については否認の登記がされますが，破産管財人がそ

れを換価した場合には，否認の登記や否認された行為を登記原因とする登記または否認された登記およびそれに後れる登記は職権で抹消されます（破260条2項）。他方，否認対象行為に係る権利を目的とする第三者の権利に関する登記（たとえば，不動産所有権移転が否認される場合に，譲受人がその不動産に設定した抵当権登記）がある場合，第三者の権利を保護する必要があります。そこで，当該第三者につき転得者否認が成立する場合を除き，否認される不動産の売却に基づき第三者に譲渡されて移転登記がされている場合などには，否認の登記の抹消しかできず，抵当権の設定登記がされている場合などには（否認対象行為の抹消登記ではなく）否認の登記の抹消に加え，登記に係る権利の破産者への移転登記がされることになります（破260条3項。その結果，抵当権者はその地位を破産債権者に対抗できることが登記面上も明らかになります）。破産手続が終了した場合，否認の登記がなお残っているとき（対象物件が換価されなかった場合等）や，破産管財人が当該物件を財団放棄したときには，裁判所書記官の嘱託により否認の登記は抹消されます（破260条4項・262条）。

5　手続の進行

　破産手続は，前にも述べたように，一方で破産者の負債を調査・確定し，他方で破産者の資産を調査・管理・換価し，その換価金で負債を弁済する手続です。そこで，手続としては，負債の調査・確定（(1)参照），資産の調査・管理・換価（(2)参照），そして配当（6参照）という手順を経ることになります。

(1)　破産債権の届出・調査・確定

　（a）債権届出　　まず，負債の確定としては，破産債権の届出の手続が行われます。すなわち，前述したように（1(5)(d)参照），破産手続開始決定の中で破産債権の届出期間が定められますが，破産債権者はその期間内に自らの債権の額・発生原因などを裁判所に届け出ます（破111条）。なお，債権届出期間内に届出をしなかった債権もそれだけで失権することはありませんが，次に述べますように（(b)参照），特別の調査期間・期日のために余分な費用を負担しなければならなくなりますし，一般調査期間・期日経過後は，責めに帰することができない事由のない限り，届出は認められません（破112条）。裁判所書

記官は，破産債権者の債権届出に基づいて，破産債権者表というものを作成します（破115条1項）。破産債権者表には，届け出た破産債権者の氏名・住所，破産債権の額・原因などが記載され（同条2項，破規37条），その後の債権調査・確定の基礎となります（令和5年改正によりデジタル化され，「電子破産債権者表」と呼ばれます）。なお，破産債権の届出には，債権の消滅時効の完成を猶予する効果が認められており（民147条1項4号），その効果は破産管財人の否認や他の破産債権者の異議によっては妨げられません（最判昭57・1・29民集36-1-105〔百選72〕）。

●コラム：債権届出のオンライン化

　　債権届出も，破産債権者による手続上の「申述」に当たりますので，令和5年改正によりオンラインで行うことができるようになります（破13条による民訴132条の10の準用。債権届出が代理人弁護士によってされるときは，オンライン届出が義務づけられます。民訴132条の11参照）。改正の際にこの関係で問題となったのは，債権届出の相手方を破産管財人にすることの当否でした。現在でも，大規模な倒産事件（暗号資産のマウントゴックスの破産・再生事件や消費者金融の武富士の更生事件等）では，事実上，債権届出がオンラインを用いて管財人に対して行われた例があるようですし，一部裁判所ではそのような運用が一般化されているとも言います。そこで，その明文化が検討されました。しかし，最終的には，債権届出の法的効果の問題（管財人に対する届出でも時効の完成猶予効を認めうるか，届出を看過した場合の管財人の責任問題等）や，届出の法的構成の問題（管財人を裁判所の代理人とするか，債権者の代理人とするか）など様々な問題が十分解決できず，この点は倒産法本体の改正に向けた将来の課題として，令和5年改正では対応がされませんでした。

　　(b)　債権調査　　そのような債権届出を受けて，債権の調査が行われますが，それは原則として債権調査期間においてされます（期間方式。破116条1項）。債権調査期間のうち，債権届出期間内に届出がされた破産債権に対する調査を行うのが一般調査期間であり（破118条），これは破産手続開始決定と同時に定められます（1(5)(d)参照）。これに対し，債権届出期間経過後に届け出られた債権については特別の調査期間が定められ，期間の通知費用などそのた

めに要した費用は，遅れて届け出た債権者の負担とされます（破119条・120条）。債権調査期間における調査については，まず破産管財人が認否書を作成し，裁判所に提出します（破117条・119条4項）。認否書において，管財人は当該破産債権を認めるか認めないかを明らかにし，届出破産債権者はそのような認否書の記載をも参考にしながら，調査期間内に，他の破産債権に対して書面で異議を述べることができます（破118条1項・119条5項）。各破産債権者は，他の債権者が実際の債権額よりも多い額で手続に参加すると，自分の配当額が減少する関係にあるので，他の破産債権に対して異議を述べる利益が認められるわけです。これに対し，破産者の異議（破118条2項・119条5項）は破産手続に直接影響を与えるものではなく，破産債権の確定を妨げる効果はありませんが，破産手続終了後にその債権の存在を争う権利が異議により留保されることになります（6(4)参照）。

　他方，裁判所は必要があると認めるときは，債権調査期日において債権調査を行うこともできます（期日方式。破116条2項）。実際上は，所定の期間内に債権調査を終えることが困難な場合に備えて，期日の続行が可能である調査期日方式によって債権調査がされることが多いようです。債権調査期日についても，債権調査期間と同様，債権届出期間内に届出がされた破産債権に対する調査を行う一般調査期日（破121条）と，届出期間経過後に届け出られた債権について調査をする特別調査期日（破122条）の区分があります。債権調査期日には，破産者・破産管財人は必ず出席しなければならず，また届出破産債権者も出席して意見を述べることができます（なお，令和5年改正により，債権調査期日をウェブ会議によって行うことも可能となります〔破121条の2〕）。ただ，実際には破産債権者が調査期日に出席することは少なく（欠席した債権者には，その者の債権に対して異議があった場合は，裁判所書記官からその旨が通知される仕組みになっています〔破規43条5項〕），実際に異議を述べることも稀であり，債権調査は事実上管財人の仕事となっています。つまり，破産管財人が出席しなければ債権調査期日は開催できず（破121条8項），破産管財人は認否予定書を作成し（破規42条），それに従って破産債権を認めるか否かを示し，それによって実際上債権が確定するか否かが定まることになります。

　　(c) 債権確定　　債権調査期間・期日において破産管財人が認め，他の破

産債権者から異議が出なかった場合には，その破産債権は確定します（破124条。確定の意義・効力については，後に述べます）。問題は，これらの者から異議等が出された場合です（破産者の異議には，手続上意味がないことは前にふれました）。この場合には，債権が存在するか否かは，裁判上の手続で決着が付けられることになります（なお，債権者が後述の破産債権査定申立てを提起しない場合には，原則として異議等が正当なものとして確定し，当該債権者は破産手続に参加できなくなります）。すなわち，債権調査期間・期日で異議等が出されたときは，その対象とされた債権者は，原則として，異議等を述べた者を相手方として破産裁判所に破産債権査定の申立てをすることができます（破125条。異議等を述べた者が複数ある場合には，それらの者のすべてを相手方としなければなりません）。裁判所は，異議者等を審尋して決定手続により破産債権査定決定をしますが，これに不服のある当事者は破産債権査定異議の訴えを提起することができ，最終的には訴訟手続で債権の存否・額が決定されます（破126条）。このような仕組みは現行法で創設されたものですが，判決手続を留保して憲法上の裁判を受ける権利（憲32条）を担保しながら，まず裁判所における決定手続を前置して，迅速な債権確定を図る趣旨です。

　ただ，例外的に，既にその債権者と破産者との間にその債権に関する訴訟が破産手続開始時に係属していたような場合にはその訴訟手続を受継することになりますし（破127条。この場合，給付訴訟は破産債権確定の訴え〔確認訴訟〕に変更されます〔最判昭61・4・11民集40-3-558〔百選73〕〕），執行力ある債務名義や終局判決のある債権については，破産者のできる方法（再審訴訟・上訴等）によってのみ異議を主張できます（破129条）。破産債権査定決定または破産債権査定異議の訴えの結果が確定すると，それは破産債権者表に記載され（破130条），その決定・判決の効力は，訴訟当事者のみならず，全破産債権者に及びます（破131条）。すべての破産債権者・管財人の間でその債権の存否や額を共通にしておかなければ，破産手続を適切に追行することができないからです。

　以上のように，破産管財人や他の破産債権者から異議等が出なかったり，異議等が出ても破産債権査定決定等が確定したりした場合には，破産債権は確定します。破産債権査定決定または破産債権査定異議訴訟の場合には，先に見たように，その決定・判決の効力が破産債権者全員に拡張しますし，それ以外の

場合も，確定した結果が破産債権者表に記載されると，破産債権者の全員に対して確定判決と同一の効力を持つことになります（破124条3項）。したがって，各破産債権者は，自己の債権の確定結果に基づいて破産手続に参加することになります。すなわち，確定結果に従って債権者集会で議決権を行使し，また配当を受領することができます。さらに，破産者が異議を述べていない場合には，破産債権者表は破産者に対しても確定判決と同一の効力を持ち，その記載に基づき，破産債権者は破産手続終了後，強制執行をすることもできます（破221条）。ただ，破産者が法人の場合には破産手続が終了すれば解散により消滅してしまいますし，自然人の場合には免責（Ⅲ2(3)参照）で責任が消滅してしまうことが多いので，このような効果は実際上の意味はあまりないと言えます。

(2)　破産財団の管理・換価

　（a）破産財団の管理　　次に，破産者の資産の側の確定として，破産財団の管理および換価に関する規律があります。前にもふれたように（2(2)参照），破産財団に帰属する財産の管理処分権は破産管財人に専属します（破78条1項）。ただ，実際にそのような権限を行使するためには，まず物理的に破産財団の占有を破産管財人が取得する必要があります。そこで，破産管財人は，その就職後直ちに，破産財団に属する財産の管理に着手しなければなりません（破79条）。破産者やその使用人等がそれに応じないときは，破産管財人は，裁判所に対して，財産の引渡決定の発令を求めることができます（破156条）。引渡判決によることは当然できますが，現行破産法では，破産手続の円滑な進行のため，より簡易な手続で引渡命令を認めたものです。また，その占有の保全を確実にするため，破産管財人は，裁判所書記官等に対し，財団に帰属する財産について封印をさせたり，破産者の会計の現状を固定するため，帳簿を閉鎖する措置をとることもできます（破155条。この帳簿にはコンピュータ上の記録も含まれることにつき，最判平14・1・22刑集56-1-1参照）。封印を破毀した場合はもちろん（刑96条・96条の5），閉鎖した帳簿を隠滅・偽造・変造したような場合も犯罪として処罰されます（破270条）。

　破産管財人は，破産財団に帰属すべき財産を調査し，管理していくことになりますが，その際の情報源として最も重要なのは破産者です。そこで，破産法

は，破産者に対して，破産手続開始決定後遅滞なく，その所有する不動産，現金，有価証券，預貯金等の重要な財産の内容を記載した書面を裁判所に提出しなければならないものとしています（破41条。重要財産開示義務）。また，個別的に，破産管財人の求めに応じて，破産者は破産手続に関して必要な説明をする義務を負います（破40条1項・83条1項）。このような説明義務は，破産者のほか，破産者が法人である場合の取締役や理事なども負っています。さらに，破産者の従業員も説明義務を負いますが，このような者の立場に鑑み，その説明を求めるについては，裁判所の許可が必要とされます（破40条1項但書・5号）。さらに，破産管財人は，破産財団に属する帳簿・書類等の検査をすることもできます（破83条1項）。また，近時は親子会社や関連会社が多く，破産した会社の財産状況の全貌を把握するためには子会社や関連会社の調査をする必要がある場合も少なくありません。そこで，破産法は，子会社や連結子会社等に対しても，説明要求や帳簿・書類の検査を認めています（同条2項・3項）。重要財産開示義務や説明義務の違反や検査の拒絶があった場合には，違反者には，3年以下の拘禁刑または300万円以下の罰金という刑罰が科されます（破268条・269条）。

　以上のように，財団帰属財産の占有を確保して現状を凍結した破産管財人は，次に遅滞なく，破産財団に属する一切の財産の手続開始時の価額を評定する必要があります（破153条1項）。財団財産を換価する前提として，各財産がどの程度の価値を有するものかを管財人が把握し，また破産債権者にも配当の見込みに関する情報を提供するためです。そして，そのような財産評定の結果に基づき，破産管財人は，財団財産が少額（1,000万円以下）である場合を除き（破153条3項，破規52条），財産目録および貸借対照表を作成し，裁判所に提出しなければなりません（破153条2項）。ここで作成される貸借対照表はいわゆる非常貸借対照表であり，その評価の基準は破産手続における換価の見込み額であり，従来の企業会計上の評価基準（会社432条，会社計算規4条以下参照）とは連続性のないものである点に注意する必要があります。

　（b）破産財団の換価　　破産手続における財産の管理や評定の最終的な目的は，その適正な換価にあることは言うまでもありません。破産財団に属する財産の換価の時期には，特に制限はなく，換価できる物は早期に換価するよ

うな運用がされています。また，換価の方法は，少額の動産や債権については特段の制約はなく，破産管財人の裁量により，中古品業者に売却したり，債務者から取り立てたりすることにより，換価がされるのが一般的です。これに対し，不動産や特許権等知的財産権などについては，民事執行法の定める競売等によることが法律上の原則とされています（破184条1項）。これは，このような重要な資産については，強制執行が最も公正な売却方法であり，かつ，最も高価での換価を可能にする手段であるという建前に基づく規律と考えられます。しかし，実際には，競売等によることは財団にとって不利な，廉価による売却になってしまう場合も多く，より高価な売却が可能となる裁判外の任意売却によることがむしろ通常であるとされます。管財人が任意売却により不動産等を換価する際には，原則として裁判所の許可が必要とされます（破78条2項1号・2号・7号，3項）。

　他方，破産財団に属する財産について担保権が設定されている場合には，その担保権は別除権として扱われることになり（4(4)参照），担保権者は破産手続外で自由にその担保権を実行することができます。ただ，担保権者が担保権の実行を自ら行わないような場合には，破産管財人の側から民事執行法等の定める強制執行の手続により担保目的物を売却することができ，この場合には別除権者はそれを拒否できません（破184条2項）。特に担保目的物に余剰価値がある場合には（余剰価値がなければ，管財人は一般にはその財産を財団から放棄すれば足ります），別除権者が担保権を実行してくれない限り，破産手続を終結できず，破産債権者の配当にも支障を来すからです。なお，担保権者が法定外の特別の実行手段を個別の契約等により有している場合には，そのような実行方法による担保権者の利益を保護するため，裁判所が実行期間を裁定し，裁定された期間内に処分がされない場合は，特別の実行方法によることができる別除権者の権利は失われ，管財人が競売等によって換価できるものとされます（破185条）。また，実務上は，担保権付の財産も任意売却されることが多いようですが，管財人が任意売却した場合には，仮に担保割れになっているときでも，その代金額の一部を財団に組み入れるように担保権者と交渉をすることが一般的であるとされます。現行破産法では，このような運用を追認・強化する形で，担保権消滅の制度を創設したことは，前述のとおりです（4(4)参照）。

　また，破産した企業の取締役等が違法な行為を行い，法人に対して損害賠償義務を負っている場合があります。このような場合には，破産管財人はそのような法人役員の責任を通常の訴訟手続で追及することができますが，現行破産法は，より簡易な決定手続による責任追及を可能としています。すなわち，破産管財人は裁判所に役員責任査定決定の申立てをすることができます（破178条）。そして，役員責任査定決定（破179条）に対して不服のある者は，それに対する異議の訴えを提起でき（破180条），最終的には訴訟手続での審理が保障されています（否認の請求や破産債権の査定と同様の仕組みです）。なお，このような責任追及を担保するために，役員の財産に対する保全処分も可能とされています（破177条）。

　最後に，近時，換価の方法として，破産財団の事業の全部または一部を譲渡する事業譲渡の方法によることが増えているとされます。破産に陥った以上，破産者は事業に失敗していることが一般的ですが，本業はうまくいっているにもかかわらず副業的に行った不動産・株式投資等で大損害を出して破綻したような場合や，一部の事業はうまくいっているのに不調の事業に足を引っ張られて倒産に至った場合などには，うまくいっている事業部門を切り離して，それを一体として譲渡する方が，個々の財産をバラバラにして換価するよりも高価で売却できることがあるからです。破産法は，後述の民事再生法や会社更生法などとは異なり（第5章Ⅱ2(4)，第6章3(3)参照），事業譲渡について特段の手続は設けず，裁判所の許可による譲渡を認めています（破78条2項3号。ただし，許可に当たり労働組合等の意見を聴取する必要はあります。同条4項）。したがって，再建型の手続に比べ，債権者の意見等を聴かなくてもよく，むしろ実際には迅速な譲渡が可能になっており，事業譲渡を目的に破産手続が利用される場合もあるとされます。

6　配　　当

(1)　中　間　配　当

　破産手続の最終的な目的が，破産財団を換価して得られた金員を確定した破産債権者に対して配当すること，つまり配当手続にあることは言うまでもありません。破産手続における配当は1回だけに限られません。破産管財人は，配

当するのに適当な額の金銭が貯まったと認めるごとに，遅滞なく配当をしなけ
ればなりません（破209条1項）。したがって，配当は，手続の最後に行われる
最後配当とその前に行われる1回または複数回の中間配当とに分かれます（た
だし，1回ですべての配当が終わる場合には，最後配当だけが行われることになります）。
配当は配当表に基づいて実施されます（破191条1項。令和5年改正により，配当
表もデジタル化され，「電子配当表」と呼ばれます）。

　中間配当を行うに際しては，裁判所の許可が必要とされます（破209条2項）。
破産管財人は，配当に加える破産債権者の住所・氏名，配当に加えるべき債権
の額，配当することができる金額を記載した配当表を作成し，それを利害関係
人の閲覧に供するため，裁判所に提出します（破209条3項・196条）。それと同
時に，破産管財人は，配当に加えるべき債権の総額と配当することができる金
額を公告するか，または届出破産債権者に通知しなければなりません（破209
条3項・197条）。そして，その公告または通知が通常到達すべき期間を経過し
た旨の届出（破197条3項）から2週間の期間が配当に関する除斥期間とされ
ます（破198条1項）。債権調査手続で異議が出て未だ確定していない債権につ
いては除斥期間内に破産債権査定申立て等の提起が証明されない限り（破209
条3項・198条1項），また，別除権者の予定不足額については除斥期間内に担
保権実行手続に着手し，かつ，不足額を疎明しない限り（破210条），その回の
配当からは除斥されてしまいます。ただ，除斥された債権者も，次回以降の配
当の機会に，上に述べたような証明・疎明ができたときは，前回に除斥された
分の額について，他の同順位の債権者に優先して配当を受けることができます
（破213条）。

　配当表に不服がある場合には，除斥期間経過後1週間以内に限り，裁判所に
異議を申し立てることができますが（破209条3項・200条），その期間が経過し
たときには，もはや不服申立てはできません。そして，破産管財人は，異議申
立期間経過後，配当率を定め，配当に加わるべき債権者にその通知をします
（破211条）。破産債権者は，破産管財人の職務を行う場所に赴いて配当金を受
け取るのが原則ですが（破193条2項），実際には，債権者は債権届出時に振込
先銀行口座番号も併せて届け出ており，銀行振込によりその手数料分を控除し
て配当を受領する方法が通例です。また，債権確定手続が係属中の債権，別除

権者の不足額債権，停止条件付債権，将来の請求権などについては，配当額は寄託されます（破214条）。なお，解除条件付債権者は，将来解除条件が成就する場合に備えて，配当を受領する際には相当の担保を提供しなければなりません（破212条）。現在の実務では，第1回の中間配当をできるだけ早期に行うことが望ましいとされており，遅くとも破産手続開始後1年以内を目標に，第1回中間配当を行うような運用がされていると言います。

(2)　最後配当

破産財団に換価すべき財産がもはやなくなった場合に，最後配当が行われます（破195条1項）。配当の手続は，原則として中間配当の場合と同じですが，いくつかの点で異なる規定がされています。まず，配当の許可については，裁判所ではなく，裁判所書記官の権限とされています（同条2項）。最後配当の可否・時期については実質的判断が一般に必要ないことによるものです。さらに，配当表に対する異議手続の終了後に，破産管財人が定めて債権者に通知する対象は，配当率ではなく，配当額とされます（破201条1項）。

このほか，最後配当が中間配当と相違する最も重要な点は，条件付債権者・担保権者等配当に加えるべき債権者の取扱いです。まず，停止条件付債権・将来の請求権については，除斥期間内に停止条件が成就したり請求権が発生したりしない限り，配当から最終的に除斥されてしまいます（破198条2項）。また，別除権者の予定不足額についても，除斥期間内に，担保権者が担保権を実行して実際に配当を受けて不足額を確定させるか，合意により不足額部分を確定するか（破108条1項但書）しない限り，やはり最終的に破産配当から除斥されてしまいます（破198条3項）。担保権実行による競売手続が破産手続よりも長期にわたる場合，このような扱いは担保権者にとって酷なものとなりますが，破産手続の安定を確保するため，やむをえない措置と解されています（この点については，4(4)参照）。ただ，根抵当権者の関係では，極度額を超える部分の債権については，常に配当の対象とされます（破196条3項・198条4項）。根抵当権については，競売手続等において極度額を超えて配当を受けることはないので，それを超える債権部分は当然に不足額として扱うことにしたものです。以上のように，破産債権者が最終的に配当から除斥された場合，中間配当時に寄

託されていた配当額は，他の債権者の配当に充てられることになります（破214条3項）。他方，解除条件付債権については，除斥期間内に解除条件が成就しなかったときは，無条件に配当を受けることができ，中間配当時に提供されていた担保も失効し（破212条2項），その債権者に払い戻されます（破214条4項）。

　配当の方法は中間配当の場合と同じですが，破産債権査定異議訴訟等が提起されて未だ確定していない債権等については，寄託ではなく供託がされることになります（破202条1号・2号）。そして，その後に訴訟等が終了し，債権の存在が認められた場合には，供託金はその債権者に還付されますし，債権の存在がその訴訟で否定された場合には，供託金は破産管財人が取り戻し，他の債権者に対し追加配当（(5)参照）がされることになります。また，債権者が受領しなかった配当金についても，同様に供託がされます（同条3号）。

(3)　簡易配当・同意配当

　以上のような手続が原則的な配当の手続ですが，現行破産法は，一定の場合に，より簡易な配当の手続をとることができるものとしています。これは，当初は小規模な破産手続の特則として検討されていましたが，検討が進むにつれ，より一般的な制度として採用されたものです。簡易配当の手続によることができるのは，以下のような場合です。すなわち，①配当可能金額が1,000万円未満の小規模財団の場合（破204条1項1号），または，②破産債権者の異議のない場合で，裁判所書記官の許可があったときです。②は，さらに破産手続開始決定で簡易配当による旨を明らかにして，届出破産債権者から異議がない場合，つまり手続の最初から簡易配当によることとした場合（同項2号。開始時異議確認型）と，配当の段階で簡易配当によることを裁判所書記官が相当とし，その旨を各破産債権者に通知して，1週間以内に異議がない場合（同項3号・破206条。配当時異議確認型）があります。後者の場合は，債権者から異議があれば，簡易配当の許可が取り消されることになります（破206条後段）。簡易配当の場合には，通常の最後配当とは異なり，配当表の公告または通知をする必要はなく，その代わりにいきなり配当見込額等を各破産債権者に通知すれば足りるものとされています（破204条2項）。そして，最後配当に比べ除斥期間が短縮さ

れ，上記の配当額等の通知が通常到達すべきであった時を経過した旨を管財人
が裁判所に届け出た日から1週間が除斥期間とされます（破205条参照）。この
ような形で，通知の重複を廃するとともに，配当に要する期間を短縮して，迅
速・簡易な配当が可能とされているものです（なお，簡易配当による場合には中
間配当はされないこととなります。破207条）。実務上は，小規模財団の場合は簡
易配当による運用がされているようですが，それ以外の場合には，通常配当に
よるか，簡易配当によるか，運用が分かれているとされます。

　さらに，より究極的な簡易化の形態として，すべての届出破産債権者が同意
している場合には，裁判所書記官の許可を得て，同意配当をすることができま
す（破208条1項）。この場合には，配当表，配当額，配当の時期，配当の方法
について，破産管財人が定め，破産債権者の同意を得て自由に決めることがで
きます（同条2項）。債権者が少数の破産事件などでは，このような形で配当の
場面において私的整理に近い合意に基づく処理が可能とされ，破産手続の柔軟
化・迅速化が図られるものです。

（4）　破産手続終結決定

　最後配当（または簡易配当等）が終了すると，原則として，計算報告のための
債権者集会が招集されます。すなわち，破産管財人は，その任務が終了したと
きは，遅滞なく裁判所に計算の報告書を提出しなければならず，破産管財人の
申立てにより招集される債権者集会で計算について異議が述べられなかったと
きは，その計算は承認されたものとみなされます（破88条）。この承認がされ
ることで，破産管財人は原則として免責されます。ただ，この集会にも実際に
は債権者はあまり出席しないのが一般的であるので，現行破産法は，手続の合
理化のため，計算報告集会を任意化して（2(3)参照），書面による計算報告を可
能としました（破89条）。これは，破産管財人が計算報告書を提出し，裁判所
がその旨を公告し，所定の期間内に破産債権者等から異議がなかった場合には，
計算が承認されたとみなすものです。

　計算報告集会が終了するか，または書面による計算報告に対する異議申述期
間が経過すると，裁判所は破産手続終結の決定をし，その主文・理由の要旨を
公告し，破産者に通知します（破220条）。これによって，破産手続は終了しま

す。破産手続の終結に伴い，破産者が法人である場合において，残余財産がないときは，破産者の法人格は完全に消滅することになります（破35条参照）。ただ，管財人が放棄した財産など残余財産（自由財産）があるときは，清算人を選任して清算がされるまでは，なお法人は存続しているものとみなされます。他方，破産者が自然人の場合には，財団帰属財産に関する破産者の管理処分権が復活します（破78条1項参照）。また，破産債権者も，破産者の財産に対して，破産債権者表の記載に基づき強制執行をすることができます（破221条1項。但し，破産者が債権確定手続で異議を述べていた場合には，破産債権者表の執行力は認められません。同条2項）。その対象は，破産財団に属していた財産に限られず，破産手続開始後の新得財産であっても，破産手続終結後の強制執行は可能です。ただ，実際には，自然人の破産の場合には，免責がされることが多く，その場合には強制執行はできなくなりますが，この問題については，消費者破産に関連して，改めて述べます（Ⅲ2(3)(b)参照）。なお，破産債権者表の執行力等の効果は，破産手続が廃止決定により中途で終了する場合も基本的に同じです（破221条）。

(5)　追 加 配 当

　以上のように，最後配当がされ，計算報告集会等が開かれ，破産手続終結決定がされると，破産手続は終了しますが，その後に配当すべき財産が新たに見つかる場合が稀にあります。たとえば，破産者が財産を隠匿していた事実が破産手続終結後に判明したような場合です。このような場合には，その財産は本来破産債権者に対する配当の原資となるべきであった財産であり，破産者にそのまま帰属させておくことは相当ではないので，破産管財人は，裁判所の許可を得て，追加配当をしなければなりません（破215条1項）。追加配当の手続は，原則として最後配当に準じるものとされます（同条2項）。すなわち，破産管財人は，破産債権者に対する配当額を定めて（同条4項），それを各債権者に通知します（同条5項）。追加配当の基準は，最後配当・簡易配当等の際の配当表により（同条3項），追加配当をしたときは，破産管財人は，遅滞なく計算報告書を裁判所に提出するものとされています（同条6項）。

Ⅲ　消費者の破産

1　消費者破産の歴史

(1)　消費者破産の黎明

　消費者破産とは，経済的に破綻した消費者（個人の多重債務者）が債務の免責を求めて破産手続を申し立てる事態を指す概念として一般に用いられています。したがって，消費者破産は，自己破産の手続＋免責の手続ということになります。このような意味での消費者破産は戦前には存在しませんでした。戦前にはそもそも免責手続が存在しなかったからです。前にも見たように（第1章3(1)参照），免責制度が導入されたのは，1952（昭和27）年のことで，当時のアメリカ連邦倒産法の影響を強く受けたものでした。すなわち，GHQ による占領下，破産法・和議法の全面改正が目論まれましたが，時間的な制約等もあり，最も重要な点として，破産免責制度の導入と会社更生法の新設に限って立法作業が展開された結果です。しかし，免責制度の導入後も長い間，実際には消費者破産の事件はほとんどない状態が続きました。これにはいくつかの理由があると思われますが，一つの理由としては，当時は無担保の消費者信用がそれほど普及していなかったことが挙げられましょう。高利の闇金融は当時も存在したようですが，現在の消費者金融やクレジットに比べると，その市場規模は限られていました。また，そのような範囲であれば，依然強固であった親族関係や高度成長下での賃金の上昇等の中で債務を処理することが可能な場合が多かったことも，消費者破産の手続が利用されなかった理由であると思われます。さらに，破産を恥とする一般的な風潮が現在以上に強く，そもそも消費者破産制度の存在を知らない人も多かったと見られます。

　以上のような状況が大きく変化したのは，1970 年代後半です。この年代において，経済成長に伴う消費者金融の爆発的な普及の中で，いわゆるサラ金問題が社会問題となっていきました。その中で，弁護士会などを中心に，消費者金融からの多重債務者を救済する手段として，消費者破産の活用が図られたものです。それまで年間せいぜい数百件のオーダーに止まっていた個人の破産件

数は増加し，1980年には3,000件弱となり，以後さらに急増して，1984年には2万件を超えたのです。そして，この時期には，学説においても消費者破産をめぐる解釈論や制度論，また外国法の研究などが飛躍的に進展していきました。その一方で，消費者破産のもたらす債務者のモラル・リスクのおそれについても議論がなされるようになりました。

●コラム：消費者破産者は，借金を踏み倒す「泥棒」か，過剰融資の「被害者」か？

　　多重債務を原因とする消費者破産に関する議論は，どうしても論者の倫理観・道徳観を反映したものになりがちです。一方では，「借りたものは返すべきである」との理念を強調し，破産免責はこのような理念に反するものとして，その適用対象を極めて限定的に理解する考え方があります。このような論者のうち，極端なものは，免責を受ける債務者に対し，借金を合法的に踏み倒す「泥棒」呼ばわりをします。これに対し，他方では，多重債務の原因は消費者信用業者の過剰融資にあり，破産免責は，このような過剰融資に対する消費者の自己防衛策であるとして，破産免責の範囲を広くすべきとする考え方があります。このような論者のうち，極端なものは，破産者は過剰融資という犯罪的行為の「被害者」として保護すべきものとします。真理はおそらく中庸にあるものと思われますが，消費者信用教育（法教育・金融教育・消費者教育）の充実，利息制限法の厳格化，消費者信用情報の充実，闇金融の取締りの強化など，多重債務問題の抜本的な予防・解決のためには，倒産手続外の制度の整備が必要不可欠なものとなりましょう（このような包括的な政策を検討する場として，金融庁および消費者庁が主宰する「多重債務問題及び消費者向け金融等に関する懇談会」があります）。

---

(2)　消費者破産の急増と急減

　以上のように，急増した消費者破産事件は，その後，1980年代後半には，いわゆるバブル経済による資産インフレ・好景気の中で，一時減少に転じ，1989年には，破産申立件数はほぼ1万件まで減少しました。しかし，バブル経済が崩壊し，日本経済が不況に陥るにつれ，消費者破産事件も再び増加の傾向を辿りました。また，1990年代前半には，いわゆるカード破産と呼ばれる，クレジット・カードを利用した物品・サービス等の購入により，結果的に債務を弁済できなくなる比較的若い層の破産が社会問題になり，サラ金破産の当時

図表 4-3　個人破産事件数

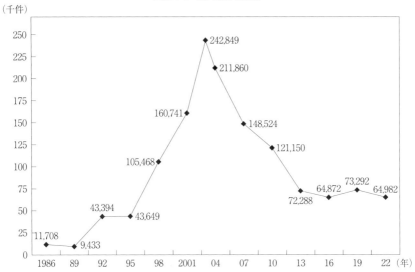

を上回るおおむね4万件の破産件数が記録されました。

　そして，金融不安・デフレの進行等日本経済が底無しの不況に陥る中，個人破産の件数は，さらに急増を続けていきます。すなわち，1996年に6万件であったものが1998年には10万件に達しましたが，なお増勢は止まるところを知らず，1999年には12万件，2000年には14万件，2002年にはついに20万件を突破し，2003年は24万件を超えました。しかし，その後の事件数は大きく減少に転じ，2005年は約18万5千件，2007年は約15万件，2011年は約10万件となり，2016年は6万件余りまで減少しました（2021年で，68,413件）。20年でほぼ元の数字に戻ったということです。このような減少にはいくつかの原因があります。一つは過払金請求の増加です。これにより，それまで消費者信用業者に対する債務者であった者が一夜にして債権者に立場を変えたわけです。債務と債権が逆転するのですから，破産が減るのは当たり前です。第二に，中小企業金融円滑化法等の政策の影響もあります。この法律によって中小企業が助かれば経営者等の個人破産は減りますし，住宅ローンの延滞も回避されます。第三に，貸金業の規制強化があります。利息制限法の適用が厳格化されるとともに，債務者の年収に応じた貸出限度額の規制（いわゆる総量規制）が

実施され，過剰な融資に歯止めがかけられました。ただ，このような状況がいつまで続くのかは不透明です。過払金請求は峠を越えたと言われていますし，円滑化法も終了しました。また，銀行の消費者ローン（いわゆるカードローン）の拡大などの影響もあり，再び破産件数が増加に転じる可能性は否定できず（2016年は13年ぶりに事件数が増加に転じ，その後もほぼ同水準で増減を繰り返しています），今後の事件数の動向はなお注視する必要があります。

(3) 消費者破産法制の改革

　以上のような件数急増の状況を受けて，実務では様々な面で運用改善の努力がされてきましたが，運用改善の試みを支援するとともに，新たな工夫を図って増加する事件を適切かつ効率的に処理するため，立法が不可欠と考えられました。そのような問題意識の下，2004年の破産法改正の中で，消費者破産に関する規定の改正がされました。

　具体的な改正点については，後に詳しく見ていきますが，その概要として，第一に，自由財産について，農業・漁業に使用する器具等の例外を廃止し，また自由財産となる金銭の額を引き上げるなどその範囲を一般的に拡大するとともに，破産者の生活状況等個別の実情に応じて，裁判所の決定により，自由財産となるべき財産の範囲を変更できることとしました（2(2)(b)参照）。また，個人破産に限定されるものではありませんが，破産財団に属する財産が一定額に満たない事件については，簡易配当手続を設けました（Ⅱ6(3)参照）。さらに，免責手続についても，いくつかの重要な改正がされています（2(3)参照）。まず，手続の簡易・合理化として，免責審尋期日の廃止，異議債権者等の意見聴取の任意化，免責決定確定公告の廃止などがあります。また，現在の運用の追認・明確化として，裁量免責の明定があります。さらに，実際上最も重要な点としては，免責手続中の強制執行を防止するため，免責許可手続を破産手続とは別個の手続とする旧法の基本構造を維持しながら，免責許可手続中の個別執行の禁止を定めました。加えて，免責不許可事由について，再度の免責のための猶予期間を従来の10年から7年に短縮しています。最後に，非免責債権についても，従来から議論のあった故意・重過失による人の生命・身体の侵害に基づく損害賠償債権や扶養料債権等を非免責債権に加えています。なお，個人再生

手続と破産免責との関係について何らかの優先順位を定めるべきではないか（十分な収入のある債務者については，まず再生手続で弁済させるべきではないか）という意見もありましたが，最終的には，この点は債務者による自由選択主義を維持することとしています（後述**コラム**「消費者倒産処理のあり方」参照）。

　消費者倒産処理制度の全体像を把握するためには，一連の倒産法制抜本改正の作業の中で設けられてきた新たな手続をも踏まえて，総合的に理解する必要があります。すなわち，一方では私的整理（第2章4参照）のほか，倒産 ADR として特定調停の制度が創設され（第3章4参照。ほかにも，自然災害被災者債務整理ガイドラインやクレジットカウンセリングの制度等もあります），他方では民事再生の特別手続として個人再生手続が新設されました（第5章Ⅲ参照）。今後は，多様化する消費者の経済破綻・多重債務の状況の中で，これらの手続を適切に組み合わせて活用しながら，真の意味での消費者の経済的再生が図られるように，消費者倒産処理の運用が確立していくことが期待されています。

●コラム：消費者倒産処理のあり方

　消費者倒産の処理方法としては，これまで見てきましたように，私的整理（第2章4参照），特定調停等の消費者倒産 ADR（第3章4参照），消費者破産があり，そのほかに後で説明する個人再生（第5章Ⅲ参照）があります。このような各手続の中でどのような役割分担を図って，消費者倒産を適切に処理できるかが制度の重要な課題です。この点では，多重債務状態に陥っている債務者の個別の状況に応じて，収入との比較での負債の大きさ（傷の深さ）に従い，3年〜5年の収入で債務の元本全額を返済可能な場合には私的整理や ADR により，元本全額の返済は困難であるが相当額の返済が可能である場合には個人再生により，それすら困難な場合には破産免責による，という形で事件の振分けがされるのが合理的ではないかと思われます。そこで，破産を申し立てる要件として，クレジットカウンセリングを課して ADR 等で処理できるものはそちらによらせ，また一定の収入がある場合には破産申立てを却下する方法で個人再生に申立てを誘導するといった方法も考えられます（アメリカなどはこのような方向に向かっています）。破産法改正では，自由選択制がとられましたが，将来的には（特に収入が相当額あるにもかかわらず破産免責によって弁済を免れる債務者が実際に多く生じたような場合には）再度この点についての検討が必要になるかもしれません。

---

2 消費者破産の手続

(1) 破産手続の開始・同時廃止

　（a）申立費用　　消費者破産においては，債務者により自己破産手続開始の申立てがされることになりますが，破産手続開始の申立ての前に，弁護士会や法テラス等での法律相談が行われるのが通常です。そして，申立ても弁護士の代理によりされることが多いとされますが，地方などを中心に，司法書士により申立書が作成されたり，消費者本人が申し立てたりする場合も少なくないようです。弁護士代理による場合，通常は破産する債務者は弁護士報酬を自ら支払うことが難しい状況にありますが，そのような場合に弁護士費用を立て替える制度として，民事法律扶助の制度があります。ただ，法律扶助は国庫補助金を中心に運営されており，その財源が限定されているので，扶助を希望するすべての債務者に対して援助をすることは現段階では困難とされ，原則として生活保護受給者などに扶助対象を限定するような運用がされていると言います。それでも，扶助事業全体のかなりの割合を破産事件への援助が占めており（2020 年度で代理援助件数の 40％ が自己破産事件で，多重債務者の事件を合わせると全体で 52％ に上る），扶助財政の圧迫の原因となっているようです。しかし，2000 年に民事法律扶助法が制定されて法律扶助が国の責務として正面から規定されたことや 2006 年には総合法律支援法によって日本司法支援センター（法テラス）が設置されたことなどもあり，補助金の増大による扶助対象の拡大が実現しつつあります。

　破産手続開始の申立てに際しては，申立手数料 1,000 円（令和 5 年改正法施行後は，債務者が法人の場合は 3,000 円，法人でない場合は 2,100 円で，債権者数に応じて増額されます）のほか，予納金を納付しなければならない点は，法人破産の場合と同じです（免責許可の申立てまたはそれが擬制される場合〔民訴費 3 条 4 項〕は，さらに手数料 500 円がプラスされます）。予納金は，前にも述べたように（Ⅱ 1 (3)参照），管財事件では主に破産管財人報酬に充てられるもので，裁判所ごとに負債額によって一定の基準が設けられています。他方，管財人が付かない同時廃止事件では，主に破産手続開始決定等の公告のための費用に充当されるもので，予納金は割安になっています。なお，自己破産の場合には，予納金を不

要とし，国庫が破産手続費用を仮に支弁するという国庫仮支弁の制度があります。実際にはこの制度はあまり利用されていないようですが，現行破産法では，法律上は無制限に認めることとされていた旧法に対して（ただし，旧法下の適用否定例として，広島高決平 14・9・11 金判 1162-23〔百選 A2〕参照），申立人の資力，破産財団の状況その他の事情を考慮して，申立人・利害関係人の保護のため特に必要と認められる場合という形で要件を明確にし（破 23 条），真に必要な場合に制度が活用されるように配慮しています。

（b）申立手続　　自己破産手続開始を申し立てる債務者は，申立書に一定の書類を添付して申立てをします（なお，令和 5 年改正により，申立てがオンライン化されることは前に述べたとおりです〔Ⅱ1(5)(a)参照〕）。添付書類としては，債務者の陳述書，家計状況報告書（1 ヶ月ごとの収入・支出の概略），資産目録，債権者一覧表（債権者ごとの借入時期，借入金額，使途等），生活保護受給証明書，源泉徴収票，課税証明書，住民票，預貯金通帳，自動車登録事項等証明書，生命保険証書などの提出が求められるようです。破産手続開始の申立てが受理されると，裁判所書記官により受付票が発行されます。この受付票が発行され，それが債権者に提示されると，金融庁の事務ガイドラインにより，貸金業者の債権回収のための追及が事実上停止されるとともに，2003（平成 15）年の貸金業等規制法（現行貸金業法）により，弁護士等からの通知後の正当な理由のない取立行為には 2 年以下の拘禁刑または 300 万円以下の罰金という罰則が課されることとなっています（貸金業 21 条 1 項 9 号・47 条の 3 第 1 項 3 号）。破産手続開始の申立てに基づき破産手続開始原因等を審理するために債務者審尋が行われますが，この審尋は通常極めて簡単なもので，上に挙げたような提出書類の内容に誤りがないことを確認するに止まるものとされます。また，生活保護受給者などについては，審尋自体を省略して破産手続を開始するような運用もあるとされます。その結果，申立てから比較的早期に破産手続開始決定がされ，官報に公告がされます。また，さらに手続を迅速化し，弁護士が代理人となって申し立てる同時廃止相当の自己破産事件について，破産手続開始申立て当日に面接を実施し，問題がなければ即日破産手続を開始し，同時廃止決定をするという「即日面接」と呼ばれる運用もされているようです。

（c）破産手続開始の効力　　破産者が個人の場合について，破産法はいく

つかの義務や行為制限を定めています（以下のほか，資格制限については(4)参照）。

まず，居住制限があります。破産者は，自ら申し立てて裁判所の許可を得ない限り，その居住地を離れることはできません（破37条）。破産者に説明義務等手続上の義務を果たさせるため，裁判所が破産者の所在を把握しておく必要があるためです。この制限に違反すると，免責不許可事由（破252条1項11号）になります。

また，裁判所は，必要と認めるときは，破産者の引致を命ずることができます（破38条1項。引致は引致状を発してされます。同条3項）。破産者に説明義務を果たさせたり，破産財団の管理の妨害を止めさせたりするためです。このような引致は，破産手続開始の申立後決定前でもすることができます（同条2項）。

最後に，通信の秘密も制限されます。裁判所は，破産管財人の職務遂行のため必要があると認めるときは，郵便事業者に対し，破産者宛の郵便物等を管財人に配達するよう嘱託することができ（破81条），その場合，管財人は配達された郵便物を開いて見ることができます（破82条）。これは，通信の秘密（憲21条2項後段）に対する重大な制限になりますが，破産財団に属する財産の発見の端緒が郵便物にあることも多く（たとえば，破産者の金融財産に関する金融機関からの通知など），合理的な人権制限と解されるものです。ただ，その制限を必要最小限のものにするため，破産者は管財人の受け取った郵便物の閲覧や財団に関係しない郵便物の交付を求めることができるとともに（破82条2項），現行法は，旧法下で管財人への配達を必要的なものとしていたのを，裁判所の判断による裁量的なものに改めています（また，配達嘱託の取消し・変更につき，破81条2項・3項参照）。

（d）同時廃止　　従来の消費者破産の実務では，破産手続開始決定と同時に破産手続を廃止する同時廃止（破216条）の事件が多数を占めていました（Ⅱ1(5)(d)参照。最近は，管財事件が増加の傾向にありますが，これについては，次に述べます）。同時廃止にするか否かの区分の基準としては，おおむね以下のような扱いがされているようです。まず，破産財団に属する財産が費用として想定される一定額（20万円など）を超えるかどうかが原則的な基準とされ，その額を超えない場合には，原則として同時廃止とされます。ただ，破産財団に不動産が含まれる場合には，原則として管財事件に回されますが，不動産に抵当権

が付けられていてそれが担保割れ（オーバーローン）になっている場合，具体的にはその不動産の評価額の 1.5 倍以上の被担保債権が現存するような場合には，不動産があっても同時廃止を認める運用がされているといいます。他方，33 万円以上の現金，生命保険の解約返戻金，賃貸借契約の敷金，有価証券，自動車，退職金見込額の 8 分の 1 相当額が 20 万円を超えるような場合には，それは破産財団に含まれ，原則として管財事件として取り扱われるようです。以上のような基準で同時廃止になると，その後の破産手続は行われないことになり，免責手続について別途審理がされるに止まります。

　以上のように，同時廃止事件が圧倒的多数を占める状況にありましたが，旧法の末期に，東京地裁などを中心に少額管財手続といわれる運用が行われるようになりました。これは，消費者破産においても，比較的安い報酬で破産管財人を選任し，手続をできるだけ簡略化しながら破産手続を進めることによって，低廉な予納金で管財事件を可能にするという運用です。このような扱いがされる理由には様々なものがあるようですが，一定の財産の存在が疑われ，管財人による調査が望まれる場合などのほかに，免責審理期間中の強制執行という，後に述べる問題（(3)(b)参照）に対応する趣旨も含まれていたようです（同時廃止にしなければ，強制執行はできません）。この手続で選任された破産管財人は，債務者の資産を調査・換価し，配当を行い（資産がなければ異時廃止となる），また免責手続で意見陳述を行うものですが，その職務は旧法下で許される限度で簡略化された一方，通常よりも相当廉価な報酬とされていたようです。現行法立法直前には，このような運用は各地の裁判所に普及し，東京地裁などでは事件数からすれば大半の事件がこの手続により処理されていたとされます。現行法の下でも，このような手続は継続的に活用されており，全国的に見ても同時廃止の率は大きく減少しており，破産既済事件全体に占める同時廃止による終局事件の比率は，2003 年の 90.1％ から，2008 年では 72.9％，2011 年では 67.4％，2016 年では 59.4％，さらに 2021 年では 57.4％ にまで下がっています。

(2)　自 由 財 産

　前にも述べたように（Ⅱ3(1)参照），破産財団に帰属しない破産者の財産のこ

とを自由財産と呼びます。法人にも自由財産があるかどうかには争いがありますが，実際上，自由財産が問題となるのは，主に自然人の破産の場合です。自由財産となるのは，①破産手続開始後に破産者が取得した財産（新得財産），②差押禁止財産，③破産管財人が財団から放棄した財産です。

　（a）新得財産　　まず，新得財産ですが，これは破産法が破産財団について固定主義を採用していること（Ⅱ3(1)参照）の反映として，自由財産になります。したがって，破産手続開始後に破産者が自らの労働の対価として得た報酬・給与等や破産手続開始後の親族の死亡によって得た相続財産などは，自由財産となります。これによって，破産者は経済的な再生に向けた原資を確保できることになるわけです。ただ，破産手続開始後に債権が発生したとしても，その発生原因が破産手続開始前にある場合には，その債権は自由財産にはならないことに注意する必要があります。これは，破産手続開始前の原因に基づいて破産手続開始後に破産者に対して生じた債権が破産債権とされる（Ⅱ3(2)(a)参照）こととパラレルな関係にあります。たとえば，破産者が破産手続開始後に退職し，それに基づいて退職金債権が発生した場合，退職金債権は確かに破産手続開始後に発生していますが，退職金は一般に労働の対価の後払いと理解されているので，その発生原因は破産手続開始前の破産者の労働にあると言えます。したがって，手続開始前の労働の対価に相当する部分の退職金債権（4分の1の差押可能部分）は自由財産とはならず，破産財団に帰属します。また，破産手続開始前に生命保険契約が締結されていた場合には，手続開始後に保険事故が発生し，保険金請求権が生じたときは，その請求権は破産手続開始前に発生の原因があるものとして，破産財団に帰属します（最判平28・4・28民集70-4-1099〔百選24〕参照）。

　（b）差押禁止財産等　　次に，差押禁止財産も自由財産となります。破産手続は，破産者に対する債権者全員のための執行手続（包括執行）として理解されますので，個別執行（強制執行）で差押えが禁止されている財産は，破産手続でも破産債権者の引当てになるべきものではないと考えられるからです。差押禁止財産の範囲は，原則として民事執行法に規定されていますが（民執131条・152条），その他の法律による差押禁止財産もやはり自由財産として扱われます（例として，公的な保険の給付金債権，生活保護受給金〔生活保護58条〕な

どがあります）。また，一身専属性を有する債権も差押禁止財産に当たると解されています。たとえば，名誉毀損に基づく慰謝料請求権は，その具体的な金額が客観的に確定されない間は一身専属性を有し，自由財産になるとされています（最判昭58・10・6民集37-8-1041〔百選23〕）。これらの財産は，破産手続開始前に発生していても，破産財団には帰属しません。ただ，破産法はいくつかの例外を設けています。すなわち，①執行手続で裁判所により差押えが許された動産（民執132条），②破産手続開始後に差押えが可能となったもの（たとえば，名誉毀損に基づく慰謝料債権について破産手続開始後に具体的な額が確定した場合など）は，破産手続開始時の差押禁止財産ではありますが，特に破産財団に属するものとされます（破34条3項2号但書）。

　そして，現行破産法は，中小企業の経営者が破産した場合などについて，その経済的再起を容易にするため，自由財産の範囲を拡張すべきとする議論などに基づいて，自由財産の範囲を拡大しています。すなわち，まず金銭について，差押禁止財産となる66万円（民執131条3号，民執令1条）に対し，その1.5倍（＝99万円）を自由財産として認めています（破34条3項1号）。これは，包括執行である破産手続の下では，個別財産に対する執行の場合よりも，債務者の生活維持のために必要となる当座の資金が大きくなるとの配慮に基づく取扱いです。ただ，実際には破産者が99万円もの現金をもって破産することは考え難いことです。そこで，破産法は，裁判所が自由財産の範囲を拡張することを認めています（同条4項）。すなわち，破産手続開始決定確定から原則として1ヶ月以内に，裁判所は，破産者の申立てによりまたは職権で，破産者の生活状況，破産手続開始時の自由財産の種類・額，破産者の収入の見込み等の事情を考慮して，自由財産の範囲を拡張できます。したがって，たとえば，将来の収入の見込みの小さい自営業者，扶養家族の多い破産者や少額の現金しかなく破産した破産者等については，この手続によって，本来は自由財産にならないような銀行預金や自動車等を自由財産に加えてもらうことが可能となります。

●コラム：東日本大震災と破産手続

　東日本大震災は，日本の様々な領域に大きな影響を与えましたが，破産手続もその例外ではありません。既に見ましたように（**第2章4コラム「個人**

版私的整理ガイドライン」），いわゆる二重ローンの問題を解決するために，
倒産手続外に個人版私的整理ガイドラインの手続が設けられ，その活用が図
られ，その範囲も大規模災害に拡大されていきました。ただ，それで破産手
続のニーズがなくなるわけではありません。震災の被災者が破産手続開始を
申し立てる場合に問題となる事項は多くありますが，最大の問題の一つは，
自由財産をどの範囲で認めるかという点でしょう。災害弔慰金・義援金等に
ついてはそれを差押禁止財産とする法律が制定され，自由財産になることが
明確になりました。ただ，たとえば，地震保険に基づいて受け取る保険金は，
一般に考えれば全額破産財団に含まれることになりますが，破産者の居住用
不動産や生活用動産を保険の目的とする場合などには，破産者の生活の再生
を妨げることにならないか，問題があります。非常時の破産手続の在り方に
ついては，未曽有の大震災の教訓に学びながら，今後考えていくことが我々
の世代に課された責務といえるでしょう。

　(c) 財団放棄財産　　最後に，破産管財人が財団から放棄した財産です。
破産管財人は，破産財団に属する財産については，これを換価して破産債権者
に対する配当の原資とする義務を負うのが原則ですが，例外的に，裁判所の許
可を得てそれを放棄することが認められています（破78条2項12号参照）。た
とえば，換価しても極めて廉価であり，換価費用の方が大きくコスト倒れにな
ってしまう財産や，担保権が付けられており，いわゆる担保割れになっている
財産などは，換価しても債権者の配当は増加しないので，保有・管理のコスト
（固定資産税の負担等）を軽減するため，管財人としては，むしろそれらを財団
から放棄すべきものと考えられます。そして，放棄された財産は，破産者の自
由財産となります。

(3)　免　責　手　続

　消費者が自己破産手続開始を申し立てる動機は，一般に債務の免責を得るこ
とにあります。その意味で，消費者破産の中心的な機能は，破産手続そのもの
よりも，むしろ免責の手続にあると言っても過言ではありません。最近までの
ドイツやフランスのように，免責制度をもたない倒産システムの下では，消費
者破産という現象はほとんど生じないことになります。日本でも戦前は免責制
度が存在せず，個人の破産手続が終わっても，配当を受けられなかった債権は

そのまま残ることとなっていました。したがって，債権が時効等で消滅しない限り，債務者は一生涯，債務を弁済していく義務を負っていたわけです。これに対し，英米法系の国々では古くから免責の制度が存在し，特にアメリカ合衆国では広く免責を認める制度・運用が確立していました。そして，戦後，日本がアメリカの占領下に置かれるに及び，1952年に，アメリカ法の強い影響の下で免責制度が導入されることになったのです。その結果，免責不許可事由がない限り，破産手続終了後に残った債務は原則として免責されるという制度が設けられたものです。前にも述べたように（1参照），この制度は，制定当初はほとんど利用されていませんでしたが，1980年代以降，急速に活用されるに至り，現在では自己破産＋免責の手続は，消費者倒産処理の中核をなしています。なお，免責制度は，債権者の財産権を制限するものですが，破産者の更生のため，また債権者にとっても早期の手続開始等によって最悪の事態を避けるため，公共の福祉に基づくもので，憲法29条に反するものではないとされています（最大決昭36・12・13民集15-11-2803〔百選84〕）。

●コラム：「急ぎ免責制度を導入せよ」——GHQ と戦後倒産法改革

　戦前に大陸法の影響の下に形成されていた日本法は，戦後，アメリカの影響下で大きな変革を強いられました。憲法や刑事訴訟法，民法の親族・相続編など全面改正がされた法律も多かったのですが，戦前の制度の骨格を維持しながら，アメリカ法的な制度が一部導入された分野も多くあります。倒産法制度も当初は，アメリカ連邦倒産法を参考に大規模な法改正が企図されていたようですが，時間的な制約等から，GHQ との折衝などで最も改革の必要が大きいとされた企業再建法制の整備（会社更生法の制定）と個人の経済的更生の制度整備（免責制度の新設）に絞って法改正がされたものです。ただ，免責制度は，大陸法系の破産手続に英米法系の制度を急いで接ぎ木したものなので，実際に活用されるようになると，不備も目立ってきました（免責手続中の執行停止制度の不存在などが代表的なものです）。破産法抜本改正の中で，免責制度の整備合理化が一つの焦点とされた所以です。

　（a）免責の理念　　免責の理念をどのように捉えるかについては議論があり，それによって免責制度の運用にも相違が生じえます。一方では，免責は，破産手続に協力した誠実な破産者に対する特別の恩典であるという考え方（特

典説）があります。このような考え方によれば，免責の付与はむしろ例外的な事態であり，免責制度を厳格に運用すべきことになりましょう。他方では，免責は，経済活動に失敗した不幸な破産者に経済的な再出発の機会を与える手段であるという考え方（更生手段説）があります。このような考え方によれば，免責の付与はむしろ原則的な事態であり，免責制度を緩やかに運用すべきことになりましょう。

　旧法下の実務においては，どちらかというと後者のような考え方によって免責制度の運用がされていたように見受けられます。賭博や過剰な浪費行為，財産隠匿行為など特に悪質な事由がない限り，原則として免責が付与されるような扱いです。また，免責不許可事由があっても裁判所の裁量により免責を付与することも一般的でした。しかし，このような運用に対しては批判もありました。消費者金融など債権者側からは，当然のことですが，安易な免責の付与により債務者の信用モラルが低下し，モラル・ハザードを招くおそれがあるという批判が加えられ，また一部の裁判官が免責不許可決定を濫発するなど反発もみられたところです（1(1)コラム「消費者破産者は，借金を踏み倒す『泥棒』か，過剰融資の『被害者』か？」参照）。このような中で，実務においても，免責制度の運用について改革の試みがされていました。たとえば，破産者に対して収入の一定部分（全債務の1割相当額など）を積み立てさせ，それを債権者に任意に弁済することを免責付与の条件にする条件付免責の運用や，債務の一部（全債務の8割など）を免責しながら，残債務を免責せずに免責手続終了後に債権者に弁済させるという一部免責の運用などがみられたところです。ただ，これらの運用は基本的に裁判所の裁量に委ねられており，裁判所ごと，裁判官ごとにその扱いは異なるものであったとされます。

　以上のような運用は，現行法の制定過程では既に消滅していたとされます。そして，現行法では，破産法1条において，破産法の目的として「債務者について経済生活の再生の機会の確保を図ること」が明示的に挙げられたことからも，免責手続は債務者の経済的再生の手段であることが明白になったものと考えられます。もちろん債務者のモラル・リスクを防止することは重要ですが，それを免責制度の運用によって図ることには限界があると思われます。モラル・リスクの防止は，消費者教育などを含む全体的な政策によって図っていく

べき目標であり，免責制度の構成・運用については，可及的に裁判所の裁量が入らない形で行っていくことが望ましいものと思われます。

　（b）免責の手続　　免責手続は破産手続とは別個の手続として構成されています。しかし，現行破産法は，自己破産手続開始の申立てがあった場合には，債務者が反対の意思を表示しない限り，同時に免責許可の申立てもしたものとみなしています（破248条4項）。債務者の通常の意思を勘案し，免責許可申立てを債務者が忘れるといった事態の発生を予想して対応したものです。債権者が破産手続開始を申し立てた場合には，免責許可申立ては，原則として破産手続開始決定確定後1ヶ月以内にしなければなりません（同条1項）。免責許可申立てをする場合には，原則として債権者名簿を提出する必要がありますが（同条3項），自己破産手続開始の申立ての場合には，破産手続開始申立時に添付する債権者一覧表をもって代えることができます（同条5項）。

　免責手続についての従来の最大の問題は，破産手続とは異なり，債権者による権利実行に対する禁止の措置が存在しないため，破産手続同時廃止後免責許可決定確定前には，債権者は破産者の財産に対して自由に強制執行をすることができた点にあります。しかも，強制執行の結果として債権者が得た配当金は，後に免責許可決定が確定したとしても不当利得にはならず，破産者に返還する必要がないとするのが判例でした（最判平2・3・20民集44-2-416）。免責の効果を遡及させる旨の定めはどこにもないからです。しかし，これでは，免責による破産者更生の趣旨が全うされないため，強い批判があったところです。

●コラム：執行手続と免責手続の「徒競走」──破産者と債権者のせめぎあい
　このように，旧法下では免責手続中は自由に強制執行ができたので，債権者は早く強制執行により配当金を受領しようとし，他方，破産者は早く免責許可決定を得て，財産を確保しようとしました。逆に言えば，債権者は免責手続をできるだけ長引かせるのが有利となり，破産者は執行手続をできるだけ長引かせるのが有利となっていました。そのため，債権者は免責許可決定に対して特に理由がなくても即時抗告を申し立ててその確定を遅延させ，破産者の側も差押命令等に対して執行抗告を申し立ててその確定を遅延させることになりました。このように，債権者への執行配当と免責許可決定とどちらが先に確定するかにより，権利配分が180度変わるという事態は，法制度

として極めて異例であり，不合理なものと言わざるをえませんでした。

　以上のような批判を受けて，現行破産法は，免責手続中も強制執行等を禁止
することにしました（破249条）。現行法による免責手続に関する最大の改正点
と言うことができるでしょう。すなわち，免責許可申立てがありながら同時廃
止等によって破産手続が終了した場合は，免責許可に関する裁判が確定するま
での間，破産手続と同じ形で，債権者は強制執行・仮差押え・仮処分等をする
ことができず，既にされている強制執行等は中止されることになります（同条
1項。その結果，時効の完成も免責不許可決定等の確定後，2ヶ月間は猶予されます。
同条3項）。そして，免責許可決定の確定により，中止していた強制執行等の手
続は失効することになります（同条2項）。これにより，旧法下の問題点は解決
され，債権者は免責手続中は債権回収を図ることができなくなり，大陸法系の
破産法の中に英米法系の免責制度を継受した際の不具合は解消されることにな
りました。

　免責許可申立後，裁判所は，その申立てを認めるか否かの判断に当たって考
慮すべき事情についての調査をすることになります。従来は免責審尋期日にお
ける破産者の審尋が必要的に行われていましたが，現行法の下ではそのような
審尋による調査を行うか否かは裁判所の判断に委ねられています（審尋におけ
る説明拒否，虚偽説明は処罰の対象となります。破271条）。そして，このような調
査の作業は破産管財人に委ねることもでき，破産者はその調査に対する協力義
務を負います（破250条。調査に対して説明を拒否したり虚偽の説明をしたりした場
合には，免責不許可事由となります。破252条1項8号）。また，破産債権者には破
産管財人に対して免責の当否について意見申述の機会が与えられます（破251
条）。旧法下では，異議申立てと言われていた手続ですが，事柄の実質に合わ
せて意見を述べる機会とされています。以上のような意見や調査結果に基づい
て，裁判所は，免責不許可事由の有無を審理して，免責の許否を判断すること
になります。なお，前述のように，免責の裁判は破産債権者の財産権を制限し，
また決定手続で行われるものですが，憲法には反しないと解されています（最
大決昭36・12・13民集15-11-2803〔百選84〕，最決平3・2・21金判866-26〔百選1

②〕参照）。

　(c)　免責の決定　　免責は，免責不許可事由がない限り，必ず許可されます（破 252 条 1 項）。免責不許可事由としては，財産の隠匿・損壊・不利益処分（同項 1 号），手続開始遅延目的の不利益条件による債務負担や信用取引による商品買入れ・不利益処分（同項 2 号），非義務的偏頗行為（同項 3 号），浪費・賭博等の射幸行為（同項 4 号。東京高決平 8・2・7 判時 1563-114〔百選 86①〕参照），債権者を騙した詐術による借入れ（同項 5 号。大阪高決平 2・6・11 判時 1370-70〔百選 85①〕参照），虚偽の債権者名簿の提出（同項 7 号），不正の手段による破産管財人等の職務妨害（同項 9 号），免責許可申立前 7 年以内の免責取得・ハードシップ免責（民再 235 条）・給与所得者等再生の再生計画遂行（破 252 条 1 項 10 号イ～ハ），破産手続中の義務違反行為（同項 11 号）などがあります。一般には免責許可の比率は高いですが，浪費・賭博等免責不許可事由が認められ，免責の許可が困難であると予め考えられるような事件については，事前に裁判所から勧告があり，破産手続開始申立てや免責許可申立てが取り下げられる例もあり，またそもそもそのような事件では代理人となる弁護士が破産手続を回避する場合も相当数あるようです。また，免責不許可事由があっても，それが軽微なものである場合などは裁判所の裁量によって，破産に至る経緯など一切の事情を考慮して免責が許可される場合もあります（同条 2 項）。裁量免責と言われるもので，従来から解釈として認められていましたが（仙台高決平 5・2・9 判時 1476-126①〔百選 85②〕，福岡高決平 9・8・22 判時 1619-83〔百選 86②〕など），現行法で明文化されました。

　(d)　免責の効力　　免責許可または不許可の決定は，破産管財人・破産者・破産債権者等利害関係人に送達され（破 252 条 3 項・4 項），それに対して利害関係人は即時抗告を提起することができます（同条 5 項。2 週間の即時抗告期間は免責決定の公告から起算されることにつき，最決平 12・7・26 民集 54-6-1981〔百選 87〕参照）。免責許可決定は，確定しなければその効力を生じません（同条 7 項）。免責許可決定の効果として，破産者は原則として，破産債権者に対する債務の全部についてその責任を免れます（破 253 条 1 項本文）。この「責任を免れる」ということの意味については，破産者の債務は残存するが強制履行のできない自然債務になるとする自然債務説と，債務が消滅してしまうとする

債務消滅説とが対立していますが，前者が通説・実務の扱いとされます。したがって，免責された債務について債務者が任意に弁済したとすると，それは弁済としての効力を有するものと理解されています。ただ，その任意性については慎重な判断が必要と考えられますし，その支払約束についても，破産者に何らの利益もない場合は無効と解されます（横浜地判昭 63・2・29 判時 1280-151〔百選 90〕）。なお，免責許可決定確定後は，当該債権に基づき詐害行為取消権を行使することはできないとされます（最判平 9・2・25 判時 1607-51〔百選 91〕）。

　また，一部の債権は非免責債権とされ，免責の効果は及びません（破 253 条1 項但書）。非免責債権としては，租税・罰金，破産者が悪意により加えた不法行為に基づく損害賠償請求権（破産者が手続開始前にクレジットカードを利用して商品を購入した場合につき，最判平 12・1・28 金判 1093-15〔百選 88〕参照），破産者の故意・重過失により加えた人の生命・身体を害する不法行為に基づく損害賠償請求権（これは現行法で加えられたものです），扶養料や婚姻費用分担の請求権（これも現行法が加えたものです），破産者の使用人の給料，破産者が知りながら債権者名簿に記載しなかった債権などが列挙されています（同項但書 1 号～7号）。なお，非免責債権に基づき，破産債権者表を債務名義として強制執行するには，（執行文付与の訴えではなく）通常どおり，裁判所書記官に執行文の付与を求めることになります（最判平 26・4・24 民集 68-4-380〔百選 89〕参照）。

　免責許可決定の効力は，破産者の保証人・物上保証人などには及ばないものとされます（破 253 条 2 項）。保証・物上保証という制度はそもそも債務者の資力が危うくなったときのことを慮って利用されるものですから，債務者が破産・免責になればその効果を失うということでは，そもそも制度の意味がないからです。したがって，破産債権者は，保証人等に対して，免責された破産債権に係る保証債務の履行を請求することができますが，保証人等の破産者に対する求償権は免責許可決定の効果を受けます。また，保証人は，破産債権について消滅時効を援用することもできないとされます（最判平 11・11・9 民集 53-8-1403〔百選 A20〕）。その債権について，時効の起算点である「権利を行使することができる」という事態（民 166 条 1 項 1 号・2 号参照）が観念できないからです。なお，免責許可後に破産者が詐欺破産（破 265 条）の有罪判決を受けたり，免責許可決定が不正の方法により取得されたことが判明したりした場合

には，免責は取り消されます（破254条）。

（4）　復　　権

　破産手続の開始により，破産者に対して様々な資格の制限がなされます。破産法にはそのような資格制限を一般的に定めた規定はありませんが，各種の法令は，公法的・私法的な観点から様々な資格について破産手続開始による制限を加えています。たとえば，公法上のものとして，破産者は，弁護士・公認会計士・弁理士・税理士等になれませんし，私法上の制限として，後見人・遺言執行者等の資格が否定されています。他方，株式会社の取締役については，かつては判例が破産者の取締役資格を否定し，その後にそれを追認する立法がされましたが（商旧254条ノ2第2号），会社法では，経営者の再起の容易化およびそれに伴う起業の増進という政策的観点から，そのような取締役の欠格事由は削除されています（会社331条参照）。以上のような資格制限については様々な批判もあるところですが，現行法上，破産者がその資格を回復するためには，復権を受ける必要があります。その意味で，復権制度は消費者破産における債務者更生のための重要な制度として位置づけることができます。

●コラム：破産すると警備員になれない！

　破産によって制限を受ける資格の類型は，極めて多岐に及んでいます。本文に挙げたもののほか，貸金業，建設業，宅地建物取引業，旅行業，風俗営業，酒類製造販売業などが含まれています。さらに，証券会社の外務員や生命保険募集人・損害保険代理店，また警備員についても資格の制限があります。これは，破産したような人は，証券会社や保険の勧誘をしても悪質な勧誘をするとか，警備員をしても泥棒の手引きをするのではないかといった懸念，つまり破産者の人格に対する不信にその根拠を置くものかもしれません。しかし，現代の日本では，破産という現象が通常，債務者の人格の問題に由来するものではなく，経済状況の変動に基づく不可避的なものであるとすれば，破産者というだけの理由でこのような広範な資格制限を及ぼすことには疑問があります。制限行為能力（成年後見）を理由とする資格制限が整理されたように，破産を理由とする資格制限についても，今後，それを整理縮小する方向で，抜本的な検討がされるべきものでしょう。

復権には，一定の要件に基づいて当然に復権の効果が発生する当然復権と破産者の申立てに基づく裁判による復権とがあります。まず，当然復権の事由としては，免責許可決定の確定，再生計画認可決定の確定と破産手続開始後10年の経過が主要なものです（破255条）。実際には，免責率の高さに伴い，通常は免責による復権がなされることになります。また，当然復権に該当しない場合でも，破産者が弁済その他の方法により破産債権者に対する債務の全部についてその責任を免れた場合には，破産者の申立てにより，裁判所は復権の決定をしなければなりません（破256条）。破産債権全部の免責を得たのに，なお資格制限を続けることには根拠がなく，適当でもないと考えられるからです。

〈参考文献〉
伊藤眞『破産法・民事再生法（第5版）』（有斐閣，2022年）
山本和彦ほか『倒産法概説（第2版補訂版）』（弘文堂，2015年）
山本克己編著『破産法・民事再生法概論』（商事法務，2012年）
竹下守夫編集代表『大コンメンタール破産法』（青林書院，2007年）
伊藤眞ほか『条解破産法（第3版）』（弘文堂，2020年）
田原睦夫＝山本和彦監修 全国倒産処理弁護士ネットワーク編『注釈破産法（上）
　（下）』（金融財政事情研究会，2015年）
山本克己ほか編『新基本法コンメンタール破産法』（日本評論社，2014年）
永谷典雄ほか編『破産・民事再生の実務（第4版）（破産編）』（金融財政事情研究
　会，2020年）
全国倒産処理弁護士ネットワーク編『破産実務Q&A 220問』（金融財政事情研究
　会，2019年）
伊藤眞『破産――破滅か更生か』（有斐閣，1989年）
伊藤眞『債務者更生手続の研究』（西神田編集室，1984年）
宮川知法『消費者更生の法理論』（信山社出版，1997年）
水元宏典『倒産法における一般実体法の規制原理』（有斐閣，2002年）
竹下守夫＝藤田耕三編集代表『破産法大系Ⅰ～Ⅲ』（青林書院，2014・2015年）
小川秀樹編著『一問一答　新しい破産法』（商事法務，2004年）
全国倒産処理弁護士ネットワーク編『論点解説新破産法（上）（下）』（金融財政事
　情研究会，2005年）
野村剛司ほか『破産管財実践マニュアル（第2版）』（青林書院，2013年）
伊藤眞ほか編『新破産法の基本構造と実務』（有斐閣，2007年）
山本克己ほか編『新破産法の理論と実務』（判例タイムズ社，2008年）

第5章　民事再生手続

I　民事再生法立法の経緯と意義

　民事再生法は，中小企業向けの再建型手続として，一連の倒産法制の抜本改正作業において最初に立法措置がとられたものです。これは，改正検討事項において提案された「新再建型手続」というものを淵源とし，アメリカ倒産法の第11章手続（チャプター・イレブン。第1章2(1)参照）からも大きな影響を受けたものです。民事再生法は，1999年12月に公布され，2000年4月1日から施行されていますが，同法の委任を受けて，民事再生規則も制定されています。その後，倒産法制改正の第2弾として，消費者の再建型手続として個人再生の手続が設けられることとなりました。改正検討事項では「個人債務者更生手続」と呼ばれていたものですが，民事再生法の改正による特則の形をとっています。すなわち，住宅資金特別条項，小規模個人再生および給与所得者等再生に関する規定を新設する改正法が2000年11月に公布され，2001年4月1日から施行され，やはり民事再生規則もそれに応じて改正されています。その後2004年の現行破産法の制定に伴い，倒産実体法の部分を中心に，民事再生法も改正されていますが，手続の骨格は維持されています。

　民事再生法が立法される前には，中小企業向けの再建型手続としては和議手続があったわけですが，それには多くの問題点がありました。そこで，民事再生法は，新たな発想に基づきながら，和議法の利点を活かす一方，その欠点を是正したものです。和議手続の問題点としては，一般に以下のような点が指摘されていました。すなわち，①手続の開始原因が破産手続開始原因と同じであるため，手続の開始が遅れ，企業の再建が困難となっていたこと，②手続開始申立てと同時に再建計画（和議条件）の提示が必要であるため，適切な和議条件の提示が困難であったこと，③弁済禁止等の保全処分を得て債権者の追及を

免れながら，資産の処分・隠匿等を図り，その後に和議申立てを取り下げるという保全処分の濫用が見られたこと，④担保権の実行を制限する方法がないため，事業に不可欠な財産に担保権が設定されている場合には，和議手続の遂行が困難であったこと，⑤債務者の事業運営に不適切な点がある場合にも，それを是正する手段がなかったこと，⑥債務者の経営者や株主の責任を追及する手段が不十分であったこと，⑦和議条件の履行を確保する措置が不十分であるため，条件が履行されない場合も多いとされたことなどです。

民事再生法は，中小企業や個人事業者等をその適用対象の中心としながら，大企業や消費者にもその利用を可能とする再建型倒産処理手続の一般法として位置づけられています。民事再生法の目的は「経済的に窮境にある債務者について，その債権者の多数の同意を得，かつ，裁判所の認可を受けた再生計画を定めること等により，当該債務者とその債権者との間の民事上の権利関係を適切に調整し，もって当該債務者の事業又は経済生活の再生を図ること」にあります（民再1条）。そこでは，従来の和議手続の欠点とされてきた点が以下のような形で是正されています。すなわち，①手続の開始原因を緩和し，破産手続開始原因が生じる前であっても早期に再建に踏み出すことを可能としていること，②再建計画（再生計画案）は申立時に提出する必要はなく，手続開始後十分に検討した上で裁判所の定める期間内に提出すれば足りること，③保全措置を充実させるとともに，保全措置の発令後に再生申立てを取り下げるには裁判所の許可を要するものとして，その濫用を防止していること，④担保権の実行も一定の場合には中止できるとした上で，担保目的物価額の支払による担保権消滅制度も設けていること，⑤再生債務者の事業運営が適切でない場合には，管理命令により債務者の経営権を剥奪する方途を認めていること，⑥株主の責任の追及手段として再生計画による減資等を認め，経営者の責任の追及手段として損害賠償の査定等を認めていること，⑦再生計画の履行確保の方法として，計画認可後の監督委員による監督継続の余地を認め，また緩和された要件による再生計画取消し・牽連破産を認めていることなどです。これによって，和議手続に比べて，再生手続は大幅に改善され，また利便性を増したことは間違いありません。

再生手続の主な特徴として，以下の三つの点が指摘できます。第一に，DIP

型の手続がとられている点です。DIP とは，Debtor In Possession（占有債務者）の略語で，アメリカ連邦倒産法の第 11 章手続で用いられている言葉ですが，要するに，管財人を選任しないで債務者自身が主体となって追行する倒産手続ということです（第 1 章 4 参照）。債務者の経営権の存続を認めることで，経営者は倒産手続の申立てを躊躇しなくなり早期の申立てがされるとともに，中小企業においては重要な経営資源となりうる経営者自身の営業力・技術力等を再建に活かすことが可能となります。ただ，このような制度は他方では，無責任な経営者の延命策に用いられるモラル・リスクないし濫用のおそれも常に残します。民事再生法は，そのような濫用を防止するため，監督命令・管理命令の可能性を認めるほか，DIP に公平誠実義務を課すなど様々な方策をとっています。

　第二に，手続の迅速性です。再建型手続の命はその迅速性にありますが，従来の日本の倒産手続は一般にかなり時間がかかるものでした。それでは，手続を追行している間に優秀な人的資源や優良な取引先・商圏が失われることになり，再建できる企業も再建できなくなってしまいます。そこで，再生手続では，その迅速さが特に重視されています。東京地裁などの運用では原則として，申立てから手続開始まで 1 週間程度，再生計画認可まで 5 ヶ月程度で処理がされているようです。このような迅速な計画的処理が法的倒産手続のイメージを大きく変え，再建の可能性を増大していることは間違いありません。

　第三に，債権者の自己責任の強調があります。従来の再建型手続は裁判所主導で，裁判所が細かく手続を監督する一方で，裁判所が債務者の再建に一種の責任をもつという感覚がありました。しかし，法の専門家である裁判官にそもそも再建の当否といった経営判断が可能かという疑問がある上，再建に責任をもつことになる裁判所は必然的に申立ての受理に慎重な傾向を示し，法的倒産事件の件数は結果として少なくなっていました。しかし，規制緩和・自己責任という観点からは，むしろ再建の当否・方法は，それによって自己の利害に直接の影響を受ける債権者の自己責任で判断をさせ，裁判所は後景に退くのが相当と考えられます。ただ，そのためには，債権者が適切に自主的な判断を下せるように，それに必要な手続情報をできるだけ開示する必要があります（民再16 条は，利害関係人による一般的な文書等の閲覧請求権を定めています〔デジタル記録

図表 5-1　再生事件数（和議事件数）の推移

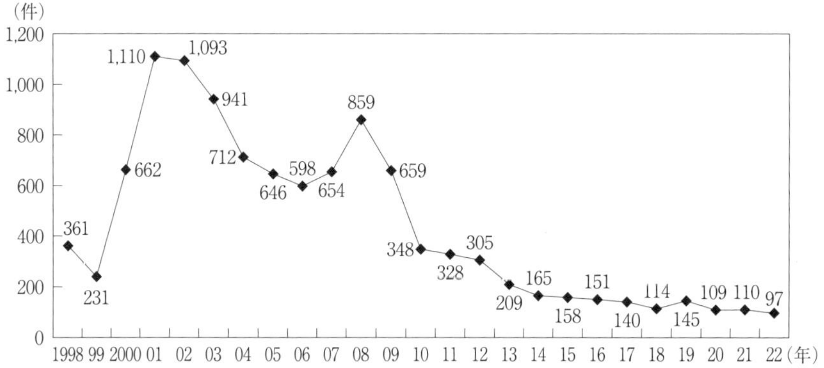

※1999 年までは和議事件数，2000 年以降は（通常）再生事件数である。

との関係で，令和 5 年改正で新設された民再 16 条の 2 も参照〕。ただ，支障部分の閲覧
等制限の規律〔民再 17 条〕によって，再生のための秘密保持とのバランスを図ってい
ます）。このようなディスクロージャーの充実と自己責任の徹底という姿勢は，
事後チェック型社会における司法のあり方を体現するものとも評価できます。
やや大げさに言えば，民事再生法の運用状況は，将来の日本の司法文化を占う
ものとすら評価することができるものと思われます。

　以上のような利点などもあり，民事再生は当初，和議手続に比べて大変よく
利用されたということができます（**図表 5-1**参照）。ただ最近は，その数が大き
く減少傾向にありますが，これは景気の回復による倒産件数自体の減少やいわ
ゆる中小企業金融円滑化法の影響等による一時的現象という部分もあると思わ
れ，コロナ禍を経た今後の事件動向が注目されます。

Ⅱ　企業の民事再生

1　申立て・保全処分

(1)　申立権者・手続開始原因

　再生手続は必ず申立てにより開始します。裁判所が職権で再生手続を開始す
ることはありません。申立権者は，債務者および債権者です（民再 21 条。この

うち，債権者申立ては後述の手続開始原因①がある場合に限られています。同条2項）。再生手続の前身であった和議手続では債務者の申立てしか認められていませんでしたが，再建型手続の一般法となった再生手続では債権者申立ても認められました（更生手続とは異なり，債権額による限定もありません）。債務者の現経営陣を排除すれば事業の再生可能性が認められるような場合には，債権者が（管理命令・事業譲渡等による処理を念頭に）再生手続開始を申し立てることは十分に想定されますし，実例もあります。なお，再生手続開始申立てに際しては，濫用防止のために手続開始原因を疎明しなければなりませんが，債権者申立ての場合には，さらに自己の債権の存在も疎明の対象になります（民再23条）。また，申立てに際しては，申立手数料（1万円。民訴費別表第1第12項の2。なお，令和5年改正法施行後は，原則として1万2600円〔民訴費別表第1第26項〕）の納付のほか，手続費用の予納も必要となります（民再24条）。予納額は裁判所が定めますが，債務者の事業内容・財産内容，再生債権者数，監督委員等の手続機関の選任の要否等を考慮しなければなりません（民再規16条）。実際には，監督委員の報酬が主要な手続費用となりますが，債務総額に応じて裁判所ごとに標準的な予納金額が定められているようです（たとえば，負債総額5,000万円未満で200万円，同1,000億円以上で1,300万円以上など）。

　再生手続の開始原因は，①破産手続開始原因事実の生ずるおそれがあること，または，②事業の継続に著しい支障を来すことなく弁済期にある債務を弁済できないことです（民再21条1項）。まず，①は支払不能の発生のおそれまたは債務超過の発生のおそれ（後者は法人の場合）が該当し（破産手続開始原因については，第4章Ⅱ1(5)(b)参照），②は資金繰りが破綻してそのまま弁済を続けていては事業継続が不可能になるような経済状態を指します（ただし，②の場合は，債権者申立てはできません。債務者の財産管理処分権・事業経営権に対する過剰な介入になるからです）。従前の和議手続が破産手続開始原因の存在をそのまま手続開始原因としていたところ，破産手続開始原因が生じた後では再建には遅すぎるという批判があったことを受けて，会社更生法に倣って開始原因を緩和したものです（Ⅰ参照）。これによって，早期に，できるだけ傷の浅いうちに再生手続を開始し，事業・生活の再生という制度の目的（民再1条）をよりよく達成することを目指しています。ただ，現実には，これによって早期の申立てが一般

的となっているとは言い難いようです。

　再生事件の原則的な管轄は，再生債務者の主たる営業所の所在地を管轄する地方裁判所になります（民再5条1項。消費者については，住所等が基準となります）。ただ，営業所等がない場合には，財産所在地にも管轄が認められますし（同条2項），親子会社・関連会社の場合や法人・代表者の関係にある場合には，一方の再生手続が行われている裁判所で他方の手続を行うことも認められます（同条3項～6項）。関連事件の一体的な処理を可能にして，全体に実効的な再生を図ることを目的としたものです。また，大規模な事件に対応するため，破産手続と同様に（第4章Ⅱ2(1)参照），東京・大阪地裁や管轄高等裁判所所在地の地裁の特別管轄が認められています（同条8項・9項）。なお，いったん事件が係属した後も，著しい損害や遅滞を避けるために必要があるときは，広く他の管轄裁判所や営業所・居所所在地を管轄する裁判所等に事件を移送することが認められています（民再7条）。

(2)　手続開始前の保全措置

　再生手続の運用では，申立てから手続開始まで相当迅速に処理がされています（東京地裁などでは，一般に申立てから2週間程度で開始決定に至るとされます）。しかし，そこにはやはり一定の時間が必要であり，その間に債務者の資産が隠匿され散逸したり，債権者が個別執行を行ったりする可能性は常にあります。その結果，資産状態が劣化し，債権者間に不平等な状態が発生するほか，債務者の事業・生活の再生自体が困難になる事態も生じえます。そこで，手続開始前に債務者の資産等の現状を保全するための仮の処分が重要性をもちます。このような保全措置は，清算型の破産手続の場合（第4章Ⅱ1(4)参照）に比べ，再建型手続ではより重要性をもち，民事再生法はこの点について周到な規定を設けています（手続機関に関連する監督命令・保全管理命令については，3で別に解説します）。

　　(a)　保全処分　　まず，債務者の財産を直接保全するための処分として，再生債務者の業務・財産に対する保全処分が認められています（民再30条）。債務者財産の仮差押えや処分禁止の仮処分，さらに借財の禁止や再生債権に対する弁済の禁止の保全処分などがこれに当たります。特に弁済禁止の保全処分

は，これが発令された場合には手形が不渡りになったときも銀行取引停止処分
の対象にならないという扱いがされているため，和議の時代から活用されてき
たものです。なお，弁済禁止の保全処分に反して弁済がされた場合には，債権
者は，保全処分の存在を知っていたときは，弁済の効力を手続上主張できず，
弁済金を不当利得として再生債務者等に返還しなければなりません（民再30条
6項）。弁済禁止の保全処分は債権者を拘束することはなく（この保全処分が出さ
れていても，給付訴訟の提起は可能とされます〔最判昭37・3・23民集16-3-607〔百選
A4〕〕），そのためには次に述べる強制執行等中止命令が必要となります。

　（b）強制執行等中止命令・包括的禁止命令　　次に，債権者の権利行使
を制限する種類の処分として，他の様々な手続を中止する処分があります（民
再26条）。典型的には，再生債権に基づく強制執行等の中止を命ずる仮の処分
がそれです。手続開始前にこのような個別の権利行使を許すと，債権者間に不
平等な状態が発生する上，債務者の事業・生活の再生に著しい支障を来すから
です。中止命令の対象となるのは，強制執行・民事保全のほか，財産関係の訴
訟手続や破産手続・特別清算手続等です（更生手続は再生手続に優先するため，中
止命令の対象にはなりません）。また，再生債務者の当座預金に対する差押えなど，
その強制執行手続を中止するだけでは事業継続への支障が解消されないような
場合には，特に中止した手続の取消しも可能とされています（民再26条3項）。
なお，強制執行等の中止命令は，その手続の申立人である債権者等に不当な損
害を及ぼすおそれがある場合には，することができません（同条1項但書）。

　強制執行等の中止命令は個別の権利実行に対処するものですが，再生事件の
中には，債権者の多数が権利実行に出ることが予想され，個々的に中止命令で
対応していたのでは事務負担が大きく，債務者の事業等の再生に支障を来すよ
うな事案も存在します。そこで，民事再生法は，中止命令によっては再生手続
の目的を十分に達成できないような特別の事情があるときは，すべての再生債
権者に対して強制執行等の禁止を命ずる包括的禁止命令を認めています（民再
27条）。アメリカ法などでは，債務者の倒産手続申立てにより，すべての債権
者による債権回収行為が自動的に停止される自動停止（automatic stay）と呼
ばれる制度があり，それが債務者の再建に大きく寄与しているとされることか
ら，これを日本にも導入すべきとする議論が立法時にはありました。しかし，

そこまで認めるのは債務者による濫用のおそれも大きいため，裁判所の判断を介して実質的にそれと同等の効果をもたらすことを目指したものです。包括的禁止命令は債権者の権利に大きな制約を課すものなので，債務者がこれを濫用し，禁止命令が発令されている間に資産を隠匿・処分等することを許さないため，主要な財産に対する保全処分や監督命令・保全管理命令が事前または同時に発令されることが包括的禁止命令の要件とされています（民再27条1項但書）。包括的禁止命令はすべての債権者を相手方にするというその性質上，発令に際しては公告がされ，再生債務者に送達がされ，知れている再生債権者に通知がされますが，命令の効力は再生債務者への送達の時点で一律に生じます（民再28条）。さらに，債権者保護のため，包括的禁止命令が個別の債権者に対して不当な損害を及ぼすおそれがあるときは，その債権者に対する関係で禁止命令を解除する決定がされ（民再29条），この場合には，その債権者に限って自由に強制執行等を行いうる法的地位を回復することになります。

　(c) 担保権実行中止命令　　中止命令・包括的禁止命令は一般債権者を対象とするものですが，事業等の再生のためには担保権の実行を制限することも重要です。そこで，民事再生法は，担保権者に対しても，担保権実行手続の中止命令を発令することを認めています（民再31条）。ただ，担保権者は実体法上優先権・換価権を有しており，また債務者の倒産時に備えてその権利を設定しているという性質上，特に保護の必要性が大きい債権者なので，その権利実行を制約するには，一般債権者の場合よりも厳格な要件を満たす必要があります。そこで，法は，担保権実行中止命令の要件として，①再生債権者の一般の利益に適合すること，②競売申立人に不当な損害を及ぼすおそれがないことを求めています（民再31条1項）。①は，競売の中止によって一般債権者が利益を得る場合ということで，競売を中止してその財産に基づく事業を継続することで収益が出て，一般債権者に対する弁済が増加する場合が典型的です。ただ，そのような場合でも，②の要件が必要となるので，担保権者が不当な損害を受ける場合には中止は認められません。しかし，注意していただきたいのは，中止命令の障害となるのはあくまで損害が「不当」と認められる場合に限られるという点です。担保権実行が中止されれば，常に何がしかの損害は担保権者に発生します。それで中止ができなくなるのではこの制度は機能しないので，中

止命令が否定されるのは，あくまで不当な損害が発生する場合，たとえば実行中止によってかえって担保権者の側が倒産の危機に陥るような場合や担保目的物の価額が急速に減価するおそれがあるような場合などに限られるということです。なお，中止命令の対象となるのは，別除権に相当する担保権（6(4)参照）ですが，いわゆる非典型担保（譲渡担保，所有権留保，リース等）の扱いについては議論があります（第4章Ⅱ4(4)参照）。再建型手続における担保権の制約の重要性に鑑み，類推適用を認めるべきものでしょう（この点は，立法化が議論されており，中止命令に加えて，禁止命令や取消命令も可能にする方向です。**第4章Ⅱ4(4)(c)コラム「動産・債権担保法制の立法と倒産手続」参照**）。

　このほか，担保権実行中止命令については，手続的にも制限が加えられています。第一に，中止命令の発令に際しては，裁判所は必ず競売申立人の意見を聴かなければなりません（民再31条2項）。上に述べたような実体要件の充足について担保権者の意見を確認して，攻撃防禦の機会を与える趣旨です。第二に，実行の中止は「相当の期間」に限られます（同条1項）。一時的に実行中止がされたとしても，再生手続は，更生手続とは異なり，担保権を手続に取り込むものではないので，その後に何らかの措置がとられなければ，抜本的な解決にはなりません。考えられる措置としては，①担保権者との話合いで別除権協定を締結すること，②担保権消滅請求により担保権を消滅させることなどがあります（6(4)参照）が，実行中止命令はそのような措置がとられるまでのいわば繋ぎの暫定的な処分なのです。したがって，裁判所は，上記のような抜本的な措置が実現するまでの期間を想定して，相当の期間を定めて中止命令を発令することになるわけです（逆に言えば，上記のような措置が実現する見込みがそもそもないと認められるときは，中止命令は出されないことになります）。なお，他の保全措置とは異なり，担保権実行中止命令については，手続が開始しても，定められた相当期間内はその効力が維持されますし，手続開始後に新たに発令することも可能です。

　　(d)　取下げの制限　　以上のように，手続開始前の保全措置は，和議法と比べて飛躍的に充実しました。これは再生債務者の再生を実効化するという点で意味が大きいと思われますが，他方では保全処分の濫用に対する警戒も必要です。実際，和議の時代に，和議申立てにより弁済禁止の保全処分を取得し，

手形不渡りによる銀行取引停止処分を免れている間に資産を処分・隠匿して，申立てを取り下げる（その後に破産手続が開始したときは，もぬけの殻の状態になっている）という例があったとされます（I参照）。そこで，民事再生法は，そのような保全措置の濫用を防止するため，保全措置がされた場合において再生手続開始申立てを取り下げるときは，裁判所の許可を要するものとしました（民再32条）。これによって，濫用的な取下げは許可が得られず，手続が続行される（実質的には申立棄却により破産に追い込まれる）ことで，前に述べたような濫用は防止されることになります。

(3)　申立棄却事由

(1)で見たような手続開始原因があれば，再生手続開始の決定がされるのが原則です。しかし，法は，その他に，一定の事由がある場合には，裁判所は再生手続開始の申立てを棄却しなければならないものとしています（民再25条）。それは，①手続費用の予納がないとき（予納については，**(1)**参照），②破産手続・特別清算手続が係属し，その手続による方が債権者一般の利益に適合するとき，③再生計画案の作成・可決または再生計画認可の見込みがないことが明らかであるとき，④不当な目的による場合など不誠実な申立てであるときです。

このうち，②の清算型手続の係属の場合は，原則として再生手続が優先しますが（2(3)参照），具体的な事件の状況によっては，他の手続を優先して進行させる方が債権者の利益の観点から適当な場合もありうるので，そのような場合には例外的に再生手続開始申立ての方を棄却することにしているものです。なお，更生手続が係属している場合には，再生手続の方が中止の対象となります（会更24条1項1号・50条1項）。

また，③では，手続の開始について再生の見込みそれ自体は要求されていない点に注意して下さい。「再生の見込み」が実際にあるかどうかを裁判所が適切に判断することは，それが結局は一種の経済的・ビジネス的な判断とならざるをえないため，困難です。その判断をあえて裁判所に求めると，従来の更生手続の運用のように，裁判所が過度に手続開始について慎重になってしまうおそれがあります。再生手続は，前述のように（I参照），債権者の自主的判断で手続の帰結を決めようとするものなので，手続を始める段階で裁判所に再建の

見込みまで判断させるのはかえって望ましくないと考えられます。そこで，裁判所が判断する事項は，再生計画案の作成・可決・認可の見込みという手続的なものに限定し，かつ，申立てを棄却するのは明らかにそのような見込みがない場合に限定したわけです。実際の裁判所の運用もそのような文言を受けて，およそ再生計画案の作成・可決等が想定できないような例外的場合に限って申立てを棄却しているようであり（申立てが棄却された例として，東京高決平 13・3・8 判タ 1089-295〔百選 8〕参照），手続開始までの期間も，従来の和議や更生の手続に比べて大幅に短縮されています。

　さらに，④の不誠実な申立ては，一種のバスケット条項としての棄却事由であり，上記のいずれにも該当しないものの，申立てが濫用的な場合に棄却できる余地を与えたものです（なお，再生計画不認可決定確定後の再度の再生手続開始の申立てを許容した例として，東京高決平 17・1・13 判タ 1200-291〔百選 7〕参照）。典型的には，真に再生手続の開始を求める意思や再生手続を進める意思がないのに，専ら他の目的（一時的に債権者からの取立てを回避し，時間稼ぎを図ること等）のみを目的に再生手続開始の申立てをする場合がこれにあたります。ただ，一般条項の性質上，そのあてはめは困難な場合があり（一例として，東京高決平 24・3・9 判時 2151-9 参照），たとえば，強制執行の回避や否認権の行使を専ら目的とする再生手続開始申立てが本号にあたるか等について裁判例の評価は分かれています（積極説として東京高決平 24・9・7 金判 1410-57〔百選 9〕，消極説として東京地判平 25・11・6 判タ 1401-174 があります。この議論については，山本和彦「再生申立権の濫用について」NBL 994 号〔2013 年〕12 頁以下も参照）。

2　開 始 決 定

(1)　開始決定の手続

　裁判所は，1 で見たような要件を満たす申立てがあったときは，その点を決定手続で審理した後（また，労働組合等の意見聴取もした上で〔民再 24 条の 2〕），再生手続開始の決定をすることになります（民再 33 条 1 項）。開始決定は，後に述べますように，関係者の権利義務関係に大きな影響を与える（(2)・(3) 参照）ので，いつそれがなされたかを明確にするため，書面により年月日時まで記載され（民再規 17 条），その決定の時点から直ちに効力を生じます（民再 33

条2項)。裁判所は，開始決定と同時に，債権届出期間（**4(2)**参照）および債権調査期間（**4(3)**参照）を定め（民再34条1項），これを開始決定主文とともに公告し，さらに知れている再生債権者等に通知することとされています（民再35条。なお，知れている再生債権者が1,000人以上であるときは，一定の範囲でその後の通知等を省略する決定をすることができます。民再34条2項）。また，再生手続開始決定に対しては，利害関係人は即時抗告をすることができます（民再36条）。このあたりの規律は，基本的に破産手続と同様のものとなっています（第4章Ⅱ**1(5)**(d)参照）。

(2) 再生債務者の地位

再生手続の大きな特徴は，前にも見たように（Ⅰ参照），それがいわゆるDIP型の手続である点です。再生債務者は，手続が開始した後も，原則として業務遂行権および財産の管理処分権を失いません（民再38条1項。右権限が例外的に奪われる管理命令の制度については，**3(3)**参照）。このように，再生債務者の経営権を維持したままで再建を可能にすることによって，早い段階で債務者が手続開始の申立てをするインセンティブを付与するとともに，中小企業においてはしばしば重要な営業・経営資源である再生債務者自身またはその代表者等の人脈・技術・手腕等を再建に生かすことを可能としたものです。

しかし，それでは，手続開始後も再生債務者は手続開始前と全く同様の立場で，自己の利益だけを図っていればそれで済むかと言えば，そういうことはありません。手続開始後は，再生債務者に独自の義務が課されています。公平誠実義務がそれです（民再38条2項）。すなわち，手続開始後は，再生債務者は，債権者に対し，公平かつ誠実に，財産管理権等を行使し，再生手続を追行する義務を負うとされるのです（これに反する場合は，再生債務者が損害賠償義務を負うほか，管理命令が発令される可能性もあります）。これは，再生手続において再生債務者が一種の第三者性を有することを明らかにしたもので，DIP型の手続と言われる所以です（アメリカの手続では，一般的にDIPは管財人と同一の地位に立つものとされています）。たとえば，再生債務者は双方未履行の双務契約の解除権を有しますが（民再49条），それは再生債務者個人の利益を図ることが目的なのではなく，あくまで再生債務者に再生債権者全体を代表して再生債権者の利

益を保護するために付与された権限と考えられます。そうだとすれば，それに
対応して，その義務の側面でも，再生債務者が再生債権者全体のために権利を
行使し，手続を追行する旨を明らかにすべきものと考えられ，このような規定
が設けられたわけです。実体法上，第三者の保護が認められている場面でも，
再生債務者は第三者となると解されます（たとえば，大阪地判平 20・10・31 判時
2039-51〔百選 19〕は，民法 177 条との関係で，再生債務者の第三者性を認めています）。
ただ，再生債務者の第三者性は必ずしも完全な形で貫徹されているわけではあ
りません（破産管財人の第三者性については，第 4 章Ⅱ2(2)参照）。たとえば，否認
権の行使などについては，本来，再生債務者自身に認めてもよいものですが
（アメリカではそうしています），自分で自分の行為の効果を覆すことには債権者
等が納得しないなど様々な事情を考慮して，監督委員に中立的な立場から行使
させるものとしています（6(2)参照）。その意味で，再生手続における DIP 性
はやや中途半端なものに止まっています。

(3) 開始決定の効力

　再生手続の開始決定により生じる効力は，破産手続開始の効力（第 4 章Ⅱ4
(1)参照）とおおむね一致します（以下では，おさらいの趣旨も兼ねて簡単に解説し
ます）。まず，再生債務者の財産に対する強制執行，仮差押え・仮処分の執行，
破産，特別清算等の手続は禁止され，既に係属している手続は中止します（民
再 39 条。特別清算手続は失効します）。また，再生債権に関する訴訟手続は中断
しますし（民再 40 条），再生債権者が提起している債権者代位訴訟（民 423 条・
423 条の 7）や詐害行為取消訴訟（民 424 条）も中断します（民再 40 条の 2）。そ
れ以外の財産関係の訴訟（たとえば，再生債務者に帰属すべき財産の引渡訴訟など）
は，破産手続の場合と異なり，開始決定によっては中断しません。これは再生
手続が DIP 型の手続であるため，開始決定により財産の管理処分権（当事者適
格）は変動しないことに基づくもので，管理命令の発令により初めて中断の効
果が生じます（民再 67 条）。

　他方，再生手続開始後も，破産手続とは異なり，再生債務者が財産の管理処
分権を維持することを反映し，手続開始後の再生債務者の法律行為も当然有効
であり，再生債務者財産にその効果が帰属します。また，再生債務者に対して

債務を負っている者は，手続開始後でも，再生債務者に対して弁済をすれば，有効な弁済として保護されることになります。ただ，手続開始によって対抗関係が発生することは，破産手続の場合と同じです（前述のように，民法177条の関係で，再生債務者は「第三者」となり，未登記の権利者は自己の権利を再生手続で主張できません）。なぜなら，手続開始後は，債権者の個別の権利行使は禁止され，債権者のイニシャティブで対抗関係に持ち込む（差押え等をする）ことはできなくなるので，債権者保護のためには手続開始に対抗関係発生の効果を認める必要があるからです。したがって，破産手続と同様に，再生手続開始前に生じた登記原因に基づき手続開始後にされた登記は，再生手続との関係では，原則としてその効力を主張することができません（民再45条）。判例も，自動車の所有権留保を有する債権者について，別除権の行使については，個別の権利行使が禁じられる一般債権者との衡平の観点から，登録を要するものと解しています（最判平22・6・4民集64-4-1107。これに対し，代位弁済をした信販会社との関係では，自己名義の登録を不要とする判例として，最判平29・12・7民集71-10-1925〔百選58〕参照）。

　また，再生手続の開始により，再生債権の弁済は原則として禁止されます（民再85条1項）。ただ，民事再生法は，一部の債権に対しては，裁判所の許可を条件に，手続開始後も例外的に弁済を認めています。一つは，少額債権です（同条5項）。このような債権は，早期に弁済することで，債権者の数を減らし，再生手続を円滑に進行することが可能となりますし，またそれを弁済しないと，再生債務者の事業の継続に著しい支障を来す場合（事業継続に不可欠な取引債権など）があるからです。後者の場合，実際には，絶対額としては相当に多額の債権であっても，総負債額との比率等によって，少額債権としての弁済が認められる例もあるようです（それにより，実質的には金融債権者のみを相手方とする倒産手続が可能となっています）。第二に，再生債務者を主要な取引先とする中小企業者の債権があります（同条2項）。このような債権を原則どおり，弁済禁止とすると，その取引先の資金繰りがつかなくなり，連鎖倒産を引き起こすおそれがあるので，取引の状況，債務者の資産状態など一切の事情を考慮して（同条3項），社会政策的な配慮から，例外的に手続中の弁済を認めたものです（住宅ローン債権の弁済の例外については，Ⅲ3(2)参照）。これは，債権者の利益を図る制

度ですので，債権者から許可申立てをするように求められた再生債務者等は，自ら申立てをしない場合でも，そのような求めがあったことを直ちに裁判所に報告しなければなりません（同条4項）。

(4)　裁判所の許可

　以上のように，再生手続の開始によっても，再生債務者の財産管理処分権や事業遂行権は影響を受けず，手続開始前と同様の態様で事業等を継続できるのが原則です。ただ，再生債権者等の利益を保護するため，一定の行為については，裁判所の許可を得ることを必要とすることができます（民再41条1項）。許可が必要とされた場合，許可を得ないでした行為は（相手方等が善意の場合を除き）無効とされますが（同条2項），許可の対象は，財産の処分・譲受け，借財，提訴，和解，別除権の目的財産の受戻し，権利放棄等に及びます。ただ，破産の場合（第4章Ⅱ2(1)参照）とは異なり，これらの行為について自動的に裁判所の許可が必要になるわけではなく，あくまで裁判所の個々的な判断で許可を必要的にできるに止まります。再建型手続に不可欠である柔軟な手続運営を可能にしたものです。そして，実際には，裁判所の要許可行為は指定せず，監督委員の同意によって同様の効果を達成しようとするのが実務の運用のようです（監督委員による監督については，3(1)参照）。

　以上のような一般的な許可と並んで，民事再生法において新たに設けられたのが，事業譲渡に関する許可の制度です。最近，再建型の倒産処理の手法として事業譲渡が活用されています。ただ，倒産によって債務者の事業価値は急速に劣化するおそれがあるので，事業譲渡は迅速な実行が不可欠であり，再生計画を待ってするのでは，適切な事業譲渡は困難とされます。そこで，計画前に事業譲渡を可能とする制度が必要と考えられましたが，他方で，再生債務者財産の全部または重要な一部を対象とする事業譲渡は，実質的に手続の行方を決定づけ，再生債権者への弁済内容を決定してしまう意味をもつので，それを無制限に許すこともできません。そこで，民事再生法は裁判所による許可を必要的にして，事業譲渡を可能とする途を開いたものです。そして，事業譲渡による再生は，実際にもかなり活用されているようです。

　民事再生法は，事業譲渡について二つの許可を規定しています。第一に，一

般的な態様の許可で，これは再生債務者の営業・事業の全部または重要な一部を譲渡する場合に，常に必要となるものです（民再42条1項）。この場合，裁判所は，事業譲渡が再生債務者の事業の再生のために必要であることを認定しなければならず，知れている再生債権者（または債権者委員会）や労働組合の意見を聴取しなければなりません（同条2項・3項）。事業譲渡がされれば，債権者は原則として譲渡代金から弁済を受けられるに止まりますし，労働者はその地位に重大な影響を受ける可能性があるので，それら利害関係者の意見を聴取して裁判所の許可の判断材料とするものです。第二に，再生債務者が株式会社で，債務超過の状態にあるときには，裁判所は，事業譲渡の際に必要とされる株主総会の特別決議による承認（会社467条1項1号〜2号の2・309条2項11号）に代わる許可（代替許可）を与えることができるものとされます（民再43条1項）。会社が債務超過の場合には，株主の実質的な持分権は失われていますので，事業譲渡に対する拒否権を株主総会に与える必要は原則としてない一方，承認を求めると決議の成立が事実上不可能になるからです。ただ，この許可ができるのは，事業譲渡が事業の継続のために必要である場合に限られ（民再43条1項但書），また許可決定に対して，株主は即時抗告を申し立てることができます（同条6項。即時抗告により代替許可が取り消された例として，東京高決平16・6・17金判1195-10〔百選25〕参照）。

3　手続の機関

(1)　監督委員

　民事再生法は，再建型手続の基本法として，様々な種類・規模の債務者に対応した柔軟な運用を構築できるよう，色々な手続機関を用意し，その選任はすべて任意的なものとしています。そのうち最も重要であり，また最も活用されているのが，監督委員です。一般的な運用では，すべての事件について監督委員が付されているようです。監督委員は監督命令に基づき選任されます。すなわち，裁判所は，再生手続開始申立てがあった場合に，必要と認めるときは，監督委員による監督を命ずる処分（監督命令）をすることができます（民再54条1項）。そして，監督命令の中で，監督委員の同意を得なければ再生債務者がすることのできない行為（要同意行為）が指定され（同条2項），その場合に

監督委員の同意を得ないでされた行為は（相手方が善意の場合を除き）無効とされます（同条4項）。どのような行為を監督委員の同意に掛けるかは裁判所の裁量に委ねられますが，実際には，裁判所の要許可行為（2(4)参照）の一部が要同意行為として指定されているようです。また，監督委員は，再生債務者による再生計画の遂行を監督する任務をも有します（民再186条2項。8(2)参照）。

　監督委員は，複数選任することができますし（民再54条2項），法人を選任することもできます（同条3項）。実際には，ほとんどの場合，弁護士が選任されているようですが，一部では公認会計士を選任する扱いもあると言います（また，弁護士が監督委員となった場合は，その補助者として公認会計士や税理士を起用することが多いようです）。監督委員は裁判所が監督し，解任することもできます（民再57条）。また，監督委員は善管注意義務を負い，注意義務違反があったときは，利害関係人に対して損害賠償義務を負います（民再60条）。監督委員は費用の前払および裁判所が定める報酬を受けますが（民再61条），その報酬額は監督委員の職務と責任にふさわしいものでなければならず（民再規25条），一般に予納金から支払われます。なお，令和5年改正施行後は，監督委員が裁判所に申立て等をする場合，オンラインの利用が義務づけられます（民再18条。この点は調査委員や管財人も同じです）。

　監督委員の権限としては，前に見た同意権および報告受領権が中心的なものです。その意味で，手続の中心となる再生債務者（DIP）を，一歩退いた位置から後見するものと言えます（監督命令の出された再生手続を「後見型手続」とも称します）。監督委員の権限としては，さらに調査権限が重要です。すなわち，監督委員は，再生債務者やその代理人，法人債務者の取締役・従業員，さらに子会社等に対して，業務・財産状況に関する報告を求め，帳簿・書類その他の物件を検査することができます（民再59条）。再生債務者などがこの調査に従わない場合や虚偽の報告をした場合は，3年以下の拘禁刑または300万円以下の罰金（または併科）に処されます（民再258条）。これによって，監督委員が正確な現状認識に基づいてその権限を行使することが担保されているわけです（また，偽計・威力を用いて監督委員の職務を妨害した者も処罰の対象となります。民再260条）。そのような調査に基づき，監督委員は，再生債務者の業務・財産の管理状況等裁判所の命ずる事項について裁判所に報告をし（民再125条3項），

再生計画案について意見を述べることになります。このほか，特殊な権限として，否認に関する権限が監督委員に付与されることがありますが，これは否認の項で改めてふれます（**6(2)**参照）。

(2) 調査委員

　次に，調査を担当する手続機関として，調査委員の制度があります。すなわち，裁判所は，再生手続開始申立てがあった場合に，必要と認めるときは，調査委員による調査を命ずる処分（調査命令）をすることができます（民再62条1項）。この場合には，裁判所が一人または数人の調査委員を選任し，調査事項を指定し，調査結果の報告期間を定めます（同条2項）。この制度は，裁判所が開始決定や再生計画認可決定の当否などを判断する際に，再生債務者からの報告等だけでは十分な情報が得られないと考える場合に，第三者である調査委員を選任して必要な情報を収集・報告させるものです。実際には，監督委員の選任が常態化しており，監督委員も同様の調査権限・報告義務を有するため（(1)参照），調査委員の選任は例外的な場合に限られています。典型的な選任場面は，債権者申立ての場合です。すなわち，債権者が再生手続開始を申し立てた場合，通常，申立人は債務者の財務状況等について十分な情報を有していないので，裁判所は，調査委員を選任して開始決定の当否を判断するための事実を調査することになります。ただ，債権者申立ては例外的であり，その結果として調査委員の選任も例外的なものです。なお，調査委員については，原則として監督委員に関する規定が準用されています（民再63条，民再規26条）。

(3) 管財人・保全管理人

　再生手続はDIP型の手続である点に最大の特徴があります（I参照）。しかし，再生債務者による財産の管理処分や事業の遂行に不当な点がある場合など，DIP型で手続を追行することが債権者のためにならない場合もあります。そのような場合には，例外的に管理型の手続として再生手続を追行することも認められており，手続開始前であれば保全管理命令，開始後であれば管理命令を発令することができます。なお，管理型の手続ができるのは，再生債務者が法人である場合に限られます。個人の債務者の場合には，破産と異なり明確な「財

団」の観念がない再生手続では，個人に帰属すべき財産・収入と管財人に帰属すべき財産・収入との区別が困難なため，管理型手続にはなじまないからです。

　裁判所は，手続開始前に，再生債務者の財産の管理処分が失当であるとき，その他再生債務者の事業の継続のために特に必要があるときは，保全管理人による管理を命ずる処分（保全管理命令）をすることができます（民再79条）。保全管理命令が発令されると，再生債務者の財産管理処分権・業務遂行権は奪われ，保全管理人に専属することになります（民再81条1項本文）。ただ，管理命令と異なる点として，保全管理人は再生債務者の常務に属しない行為をするには，裁判所の許可を得なければならない点があります（同項但書）。保全管理命令はあくまで保全段階の暫定的措置なので，原則として現状を維持するための行為に保全管理人の権限を限定する趣旨です。この場合，許可を得ないでした行為は（相手方が善意の場合を除き）無効とされます（民再81条2項）。

　他方，手続開始後についても同様に，裁判所は，再生債務者の財産の管理処分が失当であるとき，その他再生債務者の事業の再生のために特に必要があるときは，管財人による管理を命ずる処分（管理命令）をすることができます（民再64条）。管理命令が発令されると，やはり再生債務者の財産管理処分権・業務遂行権は奪われ，管財人に専属します（民再66条）。また，財産の管理処分権等が管財人に移転するため，管理命令に関する公告・送達・通知が必要となる（民再65条）ほか，命令に伴う詳細な規定（管理命令後の既存訴訟の扱い，郵便物の管理，管理命令後の債務者の行為の効果等）が民事再生法に置かれています（民再67条～77条）。これらはいずれも管理型の破産法や会社更生法の規律に倣ったものです。

●コラム：再生債務者等

　民事再生法の条文を読んでいると，しばしば「再生債務者等」という用語が出てきます。よく知らない人が見ると，これは再生債務者とそれ以外の人を広く指しているように見えます（というか，日本語としては，そのような読み方が自然でしょう）。しかし，民事再生法では，これは厳格に定義され，独自の用法がされています。すなわち，「再生債務者等」とは，管財人が選任されていない場合には再生債務者（いわゆるDIP），管財人が選任されている場合には管財人を指す用語です（民再2条2号）。つまり，手続上財産の管

理処分権・業務遂行権を有する主体を指す言葉として用いられているわけです。このような「等」の使い方が，分かりやすい法制という観点から適当であるか，疑問もあるところですが（ほかにも，承認援助法において「外国管財人等」〔外国倒産 2 条 1 項 8 号〕，会社更生法において「更生債権等」〔会更 2 条 12 項〕などの用法があります），規定が存在する以上は，定義規定に沿って正確な理解をしておくことが必要です。

　以上のように，保全管理命令・管理命令に関する規定は法律上条文数では相当の割合を占めます。しかし，再生手続の原則はあくまで DIP 型であることは疑いありません。実際の運用でも，保全管理命令や管理命令が発令されるのは，極めて例外的な場合に限られています。そこには，管理型による処理の必要性がある事件についてはむしろ会社更生への移行が相当であり，原則として株主の権利や会社の組織に切り込まない再生手続では，企業が再建した後に，従来の株主が債権者の犠牲により事業再生によるアップサイドを取得できる結果になりがちだが，それは相当でない，といった実務的価値判断があるのではないかと想像されます。ただ，株式会社以外の法人については，管理型で再建を図るには，再生手続の管理命令が唯一の途であることにも注意を要しますし，最近では，東京地方裁判所でも DIP 型と管理型で担当部（民事 20 部）を同じにして現実に管理命令を発令できる態勢がとられるなど，管理型の見直しも進められています。

(4)　債 権 者 集 会

　再生手続においては，債権者の意向は極めて重要な要素になります。従来のように，裁判所が積極的・後見的に手続に介入して手続の適正さを担保するのではなく，債権者の自主的な判断に委ねることを手続の基本的コンセプトとしているからです（Ⅰ参照）。ただ，そうは言っても，従来の破産手続に見られた債権者集会の形骸化（第 4 章Ⅱ2(3)参照）が改善する見通しは必ずしもなく，債権者の意向を反映するにしても，より合理的な方策が模索されるべきものと考えられました。そこで，民事再生法では，破産法等の改正を先取りする形で，債権者集会が任意化されました。すなわち，法律上必ず債権者集会を開かなけ

ればならない場合を無くし，その代わりに，再生債務者等の申立てのほか，債権者委員会の申立てまたは再生債権者の総債権額の 10 分の 1 以上に当たる債権者の申立てにより，債権者集会が招集されるものとしました（民再 114 条。このほか，裁判所が相当と認めるときにも，債権者集会を招集できます）。債権者集会は，裁判所が指揮し（民再 116 条），裁判所の期日の形式で行われます。債権者集会期日には，再生債務者，管財人，届出再生債権者等を呼び出し，労働組合に通知するとともに，期日・会議目的が官報公告されます（民再 115 条）。なお，令和 5 年改正により，ウェブ会議によって債権者集会を実施することも可能となります（民再 115 条の 2）。

　再生手続において主要な債権者集会として位置づけられているのは，財産状況報告集会と再生計画案の議決のための債権者集会です（後者については，7(3) で改めて述べます）。前者は，財産評定等が終わった段階で，再生債務者の財産状況について再生債権者に報告するために招集されるもので（民再 126 条 1 項），再生手続開始から原則として 2 ヶ月以内に開催されます（民再規 60 条）。そこでは，再生債務者等から，再生手続開始に至った事情，再生債務者の業務・財産に関する経過・現状等についての報告があり，届出再生債権者や労働組合等から管財人の選任や再生債務者の業務・財産の管理等に関する意見が聴取されます（民再 126 条 2 項・3 項）。再生債権者等に対する手続当初の情報開示の方法として重要なものです。しかし，実際には財産状況報告集会が開かれることはほとんどないと言われます。それは，財産状況報告集会に代わるものとして債権者説明会という制度が別に予定されており（民再規 61 条），実際にはほとんどの場合にこの説明会が開催され，そこで債権者に対する情報開示の機能が果たされているからです。債権者説明会は，債権者集会とは異なり，裁判所ではなく再生債務者等が主宰しますが，内容的には同様のもので，再生債務者の業務・財産や再生手続の進行に関する事項が説明されます。一般には，再生手続の開始申立直後・開始決定前の段階で債権者説明会が開催されているようです。

(5)　債権者委員会

　再生手続において再生債権者の利益を代表する機関として，債権者集会がありますが（(4)参照），債権者全員で構成されるこの機関は機動性に乏しく，も

ちろん恒常的な機関ではありません。債権者の利害を代弁する機関として，破産手続では従来，監査委員という制度がありましたが，実際に選任される例は少なく，またその運用には批判もあったところです（さらに，利益を共通にする複数の債権者に代わって手続上の権利を行使する者として，代理委員の制度がありますが〔4(1)(a)参照〕，これはあくまで一部債権者の代表にすぎません）。そこで，民事再生法では，現行破産法の規定（第4章Ⅱ2(4)参照）を先取りする形で，アメリカ連邦倒産法第11章手続で重要な機能を果たしていると言われる債権者委員会の制度を採用することとしました。しかし，これは全く新たな制度であり，また債権者が積極的に手続に関与するか，濫用的事態が発生しないかなど，必ずしも確信を得られなかったため，民事再生法では，任意的な制度とされ，またその権限も限定されたものに止まっています。ただその後，新しい会社更生法や破産法でもこの制度が採用され（第6章4(3)，第4章Ⅱ2(4)参照），それに応じて，民事再生法でもその権限が拡大されています。

●コラム：債権者の手続関与——「沈黙する債権者」

　従来は，破産手続はもちろん，和議手続や更生手続など再建型手続でも債権者の手続関与はそれほど積極的なものではありませんでした。特に金融機関等有力な債権者ほど，自己の態度が破綻処理の行方に影響を及ぼし，それを原因として他の債権者等に批判などをされることを恐れ，受動的な態度に終始していたと言われています。裁判所の，過剰にも見える手続への介入は，そのような債権者の態度を前提にしながら，適正公平な手続を確保するためにやむをえない面があったとも思われます。しかし，民事再生法，そして現行会社更生法がこの点で大きく思想を転換したことは間違いなく，債権者の自己責任が問われることになります。とかく問題先送りの体質が批判される日本の金融機関等ですが，今後は積極的に倒産手続を利用し，関与していく態度が要請されていくことになりましょう。

　再生手続では，まず再生債権者が自発的に債権者委員会を組織することが前提となり，裁判所が一定の要件を認定して，その手続関与を承認するという構成になっています（民再117条）。承認の要件は，①委員の数が3人以上10人以内であること（民再規52条），②再生債権者の過半数がその委員会の手続関

与に同意していること，③その委員会が再生債権者全体の利益を適切に代表すると認められることです（民再117条1項）。このような要件を満たして手続関与が承認された債権者委員会は，裁判所，再生債務者等または監督委員に対して意見を述べることができ（同条3項），また裁判所も手続運営において必要があると認めるときは，委員会の意見の陳述を求めることができます（同条2項）。このような意見表明以外の権能としては，従来から，事業譲渡に関する意見陳述権（民再42条2項），債権者集会の招集申立権（民再114条），再生計画の履行確保のための監督権（民再154条2項参照）などが認められていましたが，さらに，現行会社更生法と同様に，①関与承認の通知に伴い，再生債務者等はその業務・財産管理について債権者委員会から意見聴取をしなければならないこと（民再118条），②再生債務者等が裁判所に報告書・計算書類を提出する場合には，債権者委員会にもそれを提出すべきこと（民再118条の2。ただし，支障部分があるときは，その部分を除いたものの提出で足ります），③再生債権者全体の利益のために必要があるときは，債権者委員会は，裁判所に対し，再生債務者の業務・財産の管理状況等について再生債務者等の報告命令を申し出ることができること（民再118条の3）が定められています。そして，債権者委員会が再生に貢献する活動をしたときは，その活動に必要な費用を支出した再生債権者に対し，再生債務者財産から相当額の費用を償還することを裁判所が許可できます（民再117条4項）。実際には，承認要件の厳しさなどもあって債権者委員会が組織される事案はほとんどなく，制度の運用は不活発なようです。ただ，更生手続では更生担保権者委員会が活用された例もあり（第6章4(3)参照），将来的には再生手続でも活用される可能性を秘めていると言うことができ，承認要件の再検討等も今後必要になるかもしれません。

4　再生債権の届出・調査・確定

(1)　再　生　債　権

　再生手続において手続債権として扱われるのは，再生債権であり，再生債権は「再生債務者に対し再生手続開始前の原因に基づいて生じた財産上の請求権」と定義されています（民再84条1項）。その趣旨は，基本的に破産債権と同じです（破産債権の意義については，第4章Ⅱ3(2)(a)参照。また，連帯債務や保証

債務の扱い等も破産手続と同じで，破産法の規定が準用されています。民再86条2項参照）。そして，再生債権については，再生手続開始決定により原則としてその弁済が禁止される（その例外等につき，2(3)参照）点も，破産債権と同様です。

　　（a）代理委員　　利害関係を共通にする再生債権者について，代表して手続権を行使する者を選任することにより，手続の円滑迅速な進行を可能にするために，代理委員の制度が置かれています（民再90条1項）。この点も破産法と同じですが，一定の場合には，代理委員の選任勧告および職権選任の制度が設けられています。つまり，裁判所が再生手続の円滑な進行を図るために必要があると認めるときは，再生債権者に対し，相当の期間を定めて，代理委員の選任を勧告することができます（同条2項）。この勧告に従って代理委員が選任されればそれでよいわけですが，それでもなお選任がされない場合において，共同の利益を有する再生債権者が著しく多数であり，代理委員の選任がなければ再生手続の進行に支障があると認められるときは，裁判所が相当と認める者を代理委員に選任することができます（民再90条の2第1項）。この場合の代理委員は本人が選任したものとみなされ（同条3項），本人との間で委任関係が生じますが（同条6項），裁判所が相当と認める報酬や費用の支払を再生債務者財産から共益債権（5(1)参照）として受けることができます（同条5項）。たとえば，ゴルフ場の再生事件などで，利害を共通にする多数の会員権者である再生債権者に代理委員を選任させ，議決権等の手続権をその者が行使することにより，再生債権者本人の的確な権利保護と再生手続の円滑な進行が可能になるにもかかわらず，制度の理解が不十分であるなどの理由で代理委員の選任がされない場合に，裁判所が弁護士等の適切な者を職権で代理委員に選任することを可能とする制度です。

　　（b）優先的債権と劣後的債権の取扱い　　再生債権が破産債権と異なる点として，優先性を有する債権および劣後性を有する債権の取扱いがあります。まず，一般先取特権その他一般の優先権がある債権は，優先的破産債権として手続に服するものとされている破産手続とは異なり，再生手続では一般優先債権（5(2)参照）として手続外の債権となり，随時優先弁済を受けることができます（民再122条）。破産手続のように手続債権を区分すると，計画案議決の際に再生債権者の組分けをせざるをえず，手続を煩雑にすることになるので，そ

れを避ける趣旨です。

　他方，劣後性を有する債権は，破産手続では劣後的破産債権とされており（第4章Ⅱ3(2)(c)参照），当時の会社更生法でも劣後的更生債権というカテゴリーがあったわけですが，民事再生法は劣後債権という考え方を放棄しました。再生手続では，かつての劣後的更生債権に該当する債権は大きく3種類に分けられています。第一に，手続開始後の利息・遅延損害金等は，単純に再生債権とされながら（民再84条2項），その議決権は否定され（民再87条2項），再生計画における債権者平等原則の例外とされ（民再155条1項但書），実質的には劣後的取扱いが可能とされています。これは単なる名称の変更に近いものです。第二に，手続開始前の罰金・過料等（民再97条1号）はやはり再生債権の一種とされますが，議決権は否定され（民再87条2項），計画期間中は弁済できませんが（民再181条3項），再生計画による減免等も認められず（民再155条4項），計画認可による免責の対象にもなりません（民再178条1項但書）。これは，罰金の計画弁済により他の再生債権者に迷惑を掛けるのは相当ではないので，計画弁済を否定する代わりに手続終了後は全額の弁済を受けうる（再生手続の影響を一切受けない）ことにしたものです。最後に，手続開始後に原因を有する債権です。これは，破産手続では劣後的破産債権ではなく，破産者の自由財産を引当てにする債権になりますが，再建型手続ではそのような引当財産が観念されないので，別種のカテゴリーとして劣後化されます（かつての更生手続では，劣後的更生債権とされていました）。これについては，共益債権でも再生債権でもないものとして，開始後債権という新たな類型が設けられました（5(3)参照）。

　(c)　約定劣後再生債権　　なお，現行破産法の導入に合わせて，約定劣後再生債権という類型が設けられ，これについては特別の取扱いがされることになりました（約定劣後破産債権については，第4章Ⅱ3(2)(c)参照）。いわゆる劣後ローンに関するものですが，劣後債権の制度をもたない民事再生法では，直接劣後化の規定を設けることができず，上記(b)の第一類型の債権と基本的に同じ扱いになります。ただ，主となる再生債権に付随する利息債権等とは異なり，独立の債権である約定劣後債権については，その議決権を常に否定してしまうことは相当でありません。そこで，約定劣後再生債権がある場合には，例外的に議決の際の組分けがされることになります（民再172条の3第2項）。その規

律は基本的に会社更生の場合と同様のもので，一部の組で否決された場合のクラムダウンの制度（第 6 章 8(3)参照）も設けられています（民再 174 条の 2）。ただ，優先する通常再生債権等を完済することができないような場合には，約定劣後再生債権に議決権は認められません（民再 87 条 3 項）。実際には，すべての通常再生債権等を弁済できる場合は稀有のことですので，このような扱いも再生手続を過度に複雑にするものではないと考えられます。

(2)　債 権 届 出

　再生手続に参加しようとする再生債権者は，開始決定において定められた債権届出期間（2(1)参照）内に，自らの債権の内容・原因・議決権額・担保予定不足額等を裁判所に届け出なければなりません（民再 94 条，民再規 31 条）。届出のない再生債権については，後述の再生債務者等による自認（債務の存在を認め，認否書に記載すること）がされない限り，手続に参加することはできず，失権のおそれもあります（(3)参照）。ただ，再生債権者が自己の責めに帰すことのできない事由で届出期間を遵守できなかった場合やその期間経過後に債権が生じた場合には，その事由の消滅や権利発生から 1 ヶ月の間は届出の追完ができます（民再 95 条）。裁判所書記官は，届出があった再生債権について再生債権者表（令和 5 年改正施行後は，電子再生債権者表）を作成し，各債権の額・内容・原因・議決権額等を記載しますが（民再 99 条，民再規 36 条 2 項），これがその後の債権調査・確定の基礎となります。なお，再生債権の届出は消滅時効の完成を猶予する効果を有します（民 147 条 1 項 4 号）。

(3)　債権調査・確定

　再生債権の調査は，再生債務者等の作成する認否書および再生債権者・再生債務者の異議によって行われます（民再 100 条。ただし，管財人がいる場合の再生債務者の異議は，破産手続上の破産者の異議と同じで，債権の確定を妨げないので，再生手続上の意味はありません）。まず，再生債務者等は，一般調査期間の前で裁判所の定める期限までに，再生債権の内容・議決権についての認否を記載した認否書を作成し，裁判所に提出しなければなりません（民再 101 条）。破産手続や更生手続で従来慣行上行われていた管財人の認否を制度化し，債権調査の中核

に据えることとしたものです（その後に改正された現行会社更生法・破産法でもこれに倣った規定とされています）。そして，民事再生法の新機軸として，自認債権の制度が設けられました。これは，再生債務者等が，届出がされていない再生債権の存在を知っているときは，自認する内容・原因等の事項を認否書に記載しなければならないとするものです（同条 3 項，民再規 38 条 2 項）。自認債権については，議決権は認められませんが（民再 170 条・171 条は，議決権者を「届出再生債権者」に限定しています），計画弁済の対象にはなります（民再 157 条 1 項参照）。再生手続が原則 DIP 型の手続であるため，債権届出がされないからといって当然に失権させてしまうことは信義則に反すると考えられるからです。また，本来再生債務者が自認すべきであったのに自認しなかった債権は失権せず，再生計画による弁済期間中の弁済は禁止されますが，その期間経過後は計画に従って変更された内容で弁済がされます（民再 181 条 1 項 3 号・2 項。なお，この規律には，管財人が自認しなかった場合は含まれていない点に注意してください）。この場合は，届出を怠った債権者のミスも考慮して，失権はさせないものの時期的に弁済を劣後化することとしたものです。

　他方，届出再生債権者は，開始決定によって定められた一般調査期間内に，他の届出再生債権や自認債権の内容・議決権に対して，書面で異議を述べることができます（民再 102 条）。ただ，濫用的な異議を防止するため，異議書には異議の理由を記載しなければなりません（民再規 39 条）。届出の追完等により遅れて届け出られた債権については特別調査期間が設定され，同様の債権調査がされますが，その費用は届出債権者の負担となり（民再 103 条），費用の予納がされない場合には，債権届出が却下されます（民再 103 条の 2）。債権調査期間内に，再生債務者等が認め，かつ，届出再生債権者から異議のなかった再生債権の内容・議決権額は届出どおりに確定し，再生債権者表にその旨が記載されます（民再 104 条 1 項・2 項）。

　再生債務者等が認めなかったり，他の届出再生債権者から異議が出たりした再生債権の債権者は，その債権の内容を確定するため，債権調査期間の末日から 1 ヶ月以内に，認めなかった再生債務者等や異議を述べた再生債権者の全員を相手方として，裁判所に再生債権の査定の申立てをすることになります（民再 105 条）。従来，破産法等では，異議があった場合には必ず破産債権者等の側

が訴えを提起しなければならず破産債権者等の負担が重いとの批判があったことに鑑み，決定手続による簡易な債権確定の方法を認めたものです。ただ，最終的には債権の存否・額は訴訟手続において決せられるべきものですから，査定の申立てについての裁判に不服のある当事者は，その裁判の送達から1ヶ月以内に，異議の訴えを提起することができます（民再106条）。簡易な査定手続で，確定すべきものは確定させ，どうしても争いの残るものだけを訴訟手続で決着させる趣旨です。このような制度は，現在では更生手続および破産手続でも導入されています。なお，手続開始時に当該再生債権について訴訟が係属しているときは，再生債権者は，異議者等の全員を相手方として，訴訟手続の受継を申し立てることになりますし（民再107条），異議等の対象となった再生債権者が既に執行力ある債務名義や終局判決を有しているような場合は，その立場を保護する必要があるので，査定手続によるのではなく，再生債務者がすることのできる訴訟手続によってのみ異議を主張できます（民再109条）。たとえば，確定判決がある再生債権については，再審の訴えや請求異議の訴えなどができるに止まります。査定の裁判が確定し，または異議訴訟の結果が確定した場合には，裁判所書記官はその結果を再生債権者表に記載しなければなりません（民再110条）。

　債権調査において異議等がなく再生債権が確定し，再生債権者表にその旨の記載がされたときは，それは再生債権者全員に対して確定判決と同一の効力を有します（民再104条3項）。また，異議等が出た場合において，査定の申立てについての裁判が確定したときや異議訴訟の結果が確定したときも，その裁判や判決等はやはり再生債権者全員に対して確定判決と同一の効力を有します（民再111条）。したがって，再生債権の存否・額については既判力が生じ，計画弁済のときなどに再生債務者等や他の再生債権者がその点を争うことはもはやできなくなります。また，確定判決と同一の効力として執行力も発生するので，再生債務者等が計画上の債務を任意に履行しない場合には，再生債権者は再生債権者表に基づいて強制執行をすることができます（8(1)参照）。ただ，強制執行ができるのは，再生計画が取り消されない限り，再生計画によって権利変更を受けた範囲に限定されます。

(4)　簡易再生・同意再生

　以上のように，再生手続でも，原則として，破産手続等と同様に，債権を実体的に確定させるシステムを採用しました。この点は，議決権だけを確定し，実体的な債権内容を確定することはしなかった従来の和議手続と大きく異なる点です。立法過程では，破産型（実体的確定）か旧和議型（手続内確定）か，いずれのシステムを採用するかについて議論がありました。手続内確定のシステムも，判決手続を準備する必要がなく，手続の簡易迅速化にとって大きなメリットがありますが，結局，実体的確定のシステムがとられたのは，手続終了後に簿外債務が生じるおそれを防止し，再生債務者の債務不履行があった場合に強制執行が可能となるなど手続の安定性や債権者の権利保護がより重視されたからです。ただ，再生手続の簡易迅速性がその代償となるので，事件によってはむしろ手続内確定に止め，より簡易迅速な手続進行を可能とすべき場合もあると考えられました。そこで，手続内のサブメニューとして設けられたのが，簡易再生および同意再生の特則です（なお，個人再生については，一般的に手続内確定のスキームがとられています。Ⅲ1(3)(c)参照）。

　（a）簡易再生　　まず，簡易再生の手続ですが，これは債権調査・確定の手続を省略する代わりに，簡易迅速な手続追行を図るものです。すなわち，債権届出期間経過後一般調査期間開始前の再生債務者等の申立てにより，裁判所が簡易再生の決定をします（民再211条）。この手続は，届出再生債権の評価総額の5分の3以上の債権者が再生計画案および債権調査・確定手続の省略に同意している場合に限って可能とされます（同条1項）。簡易再生の手続は，通常再生の手続に比べ，執行力等による再生計画の履行確保が十分でないなど債権者の利益を損ないかねない性質を有するので，債権者の特別多数の同意を要件としたものです。同意の対象は，再生計画案と債権調査・確定手続の省略の双方です。

　簡易再生の決定がされると，債権調査の手続はされませんので，直ちに再生計画案決議のための債権者集会が招集されることになります（民再212条）。債権者集会では，同意の対象となった再生計画案のみが決議の対象となり，同意をした再生債権者が債権者集会に欠席した場合は計画案に同意したものとみなされます（民再214条）。簡易再生によって再生計画が認可されたとしても，各

再生債権は実体的に確定していないので，各債権の内容を個別に変更することはできず，あくまで権利変更の一般的基準のみを定め，それに従った変更がされるだけです（民再215条）。そして，届け出られなかった再生債権の免責や再生債権者表の執行力等も生じません（民再216条）。このような簡易再生は，立法時には相当程度活用されるものと想定されていましたが，実際には通常の再生手続が予想以上に迅速に進行しているため，その利用は少ないようです。ただ，今後は，事業再生ADRなど裁判外の倒産処理の努力がされ，それが一部債権者の反対等でデッドロックに乗り上げたときに，多数債権者の同意を背景に迅速に手続を終結させるため，簡易再生が活用されるような余地はありましょう（このような倒産手続の利用方法をアメリカのいわゆるprepackaged chapter 11に倣って，プレパッケージ型手続などとも呼びます）。

●コラム：簡易再生の新たな活用に向けて——マレリ事件

　本文でも述べたように，事業再生ADRなどの私的整理が失敗した後に法的手続に移行する際，私的整理で既に多数の債権者が事業再生計画案に賛成しており，少数債権者のみが反対しているときは，迅速に法的手続を進め，事業価値の毀損を最小限に抑えるため，簡易再生の役割が見直されています。制度上も，事業再生ADRとの関係では，債務の減額が事業再生に不可欠であることをADRが確認している場合は，簡易再生の申立てを受けた裁判所は，その点を考慮した上で清算価値保障原則（民再174条2項4号）の判断をするものとされています（産競法65条の4。この規定については，**第3章3(3)(e)参照**）。このような制度を十全に活かして迅速な簡易再生を成功させた例として，2022年の自動車部品会社マレリの事件があります。この事件では，同年6月24日一部外国金融機関の反対で事業再生ADRが頓挫した後，即座に民事再生および簡易再生の申立てがされ，7月19日には再生計画案の可決・認可決定に至りました。このような迅速な簡易再生の運用は，事業再生ADRにおける債権者の無意味な反対を抑止し，事業再生手続全体に大きく寄与するものと評価できます。

　(b) 同意再生　　簡易再生のいわば窮極的な形態として，同意再生があります。これは，すべての届出再生債権者の同意がある場合に，債権調査・確定はもちろん，再生計画案の決議も省略できるとする特別手続です。同意再生

の手続は裁判所の同意再生の決定により行われ，再生債権者の同意の対象も，簡易再生と同様，再生計画案と債権調査・確定手続の省略の両方になっています（民再217条）。そして，すべての届出再生債権者の同意があるときは，裁判所は，その再生計画案に不認可事由がないかどうかをチェックし，不認可事由がある場合には同意再生の申立てを却下します。したがって，同意再生決定がされたときには，不認可事由もないことになるので（不服のある者は，同意再生決定に対して即時抗告ができます。民再218条），その決定の確定により再生計画認可決定が確定したものとみなされます（民再219条1項）。計画認可の効力は，簡易再生の場合と同様です（同条2項・220条）。裁判外で既に話合いが付いている場合に，裁判所のお墨付きを得るための超迅速なメニューとして，利用されることがあるようです。

5　再生債権以外の債権

(1)　共　益　債　権

前に見たように（4(1)参照），再生手続開始前に発生原因のある債権は再生債権として手続開始により権利行使が制限され，再生計画において権利の変更を受けることになります。これに対して，特に手続開始後に発生した債権を中心に，再生債権者共同の利益となるような債権は共益債権とされ，随時に優先して弁済がされます。破産手続における財団債権に相当するものですが（第4章Ⅱ3(3)参照），再建型手続では，破産財団に相当する概念がないので，その実質から共益債権という表現がとられています（更生手続でも同じです）。

共益債権に相当する債権は，おおむね財団債権と同様です（民再119条）。主なものとして，手続開始後の再生債務者の業務・生活や財産の管理処分に関する費用，再生計画の遂行に関する費用，監督委員等手続機関の報酬，手続開始後に再生債務者等がした資金の借入れ等によって生じた請求権，手続開始前に再生債務者が裁判所の許可または監督委員の承認を得てした資金の借入れ・原材料の購入等再生債務者の事業の継続に欠くことのできない行為によって生じた請求権（民再120条1項），保全管理人が権限に基づいてした資金の借入れ等によって生じた請求権（同条4項），社債管理者等の費用・報酬（民再120条の2），双方未履行双務契約の履行を選択した場合の相手方の請求権（民再49条4

項）などがあります。このうち，「生活に関する費用」は，個人の再生債務者が日常生活を行う生活者でもあることに配慮し，その生活の場面で生じた負債の債権者をも保護する趣旨のものです。たとえば，日常生活の中で再生債務者が自動車事故を起こした場合にも，被害者の損害賠償債権は共益債権として保護されることになります。そのように保護しないと，自由財産のない再生手続では，再生債務者が日常生活を送れなくなってしまうからです。また，手続申立後開始前の債権であっても，再生債務者の事業の継続に不可欠な負債については，特別に裁判所の許可または監督委員の承認（民再120条2項）を前提に，共益債権化しています（同条3項）。なお，このような債権は，手続開始に至らず牽連破産となったときも，破産手続の中で財団債権として保護されます（民再252条6項括弧書）。

　共益債権は，再生手続によらずに随時弁済を受けることができ（民再121条1項），再生債権に優先して弁済されます（同条2項）。ただ，いったん手続で再生債権として届出がされた場合は，後に共益債権として権利行使することはできません（最判平25・11・21民集67-8-1618〔百選49〕）。また，再生債務者等が共益債権を任意に弁済しない場合には，共益債権者は，破産の財団債権とは異なり，強制執行をすることができます（民再39条1項は，再生債権に基づく強制執行等のみを禁じており，財団債権に基づくものも禁じる破産法とは異なる規律になっています）。ただ，その強制執行が再生債務者の再生に著しい支障を及ぼし，かつ，再生債務者が他に換価の容易な財産を十分に有するときは，裁判所は，例外的に，強制執行の中止・取消しを命ずることができます（民再121条3項）。たとえば，再生債務者の工場などに共益債権者が差押えをして，それを売却されては事業を継続できないような場合に，債務者が銀行預金等容易に換価できる他の財産でその共益債権を十分に弁済できるときは，工場等の強制執行を中止しまたは取り消し，預金債権等による弁済を保障すれば，共益債権者の保護は十分図られるからです。

(2)　一般優先債権

　再生債務者に対する債権につき，実体法上，一般の先取特権その他の一般の優先権がある場合に，それをどのように再生手続で扱うかが問題となります。

破産手続は，前に見たように（第4章Ⅱ3(2)(b)参照），このような債権を優先的破産債権として手続に組み込んで処理しています。ただ，再生手続で同様の扱いをするとすれば，計画案の決議等の関係で他の一般再生債権者とは区別して扱い，債権者集会で更生手続などと同様に組分けをする必要が生じ，手続が複雑となり，中小企業向けの簡易迅速な再生手続の趣旨に反するおそれがあります（4(1)参照）。そこで，民事再生法は，これらの債権者を手続債権者（再生債権者）としては取り扱わず，別に一般優先債権という範疇を創設して，手続の外に出してしまったものです。

　一般優先債権は，一般の先取特権その他の一般の優先権ある債権ですが（民再122条1項），実際に最大の問題となるのは労働債権（民308条）と租税債権（国徴8条）です。未払の給料債権や退職金債権は，再生手続では一般優先債権として扱われます。一般優先債権の取扱いは，共益債権とパラレルなものです。すなわち，一般優先債権は手続外で随時弁済されますが（民再122条2項。なお，優先性は実体法上既に承認されているので，民事再生法には規定がありません），その弁済については情報開示のため再生計画に条項が設けられます（民再154条1項2号，民再規83条）。さらに，一般優先債権に基づく強制執行・担保権実行についても，共益債権の場合と同様，例外的な中止・取消しの制度が用意されています（民再122条4項。他方，租税債権に基づく滞納処分については，中止の余地はありません）。

(3)　開始後債権

　破産法には，前にもふれたように，劣後的破産債権というカテゴリーが設けられていますし（第4章Ⅱ3(2)(c)参照），旧会社更生法でも劣後的更生債権の概念がありました。しかし，再生手続でもこのような観念を維持すると，優先債権の場合と同様に，決議に関する組分けのシステムを導入する必要が生じ，適当ではありません。そこで，民事再生法は劣後的再生債権という概念を採用せずに，会社更生法上劣後的更生債権として扱われていた債権を三つのカテゴリーに分けましたが（この点については，4(1)(b)参照），このうち，再生手続開始後に原因を有する債権で，共益債権でも一般優先債権でも再生債権でもないものについて，開始後債権という新たな類型を設けました（民再123条1項）。開

始後債権として考えられるものとしては，管財人が選任されている再生手続で株主総会の招集など再生債務者の組織法上の行為のために必要となった費用で，やむをえない費用とは言えず共益債権に該当しないものや，手続開始前に振り出された為替手形について，手続開始後に支払人が悪意で引受けまたは支払をしたことによって生じた求償権などがあるとされます。しかし，実際には，これらの債権が生じることは稀であると考えられます。

　開始後債権は，再生債権に比べて，実質的に劣後して取り扱う必要があります。そこで，開始後債権は，再生手続の開始時から再生計画で定められた弁済期間の満了時までの間は，弁済ができないものとされています（民再123条2項）。また，開始後債権に基づく強制執行や保全処分も，上に述べた期間の間はすることができません（同条3項）。これにより，時期的に再生債権の弁済に劣後することになるわけです。ただ，開始後債権は再生計画の効力を受けるものではないので，再生債権とは異なり，権利内容が再生計画により変更されることはありません。したがって，再生債権の元本について再生計画で一部免除がされたとしても，開始後債権は免除されず，弁済期間の終了後は債権全額の弁済を受けることができます。そのため，知れている開始後債権がある場合には，再生計画の中で，必ずその内容を明らかにしなければならないものとされています（民再154条1項3号）。これは，このような債権が上記のように，再生計画による権利変更の対象とはならず，計画上の弁済期間終了後は全額弁済を請求できる性格のものであることに鑑み，その存在・内容を明示して，再生の障害にならないように配慮したものです。

6　再生債務者財産の調査・確保

　再生手続は，再建型の倒産処理手続であり，破産手続とは異なり，債務者の財産を換価することは原則として予定されていません。しかし，再生計画の履行を担保する前提として，また債権者や裁判所が再生計画の合理性・遂行可能性を判断する前提として，やはり再生債務者の財産について適切な調査を行い，またそれを確保するための措置が必要となります。その意味で，いわゆる倒産実体法について，民事再生法でも破産法と同様の規律がなされています。したがって，以下の叙述では，双方未履行の双務契約（民再49条以下）や相殺権の

制限（民再93条以下）など基本的に破産法と同一の規律がされている部分の説明は省略することにし，再生手続に独自の規律がされている部分に限って解説していくことにします。

(1)　財産評定・裁判所への報告

　再生手続においても，まず再生債務者に属する財産の現状を把握し，その財産の価額を評定する必要があります。そこで，再生債務者等は，再生手続開始後遅滞なく，再生債務者に属する一切の財産について再生手続開始時の価額を評定しなければなりません（民再124条1項）。この場合の評定は財産を処分するものとしてするのが原則です（民再規56条1項本文）。この財産評定の目的は，破産配当と再生計画における弁済との比較により再生債権者の再生計画に対する議決権行使の参考とすることのほか，裁判所が再生計画認可の際の判断資料とすることにあります。そのため，財産が競売等により処分される場合の価額が基準となるわけです。ただ，事業譲渡や会社分割等によって再生が図られる場合には，そのような譲渡等の適否を判断するため，処分価額による評定と併せて，再生債務者の事業を継続するものとして，いわゆる継続企業価値の基準に基づき評定をすることもできます（同項但書）。なお，裁判所は，必要があると認めるときは，評価人を選任することができますが（民再124条3項），通常は，必要があれば，監督委員が補助者として公認会計士等を選任しているようです。

　財産評定が完了すると，その後直ちに再生債務者等は財産目録および貸借対照表を作成し，裁判所に提出しなければなりません（民再124条2項）。再生債務者の資産状態を明らかにし，利害関係人に情報を開示する趣旨です。そこで，これらの書面の副本が債権者等による閲覧・謄写の対象となり（民再規56条3項・62条），また再生債務者等はこれらの書面の写しなどその情報を記載したものをその主たる事務所・営業所において閲覧できる状態にしなければならず（民再規64条），債権者に対する情報開示のための便宜を図っています。

　また，再生債務者等は，再生手続開始後遅滞なく，裁判所に報告書を提出しなければなりません（民再125条1項）。この報告書には，再生手続開始に至った事情，再生債務者の業務・財産に関する経過・現状その他の再生手続に関し

必要な事項を記載するものとされます。裁判所が正しく再生債務者の状況を把握し，適切に手続を運営する資料とすることに加え，債権者等利害関係人に対する情報開示の趣旨も含んだものです。したがって，この報告書も，前記の財産目録や貸借対照表と同様に，裁判所で閲覧・謄写の対象となるほか，再生債務者の営業所等での情報開示の対象ともされます（民再規64条）。なお，このような手続開始時の報告書と並んで，再生手続中も，再生債務者等は裁判所の定めに従い（毎月の提出が求められる例が多いようです），業務・財産の管理状況その他裁判所の命ずる事項を裁判所に報告する義務を負いますし（民再125条2項），監督委員も同様の報告義務を負っています（同条3項。3(1)参照）。

　また，再生債務者の財産状況の開示のための別途の方法として，財産状況報告集会の制度も設けられています（民再126条）。これは，再生債務者の財産状況を報告するための債権者集会で，そこでは，再生債務者等から前記報告書の記載事項の要旨を報告させ（同条1項），届出再生債権者などから管財人の選任や業務・財産の管理等に関する意見を聴き（同条2項），また労働組合等もその点について意見を述べることができます（同条3項）。しかし，実際には財産状況報告集会が開催されることはほとんどなく，債権者集会よりも簡易・柔軟な債権者説明会がそれに代わる情報開示の機能を果たしているのが一般的な運用のようです（3(4)参照）。なお，財産状況報告集会が開催されない場合には，再生債務者等は前記報告書を手続開始から2ヶ月以内に裁判所に対して提出しなければならず（民再規57条），その報告書の要旨を知れている再生債権者や労働組合に周知するため，報告書要旨の送付や債権者説明会の開催など適当な措置をとる必要があるとされ（民再規63条），情報開示に配慮がされています。

(2)　否　認　権

　民事再生法においても，破産法と同様に，否認権の制度が設けられています。民事再生法の前身である和議法には，破産と同様の否認権の制度はなく，その点が和議手続の欠点の一つとされていました。そこで，民事再生法では否認権の制度を設け，詐害行為や偏頗行為は再生手続においてもその効果を否定できることとしたものです。民事再生法における否認制度（民再127条以下）は，基本的には破産法とパラレルなものであり，詐害行為否認・偏頗行為否認・適正

価格処分行為の否認・対抗要件否認・執行行為の否認・転得者否認等否認の種類やその要件，否認権のための保全処分や否認の請求等否認権行使の手続，また否認権行使の効果は，破産手続について前に述べたところ（第4章Ⅱ4(6)参照）と基本的には同じと考えてよいので，ここでは再述しません。民事再生法上の否認制度の大きな特色は，否認権行使権者としての監督委員の権限とそれに伴う訴訟参加等特別の制度の存在ですので，以下ではこの点についてのみふれておきます。

　再生手続における否認権の行使権者を誰にするかは，立法過程で困難な問題となりました。管理命令発令時に管財人に行使権が認められることには異論ありませんでしたが，問題は管理命令が出されない通常の DIP 型の場合です。アメリカ法に倣い，再生債務者に否認権行使を認める考え方もありましたが，日本では，自ら取引をした債務者がある日突然自己の行為の効果を覆すことは社会的に認め難いとの批判を受けました。他方，各再生債権者に（詐害行為取消権の延長線上で）否認権の行使を認めるという考え方も，濫用的な申立てのおそれや多数の債権者が申し立てた場合の手続の調整の困難などの事情に鑑み，適当でないとされました。そこで，結局，中立の第三者である監督委員に否認権の行使を認めることで決着したものです（したがって，監督命令が発令されない場合には，否認権行使権者はいなくなり，結果として否認はされなくなります）。

　監督委員が否認権を行使する場合は，利害関係人の申立てによりまたは職権で，裁判所から，特定の行為について否認権を行使する権限の付与を受けなければなりません（民再56条1項）。そして，このような権限付与を受けた監督委員は，その権限の行使に関して必要な範囲内で，再生債務者のために財産の管理・処分をすることができます（同条2項）。たとえば，手続開始前に再生債務者のしていた動産の贈与を監督委員が否認する場合，監督委員に財産の管理処分権が全くないとすれば，結局，再生債務者に対する動産の返還しか求めることができず，再生債務者がそれを受領しなければどうしようもなくなってしまうので，否認の効果を実現する範囲内で，監督委員にも例外的に財産の管理処分権を承認したものです。したがって，この場合，監督委員が動産の占有の移転を受け，その後に再生債務者にそれを引き渡すことになります。

　以上のように，否認権行使に必要な範囲内で監督委員が財産の管理処分権を

取得するとしても，一般的には再生債務者に財産の管理処分権が残るので，同一の財産をめぐって監督委員と再生債務者が別個に訴訟当事者適格を有する場合が起こります。たとえば，ある不動産の所有名義が手続開始前に再生債務者から第三者に移転している場合，再生債務者がその所有名義の移転は虚偽表示であるとして移転登記の抹消を求め，監督委員の方は，所有権移転は詐害行為であるとして否認権を行使して否認の登記を求めるような場合です。このような場合は，両者の訴訟が重複訴訟の関係に立つ場合があり，またなるべく両方の事件を一体的に解決するのが望ましいと考えられますので，訴訟参加・併合のための特別の規律が設けられています。すなわち，再生債務者・第三者間の訴訟については，否認権を行使する監督委員がその第三者を相手方として当事者参加できますし（民再138条1項），監督委員・第三者間の否認訴訟について再生債務者が当事者参加することも認められます（同条2項）。さらに，否認訴訟中に，第三者が再生債務者を相手方とする訴え（引込訴訟）を併合して提起することもできます（同条3項）。そして，これら相互の訴訟の間では，必要的共同訴訟の規律（民訴40条）が準用され（同条4項），合一確定が保障されることになっています。

●コラム：否認訴訟における参加・引込み──民事訴訟理論に投じた一石

　民事再生法制定時の法制審議会では，監督委員に否認権行使を認める旨の提案が審議終盤の段階で固まったため，その訴訟手続をどうするかについては，必ずしも十分な審議時間がとれませんでした。その結果，本文で見たように，訴訟参加・訴訟引込みいずれについても必要的共同訴訟の規定（民訴40条）が準用されることになりました。他方，民訴法本体では，当事者参加には40条が準用されますが，引込みに相当する訴訟引受けでは，同時審判申出共同訴訟に関する規定（民訴41条）が準用されています（民訴50条3項）。この関係をどのように説明するかは，理論上一つの課題となっています。このように，民事再生法の規律について，法制審で十分な理論的な詰めがされなかったことも相俟って，この訴訟参加制度をどのように理解するか（共同訴訟参加か〔民訴52条〕，独立当事者参加か〔民訴47条〕，特別の当事者参加か）など，民事訴訟理論にも一石を投じる結果となっています。

---

(3)　法人役員の責任追及

　倒産した企業では，取締役等その役員が法人の利益に反するような行為を行っている場合が多々あります。そのような場合に，法人はその役員に対して，民法上・会社法上（会社 423 条等），損害賠償請求権を有することになります。法人は，そのような損害賠償請求権を通常の訴訟手続で行使することもできますが，民事再生法は，会社更生法に倣い，その行使手続を簡易化する損害賠償請求権の査定の制度を設けています（民再 143 条。これは現行破産法で破産手続にも導入されています）。また，そのような権利追及を保全するため，法人役員の財産に対する保全処分の制度（民再 142 条）も認められています。このように，法人役員の責任を追及することを容易にする制度は，特に DIP 型手続としてモラル・ハザードのリスクが大きい再生手続では極めて重要なものと言え，大企業の倒産にも民事再生法が適用される際の正当化根拠ともなります。実際，大規模な会社の再生事件を中心として，損害賠償請求権の査定の制度は活用されているようです。

　この査定の制度は，まず裁判所において簡易な決定手続によって役員の責任に基づく損害賠償請求権の査定の裁判を行い，その査定決定に不服のある当事者がそれに対する異議訴訟を提起するというものです（再生債権の査定や否認の請求と同じ仕組みです）。査定の申立権者は，管理命令が発令されている場合は管財人，管理命令がない場合には再生債務者および再生債権者とされています（民再 143 条 1 項・2 項。このほか，裁判所が職権で査定手続を開始することもできます）。申立権者については，否認の場合と同様に議論がありましたが，これはいわば法人の内部関係の問題なので，再生債務者に権利行使を認めることに問題はありませんが，逆に再生債務者だけに権利行使を限定すると，馴れ合いのおそれがあるので，中立の第三者である管財人が手続に入らない場合には，再生債権者にも査定の申立権を認めることにしたものです。手続の相手方として，個別に列挙されている者（理事，取締役，執行役，監事，監査役，清算人）のほか，「これらに準ずる者」（民再 142 条 1 項参照）として株式会社の会計監査人や会計参与も対象になると解されます。査定の手続は決定手続ですが，相手方の手続保障に配慮し，相手方である役員は必ず審尋され（民再 144 条 2 項），またその裁判には必ず理由が付されます（同条 1 項）。査定の裁判に不服がある者は，そ

の送達を受けた日から1ヶ月以内に，再生裁判所に異議の訴えを提起することができます（民再145条。査定申立ての棄却決定に対しては異議の訴えは起こせず，別途責任追及訴訟を提起することになります）。この異議訴訟は通常の訴訟手続で審理判決されますが，複数の異議がある場合には，弁論や裁判の併合強制などそれを合一的に審判するための特則が設けられています（民再146条）。査定の申立ては時効の完成猶予・更新の効力をもちますし（民再143条5項），査定の裁判に異議訴訟が提起されない場合には，その裁判は確定判決と同一の効力をもつものとされます（民再147条）。

(4) 別除権および担保権消滅

　民事再生法の大きな特徴は，その担保権の処遇の点にあると言えます。再生手続では，抵当権・特別先取特権などの担保権は別除権として取り扱われる点で破産手続と同じであり（民再53条），担保権を手続に組み込む更生手続とは異なります（別除権の範囲等については，**第4章Ⅱ4(4)** 参照。なお，再生手続では商事留置権は当然に別除権とされる一方，民事留置権は破産の場合〔破66条3項〕とは異なり失効しませんが，別除権としての扱いも受けません）。中小企業向けの手続である再生手続では，担保目的物の評価や組分けに基づく決議等の制度を仕組むことはあまりに手続を重くしてしまうため，このような扱いとされたものです。

●コラム：手形商事留置権に基づく再生手続開始後の取立て・充当

　金融機関が取引先の手形について取立委任等で保有している間に，当該取引先に再生手続が開始した場合，金融機関は，所持している手形を取立て等して，債務の弁済に充当できる旨の取引約定の条項に従って，充当処理することが一般です。これは，金融機関が手形について有する商事留置権を背景とした措置ですが，商事留置権については優先弁済権が認められておらず，このように当事者間の合意によって事実上優先弁済権を付与することができるのかが問題となります。最判平23・12・15民集65-9-3511〔百選54〕は，商事留置権者は換価金についても留置権能を有し，それを弁済に充当する旨の合意をすることは別除権に付随する合意として有効と解しました。実質論としては理解できるところもありますが，理論的には，優先弁済権を合意によって付与することは優先権秩序を侵害することは明らかであり，金融機関としてはむしろ譲渡担保その他約定担保権によって明確に優先弁済権を取得

すべき（そしてそれを公示すべき）ではないかという疑問は残ります。また，今後は，この判決の趣旨が電子手形（電子記録債権）等にも波及していくのか，注目されるところです。

　他方で，事業の継続に不可欠な財産についても，別除権の行使の自由を認めることには問題があります。そのような権利行使を認めると，再生を目指す債務者としては，担保権の実行を回避するためには，その担保権の被担保債権を全額弁済せざるをえなくなります。しかし，その担保目的物が担保割れ（オーバーローン）の状態になっているにもかかわらず，被担保債権を全額弁済することは，債務者の再生を著しく阻害するとともに，債権者間の実質的な平等を害する結果にもなります。そこで，民事再生法は，別除権についても実行中止命令を認めるとともに（1(2)参照），担保目的物の価額の支払により担保権を強制的に消滅させてしまう手続を設けました（これは，民法の定める担保権の不可分性〔民296条〕の例外を認めるものです）。これが担保権消滅の制度です。

　すなわち，再生債務者の事業の継続に欠くことのできない財産上に別除権となる担保権が存するときは，再生債務者等は，その財産価額に相当する金銭を納付して，担保権を消滅させることの許可を裁判所に申し立てることができます（民再148条1項）。再生債務者の事業に不可欠な工場の上に抵当権が設定されているような場合が典型的ですが，譲渡担保やリースなど非典型担保にも類推適用があると解されます（ファイナンス・リースにつき，大阪地決平13・7・19判時1762-148〔百選62〕参照）。裁判所の消滅許可決定に対する担保権者の争い方には二通りあり，両方の争い方を並行してすることもできます。第一に，事業不可欠性の要件を争う場合には，担保権消滅許可決定に対して即時抗告をすることになります（同条4項）。事業に不可欠かどうかは，それぞれの再生債務者のビジネスモデルによって定まります。たとえば，戸建分譲事業者にとっては，販売用不動産は事業にとって不可欠といえる場合があります（東京高決平21・7・7判時2054-3〔百選61〕）。第二に，提示された財産価額を争う場合には，価額決定の請求をすることになります（民再149条1項）。価額決定請求は決定手続で審理されますが，必ず評価人の評価に基づき判断されるので（民再150条1項・2項），担保権者はその手続の費用（評価人報酬）を予納しなければなり

ません（民再149条4項）。価額決定がされると，それはその請求をしなかった担保権者に対しても効力を有します（民再150条4項）。この場合の価額の評価はその財産を処分するものとして行われます（民再規79条1項）。価額決定に対しては，即時抗告をすることができます（民再150条5項）。

　再生債務者等は，裁判所の定める期限までに，確定した価額に相当する金銭を裁判所に納付しなければならず（民再152条1項），納付がされない場合には担保権消滅許可決定は取り消されます（同条4項）。そのような額の納付があった時に担保権は消滅し（同条2項），裁判所書記官は担保権設定登記の抹消登記を嘱託し（同条3項），裁判所は，納付された金銭について，民事執行と同様の手続により担保権者に対する配当を実施します（民再153条）。実際の担保権消滅許可申立ての件数はそれほど多くありませんが（東京地裁や大阪地裁でも，事業継続事案を中心に平均の申立件数は年間7～8件程度とされます），この制度を背景に，再生債務者が担保権者と交渉するというような形で，実質的に機能しているようです。現実には，再生債務者は担保権者との話合いの中で，被担保債権の分割弁済等を約束するとともに，担保権の実行をしない旨を合意する別除権協定が締結されることが多いようです（別除権協定の解釈を示した判例として，最判平26・6・5民集68-5-403〔百選63〕参照。また，別除権協定に基づく債権の性質〔再生債権性〕につき，東京地判平24・2・27金法1957-150〔百選A13〕も参照）。

7　再生計画

(1)　再生計画の条項

　(a)　条項の種類　　再生計画には様々な条項を定めることができますが，必ず定めなければならない条項として，再生債権者の権利を変更する条項（権利変更条項）と共益債権・一般優先債権の弁済に関する条項，開始後債権の内容を示す条項があります（民再154条1項。罰金等権利変更の対象とならない再生債権についても，明示が必要とされることにつき，民再157条2項）。権利変更条項が再生計画の中核となる条項ですが，これはさらに，権利変更の一般的基準を定める条項と各再生債権に対する具体的な権利変更を定める条項とに分かれます。前者は，債務の減免，期限の猶予その他の権利の変更の一般的基準を定めるもので（民再156条），特に，債権調査の対象にならなかった再生債権が再生計画

による権利変更を受ける場合の基準として機能します（民再181条1項）。後者は，実際に確定した権利（届出再生債権・自認債権）にこの一般的基準を適用して，変更された後の権利内容を具体的に定めるものです（民再157条1項）。たとえば，再生債権の元本の7割を免除し，残った3割を10年間で弁済する（1年に各再生債権の元本の3％を弁済する）という一般的基準を定め，それを各再生債権にあてはめ，1,000万円の債権であれば，700万円を免除し，残りの300万円について，2024年4月1日に30万円，2025年の同日に30万円などの弁済をする旨を具体的な権利変更の内容として定めるわけです。実態調査によると，弁済率が10％〜30％程度の再生計画が多いようです。

　　（b）権利変更の条項　　再生計画による権利変更の内容は，再生債権者間で平等でなければならないのが原則です（民再155条1項本文）。債権者平等は倒産処理手続の生命線であり，再生手続でも当然に妥当します。特に民事再生では，会社更生とは異なり，すべての債権が再生債権に一元化され，優先債権も劣後債権も存在しないので，形式的な平等扱いが原則となります（なお，約定劣後再生債権は当然に，合意の内容に従った劣後扱いがされます。同条2項）。ただ，平等原則の例外として，以下のような債権を特別扱いすることは可能です（同条1項但書。これを実質的平等原則と呼んでいます）。第一に，債権者の同意がある場合に，その債権を不利益に扱うことです。第二に，少額債権を有利に扱ったり，手続開始後の利息・損害金債権等（民再84条2項）を不利に扱ったりする形で，別段の定めをすることです。少額債権は手続中に随時弁済も認められているので（民再85条5項），計画弁済で有利に扱っても問題はないと考えられますし，利息債権等は破産では劣後的破産債権とされているもので，実質的に劣後化することがむしろ衡平に適うものと考えられます（4(1)(b)参照）。第三に，債権者間に差を設けても衡平を害しない場合です。これは様々な場合が考えられますが，有利に取り扱う場合として，人身損害賠償の権利者について弁済率を高くするような場合がありますし，不利に取り扱う場合として，再生債務者の親会社・経営者等でその経営破綻に一定の責任のあるような債権者について，その債権を劣後的に扱うような例もあるようです（更生手続において親会社の株式を劣後的に扱った例として，福岡高決昭56・12・21判時1046-127〔百選98〕。また，ゴルフ会員権に関して権利変更の平等が問題とされた事例として，東京高

決平 16・7・23 金判 1198-11〔百選 92〕参照）。

　再生計画によって債務の期限が猶予される場合には，原則として，計画認可決定確定から 10 年の期限が上限とされます（民再 155 条 3 項）。これは，従来，更生手続・和議手続で 15 年・20 年といった極めて長期の弁済計画が立てられる例があったところ，それは債権者に著しく不利益なものとなり，また計画の履行可能性も低くなるという弊害がありました。そこで，民事再生法は，原則的な計画弁済期間を 10 年に制限することで，そのような不当に長期の再生計画が立案されることを回避しようとしたものです（その後の会社更生法改正で，更生手続でも計画弁済期間の上限〔15 年〕が設けられています〔会更 168 条 5 項 2 号〕。第 6 章 8(1)参照）。ただ，例外的に，10 年を超える弁済期間を認めた方が債務者・債権者双方の利益に適う場合がないとは断言できないので，特別の事情がある場合には，10 年を超える弁済期間も認められています。しかし，手続の迅速化を図る民事再生法の趣旨から，このような事情が認められるのは極めて例外的な事態に限られましょう。むしろ実務的には，事業譲渡やスポンサーからの資金による一括弁済などにより，早期に弁済を完了できるような計画も多いとされます。

　以上のような権利変更の一般原則の例外として，未確定債権に関する条項および別除権者の権利に関する条項があります。まず，未確定債権に関する条項として，異議等があってその確定手続が終了していない再生債権については，将来の権利確定の可能性を考慮して，計画上これに対する適確な措置を定めなければなりません（民再 159 条）。「適確な措置」としては，「その債権が確定した場合には，それまでに他の再生債権者が受領している弁済額と同一の割合の弁済を直ちに受ける」といった趣旨の条項が定められるようです。また，別除権の行使によって弁済を受けることができない債権の部分が確定していない再生債権についても，その債権の部分が確定した場合に関する適確な措置を定めなければなりません（民再 160 条 1 項）。別除権者は，担保権の実行によって弁済を受けられなかった部分（不足額）に限って再生手続で権利を行使できますが（民再 88 条），再生計画が認可されても，それまでに担保権実行の手続が終了していない場合もままあります。このような場合には，未確定の再生債権と同様に，適確な措置を定めてその権利を保護することとしたもので，その措置

の内容も上記と同様のものとなります。なお，別除権が根抵当権で元本が確定している場合には，極度額を超える部分についての仮払いと将来の精算に関する措置を定めることができます（民再160条2項。この場合，根抵当権者の同意が必要とされます。民再165条2項）。破産における極度額を超える部分の配当と同様の趣旨です（第4章Ⅱ6(2)参照）。

　（c）履行確保に関する条項　　以上のような権利変更に関する条項以外のものでは，計画の履行確保のための条項として，債権者委員会に関する条項があります。すなわち，債権者委員会（3(5)参照）が再生計画の履行を確保するために監督その他の関与を行う場合に，再生債務者がその費用の全部または一部を負担するときは，その負担に関する条項を再生計画に定めなければなりません（民再154条2項）。債権者委員会が計画の履行確保の機能を担いうることを規定するとともに，その費用負担について計画条項とすることで，必ず再生債権者の議決を経ることにして透明化を図ったものです。また，再生計画の履行確保のための保証・物上保証等についても，その内容等を再生計画で明示しなければなりません（民再158条）。再生計画の履行可能性にとって重要な情報になるとともに，再生計画認可決定の確定により，保証人等に対しても再生債権者表の執行力が及ぶものとされます（民再180条3項）。ただ，この場合には，再生計画案提出の前提として，これらの者の同意を要します（民再165条1項）。

　（d）減資・新株発行の条項　　また，資本の減少に関する条項も再生計画に規定できます（民再154条3項）。減資は会社の資本構成を変更するものであり，本来は再生手続外の会社法上の手続（会社447条以下・309条2項9号）によるべきところですが，取締役・株主の責任追及に不可欠となる最低限の規律として，計画条項によることができることとしたものです。そのため，特別の規律として，減資条項を定める再生計画案を提出する際には必ず裁判所の事前の許可を得なければならず（民再166条1項），裁判所は，再生債務者が債務超過の状態にある場合に限って，その許可をすることができます（同条2項。同様の手続によって，同様の効果を有する株式併合や再生債務者の株式取得に関する条項を設けることもできます）。この場合には，本来の会社法上の手続は不要になりますが，それは，債務超過の状態では株主の実質的な持分権がないことから，正当化できるわけです。株式会社では，債権者の権利を変更する場合には，本

来株主についてもその責任を追及すべきことに鑑み（和議にそのような手段がなかった点が批判されていたことにつき，Ⅰ参照），実際にも減資の条項は活用されているようです。

　ただ，株主責任の追及という観点からは，減資だけではあまり意味がなく，同時に増資がされて旧株主の持ち分を実質的に減少させる必要があります。しかし，従来は増資については特別の規定がなく，会社法上の通常の株式発行の手続（取締役会決議〔会社201条〕，閉鎖会社についてはさらに株主総会特別決議〔会社199条2項・309条2項5号〕）が原則として必要とされていました。このような扱いは，再生手続中の会社において株主総会の決議成立等は実際上困難であり，機動的な決定もできないため，減資条項の上記のような意義を減じるものとして批判がされていたところです。そこで，現行破産法の制定に伴い，民事再生法が改正され，いわゆる閉鎖会社（株式の譲渡につき株主総会の承認を要する旨の定款の定めがある株式会社）に係る譲渡制限株式（会社2条17号参照）について，募集株式を引き受ける者の募集（新株発行および自己株式の処分）をする場合には，その旨の計画条項を定めることができるものとされました（民再154条4項）。この場合には，減資等の場合と同様，計画案の提出について裁判所の事前の許可が必要とされ（民再166条の2第2項），許可の要件としては，債務超過に加えて，当該増資が事業の継続に不可欠なものであることが求められています（同条3項）。この場合には，株主総会特別決議（会社199条2項・309条2項5号）は不要となり，取締役の決定または取締役会の決議のみによって募集株式の募集が可能となります（民再183条の2）。中小企業について実効的な再生計画の定立を図るとともに，計画による会社の内部構成への介入を必要最小限のものに限定しようとしたものといえます（また，このような再生計画案の提出ができるのは，再生債務者に限られています〔民再166条の2第1項〕）。

(2)　再生計画案の提出

　再生債務者等は，債権届出期間の満了後裁判所の定める期間内に，再生計画案を作成して裁判所に提出しなければなりません（民再163条1項）。再生債務者等は再生計画案の提出義務を負うわけです。また，届出再生債権者や管財人がいる場合の再生債務者も独自に，裁判所の定める期間内に，再生計画案を提

出することができます（同条2項）。提出期限は一般調査期間の末日から2ヶ月以内の日とされますが（民再規84条1項），東京地裁の運用などでは，再生手続開始申立てから3ヶ月程度後の日が提出期限として定められるようです。ただ，再生債務者等が期間内に再生計画案を提出できないときは，その理由を記載した報告書を提出し（同条2項），期間の伸長を裁判所に求めることができますが（民再163条3項），手続が過度に長期化することのないよう，期間の伸長は原則として2回までに制限されています（民再規84条3項）。実際，相当数の事件では，1〜2ヶ月の提出期間の伸長がされているようです。なお，再生計画案については，決議に付する決定がされるまでの間，裁判所の許可を得て，その内容を修正することができます（民再167条。やはり相当数の事件で，何らかの修正がされるようです）。

　以上のように，再生計画案は，再生手続開始後に裁判所に提出されるのが一般的な取扱いですが，民事再生法は，再生計画案の事前提出も認めています。すなわち，再生手続開始申立後債権届出期間満了前であっても，再生債務者等による計画案の提出が認められます（民再164条1項）。これによって，特に開始申立前に再生債務者と債権者との間で再建についてある程度話合いが進んでいるような場合（ADRが先行している場合など）には，申立てと同時に再生計画案を提出して（場合によっては簡易再生などを活用しながら），迅速な手続追行を可能にする趣旨です。アメリカの倒産実務でしばしば行われているプレパッケージ型の手続を日本にも導入しようとしたものと言えます（4(4)参照）。この場合は，計画案提出時に未だ債権届出が済んでいないので，再生債権の権利内容の個別的変更に関する条項等は記載できませんが，この点は手続の後の段階で補充することになります（同条2項）。

(3) 再生計画案の決議

　再生計画案が提出されると，裁判所は再生債権者の決議に付する決定（付議決定）をすることになります。ただ，再生計画案に不認可事由があるときには決議をしても無駄なので，裁判所は計画案を決議に付することはしません（民再169条1項3号）。決議の時期は，一般調査期間の経過により債権調査が一応終わり（同項1号），かつ，決議に関する基本的な情報を債権者に付与するため，

財産状況報告集会またはそれに代わる報告書の提出があった後（同項2号）とされています。決議の方法は，2種類です。債権者集会による決議と書面等投票の方法です。また，債権者集会による決議に書面等投票を併用すること（併用型）も可能で（民再169条2項3号），実際上はこの併用型によることが多いようです。

　（a）債権者集会による決議　　裁判所が債権者集会を招集して，そこで再生計画案の決議を行うものです（民再169条2項1号）。この場合，事前に再生計画案の内容またはその要旨を議決権者等に通知しておく必要があります（同条3項）。再生計画案の可決のためには，頭数要件と債権額要件の双方を満たさなければなりません。すなわち，①出席議決権者の過半数の賛成と，②議決権者の議決権総額の2分の1以上の賛成が必要です（民再172条の3第1項）。和議法時代には，4分の3以上の債権額の賛成が必要であり，厳しすぎると批判されていたことを受け，可決要件を大幅に緩和したものです。また，中小企業の再建については，債権額は少ないですが，多数いる取引先債権者等の協力も特に重要となる点に鑑み，頭数要件を課しています。ただ，頭数は，債権の分割譲渡等によって人為的に操作されるおそれも大きいところ，判例は，そのような行為は，決議方法の不正として再生計画の不認可事由（民再174条2項3号）になると解しています（最決平20・3・13民集62-3-860〔百選93〕）。

　また，再生計画案が可決されなかった場合でも，上記①・②の要件の一方が満たされた場合，あるいは出席議決権者の過半数で出席議決権者の議決権総額の2分の1を超える債権者が期日の続行に同意した場合は，否決の扱いにはならず，続行期日が定められます（民再172条の5第1項）。このような形で続行されて可決に至るケースも一定数存在するようです。ただ，いつまでもダラダラと集会を続けることは相当ではないので，最初の決議のための債権者集会から原則として2ヶ月以内に決議が成立しないときは，再生計画案は否決されたものとみなされます（同条2項）。

　（b）書面等投票　　民事再生法は，債権者集会による原則的な決議方法と並んで，書面等投票の方法を認めました。債権者数が多数に上り債権者集会にコストが掛かる場合や逆に債権者数が少なく簡易な手続によることが望ましい場合に，この方法が利用されます。裁判所は，そのような事情から，書面等

投票を相当と認めるときは，書面等投票に付する旨の決定をすることができます（民再169条2項2号）。書面等投票に付する決定がされると，裁判所は再生計画案の公告・通知を行うとともに，議決権者に対し，裁判所の定める期間内に，計画案に同意するかどうかを書面等で回答すべき旨を通知します（同条4項）。この場合の議決権の行使は，書面または電磁的方法であって最高裁判所が別途定めるものによって行われることになります（民再規90条2項）。決議の要件は，債権者集会の場合と同様で，回答議決権者の過半数という頭数要件と議決権総額の2分の1以上の議決権者の同意という債権額要件が必要です（民再172条の3第1項）。なお，書面等投票の決定がされても，評価債権額の10分の1以上の債権者が債権者集会の招集を申し立てた場合には，債権者集会（あるいは併用型）により決議がされます（民再169条5項）。書面等投票制度は，前に述べたような場合には効果を発揮し，実際にもそれなりに利用されているようです。

　（c）議決権の行使　　債権者集会における議決権は，届出再生債権者のみに認められます（民再94条1項。自認債権者には議決権の行使は認められません）。行使できる議決権の額は，確定した債権額によります（民再170条2項1号）。債権が未確定の場合には，原則として届出債権額によりますが（同項2号），他の届出債権者や再生債務者等はその額について異議を述べることができ（民再170条1項），その場合には裁判所が議決権を行使できる額を定めることになります（同条2項3号）。また，書面等投票の場合には，未確定債権については常に裁判所が議決権額を定めます（民再171条1項2号）。なお，議決権者およびその代理人は，自らの有する議決権を不統一に行使することもできます（民再172条2項前段・3項）。これは，たとえば，サービサーが議決権者となる場合などに，複数の債権回収委託者の異なる意向を議決権の行使に反映する必要があるからです。この場合は，集会当日の事務を円滑に進めるため，集会前の一定期間内に（民再169条2項），裁判所にその旨を通知しておく必要があります（民再172条2項後段）。

　最後に，やや特殊な問題として，社債権者の議決権行使に関する特則があります（民再169条の2）。すなわち，再生債務者の発行した社債等（民再120条の2第6項参照）について社債管理者（会社702条）・社債管理補助者（会社714条の

2)・受託会社（担社2条1項）等がある場合には，社債権者の議決権行使方法が制限され，社債権者が自ら債権届出をするか，議決権を行使する意思がある旨の申出をしない限り，議決権を行使できません（民再169条の2第1項）。これは，社債管理者等による社債権の債権届出がされる場合に，多数・小口の社債権者も可決要件の分母に含まれるとすると，これらの者は一般に再生手続に余り関心をもたず，その結果として議決権を行使しないことが多いため，計画案の可決が困難になるという実情に配慮したものです。この規定により，無関心な社債権者が仮に多数を占めても，可決要件の分母を構成するのは届出・申出を積極的にした社債権者に限定される（いわば棄権を認めることになる）ため，計画案の可決が容易になるわけです（なお，会社法の手続に従って社債権者集会決議〔会社706条1項〕が成立した場合等には，社債管理者等が議決権行使を集合的に行うことになるので，各社債権者は債権届出等をしていても，個別の議決権行使は認められないことになります。民再169条の2第3項）。

(4)　再生計画の認可

　再生計画案が債権者集会または書面等投票によって可決された場合には，裁判所は，再生計画の認否の決定をすることになります（約定劣後再生債権について組分けがされているときは，一部の組で計画案が否決された場合であっても，権利保護条項〔第6章8(3)参照〕を付して計画を認可することができます。民再174条の2）。再生計画の認可要件は，決議に敗れた少数派の債権者の権利を保護するための最低限の要件を定めるものとなります。この場合，不認可事由がなければ必ず認可決定がされ（民再174条1項），不認可事由があれば不認可決定がされ（同条2項），裁判所には裁量の余地がありません。不認可事由としては，①再生手続・再生計画の重大な（不備の補正もできない）法律違反，②再生計画の遂行の見込みの欠如，③再生計画決議の不正の方法による成立，④再生計画の再生債権者一般の利益との不適合が挙げられています。このうち，③について，議決権行使について脅迫や詐欺があった場合のほか，判例は，再生計画案が信義則に反する行為に基づいて可決された場合も含まれるとしています（たとえば，債権の分割譲渡による頭数要件の作出など。最決平20・3・13民集62-3-860〔百選93〕参照。他方，再生計画案に賛成する旨の条項を含む和解契約が締結されていた場合に，

信義則に反するとまでは断じ難いとして，不正の方法を認めなかったものとして，最決令3・12・22裁判所ウェブサイト参照）。また，④は，破産手続による方が再生債権者に対してより多くの配当が期待できるような場合です。この場合は，たとえ多数の債権者が再生計画による少ない弁済でよいとしていても，反対する少数債権者の破産配当に係る利益を保護する必要があるので，可決された計画でも不認可にするものとしています（清算価値保障原則と呼ばれます。これに反するとされた事例として，東京高決平15・7・25金判1173-9〔百選95〕参照）。なお，再生債務者，管財人，届出再生債権者，労働組合等は認可の当否について意見を述べることができ（同条3項），認可・不認可決定は上記の者に送達・通知されます（同条4項・5項）。そして，再生債務者，再生債権者等利害関係人はその決定に対して即時抗告を提起することができます（民再175条）。

　再生計画は，認可決定の確定により効力を生じます（民再176条）。再生計画の効力として，まず届出再生債権および自認債権の権利内容は再生計画の定めに従って変更され（民再179条），再生債権者表に再生計画の条項が記載されます（民再180条1項）。また，再生計画の定めや法律によって認められた権利を除き，すべての再生債権について，再生債務者は原則としてその責任を免れます（民再178条。免責的効力）。この結果，自認債権を除いた未届出債権は原則として失権することになります。このような未届出債権についての免責の原則を定めた点は，前に述べた債権の実体的確定の原則（4(3)参照）とともに，民事再生法の（和議法とは異なる）大きな特徴であり，これにより再生計画の基盤は安定したものとなっています。ただ，届出がない再生債権も例外的に免責とならない場合があります（再生計画において個別にそのような免責を否定することができることを認める判例としては，最判平23・3・1判時2114-52〔百選99〕参照）。すなわち，罰金等（4(1)(b)参照）のほか，①再生債権者が責めに帰すべき事由なく債権届出期間内に届出できなかった債権，②再生計画を決議に付する決定の後に生じた債権，③再生債務者が知りながら認否書に記載しなかった債権です（民再181条1項）。これらの債権も再生計画の効力を受け，①・②の債権は届出債権と同様に計画弁済を受領できますが，③の債権は，再生計画による弁済期間満了まで弁済を受けられないという時期的な劣後化の扱いを受けます（同条2項）。③の場合は，再生債務者の故意による自認義務の違反と再生債権者

の側の届出を怠ったという落ち度とのバランスをとったものです。なお，再生計画により権利変更の効力が生じても，別除権に加えて，当該債権の保証人や物上保証人に対する権利は影響を受けません（民再177条2項）。破産免責がこれらの者に対する権利に影響しないこと（第4章Ⅲ2(3)(d)参照）と同様に，保証等の制度は債務者の経済破綻に備えて用意されたものであり，再生計画の効力を及ぼしてしまうと存在意義がなくなってしまうからです（このような規律の合憲性につき，更生計画の効力との関係で，最大判昭45・6・10民集24-6-499参照）。

　再生計画が発効すると，再生計画に定められた条項を実現するために様々な措置がとられます。合併等会社法上の組織変更が必要とされる場合には，株主総会決議等会社法上の手続が別途進められることになりますが，減資や募集株式を引き受ける者の募集等については，前に述べたように（(1)(d)参照），一定の場合には再生計画だけで行うことができるので，会社法上の手続を必要とせず，認可された再生計画の定めによって当然に資本の減少や募集株式の発行等の措置がとられます（民再183条・183条の2）。なお，再生手続の開始により中止していた執行手続・破産手続等は，再生計画認可決定の確定により，（続行されているものを除き）その効力を失います（民再184条）。

8　再生計画の履行確保

　最初に見たように（Ⅰ参照），従来の和議手続の最大の欠陥として，和議条件の履行の確保が十分でない点が挙げられていました（「和議法は詐欺法」との批判がありました）。そこで，民事再生法の立法に際しては，再生計画の履行をいかに確保するかが最重要の課題とされたものです。民事再生法は，履行確保に資するような規定をいくつか設けています。

(1)　計画期間中の強制執行

　まず，再生債権者表に執行力を付与し，計画期間中も強制執行を可能とした点があります。この点，和議法では，債権の実体的確定が行われなかったことの結果として，債権者表には執行力が認められていませんでしたし，また和議条件の弁済期間中は，和議条件が取り消されない限り，債務不履行があっても，債権者は強制執行をすることができませんでした。民事再生法はこの点を改善

したものです。

　すなわち，再生計画認可決定が確定し，再生計画条項が再生債権者表に記載されたときは，その記載は，再生債務者や他の再生債権者等との関係で，確定判決と同一の効力を有します（民再180条2項）。そして，再生計画による変更後の権利が金銭の支払等の給付請求を内容とする場合は，再生債務者や再生計画の保証人等に対し，再生債権者表の記載に基づき強制執行をすることができます（同条3項）。ただ，このような強制執行ができるのは，再生計画による変更後の権利であって履行期の到来した部分に限られます。たとえば，元々1,000万円の権利であったところ，再生計画で200万円・10年払いに変更され，その1回目の履行を再生債務者が怠った場合には，20万円について強制執行ができるに止まります。計画で免除された部分はもちろん，履行期未到来の部分も期限の利益を失うわけではなく，強制執行の対象にはなりません。しかし，計画期間中であっても強制執行ができるということで，再生債務者に対する履行確保のプレッシャーは相当高まるものと期待できます。

(2)　監督委員等による監督

　次に，和議に対する批判として，和議条件が認可されてしまうとそれで手続が終了してしまい，会社更生のように，手続機関による履行の監督がされないという点がありました。これはもっともな批判でしたが，他方で，会社更生のように，計画完遂に近い時点まで手続を続け，監督機関を置くとすると，中小企業の倒産手続ではコスト倒れになるとの懸念も指摘されていたところです。そこで，民事再生法では，再生計画の遂行は基本的に再生債務者の責任としながら（民再186条1項），次のような監督措置をとりうるようにしました。第一に，管財人が選任されている場合は，会社更生法と同様に，再生計画が遂行されたか遂行が確実と認められるに至った時点で初めて手続終結決定をするものとします（民再188条3項）。第二に，監督委員が選任されている場合は，監督委員が再生計画の遂行を監督し（民再186条2項），この場合は，再生計画認可決定から3年を経過する（か，または再生計画が遂行される）までは，再生手続終結決定がされません（民再188条2項）。監督委員の報酬等のコストも勘案して，3年間という監督期間が設けられたものです。現在の実務は，前に見たよ

うに（3(1)参照），ほぼ必ず監督委員が選任されているので，実際には，認可決定後 3 年間は監督委員による監督がされ，履行確保が期待されることになります。なお，管財人も監督委員も選任されていない場合は，認可決定の確定により，再生手続は直ちに終結します（民再188条 1 項）。この場合は，再生計画の取消し（(4)参照）等債権者による履行確保に期待することになります（なお，別途，再生計画において債権者委員会による監督が定められる余地がありますが，これについては，7(1)(c)参照）。

(3)　再生計画の変更

　再生計画が履行されないケースとしては，再生債務者が履行できるのに悪意で履行しない場合もありますが，実際にはそのような例は少なく，経済状況の変動や当初計画の見込みの甘さなどの結果，中途で計画の履行が困難となる場合が多いと言われます。そこで，認可決定後にやむをえない事由で再生計画に定める事項を変更する必要が生じた場合のために，再生計画の変更の制度が用意されています（民再187条）。これにより，履行が困難となった計画を現実に合わせて修正し，履行の確保を可能とする趣旨です。ただ，計画が安易に度々変更されるのであれば，何のために再生手続をやっているのか，分かりません。そこで，再生計画の変更については，厳格な要件が定められています。第一に，変更の必要について「やむを得ない事由」が要求されます（同条 1 項）。そのような変更を認めないと，どうしても計画の履行ができず牽連破産等に追い込まれるような事由が必要です。第二に，変更は再生手続中に限られます（同条 1 項）。したがって，管理命令が発令されているか，監督命令発令の場合で，認可後 3 年間の間に限られます。最後に，変更の手続として，変更が再生債権者に不利な影響を及ぼすと認められる場合には，当初計画の可決・認可と同様の手続が必要とされます（同条 2 項）。したがって，債権者の多数決（7(3)参照）および計画の遂行可能性など不認可事由の不存在（7(4)参照）が要件となります。このような厳しい要件が必要なので，事後的な経済環境の変動等予測困難な事態による場合はともかく，当初計画の見込みの甘さが再生計画の変更により救済されるような場合は例外的でしょう。

（4）　再生計画の取消し

　履行確保のためのいわば最後の手段として，再生債権者の申立てによる再生計画の取消しの制度があります。計画取消しは，不正の方法による再生計画の成立や再生債務者の義務違反など手続上の理由によっても行われますが（民再189条1項1号・3号），主な取消事由は「再生債務者等が再生計画の履行を怠ったこと」です（同項2号）。このような場合，再生債権者は再生債権者表に基づき強制執行を行うこともできますが，それはあくまで再生計画による権利変更後の債権に基づくものに限られます（(1)参照）。そこで，計画を履行しない不誠実な再生債務者との関係で，再生計画の効力を全面的に消滅させてしまうのが，計画取消しの制度です。計画の取消しにより通常牽連破産が開始しますが（(5)参照），このような制裁が背後に控えていることによって，間接的に再生計画の履行を強制することが可能になると考えられます。ただ，再生計画を取り消し，再生債務者を破産に追い込むことは，債務者にとっても債権者にとっても極めて大きな影響を伴うので，民事再生法は，ほんの一部の債務の不履行によってこのような重大な効果が生じないように配慮をしています。すなわち，計画不履行による計画取消しの申立てができる再生債権者は，再生計画上認められている債権総額のうち未履行のものの10分の1以上を有しており，かつ，自らの権利の全部または一部が不履行に陥っているものに限られます（同条3項）。和議法では総債権額の4分の3以上の債権者の申立てが必要であったため，和議取消しの制度が実際上機能していなかったことに鑑み，取消しの要件を大幅に緩和したものです。監督委員の選任がない場合や選任があっても計画認可後3年を経過した場合には，この計画取消しが最後の履行確保の手段となるわけです。

（5）　破産手続への移行

　再生手続の終結以外の理由により，中途で挫折する形で再生手続が終了した場合（再生手続開始申立ての棄却，再生手続廃止，再生計画不認可，再生計画取消し）には，原則として職権で牽連破産の手続が開始することになります（民再250条1項。なお，廃止決定等があった場合に，債権者等が別途破産手続開始の申立てをすることもできます。民再249条）。実際にも，中途終了の再生事件のほとんどは牽

連破産となっています。なお，牽連破産の手続開始決定までの間，一定のタイムラグが生じる可能性がありますが，その間の再生債務者らによる資産の散逸等を避けるため，廃止決定等をした裁判所は破産法上の保全措置（第 4 章 II 1 (4)参照）を命じることができます（民再 251 条）。

　以上のような牽連破産の手続は，その前の再生手続とは原則として別個の手続として進行することになりますが，いくつかの点で関連性が認められています（これらを手続移行の問題といいます）。まず，再生手続上の共益債権（手続開始前の終了の場合には，手続が開始すれば共益債権となったはずの債権も含まれます）は，破産手続上財団債権として扱われます（民再 252 条 6 項）。したがって，再生手続においてされた DIP ファイナンスなどは，再生が失敗しても優先権が保障されます。さらに，破産手続上の否認や相殺制限との関係では，再生手続開始の申立てが牽連破産手続の開始申立てと同視され，危機時期の基準とされます（同条 1 項）。また，再生手続で追行されていた訴訟（否認関係の訴訟も含む）について，破産管財人による手続受継の余地も認められています（民再 254 条）。最後に，再生手続で既に債権届出がされている場合には，諸般の事情を考慮して，裁判所は，破産手続における債権届出を要しない旨の決定をし，破産手続の中で再生債権届出の効果を流用することも認められています（民再 253 条）。以上のように，再生手続から破産手続に移行した場合に，様々な面で手続を簡略化するとともに，実効的な破産手続の追行が可能となるような配慮がされているわけです（再生手続から更生手続への移行などにおいても，同様の規律がされていますが，これについては，会更 248 条以下参照）。

III　消費者の民事再生

1　小規模個人再生

(1)　手続の意義

　経済的に破綻する個人債務者が増大する中，破産を回避して経済生活の再建を図ろうとする個人債務者に特化した簡易な再建型手続の必要性はかねてから指摘され，一連の倒産法制抜本改正の中でも，この点は当初から改正の柱の一

つとして位置づけられました。改正検討事項の提案していた「個人債務者更生手続（仮称）」はまさにそのような手続で，アメリカ倒産法における同種の手続であるいわゆる第13章手続（第1章2(1)参照）をモデルに，それを日本風にアレンジしたものでした。そして，個人再生手続は，個人債務者更生手続の構想を基にしながら，様々な議論の結果，やや異なるスキームとなったものですが，その議論の過程で登場したのが小規模個人再生の手続でした。

この手続が個人債務者更生手続と最も異なる点は，債権者の多数決要件を入れたことです。その結果，そのような多数決を求めず，個人債務者更生手続とほぼ同様の手続となった給与所得者等再生の手続とは別個の手続として位置づけられることとなりました。その理由は，給与所得者については可処分所得を容易に把握できるため，可処分所得の一定割合の弁済を要件として，それと引換えに債権者の決議を不要とする制度構成ができたのに対し，自営業者等収入の安定しない者については可処分所得を要件とすることが困難とされた点にありました。一つの選択肢としては個人再生手続の利用を安定収入者に限定することもありえましたが，小規模自営業者等の再生手続を簡易化することにも重要な意味があると考えられたので，むしろその手続利用を認めながら，その代わりに債権者の多数決要件を簡易化しながら導入することにしたものです。その結果，消極的同意による決議＋可処分所得弁済要件の不存在を骨格とする手続として，小規模個人再生手続が創設されたものです。実際には，給与所得者等再生と比較して，可処分所得弁済要件が不要である点が大きな魅力となり，定期収入者等であってもこの手続を利用する場合が多数を占めているようです。小規模個人再生事件の申立件数は，立法当初の2002年には6,054件であったのが，2003年には15,001件となり，2007年には最大の24,586件にまでなりました。その後，個人再生全体の減少に応じて減少し，2011年では13,108件，2014年には6,982件とほぼ立法当初の件数に戻りましたが，その後は再び増加に転じ，2021年で10,509件となっています。いずれにしても，個人再生全体の中では，9割以上を占め，個人再生の中核手続となっています。なお，小規模個人再生は，通常再生の特則という形をとっているので，特段の規定がない部分は通常再生手続の規定がそのまま適用になります（主な適用排除規定については，民再238条，民再規135条参照）。

図表 5-2　個人再生事件数の推移

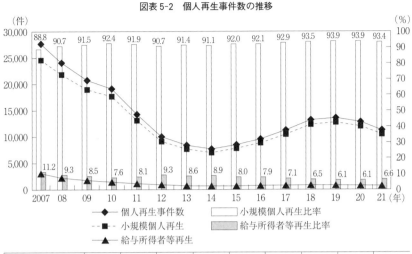

西　　暦	2007	2008	2009	2010	2011	2012	2013	2014	2015
個人再生事件数	27,672	24,052	20,731	19,113	14,262	10,021	8,374	7,668	8,477
小規模個人再生	24,586	21,810	18,961	17,665	13,108	9,096	7,655	6,982	7,798
給与所得者等再生	3,086	2,242	1,770	1,448	1,154	925	719	686	679

2016	2017	2018	2019	2020	2021	2022
9,602	11,284	13,211	13,594	12,841	11,249	10,351
8,841	10,488	12,355	12,764	12,064	10,509	9,581
761	796	856	830	777	740	770

(2)　手続開始要件

　小規模個人再生の手続開始要件としてまず，再生債務者が「将来において継続的に又は反復して収入を得る見込み」がある個人であることが挙げられます（民再221条1項）。このような将来収入の見込みがある個人債務者は，現在保有する資産を清算せずに，将来の収入から債務を弁済することにより，破産の場合よりも債権者への弁済を多くすることができ，かつ，債務者の経済的再生を図ることができる場合があるため，破産によらずに簡易な再生手続を利用できることとしたものです。ただ，給与所得者等再生の場合とは異なり，「額の変動の幅が小さい」ような「定期的な収入を得る見込み」までは必要とされま

せん（民再239条1項参照）。したがって，小規模個人再生の利用については，定期的でなくても，あるいは額の変動の幅が大きくても，継続的収入または反復的収入の見込みがあれば足ります。自営業者が典型的ですが，収入額の変動の幅が大きい歩合制の労働者（タクシー運転手等）や収入の時間的間隔の大きい者（農業事業者等）もここに含まれます。もちろん，給与所得者等再生を利用できるサラリーマン等が小規模個人再生を利用することも妨げられません。

　次に，小規模個人再生を申し立てることができるのは，再生債権総額が5,000万円以下の場合に限られます（民再221条1項）。手続の影響を受ける債権額が相対的に小さい場合は，費用対効果の観点から手続の簡略化が正当化できますし，事業者の手続利用を事実上排除しようとするためです。この金額は，2004（平成16）年の改正によって3,000万円から引き上げられたもので，通常の多重債務者にとっては十分な金額と見られます。ただ，法人の経営者が法人の債務を保証しているようなときは，この手続の利用は困難になり，その場合には法人とともに通常再生を申し立てるほかないでしょう。なお，この債権総額には，①住宅資金貸付債権の額，②別除権の行使によって弁済を受けることができると見込まれる再生債権の額，③再生手続開始前の罰金等の額は含まれません（同項括弧書）。これらの債権は再生計画による減免の対象にはならないからです。したがって，住宅資金特別条項（3(3)参照）を定める予定の有無にかかわらず，住宅ローン債権額は除外されます。多額に上る住宅ローンを抱える個人債務者にも，この手続の利用を可能にする趣旨です。

　このような要件が満たされている場合であっても，自動的に小規模個人再生が行われるわけではなく，再生債務者の側でその適用を求める申述をしなければなりません（民再221条1項）。その申述は自己申立ての事件のほか，債権者申立ての事件でも可能です。再生債務者が手続開始の申立てをするときは，申立ての際に申立書に記載して申述をしなければなりませんし（同条2項，民再規112条1項），債権者が手続開始を求めるときは，手続開始決定があるまでに申述をしなければなりません（民再221条2項括弧書）。なお，関連する債務者の共同申立てを可能とするため，連帯債務者間，保証人・主債務者間，夫婦間で関連管轄を認めて（民再5条7項），事件の共同処理を可能としています。

(3) 債権調査・財産調査

(a) 債権者一覧表　　再生債務者は，小規模個人再生を求める申述をするについて，債権者一覧表を提出しなければなりません（民再221条3項）。債権者一覧表には，再生債権者の氏名，再生債権の額・原因等を記載します。そして，債権者一覧表の記載事項は知れている再生債権者に通知され（民再222条4項），その内容に異議のない債権者は自ら債権を届け出る必要はなく，届出をしない場合でも，債権届出期間の初日に債権者一覧表と同一内容で債権届出をしたものとみなされます（みなし届出。民再225条）。通常再生に比べて，債権届出・調査の手続を簡略化し，手続全体の簡易化を図る趣旨です。なお，債権者一覧表に記載のない債権者や記載があってもその内容に不服のある債権者は，原則どおり，債権届出期間内に債権を届け出る必要があります。

(b) 異議の申述　　小規模個人再生における債権調査は，通常再生と同様，書面による異議の申述で行われます。異議を述べることができるのは，再生債務者および届出再生債権者です（民再226条1項本文）。ただし，再生債務者が自ら債権者一覧表に記載した再生債権について異議を述べるためには，予めその債権額の全部または一部について異議を述べることがある旨を債権者一覧表に記載しておく必要があります（民再221条4項・226条1項但書）。自ら作成した債権者一覧表に記載した債権に対して再生債務者が異議を述べることは一種の禁反言となり，債権者に不意打ちとなりますが，多重債務状態においては債務者自身も，自己の債務の内容を正確に把握していないことも多いため，異議を一切認めないのは酷なので，両者のバランスをとって，債権者一覧表における「異議の予告」を異議要件としたものです。なお，債務者は異議を述べるかどうかを判断するため，再生債権に関する資料の送付を債権者に求めることができ，債権者は速やかにその要求に応じなければなりません（民再規119条）。異議を述べることができる債権者は届出再生債権者に限られますが，これには債権者一覧表に記載されたみなし届出債権者も含まれます。異議を述べることができる期間は，開始決定の同時処分として定められて公告・通知がされる一般異議申述期間（民再222条1項～3項）です（追完届出・変更届出については特別異議申述期間が定められます〔民再226条2項〕）。異議が述べられなかった届出再生債権（無異議債権）については，届出債権額に応じて議決権を行使で

きます（民再 230 条 8 項）。

　(c)　再生債権の評価　　異議があった場合は，異議の対象となった再生債権者は，裁判所に対し，異議申述期間の末日から 3 週間以内に再生債権の評価の申立てをすることができます（民再 227 条 1 項。再生債権に債務名義等があるときは，評価申立てをするのは逆に異議者となります）。個人再生では，手続の簡易迅速化のため，再生債権を実体的に確定することはせず，いわゆる手続内確定に止めました。その結果，通常再生のように，異議→査定決定→確定訴訟という手続はとらず，評価申立てにより決定で確定することとしたものです。したがって，評価の結果に不服のある再生債権者は事後的に給付訴訟等で債権の存否・内容を争い，評価の結果とは異なる判決を取得して，それに基づいた計画弁済等を請求することもできます。なお，評価申立てがされると，必ず個人再生委員（**(4)**参照）が選任され，その者による調査がされます（民再 223 条 1 項但書）。そして，裁判所は，個人再生委員の意見を聴いて（民再 227 条 8 項），債権の存否・額等を定めることになります（同条 7 項）。

　(d)　財産情報の開示　　小規模個人再生では，その手続の規模や債務者の特性に鑑み，手続開始後の財産情報の開示についても簡易化が図られています。第一に，再生債務者は貸借対照表の作成・提出を要しません（民再 228 条）。第二に，財産目録についても，申立書に添付した財産目録の記載を引用することができます（民再規 128 条）。財産状況が申立後に変動することは個人債務者の場合は少なく，申立時のものを引用することで二度手間を避けたものです。なお，このように財産状況の開示義務は緩和されていますが，再生債務者が財産目録に記載すべき財産を記載せず，また不実の記載をしたときは，裁量的な手続廃止事由となります（民再 237 条 2 項）。

　(e)　倒産実体法の特則　　個人再生においては，倒産実体法の規律についても特則が存在します。その最大の点は，否認制度が存在しないことです（これに対し，相殺制限や双方未履行双務契約等に関する規律は通常再生と同様に存在します）。すなわち，民事再生法 238 条は，個人再生につき第 6 章第 2 節（否認権）の規定を全面的に適用除外にしています。これは，否認権の行使によって再生手続が遅延し，また費用が掛かる結果，簡易迅速な個人再生の趣旨が損なわれることを防止する趣旨です。したがって，再生債務者が事前に詐害行為や偏頗

行為を行っていることが明らかになった場合には，それを直接否認して原状を回復することはできません（また，詐害行為取消権の行使もできないことにつき，東京高判平22・12・22判タ1348-243〔百選A16〕参照）。しかし，仮に破産になって否認権が行使された場合に原状回復で得られるであろう利得を含めた清算価値が再生計画によって再生債権者の弁済に供されていないとすれば，それは再生計画の不認可事由（清算価値保障原則違反。民再231条1項・174条2項4号）になりますので，その再生計画は結局，認可されないことになります（この点は，東京高決平22・10・22判タ1343-244〔百選97〕参照。また，そのような事情が事後的に明らかになったときは，計画取消しの事由になります。民再236条）。そうすると，再生債務者としては，否認されたのと同様の弁済額を提供する再生計画案を定立するか，個人再生を諦めて破産の申立てをするかしか選択肢はなくなり，否認制度を設けなくても実質的には再生債権者に損失が及ぶことはないと考えられます。

(4)　個人再生委員

　小規模個人再生では，通常再生と異なり，管財人や保全管理人はもちろん，監督委員や調査委員も置かれず，その代わりに，個人再生委員という独自の手続機関が設けられています。これは，調査委員と同様，債務者の財産関係の調査等を行うほか，再生債権の評価や再生計画の立案援助等も行い，その任務も予め法定されていない独自の性格を持つ手続機関です。なお，令和5年改正の施行により，個人再生委員が裁判所に申立て等をする際は，オンラインの利用が義務づけられます（民再18条参照）。

　個人再生委員の選任は，原則として裁判所の裁量によります。すなわち，裁判所は，必要があると認めるときは，利害関係人の申立てによりまたは職権で，個人再生委員を選任することができます（民再223条1項本文）。個人再生委員の選任の運用は，裁判所によって異なり，原則としてすべての事件に選任する裁判所もありますが，弁護士が申立代理人として関与している場合等には，選任しない扱いの裁判所もあるようです。ただ，例外的に，再生債権の評価申立てがあった場合の選任は必要的なものとされています（同項但書）。小規模個人再生では，債権評価のためには，特に利息制限法の関係で利息の引直し計算

（第3章4(1)(b)参照）等が必要になる事例が多く，裁判所のみでは適切な評価に限界があるので，必ず評価の際に個人再生委員の意見を聴くこととしたものです（民再227条8項。(3)(c)参照）。なお，個人再生委員として選任されるのは，通常弁護士ですが，司法書士や調停委員が選任される例もあるようです。後者は特定調停等の経験を活用する趣旨です。

　個人再生委員の職務内容としては，①再生債務者の財産・収入状況の調査，②再生債権の評価に関する裁判所の補助，③適正な再生計画案作成のために必要な再生債務者に対する勧告があります（民再223条2項）。ただ，これらすべてが自動的に職務内容となるものではなく，裁判所が個人再生委員の選任の際にこれらの事項のうちの一または二以上を職務として指定します。事件に応じた柔軟な職務内容として，個人再生委員の負担を軽減し，またその報酬を適正にして手続を廉価とする趣旨です。そして，①の職務を指定された個人再生委員は，裁判所の定める期間内に調査結果の報告をします（同条3項）。この場合，個人再生委員は，再生債務者に対し，その財産・収入の状況につき報告を求め，債務者の帳簿・書類等を検査することができます（同条8項）。調査の任務を実効的に行うためには不可欠の権限であり，債務者等がこれに応じないときは刑罰を科されます（民再258条1項〜3項）。また，②の評価補助の職務を課された個人再生委員は裁判所に意見を述べることになります。この場合，個人再生委員は，再生債務者や再生債権者に対し，再生債権の存否・額等に関する資料の提出を求めることができます（民再227条6項）。再生債権者等が正当な理由なくこの資料の提出要求に応じないときは，10万円以下の過料に処されます（民再266条2項）。このような調査は，利息制限法の適用関係等につき債権者から十分な協力を受けられないときに，その権限を実効化するものとして特に重要です（これは，特定調停における同種の制度〔特調12条・24条〕を参考にしたものです）。③の職務は，代理人の付いていない再生債務者も，適切な再生計画案を作成できるように配慮したものです。

(5)　再生計画案の条項・決議

　小規模個人再生の再生計画における権利変更については，通常再生と異なり，形式的平等の原則が適用になります。つまり，不利益を受ける債権者の同意が

ある場合，少額債権の場合，または実質的な劣後債権の場合を除き，権利変更は平等の内容でなければなりません（民再229条1項）。このような事件では，おおむね同種の消費者信用債権者が多数を占め，実質的平等原則（Ⅱ7(1)(b)参照）によると，かえって争いを招き手続を複雑にするおそれがあるからです。弁済条項としては，①弁済期が3ヶ月に1回以上到来する分割払であること，②弁済期間は原則3年である（特別の事情がある場合には5年に延長しうる）ことが要件とされます（同条2項）。①は，弁済期間が開きすぎないようにする趣旨であり，②は弁済期間の長期化による債権者・債務者双方の負担を避ける趣旨です。②の「特別の事情」としては，最低弁済額要件（(6)参照）を満たすためには，3年では十分な原資が得られないような事情がある場合などが考えられます。

　従来は，罰金等を除くすべての再生債権が再生計画による権利変更の対象となり，破産の非免責債権のようなものはありませんでしたが，2004（平成16）年の改正により，再生計画による権利変更ができない債権の類型が創設されました（同条3項）。具体的には，①悪意の不法行為に基づく損害賠償請求権，②故意・重過失による人の生命・身体を害する不法行為に基づく損害賠償請求権，③婚姻費用・扶養料・子の監護費用等の請求権です。これらの権利は，たとえ再建型の手続であっても，一部弁済により免責してしまうのは，債権者保護の観点から相当ではなく，また債務者のモラル・ハザードを招くおそれもある一方，通常再生とは異なり，実質的平等に基づく配慮ができないので，債権者自身の同意がない限り，例外的に権利変更を許さないこととしたものです。したがって，これらの債権は，計画上の弁済期間中は計画弁済を受け，同期間満了時に残額の一括弁済を受けることになります（民再232条4項）。

　再生計画案は，債権調査が終了し，再生債務者の報告書が提出された後に，決議に付されます（民再230条1項）。決議は書面等投票により（同条3項），計画案に同意しない者がその旨を回答する，いわゆる消極的同意の方式により行われます（同条4項）。小規模個人再生では，主要な債権者の性質上，その明確な意思表示が期待できるため，最低弁済額要件等の保障を前提に，手続を簡易化する趣旨です。計画案の可決の要件は，同意しない債権者が議決権者総数の半数に満たず，かつ，その議決権額が議決権総額の2分の1を超えないことで

す（同条6項）。これは，通常再生の可決要件（民再172条の3）を裏返しにした
ものです。この要件を満たさなかった場合は，裁判所は職権で，再生手続廃止
の決定をしなければなりません（民再237条1項）。

(6)　再生計画の認可

　再生計画案が可決されたときは，裁判所が認可・不認可の判断をします。不
認可事由としては，再生手続一般の不認可事由（民再174条2項。最決平29・
12・19民集71-10-2632〔百選94〕は，実際には存在しない債権を債権者一覧表に記載
して再生計画案を可決に至らせた場合は，信義則に反するとして「不正の方法」による
決議として不認可事由があるとする），手続開始要件（収入要件・債権額要件）を欠
く場合（民再231条2項1号・2号）のほか，最低弁済額要件に反する場合が重
要です（同項3号・4号）。最低弁済額の規律は複雑なものとなっていますが，
その基準となる基準債権は，手続内で確定した債権から別除権の被担保債権や
劣後的債権（民再84条2項）を除いた債権です。要求される計画弁済総額は，
基準債権の総額が100万円以下の場合は基準債権額，その総額が100万円と
500万円の間の場合は100万円，その総額が500万円と1,500万円の間の場合
はその総額の20％，その総額が1,500万円と3,000万円の間の場合は300万
円，その総額が3,000万円以上の場合はその総額の10％となっています（**図
表5-3**参照）。このような最低弁済額の要件が設けられたのは，再生債務者に十
分な収入がない場合であっても，ゼロ弁済ないしそれに近い再生計画を認める
ことは社会感情等から相当ではなく，また債権者の立場からも無用な債権管理
コストを強いることになるので適当でなく，この程度の弁済もできないような
債務者は破産によることもやむをえないと考えられたことによります。なお，
2004（平成16）年の改正で，個人再生が利用できる負債額を3,000万円から
5,000万円に拡大したため，基準債権額3,000万円以上の場合について，新た
に10％の比例的な最低弁済額の要件が設けられています（民再231条2項3号
参照）。

　不認可事由がないときは，裁判所は再生計画認可の決定をします（民再231
条1項）。再生計画認可決定の確定により，すべての再生債権者の権利は，権
利変更の一般的基準（民再156条）に従って変更されます（民再232条2項）。通

図表5-3 最低弁済額要件

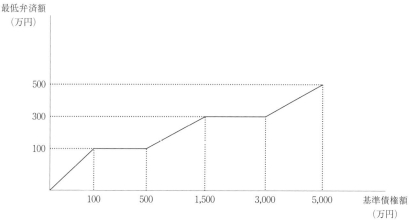

常再生の場合と異なり，小規模個人再生では再生債権は実体的に確定されない
（(3)(c)参照）ので，各権利ごとに権利変更の内容を定めることができないため，
一般的基準のみが権利変更の基準となります。したがって，「元本の4割を免
除し，残金を毎月1％ずつ5年間弁済する」といった形で再生計画が定められ
ることとなります。この権利変更の効果はすべての再生債権について発生しま
すが（期限・条件付債権や非金銭債権なども実体的に現在化・金銭化されて〔民再232
条1項〕，一般的基準による変更を受けます），手続内で確定していない債権の弁済
については特則があります。すなわち，未届出債権で債権者に帰責事由がない
場合や再生債権が評価の対象となった場合には，後に判決等で債権の存在や額
が（評価結果と異なる形で）確定したようなときは通常の計画弁済が受けられま
すが（同条3項但書），未届出債権で債権者に帰責事由がある場合や異議が出た
にもかかわらず評価申立てをしなかった場合は，再生債権者は計画上の弁済期
間満了まで弁済を受けられません（同項本文。期間満了後，変更された権利内容で
弁済を受けます）。これは，帰責事由がある未届出債権者等まで弁済に加えると，
弁済計画の予定が狂い計画の遂行が困難になるので，時期的に劣後させる一方，
帰責事由がない場合はもちろん，評価の結果が後に誤っていたことが判明した
ような場合にまで劣後扱いすることは裁判所の誤りを債権者の負担に帰するこ
とになり，相当でないと考えられたからです。

（7）　再生計画認可後の措置

　小規模個人再生の手続は，再生計画認可決定の確定により当然に終結します（民再233条）。個人再生委員が選任されている場合であっても，その者による履行の監督は想定されていません。手続の簡易性・廉価性を重視したものです。また，再生債権者表に執行力は認められないので（民再238条による同180条の適用除外），強制執行による履行確保の方法もありません。したがって，再生計画の履行確保は，主として再生計画の変更・取消しによって担保されることになります。

　小規模個人再生では，再生計画認可後のやむをえない事由で計画遂行が著しく困難となったときは，再生計画で定められた債務の期限を延長する方法による計画変更が可能とされます（民再234条1項前段）。ただ，弁済総額は維持されますし，債務の期限の延長は最大で2年の範囲に限定されます（同項後段。したがって，当初計画が5年の場合は最大で7年の弁済期間となります）。通常再生と異なり，手続終了後も計画変更を認めたのは，小規模個人再生では認可決定確定と同時に手続が常に終了してしまうことに加えて，個人の場合には病気・リストラ等外的要素による事情変更が生じる余地が大きく，計画変更を認めないと再生債務者に酷となるおそれが大きいからです。

　再生計画の遂行を困難とする状況が生じ，計画変更による対応も不可能なときには，原則として計画が取り消されることになりますが，一定の要件を満たす場合には，免責許可決定が可能とされています（民再235条）。その要件は，①再生計画の遂行が極めて困難であること，②再生債務者に帰責事由がないこと，③計画弁済を要する各再生債権について既に4分の3以上の額の弁済を終えていること，④免責許可決定が再生債権者一般の利益に反しないこと（すなわち，各債権者との関係で清算価値保障原則が満たされていること），⑤再生計画変更が極めて困難であることです（同条1項）。アメリカ連邦倒産法第13章手続における同様の制度に倣って，ハードシップ免責と呼ばれます。ただ，4分の3の弁済を要件とする（したがって，3年の計画であれば，原則として2年3ヶ月以上の弁済を終えていなければなりません）など，アメリカ法に比べて債務者に厳しい制度となっています。ハードシップ免責の申立てが債務者からあったときは，裁判所は届出再生債権者の意見を聴取します（同条2項）。免責許可決定は確定

により効力を生じ（同条6項），免責の対象となる債権は，履行済みの債権および計画による権利変更が許されない債権（(5)参照）を除くすべての再生債権とされ（同条7項），その効果は，別除権や保証・物上保証には及ばないものとされます（同条8項）。

　再生計画は，通常再生と同じく，計画弁済の不履行等の事由により取り消されるほか（民再189条），認可決定確定後に，計画弁済総額が破産配当額を下回ることが判明したときにも，再生債権者の申立てにより，裁量的な取消しが可能とされます（民再236条）。これは，小規模個人再生では債務者の財産状態の調査が不十分である場合が多いこと（(3)(d)参照）に鑑み，事後的に財産隠し等が判明し，その結果，清算価値保障原則の不遵守が発覚したような場合には，計画取消し・牽連破産とすることで，債務者の自主的で正確な財産開示を間接的に担保する趣旨です。

2　給与所得者等再生

(1)　制度の趣旨

　前に述べたように（1(1)参照），個人再生手続の立案に際して，当初の構想であった個人債務者更生手続から，可処分所得の算出が困難な場合について小規模個人再生が枝分かれしましたが，従来の個人債務者更生手続の構想を比較的忠実に継承したのが，給与所得者等再生の手続です。これは，可処分所得の算出が容易な定期的収入のある債務者について，可処分所得の一定部分を債権者に対する計画弁済に充てることを条件として，再生計画案に対する再生債権者の同意を一切不要としたものです。これによって，定期的かつ安定した収入のある債務者について，より簡易迅速な手続が用意されたものと言えます。小規模個人再生との相違は，①定期的収入等を求める手続開始要件，②債権者の決議の不要性，③計画認可要件としての可処分所得弁済要件だけであり，他の点はすべて小規模個人再生と同様なので，1の叙述に委ねます。

　小規模個人再生と給与所得者等再生は選択関係にあり，債務者が自由にいずれかの手続を選択できます。そして，小規模個人再生の利用の要件は給与所得者等再生の要件を完全に包摂しているので，後者の利用が可能な者は常に前者の申立ても可能です。この場合，仮に給与所得者等再生の利用要件を満たす者

であっても，可処分所得弁済要件の適用を避け，より少ない弁済額で債権者の同意を得られると判断する場合には，小規模個人再生を選択する余地があります。実際にも可処分所得弁済要件の充足が厳しく，他方で債権者の同意は比較的容易に得られるため，給与所得者による小規模個人再生の利用が一般的となっています（1⑴参照）。給与所得者等再生の申立事件は，創設当初の2003年は8,611件でしたが，2005年には4,830件，2009年には1,770件と急減し，2012年には925件と1,000件を下回り，2013年は719件と大きく減少し，その後はおおむね600件台から800件台で推移しています（2021年で740件）。また，個人再生中に占める割合も減少しています（2002年には，個人再生全体の55％を占めていたのに対し，2005年には19％，2011年には8％まで比率を落とし，最近はおおむねその程度の割合に止まっています〔2021年で7％〕。詳細は，前掲の**図表5-2**「個人再生事件数の推移」参照）。なお，債務者が給与所得者等再生を申し立てるときには，その要件を満たさない場合になお通常再生または小規模個人再生の開始決定を求める意思があるか否かを予め明らかにし（民再239条3項），それに従って裁判所は再生事件を通常再生または小規模個人再生により行う旨の決定ができます（同条4項・5項）。

(2)　手続開始要件

　給与所得者等再生の手続開始の要件として，通常の再生手続の開始要件と小規模個人再生の開始要件のほか，債務者が「給与又はこれに類する定期的な収入を得る見込みがある者であって，かつ，その額の変動の幅が小さいと見込まれるもの」である必要があります（民再239条1項）。このような要件に該当する者（給与所得者等）については可処分所得の算出が確実かつ容易であるため，可処分所得の一定部分の弁済があれば，債権者の権利保護にとっては十分と考えられるので，債権者の多数決に代えて，そのような弁済を要件とした独自の手続を構成したものです。この手続はいわゆるサラリーマンを典型的な対象として想定していますが，それ以外の者であっても，上記のような要件を満たせば，利用が可能となります。なお，収入額の「変動の幅が小さい」とされるのは，具体的にはおおむね20％の変動幅の中に収まる場合（民再241条2項7号イ参照）と解されています。

　給与所得者等再生の開始要件の中で独自のものとして，過去7年以内に，給与所得者等再生の再生計画遂行，ハードシップ免責（1(7)参照），破産免責のいずれかを受けたことがないことが挙げられています（民再239条5項2号）。これは，一度これらの手続によって債務免除・免責の効果を享受している場合には，再度債権者の同意によらずに給与所得者等再生の中で債務免除の効果を得るためには，一定の猶予期間を置くべきであるとの政策判断に基づくもので，破産免責の不許可事由としての期間制限（破252条1項10号。第4章Ⅲ2(3)(c)参照）とその趣旨を同じくします（したがって，債権者の同意に基づく小規模個人再生の場合は対象から除かれています）。ただ，前の手続が再生手続である場合には，7年の起算点はその再生計画認可決定の確定の日とされているので，たとえば5年の期間弁済を遂行した場合には，実質的には再度の申立禁止期間はそれから2年間ということになります。

(3)　決 議 の 不 要

　給与所得者等再生では，再生計画案について再生債権者の決議は必要とされていません（民再244条による230条の準用除外）。次に述べる可処分所得弁済要件を前提に，債権者の同意を必要とせずに，直ちに再生計画の認可・不認可の決定に至ることとしたものです。ただ，再生計画案に関する債権者の意見聴取は必要とされます（民再240条）。すなわち，裁判所は，一般異議申述期間が経過し，再生債務者の報告書の提出があると，再生計画案を認可すべきかどうかについて届出再生債権者の意見を聴く旨の決定をします（同条1項）。そして，その点を官報で公告するとともに，各届出再生債権者に対して，裁判所の定める期間内に不認可事由を具体的に記載した書面を提出するように求める通知をします（同条2項）。届出再生債権者は，それに応じて意見を述べることができますが，仮に多数の債権者が不認可事由の存在を指摘したとしても，それは裁判所の認可の判断の資料となるに止まり，裁判所を拘束するものではありません。

(4)　再生計画の認可──可処分所得弁済要件

　前にも述べたように，再生計画の認可要件が給与所得者等再生の最大の特色

です。すなわち，この手続では，小規模個人再生と同様の最低弁済額要件等とともに，可処分所得弁済の要件が課されています。つまり，再生債務者は，過去2年間の平均収入額から，税金・社会保険料を控除し，さらに債務者と被扶養者の最低限度の生活を維持するために必要とされる費用額を控除した額の2年分を再生計画で弁済しなければなりません（民再241条2項7号）。そして，控除される生活費用は，法の委任に基づき（同条3項），「民事再生法第241条第3項の額を定める政令」により，生活保護基準を参考に，居住地域・扶養家族の数や年齢等を考慮して詳細に定められています。この手続は，再生債務者に安定した収入が期待できることを前提として，生活保護水準の生活費を上回る可処分所得の2年分を原則として3年間（特別の事情がある場合には5年間）の再生計画期間内に弁済することを条件に，債権者の同意は一切必要とせずに，簡易な計画認可を認めたものと言えます（この要件を満たさないとされた例として，福岡高決平15・6・12判タ1139-292〔百選96〕参照）。このような場合は，それを超えた弁済を前提とする計画は（債務者等の最低限度の生活ができなくなるため）債務者の経済的再生の観点からアプリオリに相当といえず，多数決を背景とした債権者団との交渉を認める余地はないと考えられるわけです。ただ，現実には，控除される生活費が少なめに設定されているため，この可処分所得弁済要件を満たした弁済計画を立てることは一般の多重債務者にとっては相当に困難なようであり，給与所得者等再生が可能な債務者でもあえて小規模個人再生を申し立て，むしろ債権者の同意を前提に計画弁済額を軽減する場合も少なくないようです（(1)参照）。

3　住宅資金貸付債権に関する特則

(1)　制度の意義

　住宅ローンの弁済が困難となった個人債務者は多数います。バブル期に高額の借入れをして住宅を取得したものの，給与の減少等リストラの影響で予定通りの弁済ができないケースや，いわゆるゆとりローンによった結果，ゆとり時期の終了による急激な弁済額の増加に対応できないケースなど，住宅ローン債務者の破綻件数は急増し，大きな社会問題となってきました。そのような債務者はローン返済のため，消費者金融等から借入れをして多重債務状態に陥るケ

ースも多かったとされます。このような状況の下で，債務者・債権者間の任意
の弁済交渉が失敗すると，住宅に対する抵当権が実行され，債務者は生活再建
の基盤である住居を失ってしまいます。そこで，経済的に破綻に瀕した個人債
務者が住宅を手放すことなく経済生活の再生を図ることができるように，住宅
資金貸付債権の特則が設けられるに至ったものです。

　この点については，当初，アメリカ倒産法の第13章手続の中の同様の規定
をモデルにして，担保権付債権に対する不履行額の弁済に基づく期限の利益喪
失の治癒に関する規定が提案されていました。しかし，その後の審議の中では，
このような期限の利益回復の特則だけでは，住宅ローン債務者の救済という所
期の目的を達成するには十分でないとの意見が多数を占めました。なぜなら，
リストラ等によって元の住宅ローン額の支払が困難になっている債務者にとっ
て，その額に加えて延滞した不履行額を上積みして弁済できるという事態は実
際には考えにくいからです。そこで，債務返済のリスケジュールまで取り込ん
で，より抜本的な対処を可能とする必要があるとされたものです。そこで設け
られたのが，住宅資金貸付債権に関する特則であり，これは再生計画の中に住
宅資金特別条項を入れることを可能とするものです。

　この特則は，小規模個人再生や給与所得者等再生において適用のあることは
もちろんですが，通常の再生手続（たとえば，多額の保証債務を負った中小企業の
経営者）についても適用されます。この特則は，実際にも活用されており，特
に個人再生においては，裁判所によって異なるものの，3割から4割以上の事
件でこの制度が利用されているといいます。

(2)　制度の適用対象

　この特則によって特別条項を定めることができるのは，対象となる債権が住
宅資金貸付債権（いわゆる住宅ローン債権）である場合が原則です（民再198条1
項）。住宅資金貸付債権とは，以下の要件を満たすような債権です（民再196条
3号）。①貸付資金が，ⓐ住宅の建設または購入，ⓑ住宅の用に供する土地また
は借地権の取得，ⓒ住宅の改良のいずれかに必要なものであること，②分割払
いの定めのある再生債権であること，③その債権またはそれを保証した保証会
社の求償権を担保するための抵当権が住宅に設定されていることです。

　　(a)　貸付債権の用途　　このうち，①の要件は住宅資金貸付債権の根幹をなす要素です。個人債務者の住宅に抵当権が設定されているとしても，それが事業資金や教育ローンの担保など住宅の建設・購入等と無関係に設定されたものであるときは，住宅ローン債務者の経済的再生を目的とするこの特則の対象とはなりません。ただ，住宅の建設・購入には限らず，その改良（増改築やいわゆるリフォーム）のための資金についても適用があります。また，住宅の用に供する土地・借地権の取得に必要な資金も対象となります。土地付一戸建や（定期）借地権付一戸建として購入する場合はもちろん，まず敷地を購入してその後に建物を建設した場合もこの特則の適用対象となります。さらに，この「貸付け」は実質的な意味での与信であれば足り，たとえば住宅建設の請負代金を分割払いにするような場合も含まれると解してよいでしょう。

　　①の要件の中で言われる「住宅」とは，以下の要素を満たすものです（民再196条1号）。すなわち，ⅰ個人である再生債務者が所有する建物であること，ⅱ再生債務者が自己の居住の用に供する建物であること，ⅲ建物の床面積の2分の1以上に相当する部分が専ら自己の居住の用に供されていること，ⅳⅰからⅲまでの要件を満たす建物が複数ある場合には，債務者が主として居住の用に供する建物であることです。ⅲの要件から，二世帯住宅等その一部を家族その他の第三者が利用していたり，住居の一部を自家営業の用途に利用していたとしても，それだけでは直ちにこの特則の対象外とはなりませんが，債務者の居住部分がほんの一部である場合にまでこの特則を適用することは相当ではないので，建物床面積の半分以上を専ら自己の居住に利用していることを必要としたものです。また，ⅳの要件から，本拠と別荘がある場合や家族の暮らす本拠と単身赴任先の住居がある場合には，前者のみがこの特則の対象となります。

　　(b)　分割払いおよび抵当権の設定　　次に，②として，分割払いの定めのある再生債権であることが要件とされます。この特則による特別条項は，いずれにしても分割払いの態様の回復・変更（債務のリスケジューリング）を目的とするものなので，1回払いの場合にはそもそも特則適用の前提に欠けるからです。

　　最後に，③として，住宅ローン債権または求償権を担保するための抵当権が住宅に設定されていることも要件とされます。仮に抵当権が設定されていない

場合には，無担保債権の実行については再生手続の開始により当然に禁止される（民再39条1項）ので，あえて特則を設ける必要はない一方，抵当権が設定されている場合には，再生手続上，抵当権は別除権として自由な実行が保障されているので（民再53条），仮に特則がなければ住宅は売却されてしまうからです。その点は，住宅ローン債権自体ではなく，求償権担保として抵当権が設定されている場合も同様なので，その場合も適用対象に含めたものです。

　なお，住宅資金貸付債権者が複数いる場合には，必ずその全員を対象として特別条項を定めなければなりません（民再198条3項）。住宅の建設等にあっては複数の金融機関から住宅ローンを受けることはしばしばありますが，このような場合にそのうちの一部についてのみ特別条項を定めたとしても，他の債権者が抵当権を実行するときは住宅保持の目的が達成できないからです。

　　(c) 住宅ローン債権者に対する弁済　　住宅ローン債権者に対しては順調に弁済を継続している場合でも，他の一般債権者（消費者金融・クレジットカード会社等）の債権を再生計画でカットするために，再生手続を申し立てる場合も多いようです。この場合，それと併せて特別条項を定めることになりますが，このような場合の特別条項は住宅ローン債権者の権利を変更するものではありません（いわゆる「そのまま条項」。(3)(f)参照）。ただ，住宅ローン債権も再生債権になるので，原則として手続開始により弁済が禁止され，その結果，債務不履行により期限の利益を喪失し，将来支払うはずだった残債務の履行期が到来してしまいます。期限の利益回復型の特別条項を定めれば，再生計画認可後は期限の利益が復活しますが，それでも手続開始後計画認可前の遅延利息がローンの全債権額に対して発生し，それが相当の額になるので，再生債務者の弁済が著しく困難になるおそれがあります。法施行後実際にこのような不都合が生じた結果，2002年に，期限の利益の喪失を防ぐため，裁判所の許可に基づく手続中の弁済対象となる再生債権の中に住宅ローン債権を含む旨の改正がされました（民再197条3項）。再生計画認可の見込みが弁済の要件とされているので，他の債権者が害されるおそれはないと言ってよいからです。

　　(d) 代位弁済がされた場合　　住宅資金貸付債権については，再生計画において住宅資金特別条項を定めることができます（民再198条1項）。ただし，住宅資金貸付債権者に代位弁済した者はその適用対象から除かれます（同項括

弧書）。これは，弁済により代位した第三者（民499条）に対して再生計画による分割払いを強いることは酷であるためです。しかし，この規律を常に妥当させると，大部分の債務者について特別条項の適用が困難になってしまいます。なぜなら，実際は住宅ローンについては保証会社の保証が付されていることが通常であり，債務者に債務不履行があれば保証会社による代位弁済がされるからです。このような保証会社による保証の場合には，その性質上，特別条項を妥当させても必ずしも酷とは言えないので，法は例外的に，保証会社（保証を業とする者。民再196条1項3号参照）が住宅ローン保証に基づき代位弁済した場合にはなお特別条項を定めることができるものとしています（民再198条2項）。ただ，保証会社が代位弁済した後いつまでも特別条項を定められるとすると，長期にわたり住宅ローン債権者・保証会社の法律関係が安定しないことになりますし，実際にも代位弁済後長期を経れば，遅延損害金等が累積し，再生債務者にとっても遂行可能な再生計画を立てることが不可能になります。そこで，特別条項を定めることができる場合は，保証債務の全部を履行した日から6ヶ月以内に再生手続開始の申立てがされた場合に限定されています。

　（e）他の担保権がある場合　　そのほか，住宅の上に特別条項の対象とはならない担保権があるときも，特別条項を定めることができません（民再198条1項但書）。この場合は，仮に住宅ローン債権について特別条項を定めたとしても，他の別除権者が担保権を実行して，結局，住宅保持という目的が達成されないおそれがあるからです。また，住宅以外の不動産が特別条項対象抵当権の共同抵当物件となっている場合で，その不動産の上に特別条項の対象とはならない後順位担保権が付されている場合も，やはり特別条項の対象とはなりません（同項但書）。このような場合は，共同抵当物件に対して住宅ローン担保権者による担保権実行がされると，後順位担保権者が住宅に対する担保権に代位することとなるので（民392条2項・361条），そのような債権者については，弁済による代位の場合と同様，特別条項を適用することは相当でないと考えられたからです。

●コラム：「富める時も貧しき時も神が二人を分かつまで」
　　　　──ペアローンの扱い

　住宅資金貸付債権の特則をめぐって実務上特に大きな議論の対象となっているのが，夫婦のペアローンの取扱いです。これは，夫婦が住宅ローンを借りる場合に，住宅を共有名義にして，それぞれが債務者となり，双方の債務を被担保債権として双方の共有持分に抵当権が設定されるようなローンの形態です。この場合，夫の債務を被担保債権とする夫の共有持分に対する抵当権が住宅資金貸付債権になることは当然ですが，妻の債務を被担保債権とする抵当権は，他人の債務の担保ですので，形式的には住宅の上に特別条項の対象とはならない担保権があることになり（民再198条1項但書），特別条項を定めることができないようにも思われます。しかし，この規定は，他の担保権がある場合は，その実行によって住宅の維持ができない結果になり，特別条項の趣旨を達成できなくなる点に着眼したものですので，実際にそのようなおそれがなければ，特別条項を認めてよいと考えられます。たとえば，夫婦の双方が特別条項を含む個人再生を申し立てている場合が典型ですが，そうでなくても，他方の債務履行の蓋然性が認められれば，特別条項を認めてもよいように思われます。夫婦が結婚式の際に誓ったように常に一体として生きていくとすれば，それを前提に住宅の保持も認めてよいのではないでしょうか。

(3)　住宅資金特別条項

　(a)　特別条項の種類　　住宅資金特別条項とは，再生債権者の有する住宅資金貸付債権の全部または一部を変更する再生計画の条項です（民再196条4号）。住宅資金特別条項における権利変更の内容は法に定められたものに限定されます（民再199条）。住宅ローン債権者に議決権を付与しない前提として，その利益が十分に保護されると考えられる法定の場合に権利変更の種類を限定する趣旨です。可能な条項の内容としては，①期限の利益回復型，②リスケジュール型，③元本猶予期間併用型，④合意型の4種類が用意されています。これらの間では，①〜③については，先行する型の条項によって遂行可能な計画が立てられる見込みがない場合に初めて後者の条項によることが可能になるという補充関係にありますが，④については，当事者間の合意によるものですので，補充性はありません（民再199条4項は，「前三項の規定にかかわらず」としてその趣旨を表しています）。

　(b)　期限の利益回復型（民再199条1項）　　まず，最も基本的な類型である①期限の利益回復型は，将来のローンの弁済分は当初の住宅資金貸付契約の約定に従って支払いながら（同項2号），計画認可時に遅滞に陥っている元本・利息・損害金について，再生計画で定める弁済期間（最大5年）内に付加して支払うものです（同項1号）。そして，このような特別条項を定めた再生計画が認可されれば，債務の弁済期については当初契約のとおりに変更され（民再203条2項），結果として，いったん喪失した期限の利益が回復されることになります。この結果，ローンの不払により期限の利益を喪失していても，計画期間内に本来の弁済額プラス遅滞した額を支払い，計画弁済終了時に遅滞部分がなくなっていれば（弁済が追いつけば），その後は当初の契約で予定された弁済をしていくことにより，再生債務者は住居を保持できることになるわけです。

　(c)　リスケジュール型（民再199条2項）　　期限の利益回復型によって遂行可能な再生計画が立てられれば，それでよいのですが，実際には，債務者はリストラ・病気等による収入の減少により当初の返済計画自体の履行が困難となっている場合が多く，そのような場合には，当初の返済額に加えて遅滞した部分を上積みで返済することは事実上困難です。そこで，債務の弁済期を当初約定の最終弁済期から後の日に定めることが認められました。このような類型の特別条項を，弁済期に変更を加えるものという意味で，②リスケジュール型と呼びます。

　リスケジュール型の権利変更は，債権者の同意なしに債務の期限を変更するものですから，以下のような制限が加えられています。まず，弁済額については，元本・利息・遅延損害金の全額を支払うものでなければなりません（同項1号）。また，弁済期については，約定最終弁済期から最大10年の範囲内で後ろにずらすことができますが，変更後の最終弁済期における再生債務者の年齢が70歳を超えないことが要件とされます（同項2号）。通常はリタイアするような高齢になってなお弁済を続けていくことは，一般に困難と考えられるからです。このような条項によって，1回当たりの弁済額を軽減して，遂行可能な計画を立てる余地が広がることになります。なお，リスケジュール後の弁済間隔・各期の弁済額等については，住宅資金貸付契約上の基準におおむね沿うものでなければなりません（同項3号）。弁済期以外の契約条項はできるだけ尊重

するのが望ましいからです。したがって，月賦払いを半年賦払いにしたり，元利金均等払いを元金均等払いにしたりすることは，後述の合意型によらない限り，できません。

　(d)　元本猶予併用型（民再199条3項）　　リスケジュールを行っても，なお1回当たりの弁済額が多く，遂行可能な計画を立てられない場合も考えられます。特に，再生計画の一般の弁済期間の間は，一般債権に対する弁済も必要となるため，それを加えると弁済が困難になるケースは十分に想定できます。たとえば，毎月15万円の約定弁済が困難な再生債務者について，リスケジュールによって毎月10万円に住宅ローンの弁済額を減額できて遂行可能性が認められても，一般債権について毎月5万円の弁済が別途必要であれば，結局再生計画における一般の弁済期間中は合計毎月15万円の弁済が必要となり，遂行可能性に欠けることになります。そこで一般債権の弁済期間中は，住宅ローンの元本の一部の弁済を猶予し，弁済額の「均し」を可能とする措置として，③元本猶予期間併用型の特別条項が設けられました。なお，元本猶予期間中も利息の支払は必要であり，また元本の猶予もその一部に限定されているので，一定額の元本の支払は必ず必要になる点には注意を要します。

　(e)　合意型（民再199条4項）　　最後に，住宅資金貸付債権者の同意がある場合には，上に述べた条件とは異なる権利変更の内容を有する特別条項を定めることも認められています。この点は私人間の権利関係の変更の問題であり，両者の合意があればどのような変更も可能だからです。住宅ローンの実務上は，上記のような条項と正確に一致するような条項を定めることは一般に困難であり，そこからはみ出す部分については，合意型条項が必要となる場合も少なくないとされます。

　(f)　そのまま条項　　以上のように，様々な状況に対応できるよう，法律においては多様な住宅資金特別条項の可能性が認められました。ただ，実務において実際に多く利用されているのは，立法時には必ずしも想定されていなかった「そのまま条項」とも呼ばれる条項です。これは，住宅資金貸付債権については特に権利変更をしない条項です。このような条項が実務上多用されるのは，住宅ローンを抱えて多重債務に陥る債務者の多くは，消費者金融等から借入れをしながらも住宅ローンだけは支払を続けているという実情があるからで

す。そのため，再生手続開始の時点でも期限の利益の喪失はなく，①の期限の
利益の回復の必要もないというわけです。しかし，特別条項を定めておかない
と，住宅資金貸付債権も再生債権であるため，それについて契約どおりの弁済
ができなくなるので，実質のない特別条項が定められるということになるわけ
です。このような権利変更の全くない「そのまま条項」は立法時に想定されて
いなかったものですが，それを違法とする理由はなく，広く活用されているよ
うです。

(4)　債権の調査・確定

　住宅資金特別条項を定めた再生計画案が提出される場合は，債権の調査・確
定の手続に関しても特別の配慮が必要となります。なぜなら，住宅資金貸付債
権については，再生計画案に関する議決権が否定されているので，一般債権者
は住宅資金貸付債権の債権額には利害関係をもたないし，他方，住宅資金貸付
債権の弁済は一般債権者への弁済によって影響を受けないので，住宅資金貸付
債権者も一般債権者の債権額について利害関係を有しないからです。したがっ
て，住宅資金貸付債権者は他の再生債権の調査確定手続に参加する利益はあり
ませんし，他の再生債権者についても住宅資金貸付債権を争わせる利益はない
ことになります。そこで，債権の調査確定手続に関する特則が設けられていま
す。

　通常の再生手続では，この特則の内容は極めて複雑なものになっていますが，
その趣旨は，特別条項を定めた再生計画案のみが手続の対象となることが確定
するまでは通常の債権調査の手続を行い，そのことが確定した時点で，異議を
失効させるなどの方法により債権調査を終了させるというものです（民再200
条2項〜5項・205条）。これに対して，個人再生においては，計画案の提出権者
が最初から再生債務者に限定されているため，特別条項を定めるか否かを手続
開始の段階で確定させ，住宅資金貸付債権者を債権調査手続に含めるかどうか
を決めることにしています（民再226条5項・6項・227条10項）。

(5)　再 生 計 画

　住宅資金特別条項を定めた再生計画案は，再生債務者のみが提出できます

（民再200条1項）。このような条項の設定は債務者の自由な意思に基づくべきであり，債権者が強制できる性質のものではないからです。再生債務者が特別条項を定めた再生計画案を提出する場合には，予め住宅資金貸付債権者と協議を行う必要があります（民再規101条）。特別条項の設定は利息計算など相当複雑な作業であり，多くの場合は住宅ローン債権者の有するコンピュータソフト等によって計算を行うのが効率的であり，事前に住宅ローン債権者との間で十分な相談をしないと，適切な計画案を作成することは困難と見られるからです。

　再生計画案が提出されると，通常再生・小規模個人再生では，その決議が問題となります（給与所得者等再生では，直ちに認可の問題となります）。再生計画案の決議の方法および可決の要件は，通常の場合と同様です。ただ，決議における議決権には特則があります。すなわち，住宅資金貸付債権については議決権が認められず，保証会社も住宅資金貸付債権の保証に基づく求償権については議決権を有しません（民再201条1項）。これらの者は，仮に組分けがされないとすれば，圧倒的な債権額を有し，その議決権行使により他の再生債権者の利益が害されるおそれがある一方，組分けを認めると，実質的にはローン債権者等の同意を求めるのと等しい結果となり，特則の意味がなくなるからです。そして，議決権を否定しても，前述のように（(3)参照），特別条項の内容はローン債権者等の利益を十分に保護したものに限定されており，一般にその利益が害されることはないと考えられます。ただ，住宅ローン債権者の意向を全く反映しないことにも問題があるので，特別条項により権利変更を受ける者の意見聴取の規定が設けられています（民再201条2項）。

　特別条項を定めた再生計画案が可決された場合は，認可・不認可の決定がされることになります。不認可事由として，一般の不認可事由（民再202条2項1号・4号）のほか，①再生計画が遂行可能であると認めることができないとき（同項2号），②再生債務者が住宅の所有権を失うことになると見込まれるとき（同項3号前段），③再生債務者が住宅の用に供されている土地を住宅の所有のために使用する権利を失うことになると見込まれるとき（同号後段）が規定されています。①で，特別条項に関しては積極的に再生計画の遂行可能性の認定を要求しているのは，特別条項は長期弁済となるのが一般的であり，計画認可後の住宅価格の低下等によるリスクを債権者が負担することや債権者の同意を

一切必要としないで認可に至ることに鑑み，住宅資金貸付債権者の保護を図ったものです。他方，②・③は，この特則の目的である住宅保持の要請に基づく要件です。

　認可された住宅資金特別条項を定める再生計画の効力として，住宅ローン債権が確定している場合には，その債権は特別条項中の権利変更条項に従って変更され，債権が未確定の場合には特別条項中の一般的基準に従って変更されます。それ以外の点では，住宅ローン契約の定めと同一の定めが再生計画でされたものとみなされます（民再203条2項）。その結果，期限の利益喪失に関する定め，遅延損害金の定め，利率変更の定めなど当初の契約における定めが計画認可後も適用されることになります。したがって，計画に不履行があっても，住宅ローン債権者は再生計画の取消しを求めることはできず（民再206条1項），期限の利益喪失の定めにより全額弁済を請求すべきことになります。そして，計画の効力は，住宅・敷地に設定されている住宅ローン債権や求償権に係る抵当権にも及ぶものとされています（民再203条1項前段）。そのため，期限の利益の回復や弁済期限の猶予は担保権との関係でも効力をもち，計画どおりの弁済がされている限り，抵当権の実行はできないことになります。また，保証人は，保証債務の付従性（民448条1項）により，連帯債務者は，法律の規定（民再203条1項後段）により，再生債務者に生じた期限の利益の回復や弁済期限の猶予等の効力を援用することができます。

(6)　保証会社による代位弁済がある場合

　前に述べたように（(2)(d)参照），保証会社による住宅ローン保証が付されている場合であっても，保証会社による代位弁済後6ヶ月以内に再生手続開始申立てがされたときは，なお住宅資金特別条項を定めることができます（民再198条2項）。そして，そのような代位弁済後の再生手続で住宅資金特別条項を定めた再生計画の認可決定が確定した場合には，代位弁済は原則としてなかったものと擬制されます（いわゆる「巻戻し」の効果）。仮に代位弁済の効力をそのまま認めながら特別条項を許すとすると，結局，保証会社に対して期限の利益の回復や期限の猶予等の効力が生じることになり，保証会社が元の住宅ローン期間の間，再生債務者から弁済を受け続けることになります。しかし，保証会

社は，代位弁済後短期間の間に競売を申し立てるなどして求償債権を回収することを業務の前提としており，長期の債権管理のための人的物的資源やノウハウ等を有していないとされます。そのような点を考えると，保証会社を特別条項の相手方にするのは実際上酷なので，代位弁済の効力を否定することにより，法律効果をいわば巻き戻して，住宅ローン債権者（銀行等）を特別条項の相手方とすることとしたものです。

　すなわち，住宅資金特別条項を定めた再生計画の認可決定が確定した場合において，保証会社が住宅資金貸付債権に係る保証債務を履行していたときは，保証債務の履行はなかったものとみなされます（民再204条1項）。このような効果が生じると，代位弁済がなかったことになるので，保証会社の求償権は遡及的に消滅し，保証会社が弁済代位により取得していた債務者に対するローン債権は，法律上当然に住宅ローン債権者に復帰し，それに伴い，保証会社の保証債務も復活します。他方，保証会社の代位弁済金をローン債権者が保有する法律上の根拠も失われ，住宅ローン債権者は不当利得金としてそれを保証会社に返還することになります。ただ，認可決定の確定前に再生債務者が保証会社に対してしていた弁済は，巻戻しにもかかわらず，その効力が維持されます（同条2項前段）。この場合に巻戻しを単純に生じさせてしまうと，保証会社がまず弁済金を再生債務者に返還し，債務者はローン債権者に改めて弁済をする一方，住宅ローン債権者は不当利得金を保証会社に返還することになり，法律関係が著しく複雑となってしまうからです。そこで，求償金の弁済の効力は維持して，その額を保証会社から住宅ローン債権者に交付することにして（同項後段），法律関係を単純化したものです。

(7) 中止命令

　住宅ローンに関する特則は債務者の住宅保持を目的とするものであり，最終的に再生計画の認可という形で手続が成功すればその時点で弁済期限の猶予等の効果が発生しますが，それまではそのような効果は生じておらず，債務者は債務不履行の状態に陥っていることが多いでしょう。仮にそのような債務不履行に基づき，債権者が抵当権を実行して再生手続中に住宅を売却してしまえば，その時点で住宅資金特別条項を定めることはできなくなってしまいます。した

がって，このような事態が発生しないように，手続期間中に担保権実行により
住宅が売却されることを防止する必要があります。そこで，既に存在する担保
権の実行手続中止命令の制度（民再 31 条）に加えて，住宅ローン債権に係る抵
当権の実行手続中止命令の制度が定められました（民再 197 条）。その手続等は
通常の担保権実行中止命令と同様ですが（同条 2 項），通常の中止命令と比較し
たこの中止命令の特徴としては，①この特則が再生債務者の住宅保持の趣旨で
あるため，再生債権者一般の利益に適合するとの要件が不要とされている点，
②同様の理由から，申立権者は利害関係人ではなく，再生債務者のみとされて
いる点，③住宅資金特別条項では住宅ローン債権者は債権全額の弁済を受ける
ことができ，その法的地位が害されることは基本的にないので，競売申立人に
不当な損害を及ぼすおそれがないとの要件が不要とされ，その代わりに「住宅
資金特別条項を定めた再生計画の認可の見込みがある」ことが要件とされてい
る点があります（同条 1 項）。中止命令の対象となるのは，住宅に設定されてい
る抵当権に加えて，「再生債務者が有する住宅の敷地に設定されている」抵当
権です（同条 1 項）。敷地が競売されてしまうと，債務者は住居を保持できなく
なってしまうからです。

〈参考文献〉
　伊藤眞『破産法・民事再生法（第 5 版）』（有斐閣，2022 年）
　山本和彦ほか『倒産法概説（第 2 版補訂版）』（弘文堂，2015 年）
　松下淳一『民事再生法入門（第 2 版）』（有斐閣，2014 年）
　山本克己編著『破産法・民事再生法概論』（商事法務，2012 年）
　深山卓也ほか『一問一答民事再生法』（商事法務研究会，2000 年）
　花村良一『民事再生法要説』（商事法務研究会，2000 年）
　全国倒産処理弁護士ネットワーク編，才口千晴＝伊藤眞監修『新注釈民事再生法
　　（上）（下）（第 2 版）』（金融財政事情研究会，2010 年）
　園尾隆司＝小林秀之編『条解民事再生法（第 3 版）』（弘文堂，2013 年）
　山本克己ほか編『新基本法コンメンタール民事再生法』（日本評論社，2015 年）
　山本和彦ほか編『Q＆A 民事再生法（第 2 版）』（有斐閣，2006 年）
　福永有利監修『詳解民事再生法（第 2 版）』（民事法研究会，2009 年）
　事業再生研究機構編『民事再生の実務と理論』（商事法務，2010 年）
　永谷典雄ほか編『破産・民事再生の実務（第 4 版）（民事再生・個人再生編）』（金
　　融財政事情研究会，2020 年）
　門口正人ほか編『新・裁判実務大系――会社更生法・民事再生法』（青林書院，
　　2004 年）

全国倒産処理弁護士ネットワーク編『通常再生の実務 Q & A150 問』（金融財政事
　　情研究会，2021 年）

事業再生研究機構編『再生計画事例集（新版)』（商事法務，2006 年）

伊藤眞編集代表『民事再生法逐条研究——解釈と運用』ジュリスト増刊（有斐閣，
　　2002 年）

最高裁判所事務総局民事局監修『条解民事再生規則（新版)』（法曹会，2005 年）

民事再生実務合同研究会編『民事再生手続と監督委員』（商事法務，2008 年）

山本和彦 = 山本研編『民事再生法の実証的研究』（商事法務，2014 年）

始関正光編著『一問一答個人再生手続』（商事法務研究会，2001 年）

全国倒産処理弁護士ネットワーク編『個人再生の実務 Q & A120 問』（金融財政事
　　情研究会，2018 年）

第6章 会社更生手続

1 更生手続の意義

　会社更生手続は，再建型の倒産処理手続として，民事再生手続の特別手続に当たります。株式会社のみを適用対象とする手続であり（会更1条），様々な点で厳格かつ強力な手続となっています（このような強力な手続が憲法上の財産権の保障〔憲29条〕に反しないかが問題とされましたが，会社更生法の「周到かつ合理的な諸規定」に鑑み，合憲と判断されています。最大決昭45・12・16民集24-13-2099〔百選2〕参照）。再生手続と比較した特徴としては，以下のような点が指摘できます。第一に，DIP型を原則とする再生手続に対し，必ず管財人が選任される管理型の手続である点です。その意味で，必ず外部の第三者（弁護士等）が会社の内部に入ることで，手続運営の透明性が確保されています。第二に，担保権者が別除権者として原則として手続外で権利を行使できる再生手続に対し，更生手続は担保権者も更生担保権者として手続に組み込み，その権利実行を禁止し，権利内容を更生計画で変更できる点です。事業再建に不可欠となる担保権の制約を飛躍的に強化するものと言えます。第三に，計画内容が限定され，組織変更には原則として会社法上の手続を必要とする再生手続に対し，更生手続では，更生計画の内容として，会社分割・合併・株式交換・株式移転など多様なものが認められ，様々な会社法上の特則も設けられている点です。これによって，事業組織の再編やM＆Aによる再建が容易になっており，実際にも100％減資とスポンサーへの増資を組み合わせた更生計画や事業譲渡・会社分割等を駆使した更生計画が一般的とされています。最後に，再生計画認可またはその3年後までの手続の係属に原則として限定される再生手続に対し，更生手続では，更生計画の遂行が確実と認められるまで手続が続きます。その意味で，計画の履行がより確実になっていると言えるでしょう。

　以上のような特徴を有する更生手続は，再建型手続としては完備したものと

言えますが，その厳格さゆえに手続には相当の時間・コスト・手間がかかるので，大規模な株式会社に対する適用が前提となります（大規模でありながら株式会社以外の形態で活動する金融機関等に関する特例的な措置については，**第8章参照**）。もちろん再生手続も大規模会社に対する適用が可能であり，実際にもその適用の例がありますが，更生手続はなお以下のような事案に特に適合的と言えます。すなわち，第一に，事業の中核的な資産に多数の担保権が設定され，担保権者との間で再建の合意が容易に調達できないような事案です。このような事案は，再生手続によれば，担保権消滅請求により対処することになりますが（**第5章Ⅱ6(4)参照**），そのためには，目的物価額を一括で支払わなければならず，その実行はなかなか困難です。その点，更生手続では，更生計画で更生担保権についても分割弁済が可能であり，再建が容易になります。第二に，再建のために組織の再編やM＆Aが不可欠な事案です。再生手続では，会社の分割・合併等の手段をとるためには，株主総会決議など会社法上の手続が必要となり，実際にはその実行は困難です。それに対し，更生手続では，更生計画によってそれらの行為ができるため，機動的に組織再編やM＆Aが可能となり，再建が容易になります。

　以上のように，再生手続の存在にもかかわらず，更生手続にはなお一定の意義があると考えられますが，一連の倒産法制抜本改正の中で，会社更生法をどのように改正するか，議論がありました。更生手続の申立件数は，改正前に若干増加していたとはいえ，必ずしも多くなく（2001年で47件），裁判所が再建の可否を過度に事前審査し，また手続運営に介入するという運用には批判も多かったところです。そこで，ラジカルな考え方としては，更生手続の上記のような利点を民事再生法の中に取り込み，再生手続のメニューを豊富にする形で，民事再生法と会社更生法を一本化すべきとする意見もありました。アメリカ連邦倒産法第11章手続のとった途です。しかし，現段階で，そこまで行くのは時期尚早とする意見が大勢であったことから，微調整論として，更生手続の不備のある部分についてのみ，民事再生法との並びで若干の新規定を設けるに止めるという考え方も有力でした。情報開示，関係人集会の任意化，包括的禁止命令，計画によらない事業譲渡，債権調査・確定手続の簡易化等の規定の新設に止めるというものです。しかし，実際には，不良債権処理のために企業再生

を活発にすることが社会から要求され，更生手続もより実効的なものとする必要がありました。その結果，実際の改正はより大規模なものとなり，最終的には，一部改正という形をとらず，全面改正による現行会社更生法の立法ということになったものです。具体的には，上記のような民事再生法並びの改正事項のほか，①DIP 型は導入しないものの，既存の取締役等の管財人選任を明文で認めること，②東京・大阪地裁の管轄を広く認めること，③保全管理人の行為による共益債権の容易化等保全段階の規定を整備すること，④担保権消滅制度を新設すること，⑤更生担保権の評価基準を継続企業価値から時価に変更すること，⑥更生計画案の可決要件を緩和すること，⑦更生計画期間を 20 年から 15 年に短縮すること，⑧社債権者の手続参加のあり方を変更することなどの改正事項が取り上げられました。その意味で，現行会社更生法に基づく更生手続は，その基本を維持しながらも，面目を一新したものと評価することができるでしょう。実際に，法施行（2003 年 4 月）後の 1 年間で，申立件数は 86 件と増加するとともに，申立企業の規模・業種などの面でも多様化が見られます（ただ，その後は産業再生機構の設立や事業再生 ADR の活用などもあって，申立件数は全体として減少傾向にあり，2007 年は 19 件，2009 年は 36 件，2012 年は 24 件，2015 年は 42 件で，2018 年は 4 件，2021 年は 3 件に止まっています）。

　以上のように，更生手続が再生手続の特別手続であるという趣旨に基づき，以下では，再生手続と同じ規律の部分については全面的に再生手続の叙述（第 5 章）に譲り，以下では，更生手続に独自の規定内容に絞って説明することにします（なお，上記のような現行会社更生法における改正事項は，その後，破産法の改正に伴う民事再生法の改正に際して同法にも取り入れられたものも多く〔②・③・⑧など〕，それらは既に再生手続に関して解説していますので，ここでは原則として説明を省略します）。

●コラム：超大規模会社更生──JAL の事例

　会社更生は，本文でもみたとおり，大規模会社の経済的更生を目指した手続ですが，時に超大規模な会社についても適用されます。改正後の例としては，JAL（日本航空）グループの更生事件があります。経営状態が悪化した JAL については，それがいわゆるナショナル・フラッグの航空会社である

こともあって，その処理の在り方は社会・政治全体を巻き込んだ大きな問題となりました。当初は私的整理や事業再生 ADR を利用した事業再生のスキームも検討されましたが，最終的には，企業再生支援機構（**第2章3(2)コラム**「国はどこまで事業再生に関与すべきか？」参照）の支援を受けながら，更生手続を申し立てることとされました。一種のプレ・ネゴシエート型の会社更生になったわけです。その手続では，飛行機の運航を絶対に阻害しないため商取引債権の全額弁済が行われるなど新機軸の運用が展開されました。そのほか，更生計画の前提とした事業再生計画の労働者の解雇への影響など様々な新たな法的論点を提示した事件であり，今後の超大規模会社更生の一つのモデルとなるものと言えるでしょう（この事件に興味のある方は，山本和彦「企業再生支援機構と JAL の更生手続」ジュリスト 1401 号〔2010 年〕12 頁以下を参照してください）。

2　申立て・保全処分

(1)　申立権者・手続開始原因

　まず，申立権者に関する会社更生法の特徴として，①申立債権者の範囲を資本金の額の 10 分の 1 以上の債権を有する債権者に限定している点（会更 17 条2 項 1 号）および②総株主の議決権の 10 分の 1 以上を有する株主にも申立権を認めている点（同項 2 号）があります。①は，大規模な会社が主として対象になり大型の手続である更生手続では，再生手続に比べてより慎重な要件を定めたものであり，また②は，株式会社に適用対象を限定し，株主をも手続の中に組み込む会社更生法の特色と言えるものです。実際には，ほとんどは債務者（会社）申立ての事件であるとされますが，近時はゴルフ場等について債権者申立事件も存在するようです。

　なお，更生手続開始申立てに予納金の納付を要することは再生手続の場合と同様ですが（会更 21 条），大規模会社を対象にし，常に管財人の選任を要する更生手続では，通常，再生手続よりも高額の予納金の納付が求められるようです（原則として，2000 万円以上などともいわれます）。また，手続開始原因は再生手続と全く同じで，破産原因事実の生じるおそれのあることまたは弁済期にある債務を弁済することとすれば事業の継続に著しい支障を来すおそれがあることとされています（会更 17 条 1 項）。

更生事件の管轄については，再生手続と同様，原則的な管轄である主たる営業所の所在地（会更5条1項）のほか，補充的な管轄も広く認められています。すなわち，本店所在地の管轄裁判所（同条2項），親子会社等の更生事件の係属裁判所（同条3項・4項），関連会社（連結親子会社）の更生事件の係属裁判所（同条5項），東京地方裁判所および大阪地方裁判所の管轄（同条6項）です。なお，東京地裁や大阪地裁では，更生事件を処理する倒産専門部が置かれています（前者はビジネス・コートにある民事第20部，後者は第6民事部となります）。また，広く移送が認められる点も，再生手続と同様です（会更7条）。

(2)　手続開始前の保全措置

従来は，更生手続の申立てから更生手続開始決定までは相当の時日を要していました。これは，運用上，開始決定をする前提として，相当に高い更生の見込みが求められ，実際上スポンサーの選定作業等が手続開始前にある程度めどがつく必要があるとされていたことによります。その結果，手続開始前の段階（保全段階）は更生手続にとって大変に大きな意味を持っていました。現行法は後述のとおり（(3)参照），手続開始要件を緩和し，実体的な更生の見込みを求めないこととしたので，開始決定手続は迅速化し，その運用は大きく変わってきているようです。ただ，再生手続に比べれば，なお更生手続では開始前の段階が大きな意味を持ち，それゆえに手続申立てに伴う保全措置が重要な機能を果たしています。

更生手続開始申立てに伴う保全措置の種類は基本的に再生手続の場合（**第5章Ⅱ1(2)参照**）と同様ですが，異なる点として，第一に，手続中止命令や包括的禁止命令の対象として，担保権の実行手続が含まれる点があります（会更24条1項2号・25条1項。担保権実行中止命令は再生手続にもありますが，強制執行の中止等とは異なる特別の要件が課されています〔民再31条参照〕）。これは，担保権も手続の中に取り込み，開始決定によって当然に担保権の実行も禁止される更生手続の特徴を反映したものです。第二に，やはり中止命令・包括的禁止命令の対象に国税滞納処分が条件付で含まれる点があります（会更24条2項・25条1項）。更生手続の再建型手続としての強力性を示すものと言えます。ただ，国税債権の共益性・優先性にも配慮し，中止に際しては予め徴収権者の意見を聴取しな

ければならず（会更24条2項但書），また中止・禁止の期間は2ヶ月に限定されています（会更24条3項・25条3項2号）。第三に，商事留置権の消滅請求制度があります。これは，開始前会社の財産について商事留置権が成立している場合に，その財産が会社の事業の継続に不可欠のものであるときには，裁判所の許可を得て，その財産の価額に相当する金銭を留置権者に弁済して留置権の消滅を請求できることとするものです（会更29条）。これによって，たとえば倉庫業者等に多額の負債がある場合でも，目的物の代価の弁済により事業継続に不可欠な財産の占有の回復を図ることができます。第四に，監督命令において，監督委員の職務として，開始前会社の取締役・執行役等が管財人・管財人代理の職務を行うに適した者であるかどうかを調査・報告することが加えられている点です（会更37条）。これは，現行法が，後述のように（4(1)参照），純粋なDIP型の更生手続を認めない代わりに，取締役等が管財人等に就任することを認める一方，査定手続の対象となるような者には管財人等の適格を否定しているため（会更67条3項），その点の適性の調査を監督委員の職務としたものです（なお，監督命令の発令は，再生手続と異なり，手続開始前に限られています）。

　以上のほか，更生手続における保全措置は再生手続のそれと基本的に同一であり，保全管理命令や監督命令も認められます（立法過程では，保全管理命令か監督命令のどちらかを必須とすることも検討されましたが，結局，いずれも発令しないようなパターンも認めることとされました）。実際には，更生手続では多くの場合に保全管理命令（会更30条以下）が発令され，弁護士から選任された保全管理人が業務の全権を掌握する形で開始決定までの手続が進められるのが一般的とされます。そして，東京地裁などでは，原則として更生手続開始申立ての当日に保全管理命令を発令し，保全管理人を選任する運用がされているようです。

(3)　申立棄却事由

　更生手続における申立棄却事由は，再生手続と基本的にパラレルなものになっています（会更41条）。ただ，更生手続は再生手続の特別手続であり，株式会社に特化した大型の手続であるので，更生手続は原則として再生手続に優先し，特に再生手続によることが債権者一般の利益となる特別の事由がある場合に限って，再生手続が優先します（同条1項2号）。また，清算型の破産手続等

との関係でも，同様の要件で原則として更生手続が優先することとされています。

　現行法の大きな特徴として，従来「更生の見込がない」ことが申立棄却事由となっていた（旧会更38条5号）のを，事業継続を内容とする更生計画案の作成・可決・認可の見込みがないことが「明らかである」ことに改めた（会更41条1項3号）点があります。これは，再生手続について述べたように（第5章Ⅱ1(3)参照），実体的な再建可能性という，裁判所にとって判断の極めて困難な事項を開始要件とすることで，裁判所が開始決定に慎重となり，事前審査が厳しくなり，また保全段階が長期にわたるという弊害が生じていたとされる点に鑑み，計画案の作成など判断の比較的容易な手続的要件に改め，かつ，その見込みのなさの明白性を求めることで，更生計画案の作成等の見込みが明らかでない場合にも，とにかく手続を開始することにしたものです。これによって，更生手続でも，再生手続の運用と同様，手続が迅速に開始することが期待されています。実際に，東京地裁の運用などでは，申立てから開始決定までを1ヶ月（DIP型の場合は3週間）とするのが標準的なスケジュールとされているようです。

3　開始決定

(1)　開始決定の手続

　開始決定の内容・公告等は，それが管財人の選任を含み，再生手続における管理命令の性質をも同時に帯有する点に基づく差異を除き，再生手続開始決定と基本的に同一です。相違点として（そして現行法による改正点として），利害関係人に対する手続開始の通知に関して，更生会社が債務超過の状態にあることが明らかである場合には，知れている株主に対する通知を不要とした点があります（会更43条4項2号。再生手続ではそもそも株主への通知はされません）。これは，債務超過時には株主は保護に値する実質的利益を有しないことに鑑み，手続を簡易化するために通知を不要としたものです。ただ，債務超過の有無に争いがありうることを考慮し，それが「明らか」な場合に通知不要の扱いを限定しています。

(2)　開始決定の効力

　更生手続開始決定の効力は，管理命令を伴う再生手続の場合と基本的には同様ですが，株式会社のための大型の手続であることゆえの更生手続の特徴がいくつかあります。まず，更生会社の組織に関する基本的な事項の変更が禁止されています（会更45条）。たとえば，募集株式・募集社債を引き受ける者の募集，剰余金の配当，会社分割・合併，株式交換・株式移転，減資などです。これらの行為は，更生手続中は，必ず更生計画によらなければならず，仮に会社法上の手続に基づいて更生管財人が行ったとしても，その効果は生じません。また，手続開始後の更生会社の取締役・執行役の地位についても，一定の特則が設けられています。すなわち，取締役等の競業制限について，その報告・承認等の主体は，株主総会（会社356条1項）や取締役会（会社419条2項）ではなく管財人となります（会更65条）。さらに，取締役等の報酬については，手続中は原則として請求できないものとされます（会更66条）。事業経営権が管財人に移転するために取締役等の実質的な職務が消滅してしまうことに対応した措置です。なお，開始決定によって担保権の実行が禁止される点（ただ，現行法は一部その実行禁止を解除する手続を認めています）および租税債権についても一定の範囲でその実行が禁止される点は，更生手続の大きな特色ですが，この点はまとめて後に解説します（5(2)・(5)参照）。

(3)　裁判所の許可

　更生手続開始後に，裁判所が一定の行為を要許可行為として指定できることおよびそのような行為の内容は，再生手続の場合と同じです（会更72条2項）。ただ，許可の相手方が再生債務者等ではなく，更生管財人となり，また監督委員がないため（更生手続の監督委員は保全段階のみの機関です），常に裁判所が自ら許可をしなければならない点に差異があります（以上は破産手続の場合と同じです）。また，特別の許可対象行為として事業譲渡がある点も，再生手続と変わりがありません（会更46条）。更生手続でも，更生のため手続中に迅速に事業譲渡を行う必要性が大きいことは再生手続と同じなので，更生計画による事業譲渡を原則としながら（同条1項本文），その例外を認めたものです（同項但書）。具体的な手続として，裁判所の許可を必要とする点（同条2項）および裁判所

の許可に際して更生債権者・労働組合等の意見聴取を必要とする点（同条3項1号・3号）は再生手続と同じですが，異なる点として，更生担保権者の意見聴取も必要となる点（同項2号）のほか，株主の取扱いがあります。更生手続においては，財産の管理処分・事業経営の権限は全面的に管財人に移転するため（会更72条1項），事業譲渡には株主総会の特別決議（会社467条・309条2項11号）は不要であり，代替許可の制度は必要ないと考えられますが，事業譲渡が株主の利害に実質的に重大な影響を与えることは間違いないので，特別の拒否権を株主に付与することとしています。すなわち，管財人は事業譲渡の内容を株主に通知・公告し（会更46条4項），議決権総数の3分の1を超える議決権を有する株主が譲渡に反対する意思を書面で通知したときは，裁判所は事業譲渡の許可ができません（同条7項2号）。ただし，更生会社が債務超過状態にあるときは，株主に実質的な持分権がないためそのような手続は不要とされる（同条8項）結果，実際には多くの場合は，株主には意見聴取もせずに事業譲渡を行うことが可能となります（なお，譲渡の相手方が更生会社の特別支配会社〔会社468条1項参照〕である場合も，上記の手続は必要ありません）。

4　手続の機関

　更生手続の機関も，その多くは再生手続のそれと同一です。ただ，監督委員は，更生手続では手続開始前に限定された機関とされています（2(2)参照）。また，更生手続では保全管理人が選任される場合が一般的であり，監督委員はその選任がない場合の補充的な機関ということで，手続の中核的機関とされる再生手続とは監督委員の位置づけが大きく異なります。

　また，調査委員については，再生手続とほぼ同様の位置づけの機関とされており（会更125条），債権者申立ての場合を中心に活用されています。なお，現行法の立案段階では，更生手続全般について裁判所の知見を補充するとともに，手続や業務・会計の適正・透明性を確保するため，独自の補助機関を置くべき旨の提言がされました。これは，特に地方の裁判所では，更生裁判所や管財人に十分な専門的知見がない場合があることに配慮して，更生実務に経験の豊富な都市部の弁護士等の補助を期待したものでした。しかし，結局，このような提案は採用されず，調査委員制度の充実で当面対応することとされました。そ

の結果，調査委員の調査事項として，管財人作成の計算書類の当否や管財人の報告の当否なども明示的に加えられ（同条1項2号），上に述べたような機能を一部果たしうるものとされています。

(1) 更生管財人

更生手続においては，管財人は必置の機関とされています（会更42条1項）。現行法立案時の議論では，更生手続についても，再生手続と同様に，更生会社が事業経営・財産管理処分権を保持するDIP型の手続の余地を認める旨の提案もされていました。しかし，そのような制度は，更生手続の特徴を曖昧にするとともに，担保権者を手続に組み込むなど強力な効果を伴う更生手続にはそぐわないものとして採用されませんでした。ただ，それに代えて，更生会社の従来の取締役等経営者を管財人として選任できることを明らかにすることにしました。これによって，更生会社の事業内容を熟知した者に再建を委ねることが実質的に可能となり，更生の可能性・効率性を高めるというDIP型手続の利点を取り入れることができるからです。理論的には，従来も取締役等を管財人に選任することは可能であるとされていましたが，実務的には，そのような運用は皆無に近かったようです。そこで，現行法は，役員等責任の査定決定を受けるおそれがあると認められる者は管財人に選任することができない旨の規定を設け（会更67条3項），裏から，そのようなおそれのない取締役・執行役等は管財人適格を有することを示したものです。

●コラム：いわゆるDIP型会社更生の運用

　本文で見ましたように，更生会社の経営陣等を管財人として選任するいわゆるDIP型会社更生は，会社更生法の改正時から認められていました（より正確には改正前から認められていたものを改正法が明認しました）。改正当初は，このような運用は必ずしも一般的ではありませんでしたが，そのような状況を変えて，2008年12月，東京地裁は正面からDIP型会社更生の運用を導入することを明らかにしました。それによると，申立時に調査委員兼監督委員の弁護士を選任し，手続開始時に従来の経営者を事業管財人として選任し，前者の弁護士を調査委員として選任するという運用です。その後，このような運用は大阪地裁などにも拡大しています。

　東京地裁では，2011年9月までの約3年間に，DIP型での申立てが14件あり，そのうちの9件がDIP型で開始しているということです。その中には，金融業者のロプロ・武富士，通信業者のウィルコム，不動産業者の日本綜合地所など負債総額1,000億円を超える大規模事件が多く含まれており，迅速かつ実効的な更生に寄与しているようです。最近では，DIP型と管理型の中間形態として，申立代理人である弁護士を管財人としたり（エルピーダメモリなど），監督委員兼調査委員を管財人とする一方で旧経営者を管財人代理としたり，様々な工夫がされています（JALも，株式を取得した企業再生支援機構を管財人としており，一種のDIP型ともいえます）。このように，DIP型会社更生の運用はまだ発展途上の段階にありますが，しばらく沈滞していた会社更生の手続を活性化する試みとしても大変注目されます（2018年申立ての日本海洋掘削の更生事件でもDIP型が活用され，日本唯一の海洋掘削事業者の更生が実現しています）。

　実務では，更生管財人には，保全管理人であった弁護士が横滑りするとともに，スポンサーが開始決定時に定まっている場合には，スポンサーから派遣された役員や従業員があわせて選任される事例が多いようです。前者を法律管財人，後者を事業管財人と呼び，両者の間で役割の分担が図られるのが一般的とされます。なお，更生会社は全国的に事業を展開していることが多いので，更生管財人は自己の職務を補助させるため，裁判所の許可を得て，複数の管財人代理（会更70条）を選任し，チームで更生手続を進めていくことが通常です。

　更生管財人の権限・義務等は，破産管財人や再生管財人と基本的に同様です。原則として事業経営・財産管理処分の権限は管財人に専属し（会更72条1項），管財人は善管注意義務を負って職務を執行します（会更80条）。ただ，更生管財人に特徴的な点として，第一に，更生計画認可決定後は，更生計画の定めまたは裁判所の決定により，事業経営権等を更生会社の本来の機関（取締役・執行役等）に戻すことが可能です（会更72条4項前段。「権限付与」と呼ばれます）。権限付与がされると，更生管財人は監督機関に変容し，更生会社の経営機関の事業経営等を監督することになります（同項後段）。第二に，現行法による改正点ですが，更生管財人には競業の制限が課されます（会更79条）。前述のように，破産管財人などとは違い，更生管財人にはスポンサーから派遣される経済人が就くことも多く，そのスポンサーが同業他社であるような場合には，競業

の問題は実際にもシリアスなものとなります。そこで，更生管財人の競業制限を明示し，競業許可の手続等を明確化したものです。すなわち，管財人は競業取引をするについては，その取引に関する重要事項を開示し，裁判所の承認を受けなければならず（同条1項。実際の取引後は報告義務を負います。同条2項），承認を得ずに取引をしたときは，その取引によって管財人や第三者が得た利益は，更生会社に生じた損害額と推定されます（同条3項）。

(2) 関 係 人 集 会

　破産手続や再生手続における債権者集会に相当する機関として，更生手続には関係人集会が置かれます。関係人集会は，更生手続における関係人が一般債権者だけではなく，担保権者や株主も含まれることを反映して，より多様な構成をとるものです。すなわち，関係人集会の期日には，管財人・更生会社などのほか，更生債権者，更生担保権者および株主等を呼び出さなければならないものとされます（会更115条1項）。また，後に述べるように，関係人集会で更生計画案について決議がされる際には，多様な関係人の意見を的確に反映できるように，組分けに基づいて組ごとに決議がされます（8(2)参照）。なお，令和5年改正の施行により，関係人集会はウェブ会議によって実施することもできます（会更115条の2）。

　関係人集会の招集が法定されている場合として，財産状況報告集会（会更85条）と更生計画案決議のための関係人集会（会更189条2項1号）がありますが，それ以外にも，管財人・更生債権者委員会等や一定の要件を満たす更生債権者等・株主の申立てまたは裁判所の職権で，関係人集会が招集されることがあります（会更114条）。財産状況報告集会は更生会社の財産状況の報告を目的とする集会で，再生手続と同旨のものです（実際には，再生手続と同様，関係人説明会〔会更規16条〕の開催が一般的になっているようです）。更生計画案の決議については，書面等投票のみによることもできますが（会更189条2項2号），更生計画案が可決されない場合に続行期日が開けないなど不便もあるため，書面等投票を併用しながら関係人集会の期日において決議をすること（同項3号）が多いようです（更生計画案の決議については，8(2)参照）。

(3)　更生債権者委員会等

　現行会社更生法では，民事再生法に倣って，更生債権者など関係人の利益を
手続に反映する機関として，新たに更生債権者委員会等を設けました。基本的
には再生手続の債権者委員会のスキームを踏襲するものですが（承認要件につ
いて，会更117条1項参照），更生手続の関係人の多様性に配慮しています。す
なわち，更生手続では，更生債権者委員会のほか，更生担保権者委員会（会更
117条6項）および株主委員会（同条7項）を別途構成することが可能とされて
います。立案過程では，これらを一体のもの（関係人委員会）として構成する
可能性や各関係人の中で複数の委員会を設ける可能性なども検討されましたが，
結局，利害関係を共通とする関係人グループごとに1個の委員会を認めること
としています。なお，現行会社更生法は，旧民事再生法の債権者委員会に比べ
て，更生債権者委員会等の権限を拡大しましたが（管財人による意見聴取義務
〔会更118条〕，報告書・計算書の提出義務〔会更119条〕，管財人に対する報告命令
〔会更120条〕等），これらはその後の改正で民事再生法にも導入され，現在で
は両者の権限は基本的に横並びのものとなっています（第5章Ⅱ3(5)参照。破産
手続の債権者委員会も同様です）。

●コラム：闘う更生担保権者委員会

　債権者委員会の制度は，どの手続でもあまり利用されない状況にありまし
たが，最近，更生担保権者委員会を活用する動きが一部でみられ，注目され
ています。これは，前に述べたいわゆる DIP 型会社更生の運用と密接な関
連があります。DIP 型会社更生では，民事再生と異なり，監督委員がいま
せんので（調査委員は置かれますが，監督権限を有していません），必然的に債
権者・担保権者と債務者（更生会社）が直接対峙する手続構造になります。
その結果，債権者側のグループを代表して債務者から情報の提供を受け，交
渉する機関が必要となり，とりわけ利害関係が強い更生担保権者が委員会を
組織するということになりやすいのでしょう。Spansion Japan の事件では，
管財人（DIP）と更生担保権者委員会が更生計画案の中身をめぐって激しく
対立し，最終的には調停委員会を組織して調停に委ねて決着を付けることに
なったようです。このように，委員会の活用の事例が出てきますと，現在の
委員会に関する規律がこのままでよいのか（たとえば，更生担保権者委員会
を組織する場合に，更生債権者の利害を代表する委員会が不存在でもよいのかな

ど），真剣な議論がされる必要があるように思われます。

5 更生債権その他の権利

(1) 更 生 債 権

更生債権としては，「更生会社に対し更生手続開始前の原因に基づいて生じた財産上の請求権」のほか，手続開始後の利息・損害賠償請求権等の債権が個別に列挙されています（会更2条8項）。更生債権のうち，一般の先取特権その他一般の優先権があるものは，優先的更生債権として，手続内で優先的な扱いを受けることになります（会更168条1項2号）。この点は，これらの債権を一般優先債権（第5章Ⅱ5(2)参照）として手続外に出している再生手続とは異なり，破産手続と基本的に同様の扱いをするものです。更生手続では組分けによる決議が前提となっており，優先債権を手続内で通常の更生債権と区別して扱うことが可能であり，また相当であるからです。なお，劣後的な債権については，現行会社更生法は劣後的更生債権という概念を設けず，再生手続と同様の処理を図っています（第5章Ⅱ4(1)(b)参照。開始後債権につき，会更134条）。また，現行破産法の制定にあわせて，約定劣後更生債権（会更168条1項4号）の範疇が設けられ，議決権は認められるものの，一般の更生債権に劣後して取り扱われるものとされます。

(2) 更 生 担 保 権

更生手続の最大の特徴の一つは，担保権者を手続の中に取り込み，その権利行使を制限しながら，更生計画においてその権利内容を変更することを可能にしている点にあります。この点が再生手続とは大きく異なる更生手続の特色であり，また最大の利点の一つと言えます。そのような担保権の被担保債権（担保目的物価額でカバーされた範囲のもの）を更生担保権と呼びますが，それは破産・再生手続において別除権が認められるものと基本的に同様の範囲の担保権です（会更2条10項。なお，更生債権と更生担保権の横並びの規律を反映して，両者を合わせて法律では「更生債権等」という呼び方がされています。同条12項）。更生担保権は，手続開始後は弁済禁止の対象となり（会更47条1項），またそれに

基づく担保権の実行が禁止・中止されます（会更50条1項）。ただ，例外的に，担保の目的財産が更生会社の事業の更生のために必要でないことが明らかなものであるときは，管財人の申立てまたは職権で，担保権の実行禁止を解除する決定が可能とされます（同条7項）。更生担保権者は解除決定を直接求めることはできませんが，そのような申立てを裁判所にするように管財人に求めることができ，その求めを受けた管財人は裁判所に直ちにその旨を報告する義務を負います（同条8項）。ただ，担保権の実行が解除されても，その換価金を担保権者に配当してしまうのは更生担保権者間の平等を害するので，配当は実施できず（会更51条1項），解除された担保権実行手続における換価金は執行裁判所に留保され，担保権者は通常の計画弁済を受けることになります。そして，更生計画が認可されれば，その留保金は管財人に交付され（同条2項），認可されずに廃止等で更生手続が中途終了したときに初めて，担保権者に対する配当が実施されることになります（同条3項）。

　更生担保権に関する最大の問題の一つは，その評価基準の点にあります。更生担保権となるのは，その被担保債権のうち「当該担保権の目的である財産の価額が更生手続開始の時における時価であるとした場合における当該担保権によって担保された範囲のもの」に限られます（会更2条10項）。このように，現行会社更生法は，更生担保権の評価基準として，いわゆる時価基準を採用しています。旧法時代は，この基準は「会社の事業が継続するものとして評定した更生手続開始の時における価額」とされ（旧会更124条の2），いわゆる継続企業価値（going concern value）基準として理解されていました。しかし，実際には，会社の継続企業価値を個別の財産に割り振ることは極めて困難な作業であり（たとえば，リースの対象であるコピー機が事業収益にどの程度寄与しているかは，算定不能でしょう），その結果，多くの紛争（更生担保権確定訴訟）を生んでいました。そこで，現行法では，企業全体の財産評定について比較的客観的な時価基準を採用する（7(1)参照）とともに，更生担保権の評価基準としても時価によることとしたものです。ただ，実際に「時価」としてどのような価額が想定されるかは，会計学等においてもすべての種類の財産について確定した基準があるわけではないようであり，実務運用に委ねられた部分が多くあるとされます（なお，更生担保権をめぐるその他の重要な問題として，更生担保権確定の手続

については6(3)，現行法で創設された担保権消滅制度については7(2)参照)。

(3) 株　主

　株主が手続に組み込まれていない再生手続とは異なり，更生手続では，株主もその有する株式をもって更生手続に参加することができます（会更165条）。ただ，株主の手続参加権は，更生会社が債務超過の状態（「更生手続開始の時においてその財産をもって債務を完済することができない状態」）にあるかないかで，全く異なってきます。すなわち，債務超過状態にないときは，株主は株式1株（または1単元）について1個の議決権を有し（会更166条1項），その他の手続上の権利（たとえば，不服申立権など）も当然に行使することができます。また，更生計画外の事業譲渡の場合にも，3分の1の議決権を有する株主に拒否権が認められていることは，前に見たとおりです（3(3)参照）。

　ところが，更生会社が債務超過の状態にある場合には（実際にはこのような場合が通例です），株主の権利は大きく制限されます。すなわち，この場合には，株主は議決権を有しませんし（会更166条2項），事業譲渡の場合にも，拒否権はもちろん認められず，意見の聴取すらされません（3(3)参照）。さらに，更生会社が債務超過状態にあることが明らかである場合には，手続開始決定の株主に対する通知も不要とされます（会更43条4項2号）。債務超過会社では株主に議決権が認められないことから，多数の株主に対する通知という無駄な費用・手間を節減しようとするものです。また，更生計画の認可または不認可の決定に対しても，債務超過会社の株主は原則として即時抗告ができないものとされます（会更202条2項2号）。そのような場合の株主の実質的に無価値な地位に鑑み，濫用的な不服申立てを防止する趣旨に出たものです。このように，会社更生法は，債務超過の場合の株主は会社持分を有していないというその実質経済的な地位を考慮して，株主の権限を大幅に制約しているものです。

(4) 共益債権

　更生手続には，再生手続と同様の共益債権の制度があります。更生手続で共益債権として扱われる債権の範囲も，基本的には再生手続の場合（第5章Ⅱ5(1)参照）と同様です（中心的なものは，会更127条参照）。ただ，再生手続では共

益債権とされていないものもいくつか，更生手続では共益債権として認められています。

　第一に，一定の範囲の租税債権を共益債権としています（会更129条）。具体的には，源泉徴収所得税や消費税・酒税等の間接税などで，手続開始当時まだ納期限の到来していないものです。破産の財団債権（破148条1項3号）に比べて，その範囲は大幅に限定されていますが，これらの租税は一種の預り金としての性質を有するものである点に配慮して，特に優先権を認めたわけです。

　第二に，一定の範囲の給料・退職金債権です（会更130条）。これらの債権は一般に優先的更生債権として保護されていますが，さらにそのうちの一定部分を共益債権として保護を厚くし，労働者の労働意欲を喚起し，事業の更生に資することを図ったものです。具体的には，手続開始前6ヶ月分の給料（同条1項），退職前6ヶ月分の給料額に相当する額か3分の1に相当する額のいずれか多い額の退職手当（同条2項），退職年金（定期金）の各期の額の3分の1（同条3項），手続開始前6ヶ月分の給料額に相当する額か3分の1に相当する額のいずれか多い額の社内預金等の預り金（同条5項）などが共益債権として保護されます。破産の財団債権（第4章Ⅱ3(3)参照）の場合よりもその範囲が拡大されていますが，それは更生に配慮した上記のような趣旨に基づくものです。

(5)　租　税　債　権

　租税債権は，前に見たように（(4)参照），その一部が共益債権としての保護を受けるものとされていますが，その他のものは通常の更生債権に止まります。ただ，実体法上の優先権が認められるので（国徴8条），優先的更生債権として扱われます。たとえば，滞納されている法人税等は優先的更生債権にしかなりません。そして，共益債権については手続開始後も滞納処分が可能ですが，更生債権である租税に基づく滞納処分は制限を受けます。すなわち，手続開始前は，滞納処分は中止命令・包括的禁止命令の対象となりますし（会更24条2項・25条1項），開始後は当然に禁止・中止の対象となります。ただ，国税債権の公益性・優先性に配慮して，そのような中止・禁止には一定の制限が課されています（2(2)参照）。すなわち，第一に，中止命令や取消命令の発令に際しては，必ず徴収権者の意見を聴かなければなりません（会更24条2項但書・5項但

書）。第二に，中止命令等の有効期間は，発令から2ヶ月に限定されています（同条3項）。第三に，開始決定による禁止・中止の期間は，手続開始から1年間に限定されています（会更50条2項）。裁判所はこの期間を伸長することができますが，その場合には，予め徴収権者の同意を得なければなりません（同条3項）。このように，租税債権の実行制限については，「腫れ物に触る」ような慎重な配慮がされているところです（さらに更生計画における権利変更の制約については，8(1)参照）。

6　更生債権等の届出・調査・確定

(1)　債 権 届 出

　債権の届出については，更生債権者と更生担保権者がそれぞれ別個に届け出ることを除き，再生手続の場合と差異はありません。更生担保権者の届出については，更生担保権の内容・原因，担保目的財産およびその価額，議決権額等を届け出ることになります（会更138条2項）。そして，被担保債権に不足額部分があるときは，別途，更生債権者としても届け出る必要があります。なお，退職手当の請求権については，届出の特例措置が認められており，債権届出期間にかかわらず，退職後1ヶ月内に届出をすれば足りるものとされています（会更140条）。退職手当については，労働者に停止条件付債権等としての届出を期待することは実際上難しく，また更生手続中に実際に退職がされなければ，届出・調査をする意味もないからです。

(2)　債 権 調 査

　債権調査についても，再生手続同様，管財人の作成する認否書と更生債権者等の書面による異議によって行われ（会更145条），調査期日によることはありません。ただし，再生手続とは異なり，自認債権の制度は設けられていません。これは，原則として自己の負債内容を十分に認識しているはずの再生債務者自身が認否を行う再生手続とは異なり，更生管財人は更生会社の外部から入ってくる者であり，届け出られていない債権の存否・内容を的確に認識できるかについては疑問がある一方，更生会社とは人格の異なる管財人が仮にその存在を知りながら更生債権等を失権させても，必ずしも信義則に反するとまでは言え

ないためです（過払金債権との関係でこの点を示す判例として，最判平 21・12・4 判時 2077-40〔百選 100〕参照）。仮に自認制度を設けると，客観的に存在する債権を自認しなかった場合には，管財人の善管注意義務違反による損害賠償義務を発生させるおそれもありますが，そのような負担を管財人に課すことは適当でないと判断されたものです。ただ，届け出てこない債権者の存在を現に管財人が把握しているときには，それを放置することも適当ではないので，管財人は一種のサービスとして，未届出債権者に対し，債権届出期間の末日を通知することにより債権届出を催告する制度が設けられています（会更規 42 条）。なお，退職手当については，(1)で見た届出の特例に伴い，債権調査についても，管財人は裁判所から債権届出の通知を受けた後 3 日以内に異議を述べることができるなどの特則が設けられています（会更 149 条）。

(3)　債権確定

　債権の確定についても，更生債権等の査定および査定決定に対する異議訴訟による点は，再生手続と同じ仕組みになっています（ただし，簡易再生・同意再生に相当するような制度は，大規模手続である会社更生には馴染まないものとして，設けられていません）。更生手続における最大の特徴は，更生担保権の確定の手続にあります。更生手続では，従来，更生担保権の目的物の価額は，5(2)で見たように，継続企業価値で評価されるものと理解されていましたが，その点に関する争いが多く，更生担保権確定の訴えが多数提起されていました。しかし，目的物の評価はその性質上非訟事件であり，確定訴訟（現行法における異議訴訟）の手続で争わせる必要性は必ずしもないと考えられます。そこで，更生担保権の争いで，その対象が目的物価額にある場合（これが実際上ほとんどです）には，更生担保権者は査定の申立てから 2 週間以内に，その財産についての価額決定の申立てができることにしました（会更 153 条）。価額決定の申立てがあると，裁判所は評価人を選任してその評価に基づいて価額決定をしますが，その決定に対しては即時抗告だけが可能であり，提訴はできません（会更 154 条）。そして，この決定が確定しますと，そこで定められた価額は，査定決定や異議訴訟の裁判所を拘束するものとされます（会更 155 条 2 項）。

　更生担保権の確定の点で，もう一つ注目されるものとして，目的財産を共通

にする複数の更生担保権がある場合の特例があります（会更159条）。これは，たとえば，管財人により時価2,500万円と評価された不動産の上に，第1順位A（被担保債権3,000万円），第2順位B（被担保債権2,000万円）の抵当権があるとして，Aは不服を述べずに2,500万円が更生担保権として確定したとします。この場合に，Bが査定の申立てをしたとして，裁判所がこの不動産を3,000万円と評価した場合に，どのような判断をすべきか，という問題です。この場合に，Aの担保権が2,500万円で確定しているので，残余の500万円についてはBの更生担保権が認められるという考え方もありえますが，この規定はそのような考え方をとらず，Aの更生担保権の確定内容はBについて拘束力をもたないものとしました。したがって，Aの被担保債権は3,000万円あるところから，Bに認められる余剰分はなく，Bの更生担保権は結局否定され，超過分の価値は実質的には更生債権者に帰属することになります。

7 更生会社財産の調査・確保

会社更生法にも，更生会社財産の調査・確保に関する規定が多くありますが，その大部分（特に倒産実体法）は民事再生法や破産法と基本的にパラレルなものです。そこで，再生手続等と実質的に同一の規律がされている相殺権（会更47条の2～49条の2），双方未履行双務契約の扱い（会更61条～63条），取戻権（会更64条），管財人の裁判所に対する報告（会更84条），否認権（会更86条～98条），役員等の責任の査定（会更99条～103条）などについては，全面的に説明を省略して，以下では，更生手続に特徴的な財産評定および担保権消滅の制度についてのみ解説します。

(1) 財産評定

管財人は，更生手続開始後遅滞なく，更生会社に属する一切の財産についてその価額を評定しなければならず（会更83条1項），財産評定完了後直ちに更生手続開始時の貸借対照表・財産目録を作成・提出しなければならない（同条3項）点は，再生手続と全く同じです。最大の相違点は，財産評定の基準にあります。処分価値を基準とする再生手続（第5章Ⅱ6(1)参照）とは異なり，更生手続における財産評定は，「更生手続開始の時における時価によるもの」とさ

れます（同条2項）。この点は，更生担保権の評価基準（5(2)参照）と同様に，旧法時には「会社の事業を継続するものとして」評定するものとされていました（旧会更177条2項）。その解釈としては，収益還元法により継続企業価値を算出し，それを個々の資産に割り付けて評定するものとする見解が有力でしたが，そのような評定方法の可能性・合理性には批判もあり，争いがありました。そこで，現行法では，更生会社の資産状態を正確に把握し，その会計の具体的な基礎を付与するという観点から，開始時の時価を基準とすることに改めたものです。そして，その時価再評価の結果が爾後の会社法上の計算書類作成の基礎となるとともに，税法上の特例（会更232条）の前提ともなるわけです。なお，更生計画の遂行可能性や権利変更の公正・衡平を判断する基礎資料としては，別途，継続企業価値による評価も裁量的に認められますし，さらに認可要件としての清算価値保障原則が担保されていることを確認するために，参考資料として処分価格による評価を裁判所が更生計画案提出者に命じることもできることになっています（会更規51条1項）。ただ，これらの評価はあくまで補充的・裁量的なものに止まる点に注意する必要があります。

(2) 担保権消滅制度

立案過程で問題となった点として，事業の更生のために必要な財産の上に担保権が設定されており，事業継続や事業譲渡などのためには，その担保権を消滅させて，供託金等に強制的に変換させる制度の必要性が議論されました（担保変換制度または特別換価制度などと呼ばれていました）。たとえば，ある製造部門の事業を譲渡しようとする場合，その工場の土地建物に抵当権が付いている場合，そのまま譲渡するのでは譲受人のところで抵当権が実行されてしまい，結局，被担保債権額分を控除して譲渡代金が設定されることになり，更生に支障を生じてしまいます。そこで，このような場合は，担保権を消滅させて事業の譲渡を可能にする方途が必要と考えられるわけです。最終的には，事業の更生のために必要があると認められるときは，管財人が担保目的財産価額に相当する金銭を納付して担保権消滅の許可の決定を裁判所に求めることができる制度とされ（会更104条1項），再生手続の担保権消滅制度（第5章II6(4)参照）に類似した構成となりました。

　具体的な手続は，前述のように，まず管財人が裁判所に担保権消滅許可の申立てをし，裁判所が許可決定をしたときは，担保権者は，更生のための必要性に不服があるときは即時抗告（会更104条5項）で争い，管財人の示した目的物価額に不服があるときは価額決定請求（会更105条）で争うことになります。この手続で納付されるべき金銭は，最終的に更生手続が失敗して牽連破産等に移行したときに，担保目的物価額の配当を担保権者に保障する趣旨のものですから，更生担保権の評価基準とは異なり，処分価額で評価されます（会更規27条，民再規79条1項）。そして，管財人の価額納付により担保権は消滅し（会更108条3項），担保権の登記の抹消嘱託がされます（同条4項）。再生手続の担保権消滅制度と異なる点は，金銭納付に基づき直ちに配当がされることはなく，裁判所がそれを預かっておく点です。更生担保権については更生計画による弁済しかできないので，直ちに担保権者に配当してしまうと，他の更生担保権者と不平等な扱いになってしまうからです。そして，その後更生計画が成功裡に認可に至ると，裁判所は預かっていた金銭を管財人に交付し（会更109条），更生担保権者には更生計画に基づく弁済等がされます。他方，計画認可に至らずに更生手続が廃止等で中途終了した場合には，その時点で初めて配当が実施されることになります（会更110条）。また，被担保債権額が目的物価額と比べて小さい場合には，被担保債権額を超える納付金額部分（剰余金）を裁判所は管財人に交付できますし（会更111条），金銭納付の際にも被担保債権相当額を納付すれば足りる扱い（差引納付）も認められます（会更112条）。

8　更　生　計　画

(1)　更生計画の条項

　再生手続と比較した更生手続の大きな特色の一つは，更生計画の内容の多様性とその詳細さにあります。更生計画には，更生のために必要な事項に関する条項を広く定めることができますが（会更167条2項），必ず定めなければならない条項として，権利変更条項のほかに，更生会社の取締役・執行役等，弁済資金の調達方法，超過収益金の使途等に関する条項があります（同条1項）。

　更生計画による権利変更の内容の特徴として，更生手続が多様な関係人を対象とすることに基づき，更生担保権・優先的更生債権・一般更生債権・約定劣

後更生債権・優先株式・普通株式という異なる種類の権利者の間で，その権利の実体法上の順位を考慮した公正・衡平な差を設けなければならないとされます（会更168条3項。これは認可要件における計画内容の公正・衡平性に反映します。(3)参照）。他方，同一種類の権利者の間では実質的平等の原則が妥当します（同条1項）。更生計画では，届出のない権利はすべて失権するため（(3)参照），再生計画における権利変更の一般的基準に相当するものはなく，具体的な権利変更の定めのみが置かれます（会更170条）。更生計画による債務の猶予の期限は再生計画よりも長く，原則として15年（更生担保権の担保目的物の耐用期間がそれより短い場合にはその耐用期間）とされています（会更168条5項。ただし，更生債権者等に特に有利な計画条項になるなど特別の事情がある場合は，20年まで可能）。なお，この猶予期限の制限は更生計画で社債を発行する場合には妥当せず（同条6項），永久債の発行なども許容されます。また，租税債権の扱いについては特則があり，その権利変更には原則として徴収権者の同意を要しますが，3年以内の納税猶予・換価猶予や手続開始から1年以内の延滞税・利子税の減免・猶予等については，例外的に徴収権者の意見を聴くだけで（その同意がなくても）定めることができます（会更169条）。

　更生計画の大きな特色の一つは，更生手続が株式会社のみを対象とする特別手続であるという性質に鑑み，その行為を行うについて本来株主総会や取締役会の決議等が必要となるような事項についても，更生計画で条項を置くことができ（会更174条），その計画が認可されれば，それら通常の会社法上の手続を経ないでも効力が生じることとされている点です（(4)参照）。具体的には，株式の取得（会更174条の2），募集株式の募集（会更175条），募集新株予約権の募集（会更176条），募集社債の募集（会更177条），デット・エクイティ・スワップ（DES）（会更177条の2），解散（会更178条），持分会社への組織変更（会更179条），合併（会更180条・181条），会社分割（会更182条・182条の2），株式交換（会更182条の3），株式移転（会更182条の4），株式交付（会更182条の5），新会社設立（会更183条）などです。このような形で，更生計画により会社の組織再編を簡易に行うことができる点が，再生手続に比べた更生手続の魅力の一つと言うことができましょう（1参照）。実際にも，100％減資を行い，旧株主の権利を完全に消却して，スポンサー等に新株を発行する更生計画が多いとさ

れます（このような計画が公正・衡平に反しないことについて，東京高決昭54・8・24判時947-113参照）。

(2)　更生計画案の提出・決議

　更生計画案の提出権者は，提出義務を負う管財人（会更184条1項）のほかに，更生会社，届出更生債権者等および株主です（同条2項）。いずれも裁判所の定める期間内に計画案を提出する必要がありますが，提出期限は開始決定の日から1年以内の日とされています（同条3項。期間伸長について，同条4項）。計画提出までの期間を法定して手続の迅速化を図る趣旨であり，東京地裁の運用などでは，実際に手続開始から9ヶ月程度後を提出期限とするのが標準的とされます（ただ，いわゆるDIP型ではより迅速化が図られ，4ヶ月程度が標準とされるようです）。原則的な更生計画は，更生会社の継続や合併・事業譲渡等によって実質的にその事業が生き残るというものですが，そのような計画案の作成が困難であることが明らかになったときには，例外的に裁判所は事業の全部廃止を内容とする計画案の作成を許可することができます（会更185条1項本文）。清算的更生計画とも呼ばれるもので，次に見るように，可決要件について特別の定めがあると同時に，債権者一般の利益を害する（破産配当を下回る弁済に止まる）計画は認められません（同項但書）。なお，再生手続とは異なり，更生計画案の事前提出（プレパッケージ型）は認められていません。

　更生計画案の決議の方法は，再生手続と同様，関係人集会による決議と書面等投票とがあり，関係人集会による場合も書面等投票を併用する余地を認めています（会更189条2項。再生手続につき，第5章Ⅱ7(3)参照）。更生計画案の決議は，原則として異なる種類の権利者の組ごとに行われますが（会更196条1項），裁判所は，その裁量により，各組を統合・分割することができます（同条2項）。実際にも，優先的更生債権者と一般更生債権者とは同じ組にされることが多いようです。可決の要件は，各組により異なります。まず，①更生債権者については，議決権総額の2分の1を超える同意が必要です（同条5項1号）。②更生担保権者については複雑ですが，ⓐ期限猶予については議決権総額の3分の2以上の同意，ⓑ減免等の権利変更については同じく4分の3以上の同意，ⓒ清算的更生計画案については同じく10分の9以上の同意が必要とされます（同

項2号）。最後に，③株主については，議決権総数の過半数の同意が求められ
ます（同項3号。但し，債務超過の場合に株主の議決権が認められないことは，5(3)参
照）。再生手続と比べて，株式会社の資本性から頭数要件が不要である点，ま
た実体的な保護が必要である担保権者については特に厳格な可決要件が求めら
れる点に特徴があります。なお，更生計画案が可決されなかった場合の関係人
集会の続行については，更生債権者・株主については議決権総額・総数の3分
の1以上，更生担保権者については議決権総額の2分の1を超える同意が必要
とされます（会更198条）。

(3)　更生計画の認可

　更生計画の認可要件の特色として，「更生計画の内容が公正かつ衡平である
こと」が求められている点があります（会更199条2項2号）。公正・衡平の意
味については様々な議論があるところですが，更生会社の継続企業価値を関係
人の優先順位に完全に従って割り付けなければならない（絶対的優先原則）とま
では考えられておらず，上位の関係人が下位の関係人よりも相対的に不利益な
扱いを受けてはならないという規律（相対的優先原則）が適用されるものと理解
されています。たとえば，弁済原資（継続企業価値）が1億円ある場合におい
て，更生担保権8000万円，更生債権8000万円のときに，前者に8000万円，
後者に2000万円の弁済という計画しか作ることができないわけではなく，前
者に6000万円（75％弁済），後者に4000万円（50％弁済）の弁済という計画も，
相対的優先原則を満たしており，公正・衡平と考えられています。さらに，親
会社など内部者の債権を他の債権に劣後させるなど実質的平等を図ることも更
生計画の内容の公正・衡平に資する場合があると考えられます（福岡高決昭
56・12・21判時1046-127〔百選98〕参照）。

　また，更生計画案の決議が組ごとに行われるという更生手続の特徴から，一
部の組は可決したが，他の一部の組は計画案に同意しないという場面が生じえ
ます。このような場合には，裁判所は，更生計画案を変更するなどして不同意
の組の関係人の権利を保護する条項を定めて，認可決定をすることができます
（会更200条1項。アメリカ法の同旨の制度に倣って「クラムダウン」とも呼ばれます）。
権利保護条項の内容としては，更生債権者・株主については清算価値相当額の

支払（同項2号），更生担保権者については担保権の存続または公正な取引価額による売却後の代金弁済（担保権の消滅）（同項1号）が基本となりますが，その他の方法でも権利者に対する公正かつ衡平な保護が図られていれば権利保護条項として認められます（同項4号）。なお，更生計画案作成の段階で，一部の組の同意が得られないような状況が明らかである場合には，同意を得られないであろう組の関係人のために予め権利保護条項を定めておくことも裁判所の許可によって認められます（同条2項）。

　更生計画が認可されると，計画の定めに従って権利変更の効果が生じますが（会更205条），届出をしなかった更生担保権者，更生債権者および株主の権利はすべて免責・消滅します（会更204条）。再生手続においては，債権者に帰責事由なく届け出られなかった債権など一部のものについて免責の例外が認められていますが（第5章Ⅱ7(4)参照），更生手続にはそのような例外はありません。したがって，前に見たように（6(2)参照），債権届出の際に管財人から注意喚起をする制度はありますが，基本的には関係人の自己責任に委ねられ，届出のない権利はその事由の如何にかかわらず，失権することになります。更生計画の安定を図り，確実に更生を実現する趣旨です。

(4)　更生計画の遂行

　再生手続とは異なり，更生手続は，更生計画の相当部分が履行されたときや履行が確実と認められるときまでは，終結しません（9(2)参照）。そして，更生計画認可後も，管財人がその職に留まり，更生計画の遂行に当たるのが原則となります（会更209条1項）。ただ，更生計画または裁判所の決定で，更生会社の機関にその権限を付与することが認められます（4(1)参照）。この権限付与がされた場合には，管財人は更生会社を監督する立場に退き（会更72条4項），更生会社の事業経営・財産管理処分の監督の任務を負う（会更209条1項）一方，取締役等は報酬請求権を回復します（会更66条1項但書）。更生計画により新会社が設立される場合も同様です（会更209条2項）。なお，認可決定後にやむをえない事由が生じた場合には，更生計画の変更が認められます（会更233条）。

　前に述べたように（1参照），更生手続の大きな特徴として，更生計画の遂行について会社法の特則となる特例措置が広く認められている点があります。ま

ず一般的に，更生計画の遂行については，法令または定款の規定にかかわらず，更生会社の株主総会の決議その他の機関決定は要しないものとされます（会更210条1項）。そして，個別の規律として，取締役・執行役・監査役等の選任（会更211条），株式併合（会更211条の2），減資（会更212条），定款変更（会更213条），事業譲渡等（会更213条の2），株式取得（会更214条・214条の2），募集株式募集（会更215条），募集新株予約権募集（会更216条），募集社債募集（会更217条），デット・エクイティ・スワップ（DES）（会更217条の2），解散（会更218条），持分会社への組織変更（会更219条），合併（会更220条・221条），会社分割（会更222条・223条），株式交換（会更224条），株式移転（会更224条の2），株式交付（会更224条の3），新会社設立（会更225条）等について，会社法上の手続は不要とされています。そのほか，行政上の許認可が更生会社に与えられていた場合には，更生計画で設立された新会社はその権利・義務を承継することができます（会更231条）。また，税法上の特例措置も定められています（会更232条。さらに評価益の益金不算入等の特例につき，法人税59条1項参照）。

9　更生手続の終了

　更生手続が終了する場合としては，(1)手続が失敗して中途で終了する場合として，①更生手続開始申立棄却決定の確定，②更生手続開始決定取消決定の確定，③更生計画不認可決定の確定，④更生手続廃止決定の確定があり，(2)手続が成功して終了する場合として，⑤更生手続終結決定があります（会更234条）。以下では，このうち，廃止決定と終結決定について簡単に見てみます。

(1)　更生手続の廃止

　更生手続の廃止には，更生計画認可前の廃止と認可後の廃止とがあります。認可前の廃止事由としては，①更生計画案の作成の見込みがないことが明らかになったこと（会更236条1号），②提出期間内に更生計画案の提出がないこと（同条2号），③更生計画案が否決されたこと（同条3号），④更生手続開始原因が消滅したこと（会更237条）があります。この場合，更生債権者等は，更生債権者表等の記載により，更生会社であった会社に対して強制執行をすることができます（会更238条6項・235条）。

他方，計画認可後の廃止事由としては，更生計画が遂行される見込みのないことが明らかになったことが挙げられます（会更241条1項）。認可後の廃止の場合は，更生計画の遂行および法律上生じた効力には影響しない（同条3項）ので，更生計画による権利変更はそのまま効力を有します。この場合，更生債権者等は，そのように変更された権利について，やはり更生債権者表等の記載により強制執行をすることができます（同条4項・240条）。なお，更生手続中に更生会社が会社財産についてした法律行為も，廃止後はその効力を有することになります（会更54条1項の反対解釈。最判昭36・10・13民集15-9-2409参照）。

(2) 更生手続の終結

更生手続終結の決定がされるのは，①更生計画が遂行された場合，②更生計画の遂行が確実と認められる場合に加えて，③更生計画によって認められた金銭債権の総額の3分の2以上の額が弁済された時点で更生計画に不履行が生じていない場合とされます（会更239条）。従来，更生手続終結の基準が厳格に運用され，ほとんど完遂に近い状態にならないと，終結決定がされず，結果的にひとたび更生手続に入ると，更生会社は長期にわたって「更生会社」という重荷を背負って経営を続けざるをえず，経済的信用を回復することに障害があったとされます。そこで，現行法は，より明確な基準に基づき，より早期の手続終結を促すため，③の終結事由を追加したものです。ただ，これは債権の3分の2以上の弁済により計画の遂行の確実性を推定する趣旨であり，裁判所が③の事由にもかかわらず，なお計画が遂行されないおそれがあると認めたときは，終結を見送ることもできます（同条1項2号但書）。手続終結決定がされた場合になお残債務があるときは，更生債権者等は，そのような権利について，更生債権者表等の記載により強制執行をすることができます（会更240条）。ただ実際には，スポンサーからまとまった資金提供を受けて計画認可の直後に債権者への弁済を終えたり，計画履行の途中で一括弁済により手続を早期に終結したりする例が最近では増えているとされます。

〈参考文献〉

伊藤眞『会社更生法・特別清算法』（有斐閣，2020 年）

兼子一監修『条解会社更生法（上）（中）（下）』（弘文堂，1973 年・74 年）

深山卓也編著『一問一答新会社更生法』（商事法務，2003年）

最高裁判所事務総局民事局監修『条解会社更生規則』（法曹会，2003 年）

山本克己ほか編『新会社更生法の理論と実務』（判例タイムズ社，2003 年）

伊藤眞ほか編『新しい会社更生法』（有斐閣，2004 年）

門口正人ほか編『新・裁判実務大系――会社更生法・民事再生法』（青林書院，2004 年）

東京地裁会社更生実務研究会編著『会社更生の実務（新版）（上）（下）』（金融財政事情研究会，2014 年）

全国倒産処理弁護士ネットワーク編『会社更生の実務 Q＆A 120 問』（金融財政事情研究会，2013 年）

松下淳一＝事業再生研究機構編『新・更生計画の実務と理論』（商事法務，2014 年）

伊藤眞ほか編『新会社更生法の基本構造と平成 16 年改正』ジュリスト増刊（有斐閣，2005 年）

福岡真之介『事業再生 ADR と DIP 型会社更生の実務』（清文社，2009 年）

第7章　特別清算手続

　以上に述べてきた破産手続，再生手続，更生手続が現在における中核的な倒産処理手続です。ただ，現行法では，このほかの倒産処理手続として，会社法に定めのある特別清算手続が認められています。前に見たように（第1章3(1)参照），従来は，これに加えて会社整理手続があり，これらの手続が合わせて倒産五法と呼ばれていたものです。しかし，倒産法制の抜本改正作業の中，2005年の会社法の制定に際して，会社整理は廃止されています。他方，特別清算については，従来の手続を改善して存続するものとされました。そこで，ここでは，改正された特別清算手続の概要について，ごく簡単な紹介を行います。なお，特別清算の新受事件は，1990年58件，1995年163件，2000年352件と増加しており，2005年398件，2009年365件，2013年280件，2017年335件，2021年302件と増減を繰り返していますが，近時はおおむね300件前後の水準にあります。

1　概　　要

　特別清算は，清算型倒産処理手続の一種であり，1938（昭和13）年の商法改正により，破産手続よりも簡易な協定型の清算手続として導入されたものです。この手続は会社法の定める株式会社の清算手続（会社475条以下）の特別手続として位置づけられていますので，その適用対象は，既に解散した株式会社に限られます。したがって，通常の会社が特別清算手続に入るためには，まず株主総会で解散の特別決議（会社471条3号・309条2項11号）を行う必要があることになります。一連の改正の議論の中では，このような特別清算手続の簡易性・柔軟性というメリットを生かしながら，倒産手続として合理的な制度設計を行うため，これを協定型の簡易な破産の特別手続（協定破産手続）として再構成するという考え方もありました。これにより，手続の適用対象を拡大し，存立中の株式会社その他の法人が債務超過の状態にある場合でも，特別清算手

続を開始し，その場合には手続開始時に当該法人は解散するものとすべき旨の提案でした。しかし，そのようにすると，結果として，破産を忌避する感覚の中でかえって申立ての回避を招き，また手続が複雑化するなど破産とは別個の簡易な手続として構成されている現行特別清算手続の利用しやすさというメリットを損なうとされ，採用されなかったものです。実際には，特別清算は，簡易な清算型の倒産手続としての利用のほか，親会社が子会社を清算する場合に，課税上の利益（債権免除の損金算入）を得るために利用されることも多いようです（「対税型」と呼ばれます）。なお，会社法上，特別清算に関する規定は，第2編第9章第2節（会社510条以下）のほか，訴訟手続に関する規定（会社857条・858条），非訟手続に関する規定（会社879条以下）に分散しているので，注意して下さい（また，手続の細則等については，会社法の委任〔会社876条〕に基づき，会社非訟事件等手続規則〔特に12条〜36条〕にも規定があります）。

2　申立て・開始決定

　特別清算開始の申立権者は，債権者，清算人，監査役および株主です（会社511条1項）。清算人は債務超過の疑いがある場合には，申立義務を負います（同条2項）。債権者や株主が特別清算開始の申立てをするときは，その開始原因事由を疎明しなければなりません（会社888条1項。債権者が申し立てる場合には，さらに自己の債権の存在も疎明する必要があります。同条2項）。また，手続費用の予納も求められます（同条3項）。旧法では，監督庁の通告による職権開始の制度も存在しましたが，改正法では廃止されています。管轄裁判所は，原則として会社の本店所在地を管轄する地方裁判所です（会社868条1項）。改正法では，さらに親子会社や連結親子会社の倒産事件が係属している場合の特例を設けて，関連会社の特別清算事件等を円滑に進められるようにしています（会社879条）。なお，手続開始前の保全措置として，会社財産の処分禁止仮処分等の保全処分（会社540条2項），役員等の責任に基づく損害賠償請求権に係る役員等の財産に対する保全処分（会社542条2項）のほか，強制執行等の中止命令や破産手続の中止命令も可能とされます（会社512条1項本文）。ただ，破産手続の中止命令は破産手続開始前の場合に限られ，強制執行等の中止命令は手続申立人である債権者に不当な損害を及ぼすおそれがない場合に限られます（同

項(但書)。

　特別清算の開始原因としては，①清算の遂行に著しい支障を来すべき事情のあること，②債務超過の疑いがあることが必要とされています（会社510条）。清算手続の特別手続としての特別清算の性質から，①のような場合にもその開始を認める一方，既に解散した会社に対する手続であるという観点から，他の倒産手続のように支払不能（のおそれ）は開始原因となっていません。裁判所は，特別清算開始の申立てがあったときでも，開始原因事由の証明がない場合のほか，特別清算による清算結了の見込みがないことが明らかである場合，特別清算によることが債権者一般の利益に反することが明らかである場合，不誠実な申立てである場合などには，申立てを棄却することになります（会社514条）。「債権者一般の利益に反する」とは，破産手続によれば否認権の行使などにより特別清算の協定による弁済よりも債権者に対する配当が多くなると見込まれる場合などが典型です。

3　特別清算開始の効力

　特別清算においては，すべての一般債権者は手続に参加することを強制され，手続中で平等な弁済を受けるという倒産手続の本質が認められます。すなわち，債権者側からの強制的な権利実行である個別執行は禁止・中止され（会社515条1項），債権者は公告・個別催告に従い債権申出の手続によって特別清算手続に参加することになります（会社499条）。債権者に対する弁済は，弁済禁止の保全処分（会社540条3項参照）がない限り，許されますが，債権申出期間内の弁済はできません（会社500条1項。ただし，例外的に，裁判所の許可に基づく少額債権等の弁済の手続があります。同条2項）。そして，一般債権に対する弁済がされる場合には，弁済は債権額の割合に応じて平等にされる必要があります（会社537条1項）。ただし，特別清算のために生じた債権，特別清算手続の費用の請求権，一般の先取特権その他一般の優先権がある債権は手続の効力を受けることはないとされています（同項は「協定債権者」を対象にしていますが，これらの債権は「協定債権」の定義から除かれています。会社515条3項括書参照）。再生手続などと同じ発想で，破産などでは財団債権に当たる手続費用や優先債権は手続の外に出して，優先債権者の実体的地位を保護するとともに，決議の

組分け等を不要にして手続を簡略にしたものです。また，同様に手続の簡易化のため，否認権など倒産実体法による特則は認められておらず（それが必要な場合は，破産手続によるべきものとされます），ただ相殺禁止の規定のみが存在します（会社517条・518条）。清算会社に対する債務者が清算債権を買い集めて相殺をするようなことを認めると，倒産手続としておよそ成り立ちませんので，特に規制の必要の大きい相殺禁止のみを定めたものです。

　担保権については，原則としてその実行は自由ですが，担保権実行手続の中止命令が認められています（会社516条）。清算型の手続なので，原則的には担保権者の換価に委ねておけば足りますが，事業譲渡・任意売却等によって特に余剰価値の実現が期待できるような場合には，個別担保の実行を中止して清算人による換価の余地を認めたものです。なお，特別清算開始の命令があったときは，破産手続開始申立てや強制執行等は禁止され，既に行われている手続も中止されます（会社515条1項）。そして，開始命令が確定しますと，中止していた手続は失効することとされています（同条2項）。また，裁判所は，清算の監督上必要があると認めるときは，処分禁止等の保全処分（会社540条）や株主名簿の記載の禁止処分（会社541条），さらに役員の責任に基づく損害賠償請求権の査定決定（会社545条。異議訴訟につき，会社858条）などをすることができます。特に取締役等の責任追及については厳しいものがあり，債権者や清算人などは，査定決定等を申し立てる前提として，役員等の責任の免除の禁止の処分を申し立てることができる（会社543条）ほか，株主総会や取締役会が既にしていた責任の免除（会社424条・425条）について，それが特別清算開始申立てから1年以内のものであれば無条件に，1年より前のものであればそれが不止の目的によるものである場合には，訴えまたは抗弁により，その免除を取り消して，なお責任を追及することが認められます（会社544条）。

●コラム：責任免除の取消制度

　本文で述べたように，現在の責任免除の取消しは否認権に類似した制度になっています。この点，旧法では，裁判所の処分によるものとなっていましたが，それでは，いったん適法に責任免除がされた取締役等の既得の地位を簡易に覆すもので，その手続保障のためには判決手続を用意すべきではない

かという点が議論となりました。そこで，取消処分に対する異議訴訟といった構成も検討されましたが，それでは，取り消された後に責任追及するため，再度査定決定→異議訴訟が必要となり，余りに手続が煩雑になります。そこで，現行法は，この取消しが責任追及の前提手続であることに鑑み，否認権と同様，訴えまたは抗弁による行使が必要な実体的取消権としたものです。その点からすれば，条文上は「訴え」とされていますが，役員等の財産に対する保全処分（会社542条）や役員等責任査定決定（会社545条）の前提問題としても，責任免除を取り消すことができるものと解されます。

4　特別清算手続の機関

　特別清算手続の機関として最も重要なものとして，清算人が置かれます。清算人は，破産管財人などとは異なり，倒産手続固有の機関ではなく，清算手続における会社の機関である清算人（会社477条1項）が一定の義務を課された上で，特別清算手続上の職務を遂行するものです。ただ，特別清算における清算人は，債権者，会社および株主に対する公平誠実義務を負うものとされています（会社523条）。この点は，特別清算人の手続機関性・第三者性を示すものと言うことができましょう（再生債務者の地位〔民再38条2項〕とパラレルなものです）。清算人は，裁判所の監督（会社519条）を受け，また，清算事務の不適切な遂行などの重要な事由があるときは，裁判所によって解任されます（会社524条・893条）。裁判所は清算人に対し，清算事務および財産状況の報告を命じることができますし（会社520条），清算人が財産の処分・借財等の行為をするときには，裁判所の許可を得なければなりません（会社535条1項本文）。ただ，裁判所は監督委員を選任し（会社527条），そのような許可に代えて，監督委員の同意を得なければならない旨の監督命令を発することもできます（会社535条1項但書）。なお，事業譲渡については，必ず裁判所の許可が必要とされますが（会社536条1項），許可を受ければ株主総会の承認は必要とされません（同条3項）。事業譲渡の許可に際しては，破産と同様に，債権者の意見聴取は必要ありませんが（労働組合の意見聴取は必要です。会社896条2項），清算人が予め知れている債権者の意見を聴取し，裁判所にその内容を報告しなければなりません（同条1項）。

　また，調査委員の制度も設けられています。裁判所は，特別清算の開始に至った事情，会社の業務・財産の状況，保全処分の必要性，役員等責任査定決定の必要性その他特別清算に必要な事項を調査するために，調査委員を選任することができます（会社522条）。従来は商法上の呼称に合わせて検査役と呼ばれていましたが，改正法では，倒産法全体で呼称を統一するため，調査委員と名づけることとされたものです。調査委員は，調査をするために，会社の清算人や使用人等から事業の報告を徴収することができ，また会社の帳簿等を検査することができます（会社534条・530条）。なお，令和5年改正施行後のオンライン申立義務との関係では，監督委員や調査委員は義務を負いますが（会社887条の2第2項参照），清算人は義務を負いません。清算人は，前述のように，通常清算の延長線上の機関であり，必ずしも弁護士等から選任されるとは限らないためです。

　さらに，特別清算の手続機関として，債権者集会があります（会社546条以下。なお，他の倒産手続のような債権者委員会は存在しません）。業務財産状況の報告のための債権者集会および協定案の決議のための債権者集会が重要なものです。ただ，前者は，財産状況等の調査結果や財産目録，清算人の清算実行方針・見込みなどを別個の方法で債権者に周知させることが適当であると認められるときには，招集しないことが可能です（会社562条）。これに対して，決議のための集会については，いわゆる書面等決議によることは認められておらず，必ず集会を開催する必要があることとされています（会社554条。ただ，債権者は書面等投票によって集会に参加することは認められています。会社556条・557条）。債権者集会は，清算会社により招集されるのが原則ですが（会社546条2項），協定債権総額の10分の1以上の債権額を有する債権者の請求があったときは，集会を招集する必要があるとされます（会社547条）。

5 協　　定

　特別清算の最大の特徴として，債権者に対する弁済が，破産配当とは異なり，債権者集会の決議および裁判所の認可を経た協定によって行われる点があります。これによって，事案に応じた柔軟な換価・分配が可能となり，破産と比較した特別清算の大きなメリットとなっています。すなわち，清算会社は，債権

者集会に対し，協定の申出をすることができます（会社563条）。協定条件は債権者平等を原則としますが，少額債権など債権者間に差を設けても衡平を害しない場合には，別段の定めが認められ（会社565条），実質的平等の原則がとられています。また，担保権者や一般優先債権者にも協定への参加を求めることができるものとされます（会社566条）。

協定の可決には，出席議決権者の過半数の同意という頭数要件と総債権額の3分の2以上の債権者の同意という債権額要件が必要となります（会社567条）。従来は，債権額について4分の3以上の賛成という厳しい要件が課されていましたが，改正法によって，会社更生法などと同様に可決要件を緩和して，手続を利用しやすいものにしています。協定は裁判所の認可決定の確定により発効し（会社570条），すべての協定債権者を拘束することになります（会社571条）。協定の不認可事由としては，特別清算の手続・協定が法律に違反すること，協定が遂行される見込みがないこと，協定が不正の方法によって成立したこと，協定が債権者一般の利益に反することが挙げられています（会社569条2項）。最後の事由は，いわゆる清算価値保障原則を表したもので，否認等によって破産手続による方が債権者の配当額が多くなるような場合には協定を不認可とする趣旨です（開始要件との関係で，2参照）。

協定が遂行され，特別清算が結了したときは，裁判所は特別清算終結の決定をすることになります（会社573条）。これに対し，協定成立の見込みがない場合，協定の実行の見込みがない場合，さらに特別清算によることが債権者一般の利益に反する場合において，裁判所は，会社に破産手続開始原因があると認めるときは，職権で破産手続開始の決定をしなければなりません（会社574条1項）。また，協定が否決された場合や協定不認可の決定が確定した場合も，裁判所は裁量によって破産手続開始の決定をすることができます（同条2項）。このような場合には，再度協定案が提出され，それについて可決・認可の見込みがあるようなときにまで，あえて破産に移行することもありませんので，裁判所の裁量による破産手続開始事由としたものです。いずれにせよ，破産手続が開始されますと，特別清算の手続は終了することになります。なお，牽連破産手続では，特別清算手続に関する費用等の請求権は財団債権とされます（同条4項）。

〈参考文献〉

伊藤眞『会社更生法・特別清算法』（有斐閣，2020 年）

東西倒産実務研究会編『破産・特別清算』（商事法務研究会，1989 年）

才口千晴＝多比羅誠『特別清算手続の実務』（商事法務研究会，1988 年）

松下淳一＝山本和彦編『会社法コンメンタール 13』（商事法務，2014 年）

山口和男編『（新会社法対応）特別清算の理論と裁判実務』（新日本法規出版，2008
年）

萩本修編『逐条解説新しい特別清算』（商事法務，2006 年）

松下淳一「特別清算」ジュリスト 1295 号（2005 年）

第8章　金融機関の破綻処理

1　破綻処理制度の整備の経緯およびその全体像

(1)　「不倒神話」と破綻処理制度の欠缺

　金融機関の破綻処理については，かつては，特別の法制度は用意されていませんでした（僅かに，後に述べる保険会社に対する保険業法上の手続があっただけです）。したがって，金融機関についても，通常の倒産処理手続が適用されることが制度の前提となっていました。実際，戦前の昭和恐慌の時代には，多くの金融機関が破産手続に入りました。したがって，株式会社組織の金融機関（銀行，証券会社，株式会社である保険会社）には，従来の倒産五法が適用され，他方，協同組織金融機関や保険相互会社については，破産・和議の手続のみが適用されるはずでした。しかし，実際には，戦後長きにわたり「金融機関の不倒神話」が妥当し，例外的に経営状況の悪化した金融機関が生じた場合には，大蔵省等の行政指導に基づき，健全な金融機関による救済合併や事業譲渡等によって対処がされてきました。そして，そのような事態が発生するのは小規模の金融機関に事実上限定されていましたし，例外的に大規模な金融機関が危機状態に陥ったとき（最も有名なものとして，1965年の山一證券の経営危機）には，日銀特融など特別な措置がとられて，破綻が回避されてきました。なお，金融機関が経営破綻した場合に預金者を保護する仕組みとして預金保険制度が1971年に創設されていましたが，実際にはそれが発動されることはなく，預金者等は事実上全面的に保護されてきました。

(2)　バブル崩壊と更生特例法の制定

　以上のような戦後日本の状況に大きな変容を迫ったのが，バブル経済の崩壊による金融機関の経営状態の一般的な悪化という事態でした。そのような事態の下では，従来のような形で健全な金融機関の援助により預金者等には負担を

掛けずに破綻処理を行うことは事実上不可能になり，金融機関の破綻処理の問題を正面から本格的に検討することが喫緊の課題となったものです。その結果，まず1996年に，預金保険法が改正されるとともに，「金融機関の更生手続の特例等に関する法律」（更生特例法）が制定されるに至りました。これは，預金保険制度を整備して実際に使えるものにするとともに，一定期間（5年間）に限って特別の保護措置（特別資金援助制度）を定めて預金の全額保護を図りながら（いわゆる「ペイオフ実施凍結」），透明な破綻処理の方法として法的倒産手続による処理を行うことを前提に，それを実際に使えるようなものとするために，更生手続や破産手続の特例を定めたものです。その後，信用組合を中心に第二地銀（旧相互銀行）も含めて多くの金融機関が実際に破綻しましたが，その処理については特別資金援助が発動されました。ただ，裁判所における倒産手続は用いられず，裁判手続外での事業譲渡等による処理が重ねられていきました。また，この時点では，証券会社や保険会社の破綻処理については，特別の制度は設けられていませんでした。

(3)　金融危機と金融再生法の制定

　このような状況の中で，1997年から1998年にかけて，いわゆる金融危機と呼ばれる事態が発生するに至りました。すなわち，北海道拓殖銀行，山一證券，三洋証券，日産生命といった大規模な金融機関の相次ぐ経営破綻という事態です。これらは，それぞれ政治的・社会的にも重大な問題となり，様々な形で処理が図られました。北海道拓殖銀行は分割して営業譲渡され，会社自体は清算されましたし，山一證券は自主廃業しました（後に破産）。さらに，三洋証券は会社更生手続を申し立てましたが，結局引受先が見つからず，牽連破産に陥りましたし，日産生命については保険業法上の処理がされ，生命保険協会により設立された受け皿会社（あおば生命）に営業譲渡がされました。このような処理が図られる中で，金融機関の破綻処理のスキームについて多くの問題点が指摘されました。特に，①銀行等について裁判外の迅速な処理スキームが欠けていること，②証券会社について倒産手続の特例を定める法制に欠けていること，③保険会社の契約者を保護するセーフティ・ネットが十分ではないことなどが問題となりました。

　そこで，1998 年には，金融再生関連法の整備として，「金融機能の再生のための緊急措置に関する法律」（金融再生法）が制定されるとともに，更生特例法および保険業法が改正になりました。まず，金融再生法は，2001 年 3 月までの 3 年間の時限立法として制定されたものですが（後にいわゆるペイオフ解禁の延期とともに延長されましたが，現在ではその役割を終えています），金融整理管財人を中心にした裁判外の破綻処理手続を整備するとともに，承継銀行（ブリッジバンク。2(2)参照）や特別公的管理といった金融機関の破綻処理に適合した独自の制度を構築したものです。また，更生特例法の改正においては，その適用範囲が証券会社にも拡大され，その名称も「金融機関等の更生手続の特例等に関する法律」に変更されました。さらに，保険業法の改正においては，保険における新たなセーフティ・ネットの仕組みとして保険契約者保護機構が設立され，保険契約の最終的な引受機能が付与されるとともに，一定の公的資金が契約者保護のために投入される枠組みが創設されました。

(4)　破綻処理法制の整備と恒久化

　以上のような状況の中で，金融機関の破綻はさらに加速していきました。その中でも，信組・信金・地銀については金融整理管財人のスキームが活用されました（1999 年 4 月国民銀行，同年 5 月幸福銀行，同年 10 月新潟中央銀行など）。他方，大規模な破綻であった 1998 年 10 月の長銀（日本長期信用銀行）および同年 12 月の日債銀（日本債券信用銀行）の破綻処理については特別公的管理のスキームが利用され，一時国有化の措置がとられました（後に，それぞれ新生銀行およびあおぞら銀行となります）。また，保険会社の破綻も継続し，1999 年には東邦生命，2000 年には第百生命・大正生命が相次いで破綻しました。

　このような事態を受けて，2000 年に金融システム安定化関連法制において，さらに法整備が図られました。第一に，金融機関の破綻処理について，預金保険法を改正し，金融再生法によって導入された枠組みが恒久化されました。そこでは，金融整理管財人のスキームが維持されるとともに，一時国有化のための特別危機管理制度等が導入されています。第二に，更生特例法が改正され，金融機関の破綻処理の枠組みとして民事再生法の特例が規定されるとともに，新たに保険会社にもその適用範囲が拡大されました。後者は，金融機関・証券

会社に適用されていた手続上の特則を保険会社にも拡大するに止まらず，実体的にも保険会社の破綻処理に特有の様々な特例を設けるものとして注目されます（4(3)参照）。また，それまでの破綻処理において，保険契約者保護基金・保護機構から多額の資金援助がされた（日産生命約2,000億円，東邦生命約3,800億円，第百生命約1,450億円，大正生命約260億円）結果，保護機構の財源が枯渇したことから，保険業法の改正により，保護機構の借入限度額が拡大され，その一部については予算の定める範囲内で国庫補助が可能とされました。最後に，「農水産業協同組合の再生手続の特例に関する法律」が制定され，農協・漁協等の破綻処理について再生手続の活用を想定し，その特則が定められています。

(5) 破綻処理の実行とリーマンショックの影響

　以上のように整備されてきた破綻処理制度の枠組みの中で，信組・信金・地銀など中小規模の金融機関の破綻処理はなお活発に行われました。実際に適用された破綻処理の手続の多くは，特別資金援助による金融整理管財人の派遣のスキームによったものですが，2003年11月の足利銀行の破綻処理においては特別危機管理銀行のスキーム（2(2)参照）が初めて利用されました。このような活発な破綻処理は，ペイオフ解禁の基盤整備という意味合いをもったものですが（1996年10月から2003年3月までの資金援助は，168金融機関に対して総額17兆9千億円に上ったとされます），実際には，バブル崩壊後の不況が長期化する中で，2001年4月に予定されていたペイオフ解禁は1年間全面延期され，さらに2002年4月からは定期性預金等についてはペイオフが解禁されたものの，当座預金・普通預金等については1年間再延期の措置がとられ，この措置はさらに2年間延長となり，普通預金等も含めてペイオフが全面的に解禁されるのは，2005年4月となりました。そして，その後も，当座預金や利息の付されない口座など決済性預金については，恒久的に全額保護が図られることとされています。以上のような形で，ペイオフが完全に解禁された後，最初の金融機関の破綻となったのが日本振興銀行の事案です。これは，2010年9月，金融庁による業務財産管理命令がされるのと同時に，裁判所に再生手続開始申立てがされたもので，新制度の下でイメージされていた行政手続と法的倒産手続との協働による最初の処理事例となりました（その後ブリッジバンクを経て，イオン

コミュニティ銀行〔現在のイオン銀行〕となっています）。

　他方，保険会社の破綻はその後も相次ぎ，2000年10月の千代田生命・協栄生命，2001年3月の東京生命，同年10月の大成火災のいずれにおいても，更生手続が利用されました。その意味で，保険会社の破綻処理に関しては更生特例法の適用は定着し，その運用も迅速かつ適切なものとなってきたと評価できるように思われます（直近の例として，2008年10月の大和生命の更生手続があります）。ただ，生命保険契約者保護機構の財源がほぼ枯渇する中，時限装置として，保護機構の借入れについての政府保証（保険業265条の42の2）という形で公的資金の導入の枠組みが設けられたほか，損害保険会社に適合した破綻処理のスキーム作りなどさらなる制度の改善が図られています。

　その後，日本においては，不良債権処理は山場を越え，相対的な安定期を迎えました。しかし，国際的には，2008年のいわゆるリーマンショックの後，全世界の金融市場は大きな打撃を受け，相当数の大規模金融機関が経営危機に陥りました。それは，システミック・リスクの発現の一歩手前の状況にあったと言っても過言ではありませんでした。このような状況を受けて，グローバルなレベルで金融機関の破綻処理の実効化に向けた取組みが展開されました。2011年，金融の安定化のための基準策定等を任務とする国際機関であるFSB（金融安定理事会）の策定した「金融機関の実効的な破綻処理の枠組みの主要な特性（Key Attributes of Effective Resolution Regimes for Financial Institutions）」を参照し，各国が法整備に取り組むことがG20サミット等において国際的に約束されました。

　日本において，このような国際的約束に基づき導入されたのが，2013年の預金保険法改正による「金融機関の秩序ある処理の枠組み」の制度でした。これによって，リーマンショック時に各国でまさに問題となった「大き過ぎて潰せない（too big to fail）」という事態を防止し，金融機関の破綻処理に過剰な公的資金が投入されることを回避するとともに，システミック・リスクを防止して金融システムの安定化を図るものです。また，このような新たな手続の整備とともに，上記の「主要な特性」に基づき，国際的な破綻処理のための協調の枠組みの整備やグローバルに重要な影響を与える金融機関（G-SIFIs）に関する事前の破綻処理計画の策定など様々な興味深い取組みがされています。この

ような新たな枠組みが，将来の金融危機において適切に機能するか，注目されるところです。

●コラム：金融機関はなぜ破綻するのか？

　金融機関の仕事は，人から集めたお金に利ざやを乗せて他の人に融資することです。常識的に考えれば，そのような仕事をしていて経済的に行き詰まるということは余り考えられません。しかし，実際には多くの金融機関が経営破綻しているわけですが，その最大の原因は，融資した債権が回収できないことにあります。いわゆる不良債権問題です。従来の金融機関の融資は，担保としての土地を重視したものであったところ，バブル崩壊後，土地の価格が急落したために，大幅な担保割れが生じて不良債権が急増したものです。仮に貸出債権の1割が回収不能になると，残りの貸出債権の利率が10％でも，回収は元本割れになり，預金の全額を返済できなくなります。このほか，保険会社の破綻も同様の理由によりますが，さらに構造的な問題として，バブル期に締結した契約における高利の予定利率（契約者に運用を約束した利率）と実際の運用利益との乖離の問題があります（生保会社の再建の生々しい実態については，千代田生命更生管財人団『生保再建』〔東洋経済新報社，2002年〕参照）。他方，証券会社では，顧客に利払いを約束することはない（法律上禁止されています）ので，同様の理由による破綻は生じないはずですが，最大の倒産劇となった山一證券事件では，損失補填や営業特金等を通して実質的には顧客に利回りを保証したのと同じ結果になっていたため，株価の下落により同様の構図が生じました（山一證券の破綻について詳しくは，読売新聞社会部『会社がなぜ消滅したか』〔新潮文庫，2001年〕参照）。

2　銀行・信用組合等（預金取扱金融機関）の破綻処理

(1)　預金者保護——預金保険機構

　預金取扱金融機関が経営破綻した場合，その主たる債権者となる預金者の多くは一般消費者であり，その債権である預金債権はそれら一般の人々の勤労の成果であり，また日常生活を支える原資となるものです。ところが，この場合に預金者を保護する別段の措置がとられないとすれば，倒産手続の債権者としての預金者は，債務者である金融機関の資産に応じた平等の配当しか得ることができず，債務超過の度合いが大きい場合には大幅な債権カットを受ける結果

になります。それでは，消費者は安心して金融機関に預金をすることができず，社会生活の安定を損ない，健全な金融機能を阻害するおそれがあります。また，多額の資産を有する者ほど株式など他の金融商品等にもその資産を振り分け，リスクを分散できるのに対し，資産の少ない者の主たる資産運用方法が銀行等の預金であることにも鑑みると，金融機関の信用リスクの無条件の負担を預金者に求めることは社会的正義にも適わない結果となります。そこで，預金者保護を図るために，預金保険の制度が設けられているものです。預金保険制度は，1971年に成立した預金保険法に基づいていますが，何度かにわたって大きな改正を経ています（1参照）。最近のものとしては，特にペイオフの実施を凍結した1996年改正および破綻処理制度を整備した2000年改正が重要なものです。

　預金保険制度は一種の強制保険であり，預金者が預金をすると，当然に預金保険機構と預金受入金融機関・預金者との間に保険関係が成立します（預保49条1項）。保険料は各金融機関が原則としてその預金額に応じて負担するものとされています（預保50条・51条）。そして，金融機関の預金払戻しの停止や営業免許取消し・破産手続開始・解散決議が保険事故となりますが（預保49条2項），その場合には，預金者保護のために二つの措置が可能とされます。すなわち，①保険金支払方式（狭義のペイオフ方式）と，②資金援助方式です。①は，金融機関に保険事故が発生したときに，預金保険機構が預金者の請求に基づき，保険金の支払をするものです（預保53条1項）。実際に現金を払い戻すほか，事務を簡略化するため，破綻金融機関に預金口座を設定し，その預金債権を預金者に譲渡する方法も可能とされています（同条3項）。そして，破綻金融機関に対しては，預金保険機構が預金者に支払った保険金額に応じて預金債権を取得・行使することになります（預保58条）。これに加えて，預金保険機構は保険ではカバーされない預金部分を預金者から買い取り（預保70条1項），預金者に対して破綻金融機関の財務内容に応じた買取代金の概算払いを行うことができますが（預保71条），倒産手続等の中で実際により多くの債権額が回収できた場合には，超過金額は預金者に支払われるものとされます（預保70条2項）。次に，②の資金援助方式は，救済金融機関が登場した場合または承継銀行（ブリッジバンク。(2)参照）が組成された場合に，事業譲渡や合併等の方法により預金および健全資産を救済金融機関に移転するとともに，その金融機関に

対して預金保険機構が資金の援助をするものです。資金援助は，救済金融機関の資金援助の申込み（預保59条）に応じて，金銭の贈与や資金の貸付等を行うものです。預金者保護のための適切性・資金援助の不可欠性などに関する内閣総理大臣の適格性認定（預保61条）を前提に，預金保険機構が資金援助の当否を決定することとされています（預保64条）。

　以上のように，二つの方法で預金者保護が図られますが，その保護には金額上の限度が定められています。狭義のペイオフについては，保険金額の上限（保険基準額）が政令で定められ（預保54条2項），資金援助の金額もペイオフの際の支払額の総計を上限とするものとされています（預保64条2項）。そして，この保険基準額は，各預金者について元本1,000万円およびそれに対応する利息とされています（預保令6条の3）。ただし，普通預金，当座預金および別段預金については，特例措置として，2005年3月までは，元本・利息の全額が保護され，また資金援助についても，保険基準額による上限は適用されない（特別資金援助）ものとされていました（2002年3月までは，このような特例は定期預金についても認められていました）。このような特例措置の解除が世上「ペイオフの解禁」と呼ばれたものです。前に述べたとおり，経済・政治情勢の変転に応じて様々な経緯がありましたが（1参照），2005年3月にペイオフが全面的に解禁されたものの，決済用預金（当座預金・金利の付されない普通預金）については例外的に恒久的な全額保護の制度が創設されています（預保54条の2）。

●コラム：政治に振り回される預金者保護スキーム

　今まで述べてきたように，ペイオフを発動するか否かは，一般国民の利害に大きく関わるものであり，時々の経済情勢・政治情勢の影響を強く受けてきました。当初，2001年に予定されていたペイオフの解禁が延期されたことについては，当時の小渕政権の景気浮揚の政策が大きな影響を与えましたし，2002年の普通預金等に関するペイオフ解禁延期も中小金融機関の救済という政治的思惑が強いものでした。さらに，普通預金等のペイオフの2005年までの再延期を定める際も，様々な政治事情がありました。当初は，小泉政権の柳沢伯夫金融担当大臣は，金融システムは安定しているとして構造改革路線の実践としてのペイオフの解禁に強い執着をもっていたようですが，2002年9月の内閣改造に伴う竹中平蔵金融担当大臣の就任により，一夜にして従来の金融政策の路線は転換され，金融システム安定化のための更

なる施策（自己資本の算定基準の厳格化，産業再生政策等）がとられる一方，ペイオフの実施は三度延期されました。2005年の解禁は，景気の回復などその後の政治・経済情勢の相対的な安定の下で実現に至ったものです。

(2) 預金保険法の破綻処理スキーム

　預金取扱金融機関の経営破綻処理のスキームとしては，裁判所において法的倒産手続を利用するスキームと裁判外のスキームとが用意されています（後に述べるように，実際には両者を組み合わせて利用することも考えられ，ペイオフ解禁後はそのような処理が一般的になるとも予想されますが，ここでは一応別々に解説します）。まず，前者については，金融整理管財人による管理手続と金融危機への対応措置（特に特別危機管理の手続）とに分かれます（なお，金融再生法のスキームと預金保険法のスキームがありますが，両者に実質的な差異はなく，以下では，恒久的制度である預金保険法のスキームに基づいて紹介します）。

　まず，金融整理管財人による管理手続ですが，これは，金融機関について債務超過または預金払戻し停止のおそれがある場合に，業務運営の著しい不適切または業務廃止による地域・分野における資金供給・利用者利便に対する支障の要件に基づき，内閣総理大臣が命じる処分です（預保74条）。この管理処分がされたときには，金融整理管財人が金融機関の代表権，業務執行権，財産の管理処分権を専属的に有することになります（預保77条）。金融整理管財人には，弁護士や金融実務家が選任される運用が一般的とされます。金融整理管財人は倒産手続の管財人と同様の役割を果たし，金融機関の業務・財産状況を調査し（預保81条），営業を継続しながら，受け皿となる金融機関を探すことになります。なお，金融整理管財人は金融機関の経営者の破綻責任を明確にするため，責任追及訴訟の提起や刑事告発など必要な措置をとる義務を負いますが（預保83条），法的倒産手続の管財人のように，債務者に代わってそのような権限をもつのではなく，あくまで債務者の機関としての権限が認められるに止まりますので，株主代表訴訟などは管理処分のされた後でも可能とされます（最判平15・6・12民集57-6-640）。そして，受け皿となる金融機関が見つかった場合には，合併や事業譲渡などの措置がとられることになります。通常は事業譲渡の措置がとられ，破綻金融機関が債務超過である場合には，裁判所の許可によ

って株主総会等の特別決議に代えることができます（代替許可制度。預保87条）。金融整理管財人は，管理処分から原則として1年以内に管理を終えなければなりませんが，やむをえない事情があるときは，内閣総理大臣の承認を得て例外的に1年間，その期限を延長することができます（預保90条）。

　これに対し，受け皿金融機関が見つからない場合の措置として，承継銀行（ブリッジバンク）の制度が用意されています。これは，必要があると認められるときに，内閣総理大臣の決定により，預金保険機構の子会社として承継銀行が設立され（預保92条），承継銀行が破綻金融機関から事業の譲渡を受け，暫定的に業務を維持継続するというものです（預保91条）。そして，承継銀行は，預金の受払いや資金貸付などの通常業務を行いながら，最終的に受け皿となる金融機関（再承継金融機関）を探し，必要があればその金融機関に資金援助を行って最終的な処理がされることになります（預保101条）。このような最終的処理は，管理処分から原則として2年以内に行わなければなりませんが，やむをえない事情があるときは，内閣総理大臣の承認を得て例外的に1年間の期限延長が可能とされています（預保96条）。

　なお，実際に望ましい破綻処理の基本形としては，以下のような方法が考えられています。すなわち，金融機関は，金融庁等関係機関と十分な調整を事前に行っておき，金曜日の営業時間終了後に，破綻の公表と同時に管理処分がされます。そして，週末の間に金融整理管財人が代替許可に基づく受け皿金融機関への事業の譲渡や預金保険機構による資金援助を迅速に行い，週明け月曜日からは，受け皿金融機関において新たな業務を開始する一方，破綻金融機関については裁判所における倒産手続を開始するというスキーム（いわゆる金月処理）が構想されています。ただ，実際には，破綻金融機関の資産内容の十分な調査を短期間に行うことには困難も予想され，その場合には，週末に受け皿金融機関に対する預金の移転等に限って事業の一部譲渡をまず行い，週明け以降，倒産手続の中で資産に関する事業の二次的譲渡が図られる場合もあるとされています。

　最後に，日本全体または業務地域の信用秩序の維持に極めて重大な支障が生ずるおそれがあるという金融危機に当たる場合（預保102条1項柱書）に行われる特別措置があります。この中では，特に特別危機管理（第3号措置。いわゆる

一時国有化）の手続が重要です（預保102条1項3号。金融再生法では「特別公的管理」と呼ばれていたものです。なお，そのほかの特別措置としては，預金保険機構による株式等の引受け〔第1号措置〕や保険基準額〔**(1)**参照〕を超える特別資金援助の実施〔第2号措置〕などがあります。預保102条1項1号・2号）。特別危機管理は，内閣総理大臣が金融危機対応会議の議を経て，特別資金援助の実施（第2号措置）では金融危機を回避できない場合に限って行われるもので（同条4項），いわゆるシステミック・リスクを回避する最後の手段として位置づけられます。この場合，預金保険機構が特別危機管理銀行の株式を取得し（預保111条・112条），また役員の選任・解任等の措置をとることができます（預保114条）。さらに，特別危機管理銀行は，旧経営者の破綻責任を追及するため訴え提起等の措置をとらなければなりません（預保116条）。特別危機管理銀行からの事業譲渡等破綻処理の際の資金援助は，特別資金援助として保険基準額による拘束を受けませんが（預保119条・110条3項），その支出に対応して，預金保険機構に危機対応勘定が設けられます（預保121条）。その勘定の負担金は原則として金融機関の拠出によりまかなわれますが（預保122条），負担金のみで危機対応業務の費用をまかなうことが困難なときは例外的に政府による費用補助が可能とされます（預保125条）。いわゆる公的資金の投入の措置です。なお，特別危機管理手続については時間的な制限は設けられていませんが，内閣総理大臣は，合併・事業譲渡・株式譲渡等により「できる限り早期に」この措置を終えるものとされています（預保120条1項）。

(3)　金融機関等の秩序ある破綻処理スキーム

　以上のような破綻処理スキームに加えて，預金保険法は2013年の改正で，リーマンショックを受けた国際的な取組みに基づき，「金融機関等の資産及び負債の秩序ある処理に関する措置」を定めています（預保1条参照）。これは，大規模な金融機関が債務超過等経営危機に陥った場合に，金融システムの安定を図るために不可欠な債務等を承継機関に引き継がせ，その際に資金援助を行う特別の措置を定め，金融危機時におけるシステミック・リスクの回避を図るものです（預保126条の2第1項2号〔特定第2号措置と呼ばれます〕。なお，このような措置に加え，法は，債務超過に陥る前に預金保険機構の監視下に置いて，流動性供

給を行いながら取引の縮小・解消を図っていく予防的な特定第1号措置〔同項1号〕も定めています）。

　まず，この措置の対象となるのは「金融機関等」とされますが，それには，銀行等の預金取扱金融機関のほか，証券会社等の金融商品取引業者や保険会社なども含んでいます（預保126条の2第2項）。さらに，それ以外でも「我が国の金融システムにおいて重要な地位を占める者として政令で定める者」（同項4号）が含まれ，日本の金融システムに影響を与え得る事業者を包括的に対象とすることができるとされています。これは，リーマンショックが如実に示したように，金融システムに対するいわゆるシステミック・リスクが，現在では，銀行等に限られないという認識を前提にするものです。保険会社，証券会社，更にはノンバンクなどがデリバティブ取引を含む多様な金融取引で結び付きを強めている経済の現状を前提にしたものです。

　このような金融機関等が債務超過等の危機状態に陥った場合の基本となる措置は，預金保険機構による業務・財産の管理に関する特定管理を命ずる処分になります（預保126条の5）。その実質は，前述の金融整理管財人による管理命令（(2)参照）と同じであり（預保126条の9ではその規定の多くを準用しています），金融整理管財人に代わる機関として預金保険機構を設定しているものと言えます。

　通常の管理命令と異なる点として，まず弁済許可の制度があります（預保127条の2）。これは，その債務の不履行により日本の金融システムの著しい混乱を生じさせるおそれがあるような種類の債務の弁済について，必要となる資金の貸付を規定し（同条1項），その資金に基づく弁済については，裁判所の許可によって倒産手続における弁済禁止の例外となることを定めるものです（預保127条の4）。これにより，金融システムの安定のために必要な債務（相手方金融機関の経営を揺るがすデリバティブ債務等）の弁済を倒産手続に妨げられずに可能にするとともに，他の債権者に損害を与えないよう，機構の貸付が手続開始前にされたものとみなして（預保127条の2第3項），その貸付債権が一般倒産債権に止まることとしているものです。

　次に，金融システムの安定を図りながら破綻処理を実施していくためには，やはり前述のように（(2)参照），「金月処理」に代表されるような，倒産手続と

連携した迅速な事業譲渡が不可欠と思われます。ただ，行政手続の開始と倒産手続の申立てとの間に一定の間隙が生じる場面も否定し難く，そのような場合にも適切な事業譲渡を図るため，法は，行政手続の中でも円滑な事業譲渡が可能となるよう，代替許可による事業譲渡を認めています（預保 126 条の 13）。そして，この場合の事業譲渡については，倒産法上求められる裁判所の許可，債権者等の意見聴取，労働組合の意見聴取等は不要とし（預保 126 条の 33 による破 78 条，民再 41 条・42 条，会更 45 条・46 条等の適用除外），裁判所や債権者の介入を受けない迅速・確実な譲渡を可能としています（さらに，譲渡対象財産についての差押禁止も定めています〔預保 126 条の 16〕）。他方で，その場合の債権者保護の措置が必要になりますが，それは機構からの資金援助で債権者に生じ得る損害を塡補できるようにしています（預保 126 条の 31 による 59 条の 2 の準用によるいわゆる衡平資金援助）。このように，迅速な事業譲渡をまず行い金融システムに対する懸念を払拭した後，ゆっくりと倒産手続を行い（この場合は預金保険機構が更生管財人等になることが想定されるので，預保 34 条 13 号は機構の業務として管財人等を追加しました），そこで債権者の権利変更等を行うことを構想するものです。

　最後に，金融システムへの影響としては，繰り返し例示したように，デリバティブ取引の解約に基づくものが大きい点がリーマンショックの教訓でした。そこで，このような解約による危機の連鎖を防止するため，法は早期解約条項の発動停止を定めました。すなわち，金融システムの著しい混乱が生ずるおそれを回避する必要な措置を講ずるために必要な期間として内閣総理大臣が定めた期間中は，このような契約の解除・一括清算等（「特定解除」。預保 137 条の 3 第 2 項）は効力を有しない旨の決定を行うことができます（同条 1 項）。このような決定がされた契約については，破産法 58 条等の規定は適用除外となり（同条 5 項），一括清算法による清算事由も生じなかったものとみなされます（同条 6 項）。これは，一括清算法や破産法 58 条など取引を自動的に終了させる方向に積極的な従来の法整備とは真逆の規律ですが，この場合は，前述のように，事業譲渡による対応が大前提とされるため，譲受金融機関等が（資金援助を受けて）このような債務も責任をもって弁済することが想定されるため，あえて契約関係を終了させる必要はなく，むしろその継続を前提とした方が当事

者の利益に適い，金融システムの安定を図る所以とされたものです。

(4)　更生特例法のスキーム

　裁判所による金融機関の破綻処理は，通常の倒産処理手続，すなわち破産手続，再生手続または更生手続によって行われます。ただ，金融機関については，手続上特別の取扱いが必要な場面も存在するので，更生特例法が設けられ，それらの倒産手続が金融機関に対して適用される場合の特例を定めています。

　更生特例法の内容として，まず，協同組織金融機関についても更生手続の対象に含めている点があります（更特3条以下）。金融機関のうち，代表的な組織形態である銀行は株式会社組織で運営されていますが，中小規模の地域金融機関である信用金庫や信用協同組合（信用組合）は，会社ではない独特の法形式によって運営されています。更生特例法はこれらを「協同組織金融機関」と定義しています（更特2条2項。ほかに，労働金庫も含まれます）。これは株式会社ではないので，会社更生法は本来適用されないはずですが（会更1条参照），そのような金融機関の破綻も地域経済に大きな影響を与えるものであり，また預金者等多数の債権者が関与する複雑な手続になることが予想されるので，これらの組織についても更生手続の利用を特別に認めることとしたものです。そして，多数の条文によって，協同組織金融機関に関する更生手続が規律されていますが，条文の大半は会社更生法の準用・読替規定か，または協同組織金融機関の特性に即してその内容を書き下ろした規定であり，実質的な意味で特則に当たる部分はそれほど多くありません。実質的な特則としては，①申立権を組合員・会員総数の10分の1以上の者に認めた点（更特15条3項），②組織法上の行為として，更生債権等に代わる出資の引受け（更特96条5号），協同組織金融機関から株式会社への組織変更に関する特則（更特104条）等が定められている点などが重要です。また，株式会社である金融機関（銀行）についても，合併・協同組織金融機関への組織変更等について，更生特例法は一定の特則を設けています（更特343条以下）。なお，2013年の改正で，近時銀行ビジネスで重要な役割を担っている外国銀行の日本支店についても，（独立の法人格をもつものではないものの）特に更生特例法の適用対象としています（更特377条など参照。「外国銀行支店に係る外国銀行」と呼んでいます）。

　次に，更生特例法は，金融機関の更生手続・再生手続・破産手続のそれぞれ
について，会社更生法・民事再生法・破産法の特則を定めています。以下では，
簡単にこの点を見てみます（基本的には各手続について同様の規律がされているの
で，更生手続の特則を中心に紹介します）。まず，監督庁の手続上の権限を定める
部分があります。他の手続の中止命令等の申立権（更特380条），保全処分の申
立権（更特381条）などが定められていますが，最も重要なものは更生手続開
始の申立権限です（更特377条）。申立事由は「破産手続開始の原因となる事実
が生ずるおそれがあるとき」に限られており（同条1項），監督庁申立ては実質
的には債権者申立ての性質を有するものと位置づけられています（会更17条2
項1号参照）。金融機関の経営状態を預金者等一般の債権者が知ることは通常困
難であり，また個々の預金者の申立てに期待することも現実的ではないので，
検査権限等を背景に金融機関の経営実態を適時適切に把握すべき立場にある監
督庁について，預金者等の債権者の利益を保護するために債権者に代わって特
別の申立権が認められているものです。

　次に，預金保険機構の手続上の権限に関する特則があります。重要な規定と
しては，まず預金者等に対する通知の特例があります（更特386条）。これは，
手続開始決定等について預金保険機構に対して通知をすれば足り，個別の預金
者に対して通知をすることを要しないとするものです。この結果，膨大な数に
上る預金者への書面送付の負担が回避でき，円滑かつ迅速な手続進行が可能と
なっています。次に，預金保険機構による手続代理に関する諸規定があります。
すなわち，債権届出については，預金保険機構が預金者表を作成し（更特391
条），それを裁判所に提出することにより（更特392条），各預金者について債
権届出があったものとみなされます（更特393条）。そして，預金保険機構は，
それらの預金者について，更生手続に属する一切の行為をすることができます
（更特395条）。他方，そのような手続代理について預金者の手続権を保障する
措置として，①預金者は，預金者表の縦覧（更特391条2項）に基づき，その内
容等につき預金保険機構に異議を述べられること（それに基づく預金者表の修正
につき，同条4項参照），②預金者は預金保険機構の代理から離脱して，自ら更
生手続に参加できること（更特394条），③預金保険機構の代理権について，債
権届出の取下げや不利益変更の禁止（預金者の授権が必要とされます）など一定

の制限が加えられていること（更特395条但書），④預金保険機構が更生計画案について議決権を行使する際には，同意しようとする更生計画の内容を預金者に予め通知・公告し（更特400条），その判断に不満のある預金者に対して代理を離脱する機会を与えることなどの措置が規定されています。加えて，手続上このような重要な機能を営む預金保険機構の義務として，預金者のための公平誠実義務および善管注意義務が課されています（更特396条）。

3　証券会社の破綻処理

(1)　投資家保護——投資者保護基金

　証券会社が破綻した場合の投資家保護のスキームは，先に述べた預金取扱金融機関や次に述べる保険会社とは相当に異なっています。と言うのは，証券会社が投資家から預託を受けているのは現金ではなく株券等有価証券が中心であり，したがって証券会社が倒産手続に入っても，原則として投資家の側に取戻権が認められるからです。加えて，証券会社には，一般に預金取扱金融機関のような決済機能や保険会社のような生活保持機能が認められず，会社を存続させ，投資契約を維持する社会的必要性に乏しい点も挙げられます。以上のような特徴から，証券会社の破綻処理においては，投資家の資産を分別して管理するシステムの構築に重点が置かれ，また破綻処理手続においても清算型が中心的なものとして想定されています。なお，以下の規律は，証券会社以外の金融商品取引業者（金融商品取引については，金商2条8項参照）にも広く適用されます。これは，ファンドの販売業者や運用業者において，詐欺的な事案等の結果としてその経営破綻が多く発生したことに鑑み，投資家の被害拡大防止の観点から，2010年の金商法の改正により，規律の対象を金融商品取引業者全般に拡大したものです（なお，以下では，規律の中心である証券会社についてのみ説明の対象とします）。

　まず，投資家保護のスキームですが，前に述べたような理由から，資産の分別管理が重視されています。すなわち，証券会社は，投資家との取引に関して預託を受けた有価証券を確実にかつ整然と管理する方法により，自己の固有財産と分別して管理しなければなりません（金商43条の2第1項）。また，やはり投資家から預託を受けた金銭等については，廃業した場合の顧客への返還を担

保するため，所定の計算式に基づき算定される金額を顧客分別金として，やはり固有財産と分別して管理する義務を負い，信託会社等に信託しなければなりません（同条2項）。したがって，証券会社がこのような規制を遵守している限り，仮に会社が倒産手続に入ったとしても，分別管理されている投資家の有価証券は取戻権の対象となり，また信託されている顧客分別金も破産財団等には含まれずに保護されることになります。その意味で，証券会社の破綻の場合の顧客保護の中心的な課題は，このような分別管理の徹底にあると言えましょう。

　ただ，破綻証券会社が現実にはこのような分別管理を怠っていることもあるでしょうし，また例外的にその対象とならない投資家の資産もあるかもしれません。そこで，いわば補充的な投資家保護の仕組みとして，預金保険機構に類似した投資者保護基金が設けられています。投資者保護基金は，一般顧客に対する補償対象債権等の支払等の業務により，投資者の保護を図り，証券取引等に対する信頼を維持することを目的とします（金商79条の21）。投資者保護基金は，証券会社の強制加入団体であり（金商79条の27），加入会社の負担金により運営されていますが（金商79条の64），その業務は主に，証券会社の破綻によりその円滑な弁済が困難となった一般顧客の債権（補償対象債権）を支払うことにあります（金商79条の56）。そして，この場合の支払の対象となる金額は，政令によって1,000万円に限定されています（金商79条の57第3項，金商令18条の12）。以上のように，前に見たような証券会社の特色から，破綻会社の事業を継続するための資金援助のスキームは設けられておらず，もっぱら顧客債権の弁済（狭義のペイオフ）のみによって処理され，破綻会社の事業自体は清算することが制度の前提とされています。

(2)　更生特例法のスキーム

　証券会社については，金融機関や保険会社とは異なり，裁判外で行政的にその破綻を処理するスキームは設けられていません。したがって，その破綻処理は常に裁判所において行われることになります。ただ，行政による規制が強い分野であり，また債権者である投資家の数が極めて多数に上る点で，やはり一般の倒産手続によって処理することには無理があります。そこで，更生特例法は証券会社についても特則を設けています。

　その特則の内容は，更生手続・再生手続・破産手続のそれぞれについて，会社更生法・民事再生法・破産法の特則を定めるものですが，金融機関の場合と基本的に同一なので，原則としてその説明に委ねます（金融機関における預金保険機構に代わって，投資者保護基金が手続代理等の職務を担うことになります〔更特403条以下〕。また，預金者表の代わりに顧客表という名称が用いられています〔更特410条以下〕）。ただ，異なる点として，監督庁の手続開始の申立権限について，従来は更生手続・再生手続の申立権限が認められておらず，破産手続開始の申立権限しか存しない点がありました。これは前に述べた証券会社の特色に由来するものであり（(1)参照），公的機関である監督庁が申し立ててまで証券会社を再建するような公益的理由はないという判断を示していたものと言えます。ただ，前述の2013年の秩序ある破綻処理スキームの結果，大規模証券会社については，現在では監督庁申立てによる更生手続・再生手続の可能性も認められています（更特377条・446条）。しかし，現在でも，実際には，一般の証券会社の破綻処理は，顧客に対してペイオフが行われ，会社自体は破産手続によって清算されるのが通常と考えられます。

4　保険会社の破綻処理

(1)　契約者保護——保険契約者保護機構

　保険会社が経営破綻した場合，その破綻処理のスキームとしては，後に述べるように，保険業法上の手続と裁判所における倒産手続とが用意されていますが，いずれにしても保険契約者の権利内容が削減されることになります。通常の場合は，受け皿となる保険会社に対して破綻保険会社の保険契約が包括的に移転され，その包括移転に伴って，破綻会社の資産内容に従い保険契約者の契約条件が変更されるわけです。契約条件の変更としては，①責任準備金の削減，②予定利率の引下げ，③早期解約控除などの措置が定められるのが一般的です。そして，①および②の措置に従って契約者に支払われる保険金等が削減されることになります。しかし，このような契約条件の変更が仮に無制限に行われるとすると，不測の事態に備えるという保険契約本来の生活保持機能が十分に果たされない結果となりかねません。そこで，契約者保護を図るため，一種の保険的な措置として保険契約者保護機構の制度が設けられています（保険業259

条以下。生保と損保について2種類の保護機構が設けられています〔保険業262条参照〕）。その機能は受け皿会社に対する資金援助または保険契約の引受けであり，預金保険機構のように，契約者に対する直接の返戻金給付（狭義のペイオフ）は想定されていません。保険契約はその特性上，保険料を払い戻してもらっても，年齢・健康状態等により新たな契約を結べないおそれが常にあり，契約継続の重要性が特に大きいからです。

　保険契約の移転がされる場合には，破綻保険会社と救済保険会社は，契約移転について内閣総理大臣の適格認定を受けたこと（保険業268条）を前提に，保護機構に対して連名で資金援助の申込みを行うことができます（保険業266条）。援助される資金の額は，全契約者の責任準備金の一定部分（原則90％）相当額と破綻会社の資産評価額との差額とされます（保険業270条の3）。このような形で，契約者の保険金の一定割合が保護されるものです。ただ，保護の対象は責任準備金の一定割合であり，保険金の一定割合が直接に保護されるものではないので，予定利率の引下げの効果等も相まって，長期に及ぶ契約（年金保険など）では，保険金は実際には20％〜30％しか保護されないといった場合も生じえます。なお，保護機構は原則として加入保険会社の負担金によりまかなわれますが（保険業265条の33），生命保険契約者保護機構については，相次ぐ会員会社の破綻により財政問題が発生しており（1参照），国会の議決を前提にした国庫補助（機構の借入れに係る政府保証）の制度が設けられるに至っています（保険業265条の42の2）。なお，損害保険については，比較的短期間の契約で，他の会社に乗替えが可能であるような火災保険・自動車保険について，2006年4月から，破綻後3ヶ月以内の保険事故については，100％の保険金を支払う代わりに，それ以降については補償割合を80％に削減する新たな制度が適用されています（保険業245条1号・270条の6の6）。

　受け皿会社が出現した場合には，以上のような資金援助の方法で処理が図られますが，保険契約の継続の要請からは，受け皿が現れない場合にもなお保険契約の維持を図る必要があります。そこで，そのような場合は，最終的には保険契約者保護機構が保険契約を引き受けるという制度が設けられています。すなわち，第一に，保護機構が承継保険会社を設立して保険契約を承継する制度です（金融機関におけるブリッジバンクに相当するものです）。この場合には，承継

保険会社は保護機構の子会社として設立され（保険業270条の3の3），保護機構と承継協定（保険業270条の3の6）を結び，保険契約の移転・管理・処分等の業務を行います（保険業270条の3の4）。そして，最終的には，保険契約を再承継する受け皿会社（再承継保険会社）を探し，必要があれば資金援助を得て（保険業270条の3の14），保険契約の再承継を図ります。第二に，保護機構自体が保険契約を引き受ける場合です（保険業270条の4）。保険契約維持の最後の手段とも言うべき制度です。この場合，保護機構は，引き受けた保険契約の管理・処分に必要な範囲内で保険業を行いながら（保険業270条の6），やはり保険契約を再移転する受け皿会社を探し，必要があれば資金援助を行い，（保険業270条の6の5），保険契約の再移転を図るものです。

(2) 保険業法による管理命令・契約移転

保険会社について，その業務・財産の状況に照らして保険業の継続が困難であると認められるときには，内閣総理大臣は，その業務の全部・一部の停止等の命令または保険管理人による業務・財産の管理を命じる処分をすることができます（保険業241条1項）。また，保険会社は，そのような事由があるときは，その旨およびその理由を自ら内閣総理大臣に申し出る義務を負います（同条3項）。保険会社の場合，保険料収入によるキャッシュフローが潤沢であるため，実際には破綻状態にあっても，それが外部から必ずしも容易に判別できるものではないので，保険会社自体に申出義務を認め，迅速な管理命令手続の開始を図ったものです。そして，内閣総理大臣による管理命令が発令されたときは，その命令と同時に選任された保険管理人が破綻保険会社を代表し，業務執行権・財産管理処分権を専属的に行使します（保険業242条1項）。保険管理人には，保険協会，弁護士および公認会計士の三者が選任されるのが一般的であるようです。管理命令の発令により，原則として保険会社の業務は全面的に停止されますが，保護機構との資金援助契約に基づき補償対象とされている保険金の支払や内閣総理大臣が業務停止をしない必要があると認めた業務については，なお例外的に業務を継続することができます（保険業245条）。保険管理人は，このような原則的業務停止の状態の中で必要な調査を行い（保険業247条の2），経営者の破綻責任を追及するための措置をとりながら（保険業247条の4），救

済保険会社を探すことになります。

　管理命令手続における破綻処理の原則型は，破綻保険会社の事業を救済保険会社に譲渡し，それと同時に保険契約の包括移転をするものです。事業の譲渡は，債務超過の場合には，株主総会等の特別決議に代わる裁判所の許可（代替許可）で行うことができます（保険業 249 条の 2）。そして，保険契約の包括移転の際には，契約条件の変更が認められますが，契約条件を変更するためには，契約者による異議申立ての手続を経なければなりません。すなわち，包括移転に伴う契約条件変更の主要な内容が公告され（保険業 251 条 1 項・137 条 1 項），一定期間内に保険契約者は異議を述べることができ，異議を述べた契約者の数およびそれらの者の責任準備金合計額が移転対象契約者およびその責任準備金総額の 10 分の 1 を超える場合には，契約移転はできません（保険業 251 条 2 項・137 条 3 項）。逆に，異議申立てがこの割合を下回るときは，契約者の全員が（異議を述べた者も含めて）移転を承認したものとみなされます（保険業 137 条 4 項）。保険契約の集団性を重視して画一的な取扱いをするものです。なお，包括移転を行うためには，保険契約者以外の債権者の利益を不当に害するおそれのないことが要件となり（保険業 139 条 2 項 3 号），一般債権者に対する全額弁済が前提になります。

(3)　更生特例法のスキーム

　以上のような保険業法上の破綻処理手続には，いくつかの問題点がありました。最大の問題は，業法上の手続では，保険契約者以外の一般債権者の権利の削減が困難である点です（(2)参照）。この点は，保険会社に対する一般債権者が取引債権者や労働債権者などに限られる場合には実際上大きな難点ではありませんでした。しかし，最近の保険会社においては，基金の充実や劣後ローン・劣後債による資金調達，デリバティブ取引の活用などの結果，相当高額に上る一般債権が生じている状態にあるといわれます。このような中で，保険契約者の権利を削減しておきながら，金融機関等の劣後ローンやデリバティブ取引債権を全額保護することは到底衡平とは言い難いものです。その意味で，保険会社についても法的倒産手続による破綻処理の必要性は明らかとなっていました。ただ，確かに制度上は，各種の倒産手続は保険会社にも適用になるもの

でしたが，実際にそれを利用するについては，①生命保険会社の多数を占めて
いた相互会社については会社更生法の適用がなく，更生手続が利用できなかっ
たこと，②会社更生法等では数百万人に上る多数の債権者（保険契約者）を手
続に乗せるような仕組みに欠けていたこと，③管財人の保険契約解除権を制約
できないなど実体的な制度が適切でなかったこと（後述**コラム**「保険更生会社は
高齢者・病人お断り？」参照）などの問題点がありました。そこで，以上のよう
な問題点をクリアし，実際に保険会社も法的倒産手続を利用できるようにする
ため，前記のとおり（1参照），2000年に更生特例法が改正され，保険会社に
適用される特則規定が設けられました。

　特則として，第一に，相互会社についても更生手続の利用を認めた点があり
ます（更特168条以下）。相互会社は保険会社についてのみ認められる特殊な組
織形態で（保険業18条以下），契約者が原則として社員となり，配当を受けられ
るという制度です。別途，株式会社の資本に相当する基金がありますが，これ
は会社の持分権ではなくあくまでも債権の一種です。従来は，生命保険会社で
は相互会社形態が一般的でした。最近では，外資系の会社や損害保険会社の子
会社など相互会社から組織変更した会社も含めて多数は株式会社となっていま
すが，なお相当数の相互会社が残っています。そこで，更生特例法は，相互会
社に関する更生手続について多数の条文を規定していますが，その大半は会社
更生法の準用・読替規定か，相互会社の特性に即してその内容を書き下ろした
条文であり，実質的な意味で特則に当たる部分はそれほど多くありません。実
質的な特則に当たるものとして，①申立権を社員総数の10分の1以上の社員
のほか，1万名以上の社員にも認めた点（更特180条2項2号），②手続開始後
に更生計画によらなければすることができない行為として，社員保険契約の締
結が含まれている点（更特197条1項1号），③組織法上の行為として，更生債
権等に代わる基金の引受け（更特263条3号），相互会社から株式会社への組織
変更（更特271条），保険契約の移転等に関する特則（更特302条）が定められて
いる点などが重要です。また，株式会社である保険会社についても，合併，相
互会社への組織変更，契約移転等についてなお独自の規律をする必要があるた
め，株式会社である保険会社の更生手続についても，更生特例法は一定の特則
規定を設けています（更特357条以下）。

更生特例法は，更生手続のほかに，保険会社の破産手続についても特則を設けていますが，再生手続については，預金取扱金融機関の場合とは異なり，保険会社に関しては特則がありません（更特446条以下参照）。その趣旨は，生命保険契約者の権利につき一般先取特権が付与されていること（保険業117条の2）と関連しています。すなわち，再生手続では，一般先取特権は一般優先債権として手続外で自由にその権利を行使することができる（第5章Ⅱ5(2)参照）ところ，生命保険会社では，その債務の大半を占める契約者が手続外に出ることになり，再生手続を行う意味がなくなるためです。その結果，保険会社の破綻処理として，再生手続の利用は想定されていません。

更生特例法の定める手続上の特則は，預金取扱金融機関の場合とほぼ同様のものです。重要な点として，まず監督庁の更生手続開始の申立権限があり（更特377条），その場合の申立事由は，破産手続開始の原因の生ずるおそれがあるときに限られています。また，保険契約者保護機構の手続上の権限についても，預金取扱金融機関の場合の預金保険機構と同様の規定があります。すなわち，保険契約者等に対する通知の特例（更特423条），保護機構による保険契約者表の作成・契約者による保険契約者表の縦覧（更特428条），保険契約者表の裁判所への提出（更特429条）による債権届出の擬制（更特430条），保護機構による手続代理権（更特432条），保険契約者の手続参加（更特431条），更生計画案の内容の保険契約者に対する通知・公告（更特437条），保護機構の公平誠実義務・善管注意義務（更特433条）といった諸規定が設けられています。

保険会社に関する更生特例法の特則の最大の特徴は，保険契約の特性に応じて倒産実体法に踏み込んだ規定が用意されている点にあります。まず，管財人の契約解除権に関する特例として，双方未履行双務契約に関する会社更生法61条の適用を原則として排除した点があります（更特439条）。その趣旨は，保険契約の団体性に鑑み，一部の契約のみを取り出して管財人が解除・履行を選択することは保険契約の性質に適合しないうえ，保険事故発生リスクの高い契約を管財人が狙い撃ちで解除することを防止し，新たな保険契約の締結が困難な弱い立場の契約者を保護することにあります。その結果，保険料は更生会社に帰属する債権として管財人が取り立てることとなる一方，保険契約上の債権（保険金債権・解約返戻金等）は，更生債権となり，更生手続の拘束を受けます。

●コラム：保険更生会社は高齢者・病人お断り？

　保険会社が更生手続に入った場合に，会社更生法61条をそのまま適用すると，どのような結果になるでしょうか。保険契約はすべて双方未履行の双務契約になるとすれば，管財人は，将来の保険料収入と保険金支払のリスクとを比較し，後者の方が大きいような保険契約を解除するのが経済的には合理的な態度と言えましょう。むしろ管財人の善管注意義務からは，そのような差別をする義務を負うとすら言えるかもしれません。そうすると，保険金支払リスクの大きい病気の人や将来の保険料収入が少ないと見込まれる高齢者などについては，契約解除が選択され，健康な若者の契約は履行が選択されることになります。しかし，病人や高齢者はこの時点で（少なくとも従来と同様の条件では）保険契約に加入することは困難であり，結局，保険による保護を最も必要とする者が，自分に何の落ち度もない加入保険会社の経営破綻という事態により，保護が奪われることになってしまいます。更生特例法は，そのような不当な結果を防止するために，会社更生法61条の適用を排除したものです。

　次に，保険金の弁済に関する特例として，保護機構と資金援助契約を締結した場合に，保護機構による補償の対象となる保険金請求権等について手続中でも随時債務の弁済をすることを可能とした点があります（更特440条）。前述のように，保険契約者の権利は更生債権となる結果，手続中の弁済が禁じられ，そのままでは更生手続中に保険事故が発生して保険金請求権が生じても，その弁済は許されないこととなります。しかし，保険事故が既に発生しているにもかかわらず，受取人が保険金を直ちに入手できないとすれば，遺族等の生活保障に欠ける事態などが生じて保険の本来果たすべき生活保持機能が大きく損なわれるとともに，他の保険契約者の保険料支払意欲の喪失を招くおそれもあり，更生会社の再建が困難になります。より大きく言えば，保険制度に対する信頼が揺らぎ，保険業の健全な発展を阻害する結果にもなりかねません。そこで，更生手続中あるいはその開始前に保険事故が発生した場合にも，保険金請求権については，更生手続における支払を保護することとしたものです。このような形で，保険金請求権等を弁済することとしても，最終的には，その部分について保護機構からの資金援助による塡補が予定されているとすれば，他の債権者に不利益となることはないからです。

　また，更生特例法は保険契約上の債権の評価についても特則を設けています。保険契約に係る債権は条件付権利と考えられますが，保険契約者の権利の評価額について，以下のような評価基準が設けられました。すなわち，契約者の権利の額は，生命保険会社にあっては更生手続開始時の責任準備金の額，損害保険会社にあっては未経過保険料の額とされます（更特444条）。条件付権利の評価方法については様々な考え方がありえますが，立法で統一することにより実務的な混乱を予防したものです。

　最後に，保険会社の更生計画に関する特例規定があります。第一に，更生計画における保険契約者の権利変更の内容として，責任準備金の積立方式や予定死亡率の水準などについて同種の保険契約について同一の方式・水準を用いることは，債権者の実質的平等の原則（会更168条）に反するものではないとされます（更特445条1項）。同種の保険契約でも，その契約締結の時期によって責任準備金の算定基礎が異なることがしばしばあり，これを一律の基準とすることは債権者平等原則に反するとの疑念を生じえますが，実質的にはこれは将来の責任準備金の積立方式を変更するに止まり，既存の責任準備金自体の削減に影響するものではないので，債権者平等に反するものではないと考えてよいからです。第二に，保険契約者の権利のうち，手続開始後に発生する解約返戻金について，他の権利に比べて不利な条件を定めることも，債権者の実質的平等原則に反するものではないとされます（同条2項）。いわゆる早期解約控除条項の許容性を確認した規定です。保険会社が破綻すると，他の会社と再契約が可能である優良な契約者は早期に解約して他の会社と契約する一方，破綻会社にはそのような再契約が困難な契約者のみが残ることになりかねません。そのような事態は保険契約の団体性を害し，更生会社の経済的基盤を脆弱にしてその更生を困難にします。そこで，契約者による早期の解約を事実上制限するため，早期解約がされる場合には解約返戻金の控除割合を増加させる措置が必要となりますが（早期解約控除），このような取扱いも，解約の有無・時期については契約者が自由に選択できることを考えると，実質的には債権者平等に反しないものと考えられます。第三に，運用実績連動型保険契約（保険業100条の5第1項）について，その他の保険契約に係る債権に比して有利な条件を定めても，実質的平等の原則に反しないものとされます（更特445条3項）。このよう

な保険契約（いわゆる特別勘定）については，既に更生会社の財産変動のリスクを負担しているため（運用状況が悪化していれば債権額自体が減少しているはずです），一般勘定の契約とは異なり，さらに更生計画で権利を減免すれば二重に信用リスクを負担させてしまう結果になるからです。最後に，更生手続開始後に納付された保険料により積み立てられるべき責任準備金に対応する保険契約者の権利については，更生計画において減免その他権利の変更をすることはできません（同条4項）。このような手続開始後の保険料に見合う責任準備金についても削減の対象とすると，保険料支払意欲の喪失を招き，保険集団の維持が困難となりますし，手続開始後の保険料に見合った給付は，手続開始後の契約に基づく請求権等が共益債権となるのと同様，実質的には共益債権として扱われるのが筋であると考えられるからです。

〈参考文献〉

内堀宏達＝川畑正文「金融機関の更生手続等の概説」NBL 612号・613号（1997年）

松下淳一「新しい預金保険制度と金融機関の破綻処理」江頭憲治郎＝岩原紳作編『あたらしい金融システムと法』ジュリスト増刊（2000年）

多比羅誠ほか「ペイオフ凍結解除後の金融機関の破綻処理と預金保険法87条1項及び2項の代替許可について」判例タイムズ1086号（2002年）

佐々木宗啓編著『逐条解説預金保険法の運用』（金融財政事情研究会，2003年）

伊藤眞「金融機関の倒産処理法制」高木新二郎＝伊藤眞編集代表『講座倒産の法システム第4巻』（日本評論社，2006年）253頁以下

山本和彦「金融機関の秩序ある処理の枠組み」金融法務事情1975号（2013年）

田頭章一「証券会社の破綻と市民投資者の保護」河野正憲＝中島弘雅編『倒産法大系』（弘文堂，2001年）259頁以下

桃尾重明「証券会社の倒産」高木＝伊藤編集代表・前掲267頁以下

山下友信「保険相互会社の株式会社化と保険会社の破綻処理制度」江頭憲治郎＝岩原紳作編『あたらしい金融システムと法』ジュリスト増刊（2000年）

山本和彦「保険会社に対する更生特例法適用の諸問題」民商法雑誌125巻3号（2001年）

高木新二郎「更生特例法による生命保険会社の再建」債権管理93号（2001年）

那須克巳「生命保険会社倒産」高木＝伊藤編集代表・前掲303頁以下

第9章　国 際 倒 産

1　国際倒産法制の必要性

　企業の活動や個人の生活のグローバル化が進む中，経済活動が失敗して破綻した場合に，その倒産事件が国際的な要素を含むような事案も増大しています。たとえば，倒産した日本の企業が海外に資産（工場・預金等）をもっていたり，投資先の海外に債権者（取引先・労働者等）がいたりするような事件や，逆に外国で倒産した企業に対して，日本の企業や個人が債権を有しているような事件が数多く生じています。このような国際的な問題が倒産事件について生じた場合にそれをどのように処理するかが，ここで紹介する国際倒産という問題です。様々な問題点がありますが，最大の問題は，外国の倒産手続の効力を日本国内で認めるか，逆に日本の倒産手続について外国の資産等に対してその効力を認めるか，といった点にあります。このような問題について，従来の日本法は，属地主義という考え方をとっていました（旧破旧3条，旧和議11条，旧会更旧4条）。これは，外国の倒産手続は日本に一切効力を及ぼさず，逆に日本の倒産手続は外国に一切効力を及ぼさないという考え方，言うならば倒産における「鎖国主義」の考え方であったのです。

　このような姿勢は，破産法が立法された当時，すなわち国際的な取引が余り盛んでなかった大正時代には，倒産手続を簡明化する点で一定の合理性があったと思われます。しかし，戦後の日本，特に高度経済成長期以降の国際化が著しく進展した社会の中では，このような姿勢は甚だ不都合な結果をもたらすことになりました。たとえば，倒産した企業が日本と外国の工場を一体化してある製品を製造している場合，両者を一体として換価した方が高価な配当が可能となることがままありますし，また両者を対象としなければ，本来再建できる企業が再建できなくなってしまうおそれもありましょう。また，外国の手続と日本の手続とで配当の対象となる債権者が異なる場合には，債権者間に不平等

が生じてしまいます。また，グローバル化した経済の下では，債務者が資産を隠匿・処分したり，一部債権者に偏頗的な弁済を行ったりする行為も国際的な平面で行われ，それに対しては国際的に協調した対応が必要不可欠となり，鎖国的な処理ではうまくいきません。つまり，倒産手続の本来的な目的（第1章1参照）である資産の高価な換価や事業の再建による債権者の配当の増大，さらに債権者への平等な配当を国際倒産事件でも可能にするためには，国際協調的な仕組みを設ける国際倒産法制の整備が必要不可欠になるわけです。

　そのような認識の下で，日本でも，運用によって，上で見たような厳格な属地主義を緩和する動向が存在しました。たとえば，外国管財人が債務者の法的地位（管理処分権）を受け継ぐことを日本でも事実上認めたり，また日本の管財人にも外国財産を管理処分する地位を事実上認めたりするような運用です。学説上も様々な解釈論によって属地主義の不都合を回避する努力がされてきました。しかし，たとえば，日本の倒産債権者が外国で個別執行を行うことを防止する有効な方法はなく，債権者の抜け駆け的な債権回収は認めざるをえないなど，このような努力に限界があったことは否定できません。

●コラム：船の入港を狙い撃て！

　かつて，ある日本の海運会社が日本で更生手続に入った際に，日本の債権者がその海運会社の所有する船舶をカナダで差し押さえたという事件がありました。当時の会社更生法は属地主義の考え方をとっていたので，更生手続の開始により個別執行禁止の効力が海外にある更生会社資産にも及ぶかが正面から問題になったわけです。この事件では，日本の学者が様々な立場から鑑定意見を提出したとされますが，結局，カナダの裁判所は，日本の更生手続が明文で属地主義を定めている以上，更生手続の効力の拡張を認めることはできないと判示しました。この結果，たとえば，海運会社の更生事件では，その会社の船の入港情報を取得して，海外で差押手続をとることのできる強い債権者が事実上優先的に債権回収を図りうる一方，更生会社がそのような差押えを避けようとすれば，船の運航を停止せざるをえず，更生の大きな支障となるという不合理な事態が生じることになりました。これに対し，国際倒産法制の整備後のJALの更生手続では，航空機が海外で差し押さえられる事態は回避できました。国際倒産法制の有用性をよく示した例と言うことができます。

世界的に見れば，この国際倒産の問題について協調的な措置をとろうとする動きが徐々に強まってきました。まず，1978年のアメリカ連邦倒産法改正において，国際倒産に関する規定が設けられたことを嚆矢として，各国の国内立法でこの問題に対応する動向が生じてきました（イギリス，オーストラリア，ドイツなど）。また，この問題の国際的な性質に鑑みれば，各国が条約によって協調していく必要が大きいと考えられますが，ヨーロッパ諸国を中心に，多くの二国間条約が締結されたほか，多国間条約によっても協調の努力が図られ，その典型として，欧州の EU 国際倒産条約，後の EU 国際倒産規則の制定という成果が挙げられました。

●コラム：狂牛病と国際倒産

　EU における倒産手続のハーモナイゼイションの努力は，EEC の発足時から重要な課題として意識し続けられていました。しかし，倒産法は各国の実体法・手続法と密接に関連するため，その統合は容易なことではありませんでした。1970年代から続けられてきた意欲的・抜本的な国際倒産法制の統合の試みは，あまりにも野心的に過ぎ，1980年代半ばにいったん挫折してしまいました。その後，より限定的な形で協調を試みる方向に転換し，1996年にはついに EU 国際倒産条約が署名に至りました（この条約の内容は，次に述べる UNCITRAL モデル法などにも大きな影響を与えています）。ところが，思わぬ伏兵がこの条約の発効を妨害しました。狂牛病事件の発生です。イギリスにおける狂牛病の発生は，ドイツ・フランスなどによるイギリス牛肉の輸入禁止の措置をもたらし，その措置に反発するイギリスは EU の様々な政策に非協力的な態度をとることでその不快感を示しました。その一環として，狂牛病とは全く無関係の国際倒産条約の批准をイギリスは見送り，内容的には異論のない条約の発効が阻害されたのです。結局，その内容は，EU 規則（EU 加盟国を法的に直接規律する法規）に形を変えて，ようやく2001年に実現に至ったものです。

　以上のような国際的なハーモナイゼイションの努力をいわば総括するものとして，国際商取引のルールを統一することを任務とする国際連合の機関である UNCITRAL（国連国際商取引法委員会）においてこの問題が取り上げられ，審議の結果，1997年5月に国際倒産モデル法が策定されました。これは，約1年

半という極めて短い期間内に成果が挙げられたことからも明らかなように，加盟各国の国際倒産問題に関する関心の高さと対処の緊急性に対する共通認識を強く反映したものでした。その審議にはオブザーバーも含めて76ヶ国という多数の国々が参加し，最終的には全会一致で採択されたものであり，またその策定後短期間の間にメキシコなどいくつかの国がそれを全面的に採用したほか，現在では，アメリカなど主要な国が採用しており，世界的なスタンダードになっていくことは必至と見られています（2023年7月現在，モデル法の採用国は58ヶ国とされますが，その中には，アメリカ合衆国〔2005年〕，イギリス，韓国〔以上2006年〕，オーストラリア〔2008年〕，カナダ〔2009年〕，フィリピン〔2010年〕，シンガポール〔2017年〕などが含まれています）。UNCITRAL の理事国である日本ももちろん，国際法上，立法に際してはこのモデル法に十分な配慮を払う義務を負うものであり，その趣旨から大きく外れて属地主義をとっていた従前の法制の改正は，国際的に見ても不可避の課題となっていたと言えます。以上のような国内外の様々な状況を受けて，国際倒産法制の整備がなされたものです。

2　国際倒産法制整備の経緯・全体像

　1で述べたところからも明らかなとおり，一連の倒産法制の抜本改正において，その重要なテーマの一つが国際倒産の問題であることについては，広いコンセンサスが存在していました。立案作業の初期に公表された改正検討事項においても，国際倒産の問題は，法人倒産・個人倒産・倒産実体法と並ぶ独立した一つの重要テーマとされていたのです。そして，検討作業の当初の予定では，国際倒産についてはまとまった形で法整備を図るはずでした。

　しかし，バブル崩壊後の不況が加速するにつれて，経済的・社会的・政治的な要請から，まず中小企業の再建型倒産手続の整備を先行して行うことになったことは，前にふれたとおりです（第5章Ⅰ参照）。そこで問題とされたのは，先行することとなった民事再生法の立法に際して，どの範囲で国際倒産規定を整備するかという点でした。外国倒産手続の承認の条文も含めて民事再生法に規定するという抜本的な法整備を図る方向や国際倒産の問題については会社更生法等の規定を踏襲して全面的に将来に先送りするという方向なども考えられましたが，最終的には，国内倒産手続と関連する限度で，国際協調に配慮した

実質改正を民事再生法において先行して実施することとされました。これが民事再生法の中の当初の国際倒産関連規定でした（民再旧4条および旧10章〔旧196条以下〕）。そこでは，国内再生手続の対外的効果を承認するとともに，特に並行倒産の場合を中心に，内外管財人等の協力などの国際協調的な措置を定めていました。

　しかしながら，この改正は抜本的・最終的なものではなく，特に外国倒産手続の効力の国内における承認には一切手が付けられませんでした。したがって，この時点では，日本の倒産手続は国外に出て行く（対外効を及ぼす）が，外国の倒産手続が国内に入ってくること（その対内効）を認めないという「略奪主義」の外観を呈する結果になり，見方によっては単なる属地（鎖国）主義よりも，より国際非協調的ともとられかねない状態になってしまいました。もちろん立法者の本意はそこにはなかったわけですが，そのような外観を早急に解消するためには，国際倒産に関する包括的な法整備を急ぐことは必然的な要請になりました。そこで，立法当局は，経済状況等により再び作業前倒しの要請があった個人再生の手続（第5章Ⅲ参照）とともに，第二次立法の課題として，国際倒産を取り上げることとしたものです。これによって実現したのが国際倒産関係の立法です。これは，UNCITRALの国際倒産モデル法を先進国では最初に立法化することができた点で，日本の立法史においても画期的な出来事と言うことができます。

　国際倒産法制の整備は，大きく分けて二つの部分から成っています。一つは，「外国倒産処理手続の承認援助に関する法律」（外国倒産承認援助法）の新設であり，もう一つは，破産法・会社更生法等の改正による国際倒産関連規定の整備です。後者は，先行していた前述の民事再生法の国際倒産関連規定を他の倒産手続にも拡張するとともに，国際倒産管轄規定の新設など新たな規定も設けたものです（さらに，細則等を定める最高裁判所規則として，「外国倒産処理手続の承認援助に関する規則」および「外国倒産処理手続がある場合の破産手続及び更生手続に関する臨時措置規則」が制定されましたが，後者は後に制定された会社更生規則および破産規則に吸収されています）。これらの法律は，2000年11月に公布され，2001年4月から施行されています。現行法制の内容は基本的にモデル法の趣旨に沿うものであり，一部ではより先進的な国際協調規定をも含んでおり，国際的に

も十分な評価に値するものであると言えます。なお，外国倒産承認援助手続について，2003年秋に第1号事件（香港の会社の再建手続の承認申立事件）が係属し，承認決定がされるとともに，外国管財人を承認管財人として選任する管理命令が発令されたということです。その後，2006年には第2号事件として麻布建物事件があり（この事件については，次の**コラム**「バブルの後始末はハワイに及ぶ」参照），その後，2009年のリーマン・ブラザーズ関係の申立てなどを加え，2021年までに合計23件を数えています（最近では，韓国の海運会社である韓進海運の更生手続の承認決定がされています）。

●コラム：バブルの後始末はハワイに及ぶ──麻布建物事件

　日本で最初の本格的な国際倒産事件となったのは，2006年から2008年にかけての麻布建物の事件です。債務者は，バブル期に海外の不動産やリゾートへの投資を盛んに行った会社ですが，バブル崩壊後国内の資産等はおおむね処分され，最終的にハワイに所有するホテルの不動産等が残りました。そこで，その処理を目的に，ハワイの裁判所にアメリカ倒産法第11章手続（第1章2(1)参照）が申し立てられました。ただ，日本にも残余財産があったため，日本での担保権実行等を防止するため，承認援助の申立てがされました。これが承認援助の第2号事件となったもので（2参照），米国のチャプター・イレブンが日本で承認された最初の例となりました。

　その後，アメリカにおける倒産処理のスキーム（基本的にはハワイの当該ホテルの経営会社が不動産等の資産を買い取るというものですが，その前提として，受け皿となる清算信託を創設するものです）の実現のため，日本でも倒産手続を開始しておく必要があるとされました。そこで，日本でも更生手続の申立てがされたものです。ここに一種の並行倒産の状態が現出したわけですが，両者は協調的なもので，相互に同一の目的を達成することが当初から想定されていたものです。日本の更生手続では，アメリカの第11章手続における処理スキームと基本的に同一の内容の更生計画が立てられ，認可に至りました。その過程では様々な法律問題が生じ，またアメリカのサブプライム問題などを受けて更生計画が変更されるなど波乱もありましたが，日本で最初の本格的な国際倒産は無事円滑に処理され，新たな国際倒産法制が実務上十分に機能するものであることを示したといえます。

3 外国倒産承認援助手続

(1) 基 本 原 則

外国倒産承認援助法の目的は，「国際的な経済活動を行う債務者について開始された外国倒産処理手続に対する承認援助手続を定めることにより，当該外国倒産処理手続の効力を日本国内において適切に実現し，もって当該債務者について国際的に整合のとれた財産の清算又は経済的再生を図る」ことにあります（外国倒産1条）。これによって，承認援助手続の基本原則として第一に，外国倒産手続の国内での効力を正面から認め，（内国手続の対外効の承認に続いて）厳格な属地主義を全面的に廃棄した点が挙げられます。これは，近時の国際的な潮流および UNCITRAL モデル法の考え方に則り，緩やかな普及主義ないしコントロールされた属地主義を採用したものと評価することができます。

第二の原則として，承認によって自動的に一定の効果が発生することは認めず，常に承認裁判所の裁量によって「外国倒産処理手続の効力を日本国内において適切に実現」するための適当な措置（援助処分）を命ずるというスキームを採用した点があります。つまり，従来の承認概念が一般的に意味するように，倒産手続開始国における効力をそのまま国内にも推し及ぼすという考え方をとらず，手続開始国の効力とはいったん切り離して国内法独自の観点から固有の援助・協力措置をとるという考え方がとられています。これは，いわゆる援助・協力型モデルを採用したものであり，やはりモデル法に代表される近時の一般的な国際潮流に従ったものと言うことができます。

第三の原則として，内外での並行倒産を正面から認めている点が挙げられます。国際倒産の規制については，従来，1人の債務者について全世界で1個の倒産手続しか認めないという普及主義が理想的なものとされてきました。しかし，それは，各国の倒産法制の相違を前提にすれば現実的な選択肢ではなく，モデル法を始めとして，むしろ並行倒産を許容しながら並行手続間の協力を図っていくというのが現在の国際的な流れと言うことができます。その場合に，承認援助手続と国内手続とが並行したり，複数の外国手続の承認が求められたりする事態が想定されます。そこでは，複数の承認援助手続等の同時並立を容認するモデル法のような立場もありえますが，承認援助法は，それにより複

雑・困難な事態が発生することを避けるため，同一債務者について複数の手続が日本で同時に効力を生じることを認めない「一債務者一手続進行の原則」を採用しています。

(2)　承認の要件

承認の要件として，まずその手続が「外国倒産処理手続」の定義に該当するものである必要があります。具体的には，「外国で申し立てられた手続で，破産手続，再生手続，更生手続又は特別清算手続に相当するもの」であるということです（外国倒産 2 条 1 項 1 号）。「相当する」と言えるか否かは個別の判断になりますが，（モデル法の定義にあるように）債務処理の集団性，裁判所等による監督，清算・再建の手続目的などが判断の要素となりましょう。なお，どの国内手続に相当するかは重要な問題ではないので，いずれかの手続に相当すると言えれば十分です（たとえば，アメリカ連邦倒産法の第 11 章手続は，再生手続に相当するか更生手続に相当するかやや微妙ですが，いずれにせよ，いずれかの手続に相当するとは言え，承認援助の対象となるわけです）。

次に，国際倒産管轄（間接管轄）の要件が必要となります。すなわち，その外国倒産処理手続が申し立てられている国に債務者の住所，居所，営業所または事務所のあることが承認の要件となります（外国倒産 17 条 1 項）。住所や主たる営業所・事務所のある国の手続（外国主手続〔外国倒産 2 条 1 項 2 号〕）に承認の対象を限定することはせず，モデル法に沿って，広く外国従手続（同項 3 号）の一部についても承認を認めたものです。しかし，単なる財産所在地国の従手続は関連性に乏しいため，承認の対象とはしていません。

また，承認の申立てを棄却する場合として，いくつかの申立棄却事由（承認拒絶事由）が設けられています（外国倒産 21 条）。この中で特に重要なのは，公序の要件です（同条 3 号）。すなわち，ある具体的な外国倒産処理手続について援助処分をすることが日本の公の秩序または善良の風俗に反するときは，承認申立ては棄却されます。公序の内容としては，その外国手続が外国債権者を外国債権者だという理由だけで差別しているような場合などが典型的ですが，各国の倒産法秩序や実体法秩序は相対的なものであることに十分配慮し，公序による承認拒絶を濫用することのない姿勢が必要とされます。このほかの承認申

立棄却事由としては，費用予納の懈怠（同条1号），外国手続の属地性（同条2号），承認に基づく援助処分の不要性（同条4号），外国管財人等の重大な報告義務違反（同条5号），承認申立ての不誠実性（同条6号）などが列挙されています。このうち，2号・4号・6号の事由は，その該当性が「明らか」である場合にのみ棄却事由となり，裁判所は一応の判断をすれば足りるものとされ，承認手続の簡易迅速性にも配慮がされています。

　最後に，外国手続が既に開始していることも承認要件となります（外国倒産22条1項）。未だ開始に至っていない外国手続について，国内倒産手続の開始に相当する承認援助手続を開始して本格的な援助処分をすることは相当でないと考えられるからです。ただ，外国手続が開始していなくても，承認の申立てはできることになっているので（外国倒産17条2項），外国手続の保全管理人等としては，日本国内での財産凍結などの援助を要するときには，まず承認の申立てをしてそれに伴う承認決定前の仮の処分（(3)参照）を得て，その後，外国手続が開始した後に承認決定を得て本格的な援助処分に移行することで，その目的を実質的に達することができるようになっています。

(3)　承認の手続

　外国倒産処理手続の承認援助事件は，東京地方裁判所の管轄に専属します（外国倒産4条）。事件の専門性から，事件処理のノウハウの蓄積や判断の統一のためには管轄の集中が適当であり，他方では外国管財人等の申立ての便宜の観点からも国際的な交通の中心地である東京が一般に便宜に適うと考えられるので，東京地裁の専属管轄にしたものです（実際には，中目黒のビジネス・コート〔第4章Ⅱ2(2)コラム「ビジネス・コート」参照〕の民事第20部が担当します）。ただ，債務者の主要な財産や事業が東京以外の場所にある場合や国内の並行倒産手続が他の裁判所に係属している場合など個別事件の状況によっては，他の裁判所で承認援助手続を追行した方が適当な場合もあります。そこで，承認決定後は，著しい損害や遅滞を避けるため，債務者の住所，居所，営業所，事務所または財産の所在地を管轄する地方裁判所に承認援助事件を移送できることとされています（外国倒産5条）。

　承認の申立権者は，承認の対象となる外国倒産処理手続の外国管財人等です

（外国倒産17条1項）。「外国管財人等」とは（再生手続における再生債務者等〔第5章Ⅱ3(3)コラム「再生債務者等」参照〕と似た概念ですが），外国手続において外国管財人がある場合には外国管財人，それがない場合には債務者を指すとされており（外国倒産2条1項8号），つまりは外国手続において事業の遂行権および財産の管理処分権を有している主体ということです。承認申立てに伴い，申立人は債務者の住所等の国際倒産管轄原因事実の疎明義務（外国倒産19条）および費用の予納義務（外国倒産20条）を負います。また，外国管財人等は，承認申立て後，外国手続の進行状況その他裁判所の命じる事項を裁判所に報告しなければなりません（外国倒産17条3項）。重大な報告義務の違反は，承認申立棄却事由・承認取消事由となります。また，裁判所は，外国管財人等との円滑な意思疎通を図るため，承認を申し立てた外国管財人等に対し，弁護士の中から代理人の選任を命じることができます（同条4項）。これによって，日本の渉外弁護士などが外国管財人等の代理人として選任され，適切な手続運営が期待できることになります。さらに，承認申立てがあると，裁判所は承認決定前の仮の処分をすることができます。これは国内手続の場合の倒産手続開始前の保全措置に相当するもので，承認決定後の援助処分の前倒しの意味をもちます。具体的には，他の手続の中止命令（外国倒産25条2項），財産保全命令（外国倒産26条2項），担保権実行手続中止命令（外国倒産27条2項）のほか，管理命令の前倒しとしての保全管理命令も可能とされます（外国倒産51条）。

　承認要件を満たす申立ての場合には，裁判所は外国倒産処理手続の承認の決定をすることになります（外国倒産22条1項）。手続の明確性を期するため，自動承認制はとらず，モデル法などに倣って，決定承認制によったものです。承認決定がされた場合には，官報公告がされますが（外国倒産23条1項），承認はそれ自体として独自の法的効果をもたないため，承認の登記はされず，また債権者等に対する個別の通知もされないのが原則です。ただ，租税その他の公課を有する官庁や債務者の日本国内の労働組合などに対しては，承認決定を個別に通知しなければなりません（同条3項）。これらの者は，国内で優先権を有するなど債務者財産の国外持出し等について特に強い利害関係をもつことから，個別通知をして監視の機会を与えたものです。なお，承認決定に対しては即時抗告ができますが（外国倒産24条），抗告申立ては執行停止の効果をもたず，

（他の倒産手続と同様）承認決定により承認援助手続は直ちに開始し，効力を生じます（外国倒産22条2項）。

(4)　承認の効果——援助処分

　前に見たように（(1)参照），外国倒産承認援助法の大きな特徴として，承認の効果がすべて裁判所の裁量に委ねられている点があります。裁判所の裁量に基づき，承認決定を基礎としてされる処分を援助処分と呼びます（なお，援助処分のスキームの多くは，民事再生法・会社更生法など国内倒産手続における開始決定前の保全措置の規律に倣ったものになっています）。

　援助処分としては，まず，他の手続の中止命令が可能とされています（外国倒産25条）。中止命令の対象となる手続は，債務者の国内財産に対する強制執行・仮差押え・仮処分（強制執行等），財産関係の訴訟手続・行政手続です（同条1項）。さらに，承認援助手続の目的を達成するため特に必要があると認めるときには，裁判所は，中止した強制執行等の手続を取り消すこともできます（同条5項）。承認援助の目的が国内事業を外国倒産手続の対象となっている事業と一体的に再建することである場合に，たとえば，国内の当座預金の差押えがされているようなときには，単なる個別執行の中止では十分でなく，その取消しが必要となる場面があることに配慮したものです。さらに，既に開始した個別手続の中止を超えて，より包括的に全債権者を対象として，強制執行等の禁止を命じることもできます（外国倒産28条1項。強制執行等禁止命令）。これは，他の倒産手続における包括的禁止命令と同趣旨の制度です（民事再生の包括的禁止命令について，第5章Ⅱ1(2)参照）。強制執行等禁止命令の失効後2ヶ月間の時効の不完成や個別債権者に対する解除の制度（外国倒産28条7項・30条）なども，そのような国内法の規定に倣っています。なお，禁止命令の発効は，外国管財人等への裁判書の送達時点とされていますが（外国倒産29条4項），これは，外国債権者などに対しては，外国管財人等の責任で適切な周知措置がとられるべきことを前提としたものです（同条3項）。

　さらに，援助処分として，債務者の業務・財産に関し，処分禁止・弁済禁止等の保全処分を命ずることができます（外国倒産26条1項）。また，債務者の国内財産の上に設定された担保権の実行の手続についても中止命令を発すること

ができます（外国倒産27条1項）。ただ，その要件は，他の援助処分に比べて限定されており，①債権者一般の利益に適合すること，②競売申立人に不当な損害を及ぼすおそれがないこと，③競売申立人の意見を聴くこと（同条4項），④中止を相当の期間に限ること，とされています。国内担保権者は，外国倒産手続において，国内におけるのと同等の優先権が認められる保障がなく，特に国内においてその権利を実行する必要性が大きいことに鑑み，その実行制限に対しては厳格な要件を課しているものです。

　裁判所は，上に見たような援助処分をしたときには，債務者の国内財産の処分・国外への持出しその他裁判所の指定する行為について，裁判所の許可を得なければならないものとすることができます（外国倒産31条1項）。債務者が上記のような援助処分を取得し，債権者の権利追及を免れながら，自己の財産を処分して国外に持ち出し隠匿するなどして，国内債権者の利益を害することになる事態を防止する趣旨です。したがって，裁判所が指定した行為について許可を与えることができるのは，国内において債権者の利益が不当に侵害されるおそれがないと認める場合に限られるものとし（同条2項），国内債権者保護の趣旨を正面から許可要件としています。裁判所の許可を得ないでした処分行為等の法律行為は（相手方が善意でない限り）無効とされますし（同条3項），さらに違反行為は承認の裁量的な取消事由となる（(5)参照）ほか，無許可処分等を行った債務者は処罰されます（外国倒産69条1項）。財産の国外持出しが事実行為として行われた後は，承認を取り消しても債務者等に対する実効的な制裁にはならないので，裁判所の命令違反に対してはやや異例の措置ですが，刑罰によって対処することとしたものです。

　援助処分として最後に，裁判所は，債務者の日本国内における業務・財産に関し，承認管財人による管理を命じる管理命令を発することができます（外国倒産32条）。管理命令が発令される場合として様々なケースが想定できますが，①外国手続がDIPによる場合に，日本の弁護士等を承認管財人として選任するケース，②外国手続に管財人がある場合に，その管財人を承認管財人として選任するケース，③外国手続に管財人がある場合に，その者ではなく，日本の弁護士等を承認管財人として選任するケースが考えられます。承認援助手続の目的が外国倒産手続の効力を日本国内で適切に実現するものであることを考え

ると，②が原則的なパターンとなりますが（前述のように，第 1 号事件ではそのような措置がとられました），外国手続の主宰者が必ずしも十分に信用できない場合などには，①や③によって対処する選択肢も用意したものです（①や③による場合は，外国手続と承認援助手続とが事実上一種の並行倒産的な状態になるため，外国管財人等と承認管財人との間の情報提供や協力に関する規定が置かれています〔外国倒産規 32 条〕）。管理命令により，債務者の国内の業務遂行・財産管理処分に関する権利は承認管財人に専属する（外国倒産 34 条）ほか，当事者適格（外国倒産 36 条），裁判所の監督権（外国倒産 38 条），承認管財人の調査権限（外国倒産 41 条）・善管注意義務（外国倒産 45 条）・裁判所への報告義務（外国倒産 46 条），債務者の法律行為や債務者に対する弁済の効力（外国倒産 48 条）などについて，再生手続において管理命令が発令された場合とほぼ同様の規律がされています。また，承認管財人による国内財産の処分・国外持出し等については，債務者の場合と同様に裁判所の許可の対象となり（外国倒産 35 条），許可なく処分行為等をした場合において，承認管財人が外国管財人であるときは（前記②のケース），承認援助手続の取消事由となりますし（外国倒産 56 条 2 項 2 号），やはり承認管財人が処罰の対象となります（外国倒産 69 条 2 項）。なお，令和 5 年改正の関係では，オンライン申立て等の義務化は，外国管財人はもちろん，承認管財人（さらに保全管理人）にも適用されません（外国倒産 15 条参照）。これは，これらの手続機関については，外国の弁護士等外国人が就くことも多く想定され，IT での対応能力は確実ではなく，また日本の司法の IT 化に協力を求めることも難しいからです。

(5)　承認の取消し

　承認援助手続は，国内倒産手続に類似した手続ではありますが，あくまでも外国倒産処理手続に付随した手続であり，この手続の中で配当や再建計画の策定という形で完結した倒産処理を行うことは想定されていません。そこで，承認援助手続の終了は常に承認の取消しという形をとることになっていますが，この取消しの中には，承認援助手続が失敗して中途で終了する場合と成功裡に終結する場合とが両方含まれることに注意しなければなりません。

　外国倒産処理手続の承認が必要的に取り消されるのは，①承認要件を欠いて

いたことが明らかになったり，また事後的に欠ける事情が生じたりした場合（外国倒産56条1項1号・2号），②外国倒産処理手続がその開始国で終結した場合（同項3号），③外国倒産処理手続が終結以外の事由で終了した場合（同項4号）です。また，承認が裁判所の裁量により取り消されうるのは，④債務者または外国管財人が裁判所の許可を得ないで国内財産の処分・国外持出し等の行為をした場合（同条2項1号～3号），⑤承認管財人である外国管財人が重大な報告義務違反を犯した場合（同項2号）です。このうち，②は承認援助手続が成功裡に終わる場合ですが，その他の場合は必ずしもそうではない場合ということになります。②と③はいずれも外国手続が終了する場合で，承認援助手続の付随手続性を表すものですが，これをあえて分けて規定しているのは，承認援助手続の進行に伴い中止している国内倒産手続や他の承認援助手続がある場合に，それらの取扱いが異なってくるためです（(6)参照）。②の終結の場合は，外国手続が成功しているので，国内の他の手続も維持する必要がなく，中止されている手続は当然に失効する（外国倒産61条1項・64条）のに対し，③は外国手続が中途で終了した場合ですので，（そして，それ以外の取消事由による取消しの場合も）他の国内手続等を再起動・続行させる必要があることになります。

(6)　他の手続との調整

前にも見たように（(1)参照），日本の新たな国際倒産法制の大きな特徴として，外国倒産手続を承認しても，いわゆる並行倒産を許容している点があります。ただ，モデル法とは異なり，一債務者一手続進行の原則（(1)参照）が採用されているので，いずれの手続を優先して進行させるのかを判断する基準が必要となります。

この点で，承認援助手続と国内倒産手続が競合する場合には，原則として国内手続が優先するものとされます（国内手続優先の原則）。具体的には，その債務者について国内倒産手続が係属している場合は，承認申立ては原則として棄却されますし（外国倒産57条1項），また承認決定後に同一債務者について国内手続が開始されたか，または既に開始していたことが判明した場合は，承認援助手続は中止されることになります（外国倒産59条1項。この場合，後に国内手続が終結しますと，承認援助手続は失効します。外国倒産61条2項）。ただし，日本

法の大きな特徴であり，モデル法などの世界的な水準を上回る国際協調的な姿勢を示すものとして，例外的に，国内手続よりも承認援助手続を優先する場合を認めている点が指摘できます（外国倒産57条1項・59条1項）。例外的に承認援助手続を優先させる要件は，①承認される外国倒産手続が主手続（その外国に債務者の主たる営業所や住所等がある場合）であること，②国内債権者の利益が不当に侵害されるおそれがないこと，③外国手続の承認援助が債権者一般の利益に適合することです。したがって，外国の事業と一体的に事業譲渡をしたり再建計画を立てたりした方が高価に換価できたり，再建が容易になったりし（要件③），かつ，その外国手続に国内債権者の参加を求めるのが必ずしも酷ではない（要件②）ような場合には，裁判所は，国内手続の係属にもかかわらず，外国主手続（要件①）について承認援助手続の進行を認めることができます。この場合は，承認決定と同時にまたは事後的に国内手続が中止されます（外国倒産57条2項・59条1項。また，承認決定前の仮の処分として，国内手続を中止する余地もあります。外国倒産58条）。なお，このような形で中止された国内手続は，外国手続が終結して承認決定が取り消されたときは失効しますが（外国倒産61条1項），その他の理由で取り消されたときは続行されます（(5)参照）。

　次に，複数の外国手続について複数の承認援助手続が並行する場合にもその優劣を定める必要がありますが，この場合には，主手続優先の原則が採用されています。すなわち，主手続が承認された後の従手続の承認申立ては棄却されますし（外国倒産62条1項1号），逆に従手続が承認された後の主手続の承認申立ては当然に認められ，従手続の承認援助手続の方が中止されます。主手続の方が債務者と密接に関連しており，その手続を優先させることが債権者一般の利益に適合していると定型的に言ってよいからです（国内手続との競合の場合のような例外は認められていません）。他方，従手続間では原則的な優劣関係は設けられておらず，ある従手続の承認後に他の従手続の承認申立てがあったときは，その手続の承認が債権者の一般の利益に適合するときに限り，承認されます（外国倒産62条1項2号）。つまり，承認裁判所はいずれの手続で進めるのが債権者全体の利益になるのかを個別的に判断する必要があることになります。いずれにせよ，後続手続を承認する場合には，先行する承認援助手続は中止し（同条2項），また承認決定前でも仮の処分として他の承認援助手続の中止を命

じることができます（外国倒産63条）。なお，このような形で中止された承認援助手続は，進行している承認援助手続の対象外国手続が終結して承認決定が取り消されたときは失効しますが（外国倒産64条），それがその他の理由で取り消されたときは続行されます（(5)参照）。

●コラム：主手続をめぐる争い——**COMI** って何？

　最近では，立法時には現実には想定していなかったことですが，同一債務者についての複数の国の倒産手続が日本で承認を求めるという例が生じているようです。この場合に，どちらの手続を承認するかは，本文で見ましたように，主手続優先の原則が妥当するため，いずれの手続が主手続かをめぐって争われることになります。そこでは，「主たる営業所」の概念が何を意味するかが重要な意味をもつことになるわけです。日本ではこの点は未だ十分な判断の蓄積があるとはいえませんが，アメリカなどではかなりの実例や議論の積み重ねがあるようです。この点は，モデル法の概念を用い，「主たる利益の中心地（Centre Of Main Interest）」の頭文字をとって，COMI の問題と言われています。日本でも，そのような国際的潮流を意識しながら，日本法の概念を検討していく必要があるということでしょう（裁判例として，東京高決平24・11・2判時2174-55参照）。外国の並行倒産をめぐっては，ほかにも，倒産実体法について各手続で矛盾した措置がされた場合（同じ双方未履行契約について，A国では契約が解除され，B国では契約履行が選択されたような場合），日本としてはどのように扱うのかといった難問もあります。グローバル化した時代の倒産手続では，引き続き国際倒産をめぐる判例学説の蓄積が大きな課題となっていくことでしょう（最近の解釈問題については，山本・後掲法の支配170号も参照して下さい）。

4　国内法の国際倒産関連規定

　以上のように，外国倒産手続の国内における効力を定める外国倒産承認援助法とは別に，国内倒産手続の渉外的な側面について規定する条項が国内倒産手続法令（破産法，民事再生法，会社更生法等）の中に存在します。これには，大きく分ければ，いかなる場合にその債務者について国内で倒産手続を行うことができるかという問題（国際倒産管轄の問題），国内手続の外国における効力の問題（対外効の問題＝外国倒産承認援助法のいわば裏返しの問題），外国手続と国内手

続とが並行する場合（並行倒産）の相互協力に関する問題があり，以下でそれ
ぞれ説明します。

このほか，外国人の手続上の地位については，従来，いわゆる相互主義の考
え方がとられ（旧破旧2条但書），外国手続で日本の債務者・債権者に同等の地
位が与えられていない限り，その外国の個人・法人にも日本の倒産手続上地位
を認めないこととされていましたが，国際協調の観点から相当でないと判断さ
れ，現在では，全面的に内外人平等の原則が採用されています（破3条，民再3
条，会更3条）。

(1) 国際倒産管轄

どのような事由があれば，ある債務者について日本で倒産手続を行うことが
できるか，という問題が国際倒産管轄（直接管轄）の問題です。この点につい
ては従来明文の規定がなく，また民事再生法制定時にも規定は設けられません
でした。しかし，国際倒産法制の包括整備の際には，①国際倒産管轄の問題に
ついては，外国の管財人・債権者等が関係する場面が多く，規律の透明性・明
確性を図る必要性が特に強いこと，②後に述べるように，国際倒産管轄の基準
は外国手続の承認の場合に求められる管轄要件の基準（3(2)参照）とは異なる
ため，審理管轄（直接管轄）と承認管轄（間接管轄）の差異を明確にし，混乱を
避ける必要があったこと，③訴訟事件の国際裁判管轄の場合のように，国内管
轄規定から国際管轄を推知するという逆推知の考え方をとると，倒産の場合に
は過剰管轄となるおそれがあることなどから，国際倒産管轄に関する明文規定
を設けることとしたものです。

具体的な基準は，破産・民事再生と会社更生とで異なっています。まず，破
産手続および再生手続においては，①個人の場合は，営業所，住所，居所，財
産のいずれかの存在，②法人等社団・財団の場合は，営業所，事務所，財産の
いずれかの存在が基準とされます（破4条，民再4条）。これは，財産所在地の
管轄を認める点で，承認の場合の管轄基準（3(2)参照）よりも広いものとなっ
ていますが，国内にある債務者財産を引当てに与信をした国内債権者の保護を
図る必要性が特に大きいことによります。他方，更生手続においては，営業所
の所在地に管轄原因は限定されています（会更4条）。更生手続の原則的国内管

轄原因が主たる営業所に限定されていること（会更5条1項）に対応するもの
で，担保権者等に大きな影響を与え，また会社の組織再編にも関係する更生手
続（第6章参照）では，国内営業所の存在が最低限の関連性を示すものとして
必要と判断されたものです。

(2) 国内倒産手続の対外効

　国際倒産法制整備の最大の課題であった属地主義の廃棄の趣旨に従い，一方
では外国倒産承認援助法により外国手続の対内効を認めたわけですが（3（1）
参照），それに対応して，国内倒産手続の対外効も原則として認められるよう
になりました。すなわち，国内倒産手続の効力が国内の債務者財産に対してし
か及ばないとする従来存在した規定（旧破旧3条1項，民再旧4条1項，旧会更旧
4条1項）を削除するとともに，再生債務者，保全管理人や管財人の管理処分
権の及ぶ財産について，日本国内にあるかどうかを問わないことを明らかにし
ています（民再38条1項，会更32条1項・72条1項）。また，破産法においても，
破産財団の範囲について，その財産が日本国内にあるかどうかを問わないこと
を明らかにして（破34条1項），同趣旨を示しています。これによって，管財
人など日本の手続機関が海外の債務者財産の管理処分を図るべきことが明確に
なりましたが，実際にはその前提として，その外国が日本の倒産手続の効力を
自国内で認めてくれることが必要となることは言うまでもありません。

　このような国内手続の対外効に基づく一つの系として，外国財産からの債権
者の回収と国内手続における配当・弁済とを調整する必要が生じることになり
ます。国内手続の効力が及ぶ外国財産からの回収は，国内手続による配当・弁
済と同視できるからです。債権者間の平等を図るそのような調整のルールとし
て国際的に承認されているものとして，いわゆるホッチポット・ルールがあり，
日本法もそのような考え方を採用しています。すなわち，債権者が国内倒産手
続開始後に債務者の外国財産に対する権利行使により弁済を受けたときは，そ
の債権者は，他の同順位の債権者がその倒産手続において同一の割合による配
当・弁済を受けるまでは，手続上配当・弁済を受けることができないものとさ
れます（破201条4項，民再89条2項，会更137条2項）。たとえば，破産手続開
始後に，1億円の破産債権を有する債権者が破産者の外国財産から3,000万円

の回収をしたときは，破産手続で他の破産債権者が 30％ の配当を受けるまで，その債権者は破産配当を受けることができないことになるわけです。これにより，国際倒産の場面での債権者平等の趣旨を貫徹させるものです。なお，そのような債権者は，外国での弁済前の債権全額で手続に参加できますが（破 109 条，民再 89 条 1 項，会更 137 条 1 項），議決権を行使できるのは，弁済受領額を控除した範囲に限られます（破 142 条 2 項，民再 89 条 3 項，会更 137 条 3 項）。なお，更生手続では，更生担保権者も同様の規律の対象とされます。

●コラム：「ごたまぜ」に「吐き出させ」？

　本文でも書いたように，国際倒産における債権者平等を達成する手段として，債権者間の弁済を調整するホッチポット・ルールが日本でも規定されました。これは，UNCITRAL モデル法や EU 規則でも規定されているものですが，ホッチポット（hotchpot）というのは「ごたまぜ」という意味です。つまり，世界中の債務者資産をごたまぜにして債権者に対して配当するのと同様の状態を達成しようというわけです。ホッチポット・ルールをより徹底させる方法として，disgorgement という手法があります。これは，直訳すれば「吐き出させること」という意味ですが，債権者が外国財産から弁済を受けすぎている場合に，管財人等がその返還を求めることをも可能とする制度です。たとえば，本文の例で，破産手続の配当率が 20％ に止まるような場合に，外国財産から回収していた破産債権者から 1,000 万円の返還を管財人等が求めることを可能にするものです。日本法では，この点は明文で規定されておらず，不当利得が成立するか否かの解釈問題となります。なお，債権者平等を図るこの他の方法としては，日本法上，次に述べる相互の手続参加（クロス・ファイリング）の制度なども用意されており，国際的平面でも債権者平等という倒産制度の目的がよく達成できるように配慮がされています。

---

(3)　並行倒産の際の協力

　最後に，近時の国際倒産法制に関する国際的な潮流であり，また日本の新たな国際倒産法においても重視されている点として，並行倒産の容認＋並行手続間の協力という緩やかな態様による国際協調のアプローチがあります。承認援助手続が創設されても，前に見たように，並行倒産自体は広く認められており（3(6)参照），国内手続優先の原則が採用されているので，並行倒産状態におけ

る手続間協力の必要性には，なお大きなものがあります。この点について，各法律は独立の章を設けて対処しています（破産法 11 章，民事再生法 11 章，会社更生法 10 章）。

　まず，外国管財人との協力について規定がされています（破 245 条，民再 207 条，会更 242 条）。そこでは，破産管財人等国内手続の機関が外国管財人に対して，必要な情報の提供や協力を求めることができる一方で，外国手続の適切な実施のために必要な情報の提供や協力をするように努めるものとし，双方向の協力の権限・責務が定められています。第二に，外国手続が行われている場合に国内手続の開始を容易にすることにより国内債権者や外国管財人等を保護するため，外国手続の存在により国内手続の開始原因事実の存在を法律上推定する規定が設けられています（破 17 条，民再 208 条，会更 243 条）。これにより，たとえば，外国管財人等は支払不能等の事実を立証しなくても，国内手続の開始決定を得ることができます。第三に，国内手続における外国管財人の権限について定める規定があります（破 246 条，民再 209 条，会更 244 条）。これによれば，外国管財人には，国内手続の開始を申し立てる権限，債権者（関係人）集会に出席して意見を述べる権限，再生・更生計画案を提出する権限が認められます。また，その権限の行使を保障するために，外国管財人に対する一定の手続情報の通知の必要性が定められています。最後に，外国管財人と国内手続機関による相互の手続に対する参加権が定められています（破 247 条，民再 210 条，会更 245 条）。これは，外国手続への参加が実際上困難である国内の弱小債権者の権利を保護し，債権者平等を実質的に確保する趣旨の規定であり，外国管財人に対しても国内手続で同様の便宜を図ることとしたものです。すなわち，管財人や再生債務者は，外国手続に自国の届出債権者を代理して参加することができますし，外国管財人はその国の債権者を代理して日本の手続に参加することができるとするものです。クロス・ファイリングと呼ばれる制度ですが，これを明示的に規定する国は未だ少なく，国際水準を上回る日本法の国際協調性を示す規定として評価することができます。

〈**参考文献**〉

　貝瀬幸雄『国際倒産法序説』(東京大学出版会，1989 年)

　深山卓也編著『新しい国際倒産法制』(金融財政事情研究会，2001 年)

　桃尾重明編著『新国際倒産法の実務』(日本法令，2001 年)

　山本和彦『国際倒産法制』(商事法務，2002 年)

　最高裁判所事務総局民事局監修『条解国際倒産関係規則』(法曹会，2001 年)

　山本克己ほか編『国際倒産法制の新展開——理論と実務』金融・商事判例増刊
　　1112 号 (経済法令研究会，2001 年)

　山本和彦「国際倒産に関する最近の諸問題」法の支配 170 号 (2013 年)

　事業再生研究機構編『国際的な事業再生』(商事法務，2022 年)

事 項 索 引

あ

悪意の不法行為 ……………………228
麻布建物事件 ………………………317
頭数要件 ……………………………212
アドバイザー ……………………………28
アメリカの倒産手続 ………………………6
暗星的法人……………………………83

い

異 議
　　──（破産）………………………133
　　──（民事再生）………190, 224
　　──の予告（個人再生）………224
異議の訴え
　　──（会社更生）………………267
　　──（破産）………………………134
　　──（民事再生）………192, 204
意見申述 ……………………………160
意見聴取 ……………………………244
慰謝料請求権 ………………………155
移 送 ………………………170, 320
委託を受けない保証人 ……………117
一債務者一手続進行の原則 ………319, 325
一時国有化 …………………………296
一時停止 ………………………………46
一時停止の通知……………………28
一部免責 ……………………………158
一括清算 ……………………………298
一身専属性 …………………………155
一般異議申述期間 …………………224
一般先取特権……………92, 188, 196, 262, 280
一般調査期間
　　──（破産）………………………132
　　──（民事再生）………………191
一般調査期日 ………………………134
一般優先債権 ………………………196
委任契約 ……………………………107
インターネット ………………………71
引 致 …………………………………152

う

請負契約 ……………………………105
請負人破産 …………………………105
受付票 ………………………………151
運用実績型保険契約 ………………310

え

営業譲渡　→事業譲渡
営業特金 ……………………………291
英米法 …………………………………5
援助・協力型モデル ………………318
援助処分 ………………………318, 322

お

親子会社……………………80, 170, 253
オリジネータ …………………………109
オンライン届出 ……………………133
オンライン申立て ……………………71
　　──等の義務化 ………………324

か

カード破産 …………………………146
会計監査人 …………………………203
会計参与 ……………………………203
外国管財人
　　──との協力 …………………331
　　──の権限 ……………………331
外国管財人等 ………………………320
外国銀行の日本支店 ………………299
外国人の地位 ………………………328
外国倒産承認援助法 ………………318
外国倒産処理手続 …………………319
解雇予告期間 ………………………106
解 散 ………………………136, 78
　　──の決議 ……………………278
開始決定
　　更生手続の── ………………255
　　更生手続の──の効力 ………256
　　再生手続の── ………………174

再生手続の——の効力 ……………177
破産手続の—— ………………75
破産手続の——の効力………77
開始原因
再生手続の—— …………………168
特別清算手続の—— …………280
破産手続の—— …………………72
——事実の推定 …………………331
開始後債権 ……………………197
開始時現存額主義………………91
会社更生手続 ……………………249
会社整理手続…………………12, 278
会社分割 ………………………120
解 除 ………………………100
解除決定 ………………………172
解除条件付債権 ………………141
介入通知 ………………………31
解約返戻金 …………………153, 310
カウンセリングセンター…………57
価額決定請求
——（会社更生）………267, 270
——（民事再生）………………205
価額償還 ………………………130
確定判決と同一の効力 ……192, 217
確答催告 ………………………101
可決要件
更生計画案の—— ………272, 284
再生計画案の—— ………212, 228
貸金業規制法 ……………………55
貸金業の規制強化 ……………147
貸金業法 ………………………55
華士族平民身代限規則……………11
家資分散法 ………………………12
過剰融資 ………………………146
可処分所得弁済要件 …………233
過払金請求……………………55, 147
株式取得 …………………271, 275
株式併合 ………………………209
株 主 …………………257, 264
株主委員会 ……………………261
株主総会特別決議 ……………180
株主代表訴訟………………27, 294
借入金による弁済 ……………121
簡易再生 ………………………193

——の特例……………………51
簡易配当 …………………142, 148
換 価 ……………………………137
管 轄
——（会社更生）………………253
——（破産）……………………79
——（民事再生）………………170
管轄裁判所 ……………………279
関係人集会 ……………………260
——による決議 ………………272
——の続行 ……………………273
関係人説明会 …………………260
監査委員 …………………………88
——の選任についての特例……49
管財事件 ………………………153
管財人
——（会社更生）………………257
——（破産）……………………80
——（民事再生）………………182
管財人代理…………………………84
監督委員
——（会社更生）………254, 257
——（特別清算）………………282
——（民事再生）………………180
——による監督（民事再生）…217
——による否認（民事再生）…201
監督官庁の通告 ………………279
監督庁申立て………66, 300, 303, 308
監督命令
——（会社更生）………………254
——（特別清算）………………282
——（民事再生）………………180
官 報 ……………………………76
元本猶予併用型 ………………242
管理型手続 ………………17, 182, 249
管理機構 …………………………83
管理処分権
金融整理管財人の—— ………294
破産管財人の—— ………98, 136
管理命令
——（国際倒産）………………323
——（保険業法）………………305
——（民事再生）………………183
関連会社 ………………………253

関連管轄 ……………………………223

き

義援金 ………………………………156
危機時期 …………………116, 122, 220
危機対応勘定 ………………………296
危機否認 ……………………………122
企業再生支援機構 ……………………30
企業倒産 ADR …………………………39
企業の破産 ……………………………62
基　金 ………………………………306
議決権 …………………………87, 244
議決権の不統一行使 ………………213
期限の利益回復型 …………………241
基準債権 ……………………………229
寄　託 ………………………………141
寄託請求 ……………………………116
逆推知 ………………………………328
救済融資 ……………………………126
求償権担保 ……………………236, 238
給与所得者等再生 …………………232
給料債権 ……………92, 96, 197, 265
共益債権 ………………………195, 264
協議（住宅資金貸付債権者との間の）……244
競業制限 ………………………256, 260
強制執行 ………………………192, 216
　　——の禁止等 ………………78, 160
強制執行等禁止命令 ………………322
強制執行等中止命令 …………171, 196
供　託 ………………………………142
協　定 ………………………………284
協定債権 ……………………………280
協定破産手続 ………………………278
協同組織金融機関 …………………299
共同抵当 ……………………………239
業務停止 ……………………………305
協力（並行倒産における）…………331
許　可
　　裁判所の——（会社更生）………256
　　裁判所の——（国際倒産）……323, 324
　　裁判所の——（特別清算）………282
　　裁判所の——（破産）………………80
　　裁判所の——（民事再生）………179
虚偽表示 ………………………………84

極度額 ………………………………112
居住制限 ……………………………152
記録の閲覧 ……………………………79
金額不特定の債権 ……………………91
金月処理 ……………………………295
銀　行 ………………………………291
銀行取引停止処分 ……………73, 171
近時の倒産法改正 ……………………16
金融安定理事会 ……………………290
金融機関等の秩序ある破綻処理スキーム
　　…………………………290, 296
金融機関の破綻処理 ………………286
金融危機 ……………………………287
金融危機対応会議 …………………296
金融再生法 …………………………288
金融システム安定化関連法制 ………288
金融商品取引業者 …………………301
金融整理管財人 ……………………294

く

口単位主義 ……………………………92
組入金 ………………………………112
組分け ………………………………188
クラムダウン ………………………273
グレイゾーン金利 ……………………55
クレサラ調停 …………………………35
クレジットカウンセリング ………34, 57
クロス・ファイリング ……………331

け

経営者保証ガイドライン ……………42
計　画
　　更生——の条項 …………………270
　　更生——の遂行 …………………274
　　更生——の認可 …………………273
　　更生——の変更 …………………274
　　更生——の履行 …………………249
　　再生——の遂行 …………………217
　　再生——の取消し …………219, 231
　　再生——の認可 ……214, 229, 232
　　再生——の変更 …………218, 231
　　再生——の履行確保 ……………216
計画案
　　更生——の決議 …………272, 273

更生——の提出 ……………………272
再生——の決議 …………211, 227, 244
再生——の修正 ……………………211
再生——の提出 ……………………210
計画条項 ………………………………206
計画弁済期間 …………………………208
警察上の援助 …………………………84
計算報告集会 …………………………87, 143
計算報告書 ……………………………143
形式的平等原則 ……………………227
継続企業価値………74, 199, 263, 269
継続的収入 ……………………………223
競　売 …………………………………138
契約解除 ………………………………101
契約条件の変更 …………………303, 306
決　議
　——の不要 ………………………232
　——方法の不正 …………………212
　更生計画案の—— ………272, 273
　再生計画案の—— ……211, 227, 244
決済性預金 ……………………………289
決定承認制 ……………………………321
権限付与 …………………………259, 274
検査役 …………………………………283
減　資 …………………………………209
　100%—— ………………………271
源泉徴収所得税 ……………………265
現存額主義 ……………………………91
現有財団………………………………89, 109
権利変更条項 …………………………206, 270
権利変更の一般的基準 ……194, 206, 229
権利保護条項 …………………………214, 274
牽連破産……………………………66, 196, 218

こ

故意否認 ………………………………122
合意型 …………………………………242
後見型手続 ……………………………181
公　告
　——（破産）……………75, 99, 140
　——（民事再生）………………176
公告費用 ………………………………94
公　序 …………………………………319
更生会社財産 ………………………268

更生管財人 ………………………256, 258
更生管財人代理 ……………………259
更生計画 ………………………………270
　——の条項 ………………………270
　——の遂行 ………………………274
　——の認可 ………………………273
　——の変更 ………………………274
　——の履行 ………………………249
更生計画案
　——の決議 ………………272, 273
　——の提出 ………………………272
公正・衡平 ………………………271, 273
更生債権 ………………………………262
更生債権者委員会 …………………261
更生債権者表 ………………………276
更生債権等 ……………………………262
　——の確定 ………………………266
　——の査定 ………………………268
更生手段説 ……………………………158
更生担保権 ……………………………262
　——の確定 ………………………267
更生担保権者委員会 ………………261
更生手続 ………………………………249
　——の開始決定 …………………255
　——の終結 ………………………276
　——の終了 ………………………275
　——の特徴 ………………………249
　——の廃止 ………………………275
更生特例法 ………287, 299, 302, 306
更生の見込み ………………………255
行動経済学 ……………………………3
公認会計士 ………………………181, 199
衡　平 …………………………………207
衡平資金援助 ………………………298
公平誠実義務
　再生債務者の—— ………………176
　特別清算人の—— ………………282
　保険契約者保護機構の—— ……308
　預金保険機構の—— ……………301
抗弁（否認権）………………………128
公法人の破産能力………………………64
顧客分別金 ……………………………302
国外持出し ………………………323, 324
国際倒産 ………………………………312

国際倒産管轄 ……………………319, 328
国際倒産関連規定 ………………316, 327
国際倒産モデル法 …………………314
国内債権者保護 ……………………323
国内手続優先の原則 ………………325
国内倒産手続の対外効 ……………329
個人過剰債務委員会 ………………10
個人再生委員 ………………………225
個人再生事件数 ……………………222
個人再生手続 ………………………221
個人債務者更生手続 ………………221
個人破産事件数 ……………………147
個人版私的整理ガイドライン ……32
護送船団方式 ………………………15
国庫仮支弁 ……………………69, 151
固定資産税 …………………………95
固定主義 ……………………………89
雇用契約 ……………………………105
ゴルフ会員権 ………………………101

さ

災害弔慰金 …………………………156
債権確定
　── (会社更生) ………………267
　── (破産) ……………………134
　── (民事再生) ………………192
再建型倒産処理手続 ……………17, 166
再建計画 ……………………………27
債権査定申立て
　── (会社更生) ………………268
　── (破産) ……………………135
　── (民事再生) ………………192
債権者
　──の意見聴取 ………………234
　──の自己責任 ………………167
債権者委員会
　── (会社更生) ………………261
　── (私的整理) ………………26
　── (破産) ……………………88
　── (民事再生) ……………185, 209
債権者委員長 (私的整理) …………26
債権者一覧表
　── (破産) ……………………71
　── (民事再生) ………………224

債権者会議 …………………………46
債権者集会
　── (特別清算) ………………283
　── (破産) ……………………86, 143
　── (民事再生) ………………184
　──による決議 ………………212
　ウェブ会議による── ………87, 185
債権者説明会
　── (破産) ……………………87
　── (民事再生) ……………185, 200
債権者代位訴訟 ………………77, 177
債権者平等 ……………………207, 329
債権者名簿 …………………………159
債権者申立て
　── (会社更生) ………………257
　── (民事再生) ………………169, 182
債権譲渡担保 ………………………127
債権譲渡登記 ………………………127
債権調査
　── (会社更生) ………………266
　── (破産) ……………………133
　── (民事再生) …………190, 224, 243
債権調査期間 ………………………133
債権調査期日 ………………………134
債権届出
　── (会社更生) ………………266
　── (破産) ……………………133
　── (民事再生) ………………190, 224
　──のオンライン化 …………133
　──の催告 (会社更生) ………267
　──を要しない旨の決定 (民事再生) ……220
　破産管財人に対する── ……133
債権申出 ……………………………280
最後通牒ゲーム ……………………4
最後配当 ……………………………141
財産状況報告集会
　── (会社更生) ………………260
　── (破産) ……………………87
　── (民事再生) ………………185, 200
財産所在地管轄 ……………………328
財産評定
　── (会社更生) ………………268
　── (破産) ……………………137
　── (民事再生) ………………199

財産分与請求権 ·················110
財産目録
　　──（破産）···············137
　　──（民事再生）········199, 225
再生計画 ················206, 243
　　──による権利変更ができない債権 ······228
　　──の遂行 ··············217
　　──の取消し ·········219, 231
　　──の認可 ·······214, 229, 234
　　──の変更 ·········218, 231
　　──の履行確保 ···········216
再生計画案
　　──の決議 ·····211, 227, 244
　　──の修正 ··············211
　　──の提出 ··············211
財政健全化団体···············65
再生債権 ················187
　　──の確定 ··············191
　　──の査定 ··············191
再生債権者一般の利益 ··········214
再生債権者表 ·········190, 216
財政再生団体···············65
再生債務者
　　──の地位 ··············176
再生債務者等 ··············183
再生事件数 ···············168
再生手続開始決定 ···········174
　　──の効力 ··············177
再生手続終結決定 ···········217
再生手続の特徴 ·············166
再生の見込み ··············174
再生申立権の濫用 ···········175
財団債権·········94, 196, 220, 284
　　──に基づく強制執行··········97
　　──の代位弁済···········97
財団放棄 ················156
最低弁済額要件 ·············229
裁判所書記官···············81
裁判所の許可
　　──（会社更生）···········256
　　──（国際倒産）·······324, 324
　　──（破産）············80
　　──（民事再生）·······179, 179
債務者更生主義 ···············6

債務者審尋 ···············151
債務超過·········74, 255, 257, 264
債務弁済協定調停············35
債務名義·············128, 192
裁量免責 ················161
詐害意思 ················122
詐害行為 ················119
詐害行為取消訴訟········77, 177
詐害行為否認 ·············122
先取特権 ················113
詐欺破産罪 ···············98
差押禁止財産 ·············154
差引納付 ················270
詐術による借入れ ···········161
査定決定
　　──（会社更生）···········267
　　──（破産）············135
　　──（民事再生）·······192, 203
サラリーマン ··············233
産業活力再生特別措置法·······16, 44
産業競争力強化法········16, 42
産業再生機構···············30
三者間相殺 ···············115

し

自営業者 ················223
時　価 ·················269
時価基準 ················263
資格制限 ················163
敷　金 ·················103
敷金返還請求権 ············116
敷　地 ·················247
事業管財人 ···············259
事業再生 ADR ·············44
事業再生計画案··············47
事業再生実務家協会··········52
事業成長担保権 ············115
事業譲渡 ·······139, 179, 256, 282
　　代替許可による── ·········298
事業組織の再編 ············249
資金援助 ················304
資金援助方式 ·············292
資金繰り ················169
事件記録の閲覧·············79

時効の完成猶予 ……………………190
自己責任 ……………………167, 186
事後チェック型社会 ………………168
自己破産………………………………66
自己破産手続開始 …………………150
システミック・リスク ………290, 296
自然災害による被災者の債務整理に関するガイ
　　ドライン……………………………32
自然債務 ……………………………161
事前審査 ……………………………255
自力処理………………………………36
執行行為の否認 ……………………128
執行停止………………………………37
実質的平等原則 ………207, 271, 284, 310
実体的確定 …………………………193
私的整理………………………………20
　　——の欠点…………………………22
　　——の多数決化……………………24
　　——の利点…………………………20
私的整理ガイドライン ………………28
自動承認制 …………………………321
自動停止 ……………………………171
自認債権 ………………………191, 266
支払停止………………………………73
支払不能………………………………72, 125
支払不能後の債務負担に基づく相殺 …117
司法書士………………………………31
司法ネット……………………………31
資本の減少 ……………………209, 216
事務分配………………………………80
社　　員 ……………………………307
借地契約 ……………………………102
借家契約 ……………………………103
社　　債 ……………………………271
社債管理者 …………………………213
社債管理者等の費用・報酬 …………195
社債権者集会モデル…………………25
社債権者の議決権行使 ……………213
社内預金 ……………………………265
11 章手続 ………………7, 165, 319
収益還元法 …………………………269
自由財産………………90, 107, 148, 153
　　——からの弁済……………………93
　　——の範囲拡張 …………………155

法人の—— ………………………90
13 章手続 …………………7, 221, 236
囚人のディレンマ ……………………3
住専処理………………………………13
住　　宅 ………………………235, 237
住宅資金貸付債権 …………………235
住宅資金特別条項 …………………240
　　——の効力 ………………………245
住宅ローン …………………………235
住宅ローン債権に係る抵当権の実行手続中止命
　　令 ………………………………247
住宅ローン債務の弁済 ……………238
住宅ローン保証 ………………239, 245
集団的和解契約………………………25
集中部…………………………………80
従手続 ………………………………326
重要財産開示義務 …………………137
受益者 ………………………………123
　　——の償還請求権 ………………130
主たる利益の中心地 ………………327
出資法…………………………………54
主手続 ………………………………326
主手続優先の原則 …………………326
準自己破産……………………………66
準則型私的整理………………………18
少額管財 ……………………………153
少額債権 ………………………178, 207
小規模個人再生 ……………………220
消極的同意 …………………………228
承継銀行 ………………………292, 295
承継保険会社 ………………………304
証券化 …………………104, 108, 124
証券会社の破綻処理 ………………301
条件付債権……………………………91
条件付免責 …………………………158
使用者破産 …………………………106
商事留置権 ……………………113, 204
　　——の消滅請求 …………………254
譲渡制限株式 ………………………210
譲渡担保 ……………………………114
承　　認（国際倒産）
　　——の決定 ………………………321
　　——の手続 ………………………320
　　——の取消し ……………………324

──の要件 ………………………319
承認援助法 …………………………316
承認管財人 …………………………323
承認決定前の仮の処分 ……………321
消費者金融 …………………………145
消費者庁……………………………66
消費者倒産 ADR ……………………53
消費者倒産処理のあり方 …………149
消費者の民事再生 …………………220
消費者破産 …………………………145
　──の手続 ………………………150
消費生活アドバイザー………………58
消費生活センター …………………31
情報開示 ……………………………199
商法破産篇……………………………12
常務に属しない行為 ………………183
剰余金の配当 ………………………256
将来収入の見込み …………………222
将来の請求権 …………………91, 141
書記官………………………………82
除斥期間 …………………129, 140, 141
所得税………………………………95
処分価額 …………………………199, 270
書面決議 ……………………………87
書面等投票, 272
　──（破産）………………………87
　──（民事再生）…………212, 228
所有権留保 …………………114, 178
新型コロナ特例リスケジュール支援………43
新株発行 ……………………………210
進行協議 ……………………………85
新再建型手続 ………………………165
審　尋 ………………………………160
迅速金融再生手続 …………………10
身代限……………………………11
信　託………………………………25
信託財産の破産………………………65
新得財産 ……………………………154
信用金庫 ……………………………299
信用組合 …………………………291, 299
信用保証による資金調達……………49

す

スポンサー …………………………259

せ

生活に関する費用 …………………196, 235
生活保護 ……………………………235
制限説 ………………………………127
制限利率 ……………………………54
清算型倒産処理手続 ………17, 60, 278
清算価値保障原則 ……215, 226, 231, 284
清算的更生計画 ……………………272
清算人 ………………………………282
制度化された私的整理………………18
生命保険契約者保護機構 …………304
整理屋 …………………………23, 88
セーフティ・ネット ………………287
責任準備金 …………………………303, 310
責任の免除 …………………………281
　──の取消し ……………………281
絶対的優先原則 ……………………273
説明義務 ……………………………137
善意の第三者 ………………………84
善管注意義務
　監督委員の── ………………181
　更生管財人の── ……………259
　承認管財人の── ……………324
　破産管財人の── ……………84
　保険契約者保護機構の── ……308
　預金保険機構の── …………301
専門部………………………………80
占有債務者 …………………………7
善良の風俗 …………………………319

そ

早期解約控除 ………………………303, 310
早期解約条項の発動停止 …………298
相互会社 ……………………………307
相互主義 ……………………………328
相互の手続参加 ……………………331
相殺禁止 ……………………………281
相殺権 ………………………………115
相殺の催告 …………………………119
相殺濫用論 …………………………118
増　資 ………………………………210
贈収賄罪 ……………………………84
相続財産破産………………………65

相対的優先原則 ……………………273
双方未履行の双務契約 …………100, 308
即時抗告……………………………76
即日面接 ……………………………151
属地主義 ……………………312, 329
組織再編 ……………………250, 271
組織変更 ………249, 256, 271, 275, 299, 307
訴訟手続
　──の受継 ……………………135
　──の中断……………………77, 177
租税債権……………95, 197, 253, 265, 271
続行期日 ……………………………212
そのまま条項 ………………………242
疎　　明 …………………………67, 169
疎明義務 ……………………………321
損害賠償請求権の査定 ……………203
損害保険 ……………………………304
損害保険会社 ………………………290
損金処理……………………………41
損失補塡 ……………………………291

た

代位弁済……………………97, 238, 245
対外効 ………………………………329
大規模事件……………………………80
対抗関係 ……………………………178
対抗要件 ……………99, 103, 110, 83
　──の否認 ……………………126
第三者性 ……………………………176
第三セクター ………………………40
貸借対照表 ………………137, 199, 225
代償的取戻権 ………………………110
退職金債権 ………90, 96, 154, 197, 265
対税型 ………………………………279
代替許可 ……………………180, 257, 306
　──による事業譲渡 ……………298
対内効 ………………………………329
滞納処分 ……………95, 97, 253, 265
代物弁済の否認 ……………………123
代理委員 ……………………………188
大陸法 ………………………………6
多重債務者 ………………………31, 53
多重債務問題 ………………………146
担保権 ………………………111, 204

　──の実行 ………………………172
担保権実行禁止解除決定 …………263
担保権実行手続中止命令
　──（国際倒産）………………322
　──（特別清算）………………281
　──（民事再生）……………172, 247
担保権消滅
　──（会社更生）………………269
　──（破産）……………………112
　──（民事再生）………………204
担保変換制度 ………………………269
担保目的物による代物弁済 ………120
担保目的物の換価 …………………138

ち

地域経済活性化支援機構……………31
地方公共団体の財政破綻……………64
中間配当 ……………………………139
忠実義務……………………………25
中止命令
　──（国際倒産）………………322
　──（特別清算）………………281
　──（破産）……………………70
　──（民事再生）……………171, 246
中小企業活性化協議会……………40, 42
中小企業再生支援協議会……………42
中小企業者 …………………………178
中小企業倒産防止共済法……………20
中　　断 ……………………………77, 177
注文者破産 …………………………106
懲戒主義 ……………………………6
調査委員
　──（会社更生）………………258
　──（特別清算）………………283
　──（民事再生）………………182
調査命令 ……………………………182
調停委員……………………37, 41, 54
調停条項……………………………38, 56
調停に代わる決定…………38, 53, 56
帳簿の閉鎖 …………………………136
賃借人破産 …………………………104
賃貸借契約 …………………………102
賃貸人破産 …………………………102
賃料の前払・処分 …………………104

つ

追加配当 …………………………144
通常実施権 …………………………103
通信の秘密 …………………………152
通　知
　──（破産）…………………………75
　──（民事再生）…………………………176
　──の特例 …………………………300

て

定期的収入 …………………………232
定期預金 …………………………293
停止条件付債権 …………………………116, 141
停止条件付債権譲渡 …………………………127
ディスクロージャー …………………………168
手形商事留置権 …………………………204
手形不渡り …………………………73, 171
手形割引 …………………………118
適確な措置 …………………………208
適正価格売却 …………………………124
デジタル化 …………………………16, 70
デジタル記録 …………………………79
手続開始原因
　──（会社更生）…………………………252
　──（民事再生）…………………………169
　──（破産）…………………………72
手続開始後の利息・遅延損害金 …………………………189
手続開始前の保全措置
　──（会社更生）…………………………253
　──（民事再生）…………………………170
手続開始要件 …………………………222, 232
手続実施者 …………………………45
手続内確定 …………………………193, 225
デット・エクイティ・スワップ …………………………271, 275
デリバティブ債務 …………………………297
電子情報処理組織 …………………………71
転得者否認 …………………………129
添付書類 …………………………151

と

ドイツの倒産手続 …………………………8
同意再生 …………………………194
同意配当 …………………………143

登　記 …………………………99, 178
　否認の── …………………………131
東京地方裁判所 …………………………320
同行相殺 …………………………118
当座預金 …………………………293
倒　産 …………………………22
倒産 ADR …………………………34
倒産解除特約 …………………………101
倒産五法 …………………………13, 17
動産・債権担保法制 …………………………115
倒産実体法 …………………………61, 198, 268, 281
動産譲渡登記 …………………………110
倒産処理制度
　──の必要性 …………………………1
　──の歴史 …………………………11
倒産処理手続の種類 …………………………17
倒産専門部 …………………………253
倒産手続
　──の IT 化 …………………………16, 70
　──の目的 …………………………3
動産売買先取特権 …………………………113
倒産防止共済 …………………………22
倒産法制の抜本改正 …………………………13
倒産法部会 …………………………13
倒産申立義務 …………………………68
投資家保護 …………………………301
投資信託 …………………………117
同時交換的行為 …………………………118, 126
投資者保護基金 …………………………302
同時処分 …………………………75
同時廃止 …………………………76, 151, 152
同時履行の抗弁権 …………………………100
当然復権 …………………………164
登録（対抗要件）…………………………99, 103
特殊登記説 …………………………131
特定解除 …………………………298
特定管理処分 …………………………297
特定更生手続 …………………………24
特定債務者 …………………………36
特定第 1 号措置 …………………………297
特定第 2 号措置 …………………………296
特定調停 …………………………35, 40, 53
　──に関する特則 …………………………48
特定調停スキーム …………………………42

特典説 ………………………………157
特別異議申述期間 ………………224
特別換価制度 ……………………269
特別勘定 …………………………311
特別危機管理 ……………………295
特別公的管理 ……………………296
特別先取特権 ……………………113
特別資金援助 ………………293, 296
特別清算手続 …………………12, 278
特別清算手続開始の効力 ………280
特別清算手続終結の決定 ………284
特別調査期間
　　──（破産）………………………133
　　──（民事再生）…………………191
特別調査期日 ……………………134
特別背任罪 ………………………84
特例リスケ ………………………43
土地管轄 …………………………80
特許権 ……………………………103
届出の追完 ………………………191
取下げ許可 ………………………174
取締役 …………………………78, 107
　　──の報酬 ………………………256
取立委任裏書 ……………………117
取引コスト …………………………3
取引債権者…………………………41
取戻権 ……………………………109
問屋の破産 ………………………110

な

内外人平等の原則 ………………328

に

二重ローン問題 …………………32
日銀特融 …………………………286
日本クレジットカウンセリング協会………57
日本司法支援センター …………31, 150
任意売却 ………………………112, 138
認可決定 ………………………214, 229
認証紛争解決手続 ………………44
認否書 …………………134, 191, 266
認否予定書 ………………………134

ね

根抵当権 ………………………112, 141
　　──の仮払い ……………………209

の

納期限…………………………………95
農業事業者 ………………………223
農水産業協同組合の再生手続 …………289

は

ハードシップ免責 ………………231
廃　止 ……………………………275
配　当 ……………………………139
配当財団…………………………………89
配当表 ……………………………140
破産管財人 ……………………80, 82
　　──に対する債権届出 …………133
　　──に対する報告命令 …………89
　　──による相殺 …………………119
　　──の源泉徴収義務 ……………83
　　──の公益的地位………………86
　　──の第三者性…………………83
　　──の報酬 ………………………94
破産債権 …………………………91
　　──の確定 ………………………135
　　──の査定 ………………………135
　　──の届出 ………………………132
破産債権査定異議の訴え …………135
破産債権者表 ……………………133
　　──の執行力 ……………………144
破産・再生部………………………80
破産財団……………………………89
　　──に属する財産の換価 ………137
　　──の管理 ………………………136
破産財団代表説……………………83
破産裁判所…………………………79
破産事件数 ………………………147
──の推移…………………………63
破産者の行為性（否認の一般的要件）………121
破産者マップ事件…………………76
破産障害事由………………………74
破産手続……………………………60
　　──の意義・概要………………60

──の中止命令 ……………………75
　　──への移行 ……………………219
破産手続開始決定 …………………72, 75
　　──の公告 ……………………99
破産手続開始決定前の保全措置 …………69
破産手続開始原因 ……………………72
破産手続開始後の法律行為 ……………98
破産手続開始後の利息・損害金 …………93
破産手続開始時現存額主義 ……………91
破産手続開始の効果 …………………77
破産手続開始の申立て …………………71
破産手続開始申立権の濫用 ……………67
破産手続終結決定 ……………………143
破産能力 ……………………………62
破産法
　　──の改正 ……………………148
　　──の目的 ……………………60, 158
破産法人の法人格 ……………………78
罰　金 ……………………………93, 189
バブル崩壊 ……………………………286

ひ

東日本大震災と破産手続 ………………155
引直し計算 ………………………32, 54, 226
非義務的偏頗行為 …………………126, 161
引渡決定 ……………………………136
非金銭債権 …………………………91
非財産権上の請求権 …………………91
ビジネス・コート ……………………81
必要的共同訴訟 ……………………202
非典型担保 …………………114, 173, 205
否　認
　　──の一般的要件 …………………121
　　──の効果 ……………………129
　　──の請求 ……………………128
　　──の登記 ……………………131
　　監督委員による── …………………201
　　危機── ……………………122
　　故意── ……………………122
　　詐害行為── ……………………122
　　執行行為の── ……………………128
　　対抗要件の── ……………………126
　　代物弁済の── ……………………123
　　転得者── ……………………129

偏頗行為── ……………………125
　　保証の── ……………………123
　　無償── ……………………123
否認権 ……………………………119, 201
否認訴訟における参加・引込み …………202
非免責債権 …………………………162
評価益の益金不算入 …………………275
評価人 ……………………199, 205, 267
評価申立て …………………………225
平等原則 ……………………………207
費用の予納 …………………………169

ふ

歩合制の労働者 ……………………223
ファイナンス・リース契約 …………108, 114
ファイル記録事項 ……………………79
封　印 ……………………………136
普及主義 ……………………………318
不誠実な申立て ………………………175
不足額 ……………………111, 140, 208
普通裁判籍 …………………………80
普通預金 ……………………………293
復　権 ……………………………163
物上代位 ……………………………113
物上保証 ……………………………162
不動産関連権利等調整委員会 ……………35
不倒神話 ……………………………286
不当性（否認の一般的要件） …………121
不当利得 ……………………………246
不認可事由 …………………212, 229, 244
扶養料 ……………………………228
フランスの倒産手続 ……………………9
ブリッジバンク …………………292, 295
不良債権問題 ………………………291
フレッシュスタート ……………………6
プレパッケージ型手続 ………194, 211, 272
プロジェクトマネージャー ………………43
分割払いの定め ………………………236
分　散 ……………………………11
分別管理 ……………………………301

へ

ペアローン …………………………240
ペイオフ解禁 …………………………288, 289

ペイオフ実施凍結 ………………287
ペイオフ方式 …………………292
並行処理………………………56
併合処理………………………40
並行倒産 …………………325, 330
閉鎖会社 ………………………210
ペイジー………………………69
別除権 ……………………111, 204
別除権協定 ………………173, 206
弁護士…………………………85, 181
弁　済……………………………99, 178
　　――の許可………………………96
　　借入金による―― ………………121
　　自由財産からの―― …………93
　　住宅ローン債務の―― ………235
　　商取引債権の――………………51
　　保険金の――………………309
弁済期間 ……………………208, 228
弁済禁止 ………………………178
弁済禁止の保全処分
　　――（破産）………………………70
　　――（民事再生）…………………170
弁済率 …………………………207
偏頗行為 ……………………119, 161

ほ

包括移転 ………………………306
包括的禁止命令
　　――（会社更生）………………253
　　――（破産）………………………70
　　――（民事再生）…………………172
包括ライセンス ………………104
報告義務
　　外国管財人の―― ………………321
　　監督委員の―― ……………182
　　承認管財人の―― …………324
報告書……………………………199
法人格のない社団・財団………65
法人管財人……………………85
法人の機関……………………78
法人の自由財産………………90
法人役員
　　――の財産に対する保全処分 ………203
　　――の責任追及 ……………203

法制審議会…………………………13
膨張主義…………………………89
法定財団…………………………89
法的整理…………………………20
法テラス…………………………31, 150
法律管財人………………………259
法律行為…………………………98, 177
法律相談 …………………………150
法律扶助 …………………………150
保険会社の破綻処理………………303
保険管理人………………………305
保険基準額………………………293
保険業法…………………………305
保険金の弁済………………………309
保険契約…………………………307
　　――の包括移転 ……………306
保険契約者表……………………308
保険契約者保護機構（保護機構）………303, 304
　　――による手続代理 ………308
募集株式………………………210
募集社債………………………256
保　証 …………………………162
　　――の否認 ……………………123
保証会社 …………………………239, 245
保証人……………………………91, 223
保全管理人
　　――（会社更生）………………254
　　――（民事再生）………………183
保全管理命令
　　――（会社更生）………………254
　　――（国際倒産）………………321
　　――（破産）………………………70
　　――（民事再生）……………183
保全処分
　　――（国際倒産）………………322
　　――（民事再生）………………170
　　――の濫用 ……………………166, 174
保全措置
　　――（会社更生）………………253
　　――（国際倒産）………………321
　　――（破産）………………………69, 70
ホッチポット・ルール ……………329
本店所在地 ………………………253

ま

マイカルの倒産事件……………………14
巻戻し………………………………245
マレリ事件……………………………194

み

未確定債権……………………………208
未経過保険料…………………………310
未届出債権……………………………215
みなし届出債権者……………………224
民事再生手続…………………………165
民事再生法……………………………165
　　──の目的………………………166
　　──と会社更生法の一本化……250
民事調停………………………………53
民事留置権………………………113, 204

む

無償否認………………………………123
無知のベール……………………………2
無理算段説……………………………125

め

明治初期の倒産手続……………………11
免　責
　　──の効力………………………161
　　──の理念………………………157
免責許可決定…………………………231
免責許可申立て………………………159
免責的効力……………………………215
免責手続………………………………156
免責不許可事由………………………161

も

申立棄却事由
　　──（会社更生）………………254
　　──（国際倒産）………………319
　　──（破産）……………………74
　　──（民事再生）………………174
申立義務（破産）……………………67
申立権者
申立代理人の財産散逸防止義務……72
申立手数料………………68, 150, 169

更生手続開始の──………………252
再生手続開始の──………………168
承認援助手続開始の──…………320
破産手続開始の──………………66
モラル・リスク………………146, 167

や

役員責任査定決定
　　──（会社更生）………………258
　　──（破産）……………………139
役員等の責任免除の禁止……………281
約定劣後更生債権……………………262
約定劣後再生債権…………………189, 207
約定劣後破産債権……………………93

ゆ

有害性（否認の一般的要件）………120
優先的更生債権………………………262
優先的破産債権………………………92
郵便物配達嘱託………………………152
ゆとりローン…………………………235

よ

要許可行為…………………………179, 256
要同意行為……………………………180
預金者表………………………………300
預金取扱金融機関……………………291
預金保険………………………………292
預金保険機構…………………………291
　　──による手続代理……………300
　　──の代理権……………………300
預金保険法……………………………287
予定不足額………………………93, 140
予定利率…………………………291, 304
夜逃げ…………………………………73
予納金
　　──（会社更生）………………252
　　──（破産）……………………68, 150
　　──（民事再生）………………169

ら

ライセンス契約………………………103
濫用的会社分割………………………120

り

リース契約 ……………………………108, 114
リーマンショック ………………………290
履行確保 …………………………………209
離婚と破産 ………………………………110
リスケジュール型 ………………………241
利息制限法 …………………32, 55, 226
利息の引直し計算 …………32, 54, 226
リフォーム ………………………………237
略奪主義 …………………………………316
留置権 ……………………………………113
　　──の消滅 …………………………254

れ

劣後債権 …………………………………189
劣後的更生債権 …………………………262
劣後的破産債権 …………………………93
劣後ローン ……………………93, 189, 306
連結親子会社 ………………………80, 253
連鎖倒産 …………………………………178
連帯債務 ……………………………91, 223
連邦倒産法 ………………………………6
　　──（第11章手続）………7, 165, 319
　　──（第13章手続）………7, 221, 236

ろ

労働基準法 ………………………………106
労働組合 …………………………………321
　　──の意見 …………………………180
労働契約 …………………………………106
労働債権 ………………92, 96, 197, 265
労働者健康安全機構 …………………97
労働者破産 ………………………………106

わ

和議手続 …………………………………165
和議取消し ………………………………219
和議法………………………………………12

A-Z

ABS ………………………………………109
ADR
　企業倒産── ………………………39
　事業再生── ………………………44
　消費者倒産── ……………………53
　倒産── ……………………………34
ADR法 ……………………………………44
BIS規制 …………………………………93
COMI ……………………………………327
DIP ………………………………………7
DIPファイナンス ……………………220
　プレ── ……………………………50
DIP型会社更生 …………………………258
DIP型手続 ………………17, 166, 258
EU国際倒産規則 ………………………314
FSB ………………………………………290
GHQ ………………………………145, 157
G-SIFIs ……………………………………290
IT化 …………………………………16, 70
JAL ………………………………………251
M&A ……………………………………249
maxi-min rule ……………………………2
REVIC ……………………………………31
Spansion Japan …………………………261
SPC ………………………………………109
UNCITRAL …………………………314

判 例 索 引

大審院・最高裁判所

大判昭 8・4・15 民集 12-637 ……………………………………124
大決昭 12・10・23 民集 16-1544 …………………………………64
最判昭 36・10・13 民集 15-9-2409 ………………………………276
最大決昭 36・12・13 民集 15-11-2803（百選 84）………157, 160
最判昭 37・3・23 民集 16-3-607（百選 A4）……………………171
最判昭 40・11・2 民集 19-8-1927（百選 66）……………………118
最判昭 41・4・14 民集 20-4-611（百選 34）……………………121
最判昭 41・4・28 民集 20-4-900（百選 57）……………………114
最判昭 43・7・11 民集 22-7-1462（百選 50）……………………110
最大判昭 45・6・10 民集 24-6-499 ………………………………216
最大決昭 45・6・24 民集 24-6-610（百選 1①）…………………72
最判昭 45・8・20 民集 24-9-1339（百選 38）……………………127
最判昭 45・9・10 民集 24-10-1389（百選 A1）…………………67
最大決昭 45・12・16 民集 24-13-2099（百選 2）………………249
最判昭 48・2・16 金法 678-21（百選 15）………………………84
最判昭 48・11・22 民集 27-10-1435（百選 42）…………………131
最判昭 49・6・27 民集 28-5-641 …………………………………131
最判昭 52・12・6 民集 31-7-961（百選 69）……………………116
最判昭 53・5・2 判時 892-58 ……………………………………118
最判昭 53・6・23 金判 555-46（百選 79）………………………106
最判昭 54・1・25 民集 33-1-1（百選 74）………………………99
最判昭 57・1・29 民集 36-1-105（百選 72）……………………133
最判昭 57・3・30 民集 36-3-484（百選 76）……………………102
最判昭 57・3・30 判時 1038-286（百選 40）……………………121
最判昭 58・3・22 判時 1134-75（百選 16）………………………84
最判昭 58・10・6 民集 37-8-1041（百選 23）……………………155
最判昭 58・11・25 民集 37-9-1430（百選 29）…………………122
最判昭 59・2・2 民集 38-3-431（百選 56）………………………113
最判昭 59・5・17 判時 1119-72（百選 82）………………………77
最判昭 60・2・14 判時 1149-159（百選 28①）…………………73
最判昭 60・11・15 民集 39-7-1487 ………………………………90
最判昭 61・4・3 判時 1198-110（百選 43）……………………130
最判昭 61・4・11 民集 40-3-558（百選 73）……………………135
最判昭 62・7・3 民集 41-5-1068（百選 36）……………………124
最判昭 62・11・26 民集 41-8-1585（百選 80）…………………105
最判昭 63・10・18 民集 42-8-575（百選 65）……………………117
最判平 2・3・20 民集 44-2-416 …………………………………159
最判平 2・7・19 民集 44-5-837（百選 30①）…………………121
最判平 2・7・19 民集 44-5-853（百選 30②）…………………121

最判平 2・9・27 判時 1363-89（百選 51）··110
最決平 3・2・21 金判 866-26（百選 1②）··160
最判平 5・1・25 民集 47-1-344（百選 31）··121
最判平 5・6・25 民集 47-6-4557（百選 21）··82
最判平 7・4・14 民集 49-4-1063（百選 75）··108
最判平 8・10・17 民集 50-9-2454（百選 A8）··121
最判平 9・2・25 判時 1607-51（百選 91）··162
最判平 9・12・18 民集 51-10-4210（百選 35）··121
最判平 10・7・14 民集 52-5-1261（百選 53）··113
最決平 11・4・16 民集 53-4-740（百選 10）··66
最判平 11・11・9 民集 53-8-1403（百選 A20）··162
最判平 12・1・28 金判 1093-15（百選 88）··162
最判平 12・2・29 民集 54-2-553（百選 81①）··101
最判平 12・3・9 判時 1708-123（百選 81②）··101
最決平 12・7・26 民集 54-6-1981（百選 87）··161
最決平 13・3・23 判時 1748-117（百選 13）··76
最判平 14・1・17 民集 56-1-20（百選 52）··109
最判平 14・1・22 刑集 56-1-1··136
最判平 14・9・24 民集 56-7-1524··92
最判平 15・6・12 民集 57-6-640··294
最判平 16・7・16 民集 58-5-1744（百選 39）··128
最決平 16・10・1 判時 1877-70（百選 59）··79
最判平 17・1・17 民集 59-1-1（百選 64）··116
最判平 17・11・8 民集 59-9-2333（百選 44）··130
最判平 18・1・13 民集 60-1-1··55
最判平 18・1・23 民集 60-1-228（百選 45）··94
最判平 18・12・21 民集 60-10-3964（百選 17）··85
最決平 20・3・13 民集 62-3-860（百選 93）·······························212, 214
最判平 20・12・16 民集 62-10-2561（百選 77）··········102, 108, 114
最判平 21・4・17 判時 2044-74（百選 14）·······························78, 107
最判平 21・12・4 判時 2077-40（百選 100）··267
最判平 22・3・16 民集 64-2-523（百選 46）··92
最判平 22・6・4 民集 64-4-1107······································114, 180
最判平 23・1・14 民集 65-1-1（百選 18）··83
最判平 23・3・1 判時 2114-52（百選 99）··215
最判平 23・11・22 民集 65-8-3165（百選 48①）······································97
最判平 23・11・24 民集 65-8-3213（百選 48②）······································97
最判平 23・12・15 民集 65-9-3511（百選 54）··204
最判平 24・5・28 民集 66-7-3123（百選 70）··117
最判平 24・10・19 判時 2169-9（百選 28②）··73
最判平 25・11・21 民集 67-8-1618（百選 49）··196
最判平 26・4・24 民集 68-4-380（百選 89）··162
最判平 26・6・5 民集 68-5-403（百選 63）··206
最判平 26・6・5 民集 68-5-462（百選 67）··117

最判平 26・10・28 民集 68-8-1325（百選 20）·····················83
最判平 27・9・15 判時 2281-98 ·····················55
最判平 28・4・28 民集 70-4-1099（百選 24）·····················90, 154
最判平 28・7・8 民集 70-6-1611（百選 71）·····················115
最決平 29・9・12 民集 71-7-1073（百選 47）·····················92
最判平 29・11・16 民集 71-9-1745（百選 37）·····················123
最判平 29・12・7 民集 71-10-1925（百選 58）·····················114, 180
最決平 29・12・19 民集 71-10-2632（百選 94）·····················229
最決平 30・4・18 民集 72-2-68（百選 83）·····················78
最判令 2・9・8 民集 74-6-1643 ·····················118
最決令 3・12・22 裁判所ウェブサイト ·····················215
最決令 5・2・1 民集 77-2-183 ·····················82

高等裁判所

東京高決昭 33・7・5 金法 182-3（百選 3）·····················73
福岡高決昭 52・10・12 判時 880-42（百選 4）·····················73
東京高決昭 54・8・24 判時 947-113 ·····················272
東京高決昭 56・9・7 判時 1021-110（百選 5）·····················74
福岡高決昭 56・12・21 判時 1046-127（百選 98）·····················207, 273
東京高決昭 57・11・30 判時 1063-184（百選 6）·····················67
大阪高決平 2・6・11 判時 1370-70（百選 85①）·····················161
仙台高決平 5・2・9 判時 1476-126①（百選 85②）·····················161
大阪高決平 6・12・26 判時 1535-90（百選 12）·····················76
東京高決平 8・2・7 判時 1563-114（百選 86①）·····················161
福岡高決平 9・8・22 判時 1619-83（百選 86②）·····················161
東京高決平 10・11・27 判時 1666-141②（百選 55）·····················113
東京高決平 13・3・8 判タ 1089-295（百選 8）·····················175
広島高決平 14・9・11 金判 1162-23（百選 A2）·····················151
福岡高決平 15・6・12 判タ 1139-292（百選 96）·····················235
東京高決平 15・7・25 金判 1173-9（百選 95）·····················215
東京高決平 16・6・17 金判 1195-10（百選 25）·····················180
東京高決平 16・7・23 金判 1198-11（百選 92）·····················208
東京高決平 17・1・13 判タ 1200-291（百選 7）·····················175
東京高判平 17・6・30 金判 1220-2（百選 A10）·····················98
大阪高決平 21・6・3 金判 1321-30（百選 60）·····················114
東京高決平 21・7・7 判時 2054-3（百選 61）·····················205
東京高決平 22・10・22 判タ 1343-244（百選 97）·····················226
東京高決平 22・12・22 判タ 1348-243（百選 A16）·····················226
名古屋高判平 23・6・2 金法 1944-127（百選 78②）·····················101
東京高判平 24・3・9 判時 2151-9 ·····················74, 175
東京高決平 24・6・20 判タ 1388-366（百選 33）·····················120
東京高決平 24・9・7 金判 1410-57（百選 9）·····················175
東京高決平 24・11・2 判時 2174-55 ·····················327
東京高判平 25・12・5 金判 1433-16（百選 32）·····················124

高松高判平 26・5・23 判時 2275-49（百選 27）……………………………………………125
仙台高決令 2・11・17 判時 2500-66 …………………………………………………………74

地方裁判所

東京地判昭 49・5・31 判タ 312-233 ……………………………………………………………27
東京地判昭 56・4・27 判時 1020-122 …………………………………………………………26
東京地判昭 57・4・27 判時 1064-79 ……………………………………………………………26
横浜地判昭 63・2・29 判時 1280-151（百選 90）…………………………………………162
東京地決平 12・1・27 金判 1120-58①（百選 22）……………………………………………77
大阪地決平 13・7・19 判時 1762-148（百選 62）…………………………………………205
東京地判平 19・3・29 金判 1279-48（百選 26）……………………………………………125
大阪地判平 20・10・31 判時 2039-51（百選 19）…………………………………………177
大阪地判平 21・1・29 判時 2037-74（百選 78①）…………………………………………101
東京地判平 21・2・13 判時 2036-43（百選 11）……………………………………………72
東京地判平 21・11・10 判タ 1320-275（百選 68）…………………………………………117
東京地判平 24・2・27 金法 1957-150（百選 A13）…………………………………………206
福岡地決平 25・4・26 金法 1978-138 …………………………………………………………69
東京地判平 25・11・6 判タ 1401-174 ………………………………………………………175
東京地判令 2・9・30 金法 2162-90 ……………………………………………………………84

著者紹介　　山本 和彦（やまもと かずひこ）
　　　　　　1961 年生まれ
　　　　　　1984 年東京大学法学部卒業
　　　　　　現在，一橋大学大学院法学研究科教授
　　　　　　〈主要著書〉
　　　　　　『フランスの司法』（有斐閣，1995 年）
　　　　　　『民事訴訟審理構造論』（信山社出版，1995 年）
　　　　　　『民事訴訟法の基本問題』（判例タイムズ社，2002 年）
　　　　　　『国際倒産法制』（商事法務，2002 年）
　　　　　　『菊井維大＝村松俊夫原著・コンメンタール民事訴訟法Ⅰ〜Ⅶ』
　　　　　　　　（共著，日本評論社，2014〜2022 年）
　　　　　　『よくわかる民事裁判（第 4 版）――平凡吉訴訟日記』
　　　　　　　　（有斐閣，2023 年）
　　　　　　『民事訴訟法（第 7 版）』（共著，有斐閣，2017 年）
　　　　　　『現代の裁判（第 8 版）』（共著，有斐閣，2022 年）
　　　　　　『民事執行・保全法（第 6 版）』（共著，有斐閣，2020 年）
　　　　　　『民事訴訟法の現代的課題――民事手続法研究Ⅰ』
　　　　　　　　（有斐閣，2016 年）
　　　　　　『倒産法制の現代的課題――民事手続法研究Ⅱ』
　　　　　　　　（有斐閣，2014 年）
　　　　　　『ADR 法制の現代的課題――民事手続法研究Ⅲ』
　　　　　　　　（有斐閣，2018 年）
　　　　　　『最新重要判例 250 民事訴訟法』（弘文堂，2022 年）

倒産処理法入門 第 6 版
Introduction to Insolvency Law（Sixth Edition）

2003 年 4 月 20 日 初　版第 1 刷発行　　　　2012 年 12 月 20 日 第 4 版第 1 刷発行
2005 年 3 月 20 日 第 2 版第 1 刷発行　　　　2018 年 3 月 10 日 第 5 版第 1 刷発行
2006 年 3 月 10 日 第 2 版補訂版第 1 刷発行　2024 年 2 月 25 日 第 6 版第 1 刷発行
2008 年 12 月 5 日 第 3 版第 1 刷発行

著　者　山本和彦
発行者　江草貞治
発行所　株式会社有斐閣
　　　　〒101-0051 東京都千代田区神田神保町 2 17
　　　　https://www.yuhikaku.co.jp/
印　刷　大日本法令印刷株式会社
製　本　牧製本印刷株式会社
装丁印刷　萩原印刷株式会社